प्रेमचन्द : एक तलाश

[आलोचना]

प्रेमचन्द : एक तलाश

श्रीराम त्रिपाठी

राजकमल प्रकाशन
नयी दिल्ली पटना इलाहाबाद कोलकाता

ISBN : 978-81-267-2516-8

मूल्य : ₹ 450

पहला संस्करण : 2013

प्रकाशक : राजकमल प्रकाशन प्रा. लि.
1-बी, नेताजी सुभाष मार्ग, दरियागंज
नई दिल्ली-110 002

शाखाएँ : अशोक राजपथ, साइंस कॉलेज के सामने, पटना-800 006
पहली मंजिल, दरबारी बिल्डिंग, महात्मा गांधी मार्ग, इलाहाबाद-211 001
36 ए, शेक्सपियर सरणी, कोलकाता-700 017

वेबसाइट : www.rajkamalprakashan.com
ई-मेल : info@rajkamalprakashan.com

आवरण : महेश्वर

मुद्रक : बी.के. ऑफसेट
नवीन शाहदरा, दिल्ली-110 032

PREMCHAND : EK TALAASH
Criticism by Shriram Tripathi

शेखर जोशी जी

को

श्रद्धा-नमन के साथ

प्रस्तावना

प्रेमचन्द की कुछ कहानियाँ अक्सर पाठ्यक्रमों में रहती हैं। इस प्रकार उनसे हमारा नाता उन्हीं दिनों से बन जाता है, जब हम नादान होते हैं। उनकी एक ही कहानी एक नादान को भी प्रभावित करती है और एक समझदार को भी। कारण है, उनकी जीवन्तता, यथार्थता और बिम्बात्मकता। उनकी कहानियों को पढ़ते-पढ़ाते, जब थोड़ी समझ आई तो लगा कि उनमें कुछ खुट रहा है, कुछ असंगत-सा है। मसलन, 'ईदगाह' का यह लेखकीय कथन, 'माँगे का ही भरोसा ठहरा।' ऐसे में 'अक्षरा' अक्टूबर-दिसम्बर 1998 'नमक का दारोग़ा' का लिप्यंतर लेकर आई। बस क्या था, मुझे रास्ता मिल गया, मगर इस रास्ते पर चलने की क़ाबिलियत तो मुझमें थी नहीं। अक्सर ऐसा होता है कि हम दूर-दूर तक छान मारते हैं और वह चीज़ एकदम हमारे क़रीब होती है। दुनिया को हम जानने-समझने का दम भरते हैं, मगर अपने आपको कहाँ जान-समझ पाते हैं। उस दिन मैं अपने आप पर ख़ूब हँसा था, जब याद आया कि मेरे दोस्त शक़ील अहमद तो फ़ारसी लिपि जानते हैं, तो क्यों न उनका नक़लनवीस बन जाऊँ। वे पढ़ते जाएँ और मैं उसे देवनागरी में टीपता जाऊँ। उस दौर में मैं जो भी कहानी लिखता तो उससे सन्तुष्ट न होता। लगता कि सब कुछ सपाट है। मैं जो कहना-रचना चाहता हूँ, उसे कहानी के रूप में नहीं कह पा रहा। मैं अपने आप से खिन्न था। परेशानी के दिनों में, जब कुछ न सूझ रहा हो, तो अतीत को खँगालने की कोशिश करनी चाहिए, ऐसा किसी बुज़ुर्ग से सुना था। मैं प्रेमचन्द और कबीर के पास गया। यानी, यह काम विशुद्ध रूप से मेरी अपनी ज़रूरत का नतीजा है। मैं तो प्रेमचन्द से कुछ सीखने और पाने के लिए उनके पास गया था, मगर प्रेमचन्द हैं कि अपना काम किए जाते हैं, कुछ सिखाते नहीं। आपको उनसे अगर कुछ पाना है तो उनके काम को, उनके काम करने के तरीक़े को समझना होगा। अगर

आप यह सोचते हैं कि प्रेमचन्द अभी अपना काम छोड़कर यह पूछेंगे कि कहिए, कैसे आना हुआ, तो आप ताउम्र वैसे ही खड़े रह जाएँगे। प्रेमचन्द के पास इतना काम है कि मत पूछिए। मैंने भी उन्हें टोकना उचित नहीं समझा और अपने दोस्त शक़ील अहमद को इशारा किया कि आप उन्हें पढ़ते जाओ और मैं टीपता जाता हूँ। 'बड़े भाई साहब' कहानी को छोड़कर सारे लिप्यंतर उन्हीं की आवाज़ को पकड़ने की कोशिश हैं। उनके उच्चारण को पकड़ने और देवनागरी में लिखने में जहाँ भी कमी आई है, वह मेरा कुसूर है, उनका नहीं। लिहाजा, इस भूल-ग़लती का जिम्मेदार मैं हूँ, जो जान-बूझकर नहीं की गई है, अज्ञानता के कारण हुई है। विद्वान पाठक क्षमा करते हुए उसे सुधार लेंगे, ऐसी मेरी गुज़ारिश है। समझ की भी सीमा होती है न! कुछ भी असीम नहीं। तो यही मेरी समझ की सीमा है।

प्रेमचन्द सम्राट नहीं, सागर हैं। महासागर। जिसमें मोती-ही-मोती हैं। डूबिए, गोते लगाइए और मोती लेकर बाहर आइए। अगर आपको मोती चाहिए तो डूबना पड़ेगा, गोते लगाना पड़ेगा। इसके सिवा मोती मिलने से रहा। मैं गोताखोर नहीं हूँ। डूबने से बहुत डरता हूँ, मगर मोती का लालची हूँ। किनारे ही ठेहुनीभर पानी में छापकछोइया किया है और कुछ सीपियाँ बटोरकर आत्ममुग्ध हूँ। ये सीपियाँ ही यहाँ आपके सामने प्रस्तुत हैं, इस मंशा के साथ कि पारखी लोगों को शायद इनमें से किसी में मोतियों की सम्भावना नज़र आ जाए।

इस समझने-बूझने के दौरान मुझे लगा कि कबीर और प्रेमचन्द का तुलनात्मक अध्ययन होना चाहिए। देखने-सोचने और कहने के तरीक़े में प्रेमचन्द कबीर की परम्परा में नज़र आए। दूसरी परम्परा कबीर की है। आधुनिक काल में जिसे प्रेमचन्द आगे बढ़ाते हैं! शायद भारत ही अकेला देश होगा, जहाँ भाषा का सम्बन्ध समाज से न जोड़कर धर्म से जोड़ा जाता है। 'नमक का दारोग़ा' में प्रेमचन्द इसी मानसिकता पर व्यंग्य करते हैं, "यह वह ज़माना था जब अंग्रेज़ी तालीम और ईसाइयत मुतरादिफ़ अल्फ़ाज़ थे। फ़ारसी की तालीम सनद इफ़्तेख़ार थी।" जिस तरह कबीर हिन्दू-मुस्लिम के नहीं, समाज के निम्नतम, मगर मेहनतकश लोगों के साथ हैं, उसी तरह प्रेमचन्द हैं। वे न हिन्दी के हैं, न उर्दू के। वे हिन्दी-उर्दू के हैं। देवनागरी लिपि का मतलब हिन्दी नहीं होता और न फ़ारसी लिपि का मतलब उर्दू। प्रेमचन्द को समझने के लिए उनके श्रेष्ठतम से रूबरू होना पड़ेगा। यह तभी सम्भव है, जब दोनों भाषाओं

की रचनाओं की तुलना करके श्रेष्ठतम को छाँटकर अलग किया जाए और वही दोनों भाषाओं में अनुवादित होकर नहीं, लिप्यंतरित होकर पहुँचे। मसलन, 'ईदगाह', 'नमक का दारोग़ा' और 'शतरंज के खिलाड़ी' का उर्दू रूप निश्चित तौर पर हिन्दी रूप से श्रेष्ठ है। फिर, क्यों न हिन्दी पाठकों को वही मुहैया कराया जाए। आजकल हिन्दी की रचनाओं में धड़ल्ले से देशज, अरबी, फ़ारसी और अंग्रेज़ी के शब्द आते हैं और ज़रूरत पड़ने पर उनके अर्थ फुटनोट में दे दिए जाते हैं, तो प्रेमचन्द के साथ ऐसा क्यों नहीं किया जा सकता। महासागर महज़ मोती ही नहीं देता, मछली भी देता है। मुझे लगता है कि मछली मारनेवाले ज़्यादा संगठित और ताक़तवर हैं। उन्हें डर है कि अगर मोती के चाहक गोताखोर महासागर में पैठे तो उनकी मछलियाँ भाग जाएँगी, जिससे उनकी आजीविका पर असर पड़ेगा। वे यह नहीं सोचते कि जिन मछलियों पर आश्रित हैं, वह सागर के ऊपरी हिस्से में होती हैं, जबकि मोती उसके तलिये में होता है।

हमारा देश मूर्तिपूजक के रूप में सारी दुनिया में मशहूर है। मूर्तिपूजा के मूल में अज्ञान और सम्मान की अतिशयता है। सम्मान की अतिशयता मनुष्य को मनुष्य नहीं रहने देती, भगवान बना देती है। अरूप और देशकालहीन। यही गौतम बुद्ध के साथ हुआ, यही कबीर के साथ। होना तो यह चाहिए कि हम अपने अतीत की बारीक़ी से, प्रभावमुक्त होकर जाँच-पड़ताल करें और ग़लतियों की निन्दा करने के बदले अच्छाइयों से प्रेरणा लेते हुए उन्हें विकसित करने की कोशिश करें। इनसान जूझता है अपनी कमज़ोरियों से। यह जूझना ही प्रेरणा का कार्य करता है। सम्मान की सीमा है, इनसान। वह महा इनसान हो सकता है, सामान्य से श्रेष्ठ और श्रेष्ठ से श्रेष्ठतर। श्रेष्ठतम अरूप है। यह किसी भी मानक से नहीं मापा जा सकता। 'पहल', फरवरी-अप्रैल 2001 में प्रेमचन्द के भतीजे कृष्णकुमार राय का एक ख़त छपा था। इसके पहले मैंने 'कफ़न' कहानी पर एक लेख भेजा था, जिसका उल्लेख उसी ख़त के पहले सम्पादक ने इस प्रकार किया था, ''इसी बीच पहल को अहमदाबाद से श्रीराम त्रिपाठी का एक गम्भीर मंथन कफ़न पर प्राप्त हुआ है'', मगर यह 'गम्भीर मंथन' अभी तक (मई, 2003) पाठकों के सामने नहीं आया। 'पहल', जनवरी-फरवरी 2002 में मेरा एक ख़त छपा था, जिस पर कई पाठकों के ख़त मुझे मिले थे। कुछ ने तो उसी ख़त को 'गम्भीर मंथन' समझ लिया था।

वह लेख 'हंस', 'वर्तमान साहित्य', 'आलोचना' और 'दस्तावेज' को भी क्रमशः भेजा गया था—एक में अस्वीकार होने के बाद दूसरे में, दूसरे में अस्वीकार के बाद तीसरे में, इस क्रम से। यह लिखना इसलिए ज़रूरी है कि पाठक भी जानें कि यह 'गम्भीर मंथन' कितनी परेशानियों के बाद उनके सामने आ रहा है और वे ख़ुद परखें कि आख़िर यह है क्या! वह लेख 'वर्तमान साहित्य' में प्रकाशित लिप्यंतर पर आधारित था। मैंने अब उसे अपने लिप्यंतर पर आधारित कर दिया है। इससे उसमें कुछ संशोधन-परिवर्द्धन हो गया है।

नवम्बर 2002 में इलाहाबाद जाना हुआ। वहाँ पता चला कि हंस प्रकाशन ने प्रेमचन्द की कुछ कहानियों का लिप्यंतर छापा है। मैं तत्काल हंस प्रकाशन गया और 'समक्ष' की एक प्रति ख़रीदी। इसके पहले मैंने अपना लिप्यंतर पूरा कर लिया था। मिलान किया तो पाया कि दोनों में जगह-जगह फ़र्क़ है। पढ़ने पर यह प्रभाव भी पड़ा कि यह क़िताब हड़बड़ी में आई है। इसमें लिप्यंतर और प्रूफ़, दोनों की भूल-ग़लतियाँ हैं। जो चीज़ पहले से ही उलझी हो, उसे बड़ी गम्भीरता, धीरज और बारीक़ी से सुलझाना होता है। हड़बड़ी में वह चीज़ या तो और उलझ जाती है, या टूट जाती है। इसीलिए यहाँ 'समक्ष' के पाठ से तुलना की गई है। डॉ. कमलकिशोर गोयनका के ख़त से पता चला कि उन्होंने प्रेमचन्द पर इस तरह का काम किया है। हालाँकि उनकी दो ही क़िताबों को पढ़ पाया, बक़िया मिलीं ही नहीं। पाठक देखेंगे कि उनके और मेरे सरोकार अलग-अलग हैं। वे एक समीक्षक हैं और मैं एक पाठक-विद्यार्थी। मैं प्रेमचन्द का श्रेष्ठतम पाने की जद्दोजहद में यह काम कर बैठा। यह न तो कोई खोज है, न कोई आयोजनबद्ध काम। कहानियों के चयन में वही 'कुछ खुटता और असंगत-सा' कारण रहा है, जो उर्दू रूप में सिरे से ग़ायब है।

इन उर्दू रूपों के पाठ से प्रेमचन्द का विकसित होता चरित्र उभरता है। उनकी उलझन, उनका भटकाव सब नज़र आता है। 'बड़े घर की बेटी' उनकी शुरुआती रचना है, मगर सामाजिक-मनोवैज्ञानिक यथार्थ का बारीक़ आलेखन उसमें देखा जा सकता है। यह कहानी उपदेश-प्रधान है। यह प्रभाव छोड़ने के बजाय 'इति सिद्धम्' करती है, मगर यथार्थ का सूक्ष्म आलेखन रचनाकार की प्रतिभा की गवाही देता है, ''इसी असना में कई और आदमी हुक़्क़ा-तम्बाकू उड़ाने के लिए आ बैठे। कई औरतों ने जब सुना कि श्रीकंठ बीवी के पीछे बाप से आमादा-ए-जंग हैं तो

उनका दिल बहुत ख़ुश हुआ और तरफ़ैन की शिकवाआमेज़ बातें सुनने के लिए उनकी रूहें तड़पने लगीं। कुछ ऐसे भी हासिद गाँव में थे, जो इस ख़ानदान की सलामतरवी पर दिल-ही-दिल में जलते थे।...बेनीमाधो सिंह पुराना आदमी था। समझ गया कि ये हज़रत फूले नहीं समाते। उसके दिल ने यह फ़ैसला किया कि उन्हें ख़ुश न होने दूँगा।'' कुछ विद्वानों को यह स्फ़ीति लग सकती है, क्योंकि कहानी को तो तीर की तरह गति करनी चाहिए। जबकि इसी समाज में श्रीकंठ और आनन्दी को रहना है। इसलिए इसको समझना होगा। बेनीमाधो सिंह समझ गए, मगर श्रीकंठ नहीं समझ सका, जबकि वाद-विवाद प्रतियोगिता में अव्वल आता है। समाज के वाद-विवाद में अड़ना ही नहीं, झुकना भी पड़ता है और ऐसा अक्सर होता है कि झुकनेवाला लोगों की सहानुभूति पाता है। प्रेमचन्द की कहानियों के चरित्र अपने परिवेश से ओत-प्रोत होते हैं। इसीलिए जीवन्त होते हैं। विचारों को किस तरह अनुभवगम्य बनाया जाता है, कोई प्रेमचन्द से सीखे। चरित्रों के मन में चलनेवाले संघर्ष का बयान प्रेमचन्द नहीं करते। वह बाहरी हरकतों से मन के संघर्ष को अभिव्यक्त करते हैं। उन्हीं के माध्यम से चरित्रों को समझा जा सकता है। इससे पाठक की भागीदारी भी बढ़ती है। एक सच्चा कलाकार अपने पाठकों से मशक़्क़त करवाता है, इसके लिए वह उसे महज़ छेड़ता है। पुश करता है। इस तरह वह ज्ञान देता नहीं, ज्ञान अर्जित करवाता है। इससे दुहरा फ़ायदा होता है। एक तो पाठक को नया ज्ञान मिलता है, दूसरा ज्ञान अर्जन की क्षमता बढ़ती है। उनका पाठक महज़ श्रोता नहीं होता, बोलता भी है। इसीलिए उनकी कहानियाँ संवाद बन जाती हैं। बातचीत में 'टोन' के महत्त्व को सभी जानते हैं। 'टोन', जहाँ बातचीत को एक लय में ढाल देता है, वहीं बिम्बात्मक भी हो जाता है। अनुवादक महोदय उस 'टोन' को न पकड़ पाने के कारण जगह-जगह सपाट हो गए। जिससे रचना की कलात्मकता को तो नुकसान हुआ ही, उसका अर्थ भी वह नहीं रहा।

मैं प्रेमचन्द की कहानियों के अनुवादकों का बहुत-बहुत आभारी हूँ क्योंकि जैसा भी हो उन्होंने ही प्रेमचन्द से रू-ब-रू कराया, अन्यथा हम प्रेमचन्द से अपरिचित रह जाते। वे अपनी समझ और क्षमता के साथ प्रेमचन्द को रू-ब-रू कराने में लगे रहे। उनकी मंशा हमारे लिए अनुकरणीय है। अब हमारा दायित्व बनता है कि हम उनकी भूल-ग़लतियों को सुधारें।

यहाँ उदाहरण के रूप में दस कहानियों के लिप्यंतर किए गए हैं, यह जानने के लिए कि प्रेमचन्द किस वातावरण में काम कर रहे थे। प्रेमचन्द को जानने के लिए उर्दू-हिन्दी, दोनों पाठों की कितनी ज़रूरत है। अगर हम अपनी परम्परा से भली-भाँति परिचित नहीं हैं, तो हम गड्ढे में गिरेंगे, कोई रोक नहीं सकता। इस तरह जानना-समझना तीन खंडों में है। पहला लिप्यंतर, दूसरा, उर्दू-हिन्दी रूपों की तुलना और तीसरा, समीक्षा। पाठक, ख़ुद महसूस करेंगे कि प्रेमचन्द को वे जितना सम्मान देते हैं वे उससे ज़्यादा के अधिकारी हैं। जो व्यक्ति जितने सम्मान का अधिकारी होता है, अगर उससे ज़रा भी कम सम्मान दिया जाए तो यह उसका अपमान है।

यह पूरा काम मेरे बुज़ुर्ग और प्रिय कथाकार शेखर जोशी की मीठी डाँट का नतीजा है। मेरे मन में पड़े बीज को उन्होंने ही खाद-पानी दिया। इसलिए उनका आभार नहीं माना जा सकता, उन्हें महज़ सौंपा जा सकता है। यह कृति उन्हीं की है, सो उन्हीं को सौंप रहा हूँ। वे ही जानें कि उन्होंने कैसे बीज को खाद-पानी दिया। गुरुवर शिवकुमार मिश्र ने भी इसको विकसित करने में कम ज़हमत नहीं उठाई है। उन्होंने जितना स्नेह और प्रेरणा से ओत-प्रोत किया है, वह 'आभारी' जैसे शब्दों से कई गुना वज़नदार और मूल्यवान है। यह क़र्ज़ मेरे माथे अभी भी है। उनसे यही वादा किया जा सकता है कि जल्द ही उनका यह क़र्ज़ चुकता होगा। इस किताब के प्रकाशन में ही नहीं बल्कि प्रेरणा स्रोत के रूप में भी नामवरजी का नमन ही किया जा सकता है, आभार नहीं माना जा सकता।

'बड़े भाई साहब' कहानी के लिप्यन्तर में मेरे साथी प्रा. आई.ए. शेख़ ने अपना बहुमूल्य योग दिया है, बक़िया कहानियों के लिप्यन्तर में मेरे अज़ीज़ शक़ील अहमद का बहुमूल्य प्रदान है। उनके सहयोग के बिना यह काम मुमकिन ही न होता। इन दोनों दोस्तों का आभारी हूँ। लिप्यन्तर में अगर भूलें हैं, तो वह मेरी हैं, इन दोस्तों ने तो सही उच्चारण के साथ पढ़ा है। अब यह किताब पाठकों के सामने है। वे ही निर्णय करें कि क्या किया जाना चाहिए।

—श्रीराम त्रिपाठी

अनुक्रम

तीसरा खंड : समीक्षा

उपसंहार

पहला खंड : लिप्यंतर

वजह थी कि गाँव की बहुएँ उन्हें मक़बूलियत की निगाह से न देखती थीं। बाज़-बाज़ शरीफ़जादियाँ तो उन्हें अपना दुश्मन समझतीं। ख़ुद उन्हीं की बीवी उनसे इस मसले पर अक्सर ज़ोर-शोर से बहस करती थी, मगर इस वजह से नहीं कि उसे अपने सास-ससुर से, देवर-जेठ से नफ़रत थी, बल्कि उसका ख़याल था कि अगर ग़म खाने और तरह देने पर भी कुनबे के साथ निबाह न हो सके तो आए दिन की तकरार से ज़िन्दगी तल्ख़ करने के बजाय यही बेहतर है कि अपनी खिचड़ी अलग पकाई जाए।

आनन्दी एक बड़े ऊँचे ख़ानदान की लड़की थी। उसके बाप एक छोटी-सी रियासत के ताल्लुकेदार थे। आलीशान महल, एक हाथी, तीन घोड़े, पाँच वर्दीपोश सिपाही, फिटन बहलियाँ, शिकारी कुत्ते, बाज़, बहरी-शिकरे, हुर्रे, फ़र्श फ़रोश, शीशा, आलात, आनरेरी मजिस्ट्रेटी और क़र्ज़; जो एक मोअज़्ज़िज़ तआल्लुक़ेदार के लवाज़िम हैं, वह उनसे बहरावर थे। भूपसिंह नाम था। फ़राख़दिल, हौसलामन्द आदमी थे, मगर क़िस्मत की ख़ूबी लड़का एक भी न था। सात लड़कियाँ ही लड़कियाँ हुईं और सातों ज़िन्दा रहीं। अपने बराबर या ज़्यादा ऊँचे ख़ानदान में उनकी शादी करना अपनी रियासत को मिट्टी में मिलाना था। पहले जोश में तो उन्होंने तीन शादियाँ दिल खोलकर कीं, मगर जब पन्द्रह-बीस हज़ार के मक़रूज़ हो गए तो आँखें खुलीं। हाथ-पैर पीट लिए। आनन्दी चौथी लड़की थी, मगर अपनी सब बहनों से ज़्यादा हसीन और नेक। इसी वजह से ठाकुर भूपसिंह उसे बहुत प्यार करते थे। हसीन बच्चे को शायद उसके माँ-बाप भी ज़्यादा प्यार करते हैं। ठाकुर साहब बड़े पशोपेश में थे कि उसकी शादी कहाँ करें। न तो यही चाहते थे कि क़र्ज़ का बोझ बढ़े और न यही मंज़ूर था कि उसे अपने आपको बदक़िस्मत समझने का मौक़ा मिले। एक रोज़ श्रीकंठ उनके पास किसी चन्दे के लिए रुपया माँगने आए, शायद नागरी प्रचार का चन्दा था। भूपसिंह उनके तौर व तरीक़ पर रीझ गए। खेंचतान कर ज़ायचे मिलाए गए और शादी धूम-धाम से हो गई।

आनन्दी देवी अपने नए घर में आई तो यहाँ का रंग-ढंग कुछ और ही देखा। जिन दिलचस्पियों और तक़रीहों की वह बचपन से आदी थी, उनका यहाँ वजूद भी न था। हाथी-घोड़ों का तो ज़िक्र क्या! कोई सजी हुई ख़ूबसूरत बहली भी न थी। रेशमी स्लीपर साथ लाई थी, मगर यहाँ बाग़ कहाँ! मकान में खिड़कियाँ तक न थीं। न ज़मीन पर फ़र्श, न दीवारों पर तस्वीरें। यह एक सीधा-सादा दहक़ानी मकान था।

आनन्दी ने थोड़े ही दिनों में इन तब्दीलियों से अपने तईं इस क़दर मानूस बना लिया, गोया उसने तकल्लुफ़ात कभी देखे ही नहीं।

2

एक रोज़ दोपहर के वक़्त लालबिहारी सिंह दो मुर्गियाँ लिए हुए आए। और भावज से कहा–"जल्दी से गोश्त पका दो। मुझे भूख लगी है।"

आनन्दी खाना पकाकर उनकी मुन्तज़िर बैठी थी। गोश्त पकाने बैठी, मगर हांडी में देखा तो घी पाव भर से ज़्यादा न था। बड़े घर की बेटी, किफ़ायतश्वारी का सबक़ अभी अच्छी तरह न पढ़ी थी। उसने सब घी गोश्त में डाल दिया। लालबिहारी सिंह खाने बैठे, तो दाल में घी न था।

"दाल में घी क्यों नहीं छोड़ा?"

आनन्दी ने कहा–"घी सब गोश्त में पड़ गया।"

लालबिहारी–"अभी परसों घी आया है। इस क़दर जल्द उठ गया?"

आनन्दी–"आज तो कुल पाव भर था। वो मैंने गोश्त में डाल दिया।"

जिस तरह सूखी लकड़ी जल्दी से जल उठती है, उसी तरह भूख से बावला इनसान ज़रा-ज़रा-सी बात पर तुनक जाता है। लालबिहारी सिंह को भावज की यह ज़बानदराज़ी बहुत बुरी मालूम हुई। तीखा होकर बोला–"मैके में तो चाहे घी की नदी बहती हो।"

औरत गालियाँ सहती है, मार सहती है, मगर मैके की निन्दा उससे नहीं सही जाती। आनन्दी मुँह फेरकर बोली–"हाथी मरा भी तो नौ लाख का। वहाँ इतना घी रोज़ नाई-कहार खा जाते हैं।"

लालबिहारी जल गया। थाली उठाकर पटक दी और बोला–"जी चाहता है, तालू से ज़बान खेंच लें।"

आनन्दी को भी ग़ुस्सा आ गया। चेहरा सुर्ख़ हो गया। बोली–"वो होते तो आज इसका मज़ा चखा देते।"

अब नौजवान, उजड्ढ ठाकुर से ज़ब्त न हो सका। उसकी बीवी एक मामूली ज़मीनदार की बेटी थी। जब जी चाहता था, उस पर हाथ साफ़ कर लिया करता था। खड़ाऊँ उठाकर आनन्दी की तरफ़ ज़ोर से फेंकी और बोला–"जिसके गुमान पर बोली हो, उसे भी देखूँगा और तुम्हें भी।"

आनन्दी ने हाथ से खड़ाऊँ रोकी। सिर बच गया, मगर उँगली में सख़्त चोट आई। ग़ुस्से के मारे हवा में हिलते हुए पत्ते की तरह काँपती हुई अपने कमरे में आकर खड़ी हो गई। औरत का ज़ोर और हौसला, ग़ुरूर व इज़्ज़त शौहर की ज़ात से है। उसे शौहर ही की ताक़त और हिम्मत का घमंड होता है। आनन्दी ख़ून का घूँट पीकर रह गई।

3

श्रीकंठ सिंह हर शम्बे को अपने मकान आया करते थे। जुमेरात का यह वाक़या था। दो दिन तक आनन्दी ने न कुछ खाया न पीया, उनकी राह देखती रही। आख़िर शम्बे को हस्बे मामूल शाम के वक़्त वह आए और बाहर बैठकर कुछ मुल्की व माली ख़बरें, कुछ नए मुक़द्दमात की तजवीज़ें और फ़ैसले बयान करने लगे और सिलसिला-ए-तक़रीर दस बजे रात तक जारी रहा। दो-तीन घंटे आनन्दी ने बेइन्तहा इज़्तराब के आलम में काटे। बारे खाने का वक़्त आया। पंचायत उठी। जब तख़्लिया हुआ तो लालबिहारी ने कहा–"भइया, आप ज़रा घर में समझा दीजिएगा कि ज़बान सँभालकर बातचीत किया करें, वरना नाहक़ एक दिन ख़ून हो जाएगा।"

बेनीमाधो सिंह ने शहादत दी–"बहू-बेटियों की यह आदत अच्छी नहीं कि मर्दों के मुँह लगें।"

लालबिहारी–"वह बड़े घर की बेटी हैं तो हम लोग भी कोई कुरमी-कहार नहीं हैं।"

श्रीकंठ–"आख़िर बात क्या हुई?"

लालबिहारी–"कुछ भी नहीं। यूँ ही आप ही आप उलझ पड़ीं। मैके के सामने हम लोगों को तो कुछ समझती ही नहीं।"

श्रीकंठ खा-पीकर आनन्दी के पास गए। वह भी भरी बैठी थी और यह हज़रत भी कुछ तीखे थे।

आनन्दी ने पूछा–"मिज़ाज तो अच्छा है?"

श्रीकंठ बोले–"बहुत अच्छा है। यह आजकल तुमने घर में क्या तूफ़ान मचा रक्खा है?"

आनन्दी के तेवरों पर बल पड़ गए और झुँझलाहट के मारे बदन में पसीना आ गया। बोली–"जिसने तुमसे यह आग लगाई है, उसे पाऊँ तो मुँह झुलस दूँ।"

श्रीकंठ–"इस क़दर तेज़ क्यों होती हो? कुछ बात तो कहो।"

आनन्दी–"क्या कहूँ? क़िस्मत की ख़ूबी है, वरना एक गँवार लौंडा, जिसे चपरासीगिरी करने की भी तमीज़ नहीं, मुझे खड़ाऊँ से मारकर यूँ न अकड़ता फिरता। बोटियाँ नुचवा लेती। इस पर तुम पूछते हो कि घर में तूफ़ान क्यूँ मचा रक्खा है।"

श्रीकंठ–"आख़िर कुछ कैफ़ियत तो बयान करो। मुझे तो कुछ मालूम ही नहीं।"

आनन्दी–"परसों तुम्हारे लाडले भाई ने मुझे गोश्त पकाने को कहा। घी पाव भर से कुछ ज़्यादा था। मैंने सब गोश्त में डाल दिया। जब खाने बैठा तो कहने लगा, दाल में घी क्यों नहीं! बस, इसी पर मेरे मैके को बुरा-भला कहने लगा। मुझसे बरदाश्त न हो सका। बोली कि वहाँ इतना घी नाई-कहार खा जाते हैं और किसी

को ख़बर भी नहीं होती। बस, इतनी-सी बात पर इस ज़ालिम ने मुझे खड़ाऊँ फेंक मारी। अगर हाथ से न रोकती तो सिर फट जाता। उससे पूछो कि मैंने जो कुछ कहा है, सच है या झूठ?"

श्रीकंठ की आँखें लाल हो गईं। बोले–"यहाँ तक नौबत पहुँच गई। यह लौंडा तो बड़ा शरीर निकला।"

आनन्दी रोने लगी, जैसे औरतों का क़ायदा है, क्योंकि आँसू उनकी पलकों पर रहता है। औरत के आँसू मर्द के ग़ुस्से पर रोग़न का काम करते हैं। श्रीकंठ के मिज़ाज में तहम्मुल बहुत था। उन्हें शायद कभी ग़ुस्सा आया ही न था, मगर आनन्दी के आँसुओं ने आज ज़हरीली शराब का काम किया। रात भर करवटें बदलते रहे। सवेरा होते ही अपने बाप के पास जाकर बोले–"दादा, अब मेरा निबाह इस घर में न होगा।"

यह और इसी मायने के दूसरे जुम्ले ज़बान से निकालने के लिए श्रीकंठ सिंह ने अपने कई हमजोलियों को बारहा आड़े हाथों लिया था। जब उनका कोई दोस्त उनसे ऐसी बातें कहता तो वह मुज़हका उड़ाते और कहते, तुम बीवियों के ग़ुलाम हो। उन्हें क़ाबू में रखने के बजाय ख़ुद उनके क़ाबू में हो जाते हो। मगर हिन्दू मुश्तरक़ा ख़ानदान का यह पुरजोश वकील आज अपने बाप से यह कह रहा था–"दादा, अब मेरा निबाह इस घर में न होगा।" नासह की ज़बान उसी वक़्त तक चलती है, जब तक वह इश्क के करिश्मों से बेख़बर रहता है। आजमाइश के बीच में आकर ज़ब्त और हुलुम रुख़सत हो जाते हैं।

बेनीमाधो सिंह घबराकर उठ बैठे और बोले–"क्यों?"

श्रीकंठ–"इसलिए कि मुझे भी अपनी इज़्ज़त का कुछ थोड़ा-बहुत ख़याल है। आपके घर में अब हठधर्मी का बर्ताव होता है। जिनको बड़ों का अदब होना चाहिए वह उनके सिर चढ़ते हैं। मैं तो दूसरे का ग़ुलाम ठहरा। घर पर रहता नहीं। और यहाँ मेरे पीछे औरतों पर खड़ाऊँ और जूतों की बौछार होती है। कड़ी बात तक मुज़ायकः नहीं। कोई एक की दो कह ले। यहाँ तक मैं ज़ब्त कर सकता हूँ, मगर यह नहीं हो सकता कि मेरे ऊपर लात और घूँसे पड़ें और मैं दम न मारूँ।"

बेनीमाधो सिंह कुछ जवाब न दे सके। श्रीकंठ हमेशा उनका अदब करते थे। उनके ऐसे तेवर देखकर बूढ़ा ठाकुर लाजवाब हो गया। सिर्फ़ इतना बोला–"बेटा, तुम अक़्लमन्द होकर ऐसी बातें करते हो। औरतें इसी तरह घर तबाह कर देती हैं। उनका मिज़ाज बहुत बढ़ाना अच्छी बात नहीं।"

श्रीकंठ–"इतना मैं जानता हूँ। आपकी दुआ से ऐसा अहमक़ नहीं हूँ। आप ख़ुद जानते हैं कि इस गाँव के कई ख़ानदानों को मैंने अलहदगी की आफ़तों से बचा दिया है, मगर जिस औरत की इज़्ज़त व आबरू का मैं ईश्वर के दरबार में ज़िम्मेदार हूँ,

उस औरत के साथ ऐसा ज़ालिमाना बर्ताव मैं नहीं सह सकता। आप यक़ीन मानिए, मैं अपने ऊपर बहुत जब्र कर रहा हूँ कि लालबिहारी की गोशमाली नहीं करता।''

अब बेनीमाधो भी गरमाए। यह कुफ़्र ज़्यादा न सुन सके। बोले–''लालबिहारी तुम्हारा भाई है। उससे जब कभी भूल-चूक हो, तुम उसके कान पकड़ो। मगर...''

श्रीकंठ–''लालबिहारी को मैं अब अपना भाई नहीं समझता।''

बेनीमाधो–''औरत के पीछे।''

श्रीकंठ–''जी नहीं। उसकी गुस्ताख़ी और बेरहमी के बाइस।''

दोनों आदमी कुछ देर तक ख़ामोश रहे। ठाकुर साहब लड़के का ग़ुस्सा धीमा करना चाहते थे, मगर यह तस्लीम करने को तैयार न थे कि लालबिहारी से कोई गुस्ताख़ी या बेरहमी वक़ू में आई। इसी असना में कई और आदमी हुक़्क़ा-तम्बाकू उड़ाने के लिए आ बैठे। कई औरतों ने जब सुना कि श्रीकंठ बीवी के पीछे बाप से आमादा-ए-जंग हैं तो उनका दिल बहुत ख़ुश हुआ और तरफ़ैन की शिकवा आमेज़ बातें सुनने के लिए उनकी रूहें तड़पने लगीं। कुछ ऐसे हासिद भी गाँव में थे, जो इस ख़ानदान की सलामतरवी पर दिल ही दिल में जलते थे। श्रीकंठ बाप से दबता था, इसलिए वह ख़तावार है। उसने इतना इल्म हासिल किया, यह भी उसकी ख़ता है। बेनीमाधो सिंह बड़े बेटे को बहुत प्यार करते हैं, यह बुरी बात है। वह बिला उसकी सलाह के कोई काम नहीं करते, यह उनकी हिमाक़त है। इन ख़यालात के आदमियों की आज उम्मीदें भर आईं। हुक़्क़ा पीने के बहाने से, कोई लगान की रसीद दिखाने के हेले से आ-आकर बैठ गए। बेनीमाधो सिंह पुराना आदमी था। समझ गया कि ये हज़रात फूले नहीं समाते। उसके दिल ने यह फ़ैसला किया कि उन्हें ख़ुश न होने दूँगा। ख़्वाह अपने ऊपर कितना ही जब्र हो। यकायक लहजा-ए-तक़रीर नर्म करके बोले–''बेटा, मैं तुमसे बाहर नहीं हूँ। तुम्हारा जो जी चाहे करो। अब तो लड़के से ख़ता हो गई।''

इलाहाबाद का नौजवान, झल्लाया हुआ ग्रेजुएट; इस घात को न समझा। अपने डिबेटिंग क्लब में उसने अपनी बात पर अड़ने की आदत सीखी थी, मगर अमली मुबाहिसों के दाँव-पेंच से वाक़िफ़ न था। इस मैदान में वह बिलकुल अनाड़ी निकला। बाप ने जिस मतलब से पहलू बदला था, वहाँ तक उसकी निगाह न पहुँची। बोला–''मैं लालबिहारी सिंह के साथ अब इस घर में नहीं रह सकता।''

बाप–''बेटा, तुम अक्लमंद हो और अक्लमंद आदमी गँवारों की बात पर ध्यान नहीं देता। वह बेसमझ लड़का है। उससे जो कुछ ख़ता हुई है, उसे तुम बड़े होकर मुआफ़ कर दो।''

बेटा–''उसकी यह हरकत मैं हरगिज़ मुआफ़ नहीं कर सकता, या तो वही घर में रहेगा, या मैं ही रहूँगा। आपको अगर उससे ज़्यादा मोहब्बत है तो मुझे रुख़सत

कीजिए। मैं अपना बोझ आप उठा लूँगा। अगर मुझे रखना चाहते हो तो उससे कहिए, जहाँ चाहे चला जाए। बस, यह मेरा आख़िरी फ़ैसला है।''

लालबिहारी सिंह दरवाज़े की चौखट पर चुपचाप खड़ा बड़े भाई की बातें सुन रहा था। वह उनका बहुत अदब करता था। उसे कभी इतनी जुर्रत न हुई थी कि श्रीकंठ के सामने चारपाई पर बैठ जाए, या हुक़्क़ा पी ले, या पान खा ले। अपने बाप का भी इतना पास व लिहाज़ न करता था। श्रीकंठ को भी उससे दिली मोहब्बत थी। अपने होश में उन्होंने कभी उसे घुड़का तक न था। जब इलाहाबाद से आते तो ज़रूर उसके लिए कोई-न-कोई तोहफ़ा लाते। मुगदर की जोड़ी उन्होंने ही बनवाकर दी थी। पिछले साल जब उसने अपने से डेवढ़े जवान को नागपंचमी के दंगल में पछाड़ दिया तो उन्होंने ख़ुश होकर अखाड़े ही में जाकर उसे गले से लगा लिया था और पाँच रुपए के पैसे लुटाए थे। ऐसे भाई के मुँह से आज ऐसी जिगरदोज़ बातें सुनकर लालबिहारी सिंह को बड़ा मलाल हुआ। उसे ज़रा भी ग़ुस्सा न आया। वह फूटकर रोने लगा। इसमें कोई शक नहीं कि वह अपने फ़ैल पर आप नादिम था। भाई के आने से एक दिन पहले ही से उसका दिल हरदम धड़कता था कि देखूँ भइया क्या कहते हैं। मैं उनके सामने कैसे जाऊँगा? मैं उनसे कैसे बोलूँगा? मेरी आँखें उनके सामने कैसे उठेंगी? उसने समझा था कि भइया मुझे बुलाकर समझा देंगे। इस उम्मीद के ख़िलाफ़ आज वह उन्हें अपनी सूरत से बेज़ार पाता था। वह जाहिल था, मगर उसका दिल कहता था कि भइया मेरे साथ ज़्यादती कर रहे हैं। अगर श्रीकंठ उसे अकेले बुलाकर दो-चार सख़्त बातें कहते, बल्कि दो-चार तमाचे भी लगा देते तो शायद उसे इतना मलाल न होता, मगर भाई का यह कहना कि अब मैं इसकी सूरत से नफ़रत रखता हूँ, लालबिहारी से न सहा गया। वह रोता हुआ घर में आया और कोठरी में जाकर कपड़े पहने, फिर आँखें पोंछीं, जिससे कोई यह न समझे कि रोता था। तब आनन्दी देवी के दरवाज़े पर आकर बोला–''भाभी, भइया ने ये फ़ैसला किया है कि वे मेरे साथ इस घर में न रहेंगे। वे अब मेरा मुँह देखना नहीं चाहते। इसलिए अब मैं जाता हूँ। उन्हें फिर मुँह न दिखाऊँगा। मुझसे जो ख़ता हुई है, उसे मुआफ़ करना।''

यह कहते-कहते लालबिहारी की आवाज़ भारी हो गई।

4

जिस वक़्त लालबिहारी सिंह सिर झुकाए आनन्दी के दरवाज़े पर खड़ा था, उसी वक़्त श्रीकंठ भी आँखें लाल किए बाहर से आए। भाई को खड़ा देखा तो नफ़रत से आँखें फेर लीं और कतराकर निकल गए, गोया उसके साये से भी परहेज़ है।

आनन्दी ने लालबिहारी सिंह की शिकायत तो शौहर से की, मगर अब दिल में पछता रही थी। वह तबअन नेक औरत थी। और उसके ख़याल में भी न था कि यह मामला इस क़दर तूल खींचेगा। वह दिल ही दिल में अपने शौहर के ऊपर झुँझला रही थी कि इस क़दर गरम क्यों हो रहे हैं। यह ख़ौफ़ कि कहीं ये मुझे इलाहाबाद चलने को न कहने लगें, तो फिर मैं क्या करूँगी; उसके चेहरे को ज़र्द किए हुए थे। इसी हालत में जब उसने लालबिहारी को दरवाज़े पर खड़े यह कहते सुना कि अब मैं जाता हूँ। मुझसे जो कुछ ख़ता हुई है, मुआफ़ करना, तो उसका रहा-सहा ग़ुस्सा भी पानी हो गया। वह रोने लगी। दिलों का मैल धोने के लिए आँसू से ज़्यादा कारगर कोई चीज़ नहीं है।

श्रीकंठ को देखकर आनन्दी ने कहा–"लाला बाहर खड़े हैं। बहुत रो रहे हैं।"

श्रीकंठ–"तो मैं क्या करूँ?"

आनन्दी–"अन्दर बुला लो। मेरी ज़बान को आग लगे। मैंने कहाँ से वह झगड़ा उठाया।"

श्रीकंठ–"मैं नहीं बुलाने का।"

आनन्दी–"पछताओगे। उन्हें बहुत ग्लानि आ गई है। ऐसा न हो, कहीं चल दें।"

श्रीकंठ न उठे। इतने में लालबिहारी ने फिर कहा–"भाभी भइया से मेरा सलाम कह दो। वह मेरा मुँह नहीं देखना चाहते। इसलिए मैं भी अपना मुँह उन्हें न दिखाऊँगा।"

लालबिहारी सिंह इतना कहकर लौट पड़ा और तेज़ी से बाहर के दरवाज़े की तरफ़ जाने लगा। यकायक आनन्दी अपने कमरे से निकली और उसका हाथ पकड़ लिया। लालबिहारी ने पीछे की तरफ़ ताका और आँखों में आँसू भरकर बोला–"मुझको जाने दो।"

आनन्दी–"कहाँ जाते हो?"

लालबिहारी–"जहाँ कोई मेरा मुँह न देखे।"

आनन्दी–"मैं न जाने दूँगी।"

लालबिहारी–"मैं लोगों के साथ रहने के क़ाबिल नहीं हूँ।"

आनन्दी–"तुम्हें मेरी क़सम। अब एक क़दम भी आगे न बढ़ाना।"

लालबिहारी–"जब तक मुझे यह न मालूम हो जाएगा कि भइया के दिल में मेरी तरफ़ से कोई तकलीफ़ नहीं, तब तक मैं इस घर में हरगिज़ न रहूँगा।"

आनन्दी–"मैं ईश्वर की सौगन्ध खाकर कहती हूँ कि तुम्हारी तरफ़ से मेरे दिल में ज़रा भी मैल नहीं है।"

अब श्रीकंठ का दिल पिघला। उन्होंने बाहर आकर लाल को गले लगा लिया।

और दोनों भाई ख़ूब फूट-फूटकर रोए। लालबिहारी ने सिसकते हुए कहा–"भइया, अब कभी न कहना कि तुम्हारा मुँह न देखूँगा। इसके सिवा जो सज़ा आप देंगे, वह मैं ख़ुशी से कुबूल करूँगा।"

श्रीकंठ ने काँपती हुई आवाज़ से कहा–"लल्लू, इन बातों को बिलकुल भूल जाओ। ईश्वर चाहेगा तो अब ऐसी बातों का मौक़ा न आएगा।"

बेनीमाधो सिंह बाहर से आ रहे थे। दोनों भाइयों को गले मिलते देखकर ख़ुश हो गए और बोल उठे–"बड़े घर की बेटियाँ ऐसी ही होती हैं। बिगड़ता हुआ काम बना लेती हैं।

गाँव में जिसने यह वाक़या सुना, इन अल्फ़ाज़ में आनन्दी की फ़ैयाज़ी की दाद दी–"बड़े घर की बेटियाँ ऐसी ही होती हैं।"

नमक का दारोग़ा

जब नमक का महकमा क़ायम हुआ और एक ख़ुदादाद नेमत से फ़ायदा उठाने की आम मुमानियत कर दी गई तो लोग दरवाज़ा-ए-सदर बन्द पाकर रोज़न और शग़ाफ़ की फ़िक्र करने लगे।

चारों तरफ़ ख़यानत, ग़बन और तहरीस का बाज़ार गर्म था। पटवारगिरी का मोअज़्ज़िज़ और पुरमुनफ़अत ओहदा छोड़-छोड़कर लोग सीग़े नमक की बर्क़न्दाज़ी करते थे और इस महकमे का दारोग़ा तो वकीलों के लिए भी रश्क का बाइस था। यह वह ज़माना था जब अंग्रेज़ी तालीम और ईसाइयत मुतरादिफ़ अल्फ़ाज़ थे। फ़ारसी की तालीम सनद इफ़्तेख़ार थी। लोग हुस्न और इश्क की कहानियाँ पढ़-पढ़कर आलातरीन मदारिजे ज़िन्दगी के क़ाबिल हो जाते थे। मुंशी बंसीधर ने भी ज़ुलेख़ा की दास्तान ख़त्म की और मजनू और फ़रहाद के क़िस्सा-ए-ग़म को दरयाफ़्ते अमरीका या जंगे नील से अज़ीमतर वाक़या ख़याल करते हुए रोज़गार की तलाश में निकले। उनके बाप एक जहाँदीदा बुज़ुर्ग थे। समझाने लगे–"बेटा! घर की हालत ज़ार देख रहे हो। क़र्ज़े से गरदनें दबी हुई हैं। लड़कियाँ हैं, वह गंगा-जमना की तरह बढ़ती चली आ रही हैं। मैं कगारे का दरख़्त हूँ। न मालूम कब गिर पड़ूँ। तुम ही घर के मालिक व मुख़्तार हो। मुशाहरे और ओहदे का मुतलक़ ख़याल न करना। यह तो पीर का मज़ार है। निगाह चढ़ावे और चादर पर रखनी चाहिए। ऐसा काम ढूँढ़ना जहाँ कुछ बालाई रक़म की आमद हो। माहवार मुशाहरा पूरनमासी का चाँद है जो एक दिन दिखाई देता है और फिर घटते-घटते ग़ायब हो जाता है। बालाई रक़म पानी का बहता हुआ सोता है जिससे प्यास हमेशा बुझती रहती है। मुशाहरा इनसान देता है इसीलिए इसमें बरकत नहीं होती। बालाई रक़म ग़ैब से मिलती है इसीलिए इसमें बरकत होती है। और तुम ख़ुद आलिम व फ़ाज़िल हो, तुम्हें क्या समझाऊँ। यह मामला बहुत कुछ ज़मीर और क़याफ़े की पहचान पर मुनहसिर है। इनसान को देखो, उसकी ज़रूरत को देखो, मौक़ा देखो और ख़ूब ग़ौर से काम लो। ग़रज़मन्द के साथ हमेशा बेरहमी और बेरुखी कर सकते हो, लेकिन बेग़र्ज़ से मामला करना मुश्किल काम है। इन बातों को गिरह बाँध लो, यह मेरी सारी ज़िन्दगी की कमाई है।"

बुज़ुर्गाना नसीहतों के बाद कुछ दुआइया कल्मात की बारी आई। बंसीधर ने सआदतमन्द लड़के की तरह यह बातें बहुत तवज्जोह से सुनीं और तब घर से चल खड़े हुए। इस वसी दुनिया में जहाँ अपना इस्तक़लाल अपना रफ़ीक, अपनी हिम्मत अपना मददगार और अपनी कोशिश अपना मुरब्बी है। लेकिन अच्छे शगुन से चले थे, ख़ूबी-ए-क़िस्मत साथ थी, सीग़े नमक के दारोग़ा मुक़र्रर हो गए। मुशाहरा माक़ूल, बालाई रक़म का कुछ ठिकाना न था। बूढ़े मुंशीजी ने ख़त पाया तो बाग़-बाग़ हो गए। कलवार की तस्कीन व तशफ़्फ़ी की सनद ली, पड़ोसियों को हसद हुआ और महाजनों की सख़्तगीरियाँ माइले नर्म हो गईं।

2

जाड़े के दिन थे, रात का वक़्त। नमक के बर्क़ंदाज़ चौकीदार शराबख़ाने के दरबान बने हुए थे। बंसीधर को अभी यहाँ आए हुए छह माह से ज़्यादा नहीं हुए थे, लेकिन इस अर्से में उनकी फ़र्ज़शनासी और दयानत ने अफ़सरों का ऐतबार और पब्लिक की बेऐतबारी हासिल कर ली थी।

नमक के दफ़्तर से एक मील पूरब की जानिब जमना नदी बहती थी और उस पर किश्तियों की एक गुज़रगाह बनी हुई थी। दारोग़ा साहब कमरा बन्द किए हुए मीठी नींद सोते थे। यकायक आँख खुली तो नदी के मीठे-सुहाने राग के बजाय गाड़ियों का शोर व गुल और मल्लाहों की बुलन्द आवाज़ें कान में आईं। उठ बैठे। इतनी रात गए क्यों गाड़ियाँ दरिया के पार जाती हैं? अगर कुछ दग़ा नहीं है तो इस परदा-ए-तारीक की ज़रूरत क्यों? शुबहे को इस्तेदलाल ने तरक़्क़ी दी। वर्दी पहनी, तमंचा जेब में रखा और आन-की-आन में घोड़ा बढ़ाए हुए दरिया के किनारे आ पहुँचे। देखा तो गाड़ियों की एक लम्बी क़तार जुल्फ़े महबूब से भी ज़्यादा तूलानी पुल से उतर रही है। हाकिमाना अन्दाज़ से बोले–"किसकी गाड़ियाँ हैं?"

थोड़ी देर तक सन्नाटा रहा। आदमियों में कुछ सरगोशियाँ हुईं। तब अगले गाड़ीवान ने जवाब दिया–"पंडित अलोपीदीन की।"

"कौन पंडित अलोपीदीन?"

"दातागंज के।"

मुंशी बंसीधर चौंके। अलोपीदीन इस इलाक़े का सबसे बड़ा और मुमताज़ ज़मींदार था। लाखों की हुंडियाँ चलती थीं, ग़ल्ले का कारोबार अलग। बड़ा साहब-ए-असर, बड़ा हुक्कामरस, बड़े-बड़े अंग्रेज अफ़सर उसके इलाक़े में शिकार खेलने आते और उसके मेहमान होते। बारहों महीने सदाब्रत चलता था। पूछा–"कहाँ जाएँगी?" जवाब मिला कि कानपुर। लेकिन इस सवाल पर कि इनमें है क्या? एक ख़ामोशी

का आलम तारी हो गया और दारोग़ा साहब का शुबहा यक़ीन के दरज़े तक पहुँच गया। जवाब के नाकाम इन्तज़ार के बाद ज़रा ज़ोर से बोले–"क्या तुम सब गूँगे हो गए। हम पूछते हैं, इनमें क्या लदा है?"

जब अबके भी कोई जवाब न मिला तो उन्होंने घोड़े को एक गाड़ी से मिला दिया और एक बोरे को टटोला। शुबहा यक़ीन से हमआगोश था। ये नमक के ढेले थे।

3

पंडित अलोपीदीन अपने सजीले रथ पर सवार कुछ सोते कुछ जागते चले आते थे कि कई घबराए हुए गाड़ीवानों ने आकर जगाया और बोले–"महाराज, दरोगा ने गाड़ियाँ रोक दीं और घाट पर खड़े आपको बुलाते हैं।"

पंडित अलोपीदीन को मुब्लिग़ अलैहिस्सलाम की ताक़त का पूरा-पूरा और अमली तज़ुर्बा था। वह कहा करते थे कि दुनिया का ज़िक्र ही क्या, दौलत का सिक्का बहिश्त में भी रायज है। और उनका यह क़ौल बहुत सही था। क़ानून और हक़ व इंसाफ़, ये सब दौलत के खिलौने हैं। जिनसे वह हस्बे ज़रूरत अपना जी बहलाया करती है। लेटे-लेटे अमीराना बेपरवाई से बोले–"अच्छा चलो। हम आते हैं।" यह कहकर पंडितजी ने बहुत इत्मिनान से पान के बीड़े लगाए और तब लिहाफ़ ओढ़े हुए दारोग़ाजी के पास आकर बेतकल्लुफ़ाना अन्दाज़ से बोले–"बाबूजी, आशीर्वाद। हम से...क्या ऐसी ख़ता हुई कि गाड़ियाँ रोक दी गईं। हम बरहमनों पर तो आपकी नज़रें इनायत ही रहनी चाहिए।"

बंसीधर ने अलोपीदीन को पहचाना, बेऐतनायी से बोले–"सरकारी हुक्म।"

अलोपीदीन ने हँसकर कहा–"हम सरकारी हुक्म को नहीं जानते और न सरकार को। हमारे सरकार तो आप ही हैं। हमारा और आपका तो घर का मामला है। कभी आपसे बाहर हो सकते हैं? आपने नाहक तकलीफ़ की। यह हो ही नहीं सकता कि इधर से जाएँ और इस घाट के देवता को भेंट न चढ़ाएँ। मैं ख़ुद आपकी ख़िदमत में हाज़िर होता।"

बंसीधर और दौलत की इन शीरीं ज़बानियों का कुछ असर न हुआ। दयानतदारी का ताज़ा जोश था। कड़ककर बोले–"हम उन नमकहरामों में नहीं हैं जो कौड़ियों पर अपना ईमान बेचते फिरते हैं। आप इस वक़्त हिरासत में हैं। सुबह को आपका बाक़ायदा चालान होगा। बस, मुझे ज़्यादा बातों की फुरसत नहीं है। जमादार बदलू सिंह, तुम इन्हें हिरासत में ले लो। मैं हुक्म देता हूँ।"

पंडित अलोपीदीन और उसके हवाख़्वाहों और गाड़ीवानों में एक हलचल मच

गई। यह शायद ज़िन्दगी में पहला मौक़ा था कि पंडितजी को ऐसी नागवार बातों के सुनने का इत्तफ़ाक़ हुआ। बदलूसिंह आगे बढ़ा लेकिन फ़र्ते रुआब से हिम्मत न पड़ी कि उनका हाथ पकड़ सके। अलोपीदीन ने भी फ़र्ज़ को दौलत से ऐसा बेनियाज़ और ऐसा बेग़र्ज़ कभी न पाया था, सक्ते में आ गए। ख़याल किया कि यह अभी तिफ़्ले मकतब है। दौलत के नाज़ व अन्दाज़ से मानूस नहीं हुआ। अल्हड़ है। झिझकता है। ज़्यादा नाज़बरदारी की ज़रूरत है। बहुत मुंकसिराना अन्दाज़ से बोले–"बाबू साहब, ऐसा जुल्म न कीजिए। हम मिट जाएँगे। इज़्ज़त ख़ाक़ में मिल जाएगी। आख़िर आपको क्या फ़ायदा होगा? बहुत हुआ, थोड़ा-सा ईनाम व इकराम मिल जाएगा। हम किसी तरह आपसे बाहर थोड़े ही हैं।"

बंसीधर ने सख़्त लहजे में कहा–"हम ऐसी बातें सुनना नहीं चाहते।"

अलोपीदीन ने जिस सहारे को चट्टान समझ रखा था वह पाँव के नीचे से खिसकता हुआ मालूम हुआ। ऐतमादे नफ़्स और गुरूरे दौलत को सदमा पहुँचा। लेकिन अभी तक दौलत की तादादी कूवत का पूरा भरोसा था। अपने मुख़्तार से बोले–"लालाजी, एक हज़ार का नोट बाबू साहब की नज़र करो। आप इस वक़्त भूके शेर हो रहे हैं।"

बंसीधर ने गरम होकर कहा–"हज़ार नहीं, मुझे एक लाख भी फ़र्ज़ के रास्ते से नहीं हटा सकता।"

दौलत फ़र्ज़ की इस ख़ामकाराना जसारत और ज़ाहिदाना नफ़्सकुशी पर झुँझलाई और अब इन दोनों ताक़तों के दरम्यान बड़े मार्के की कशमकश शुरू हुई। दौलत ने पेच व ताब खा-खाकर मायूसाना जोश के साथ कई हमले किए। एक से पाँच हज़ार तक। पाँच से दस हज़ार तक। दस से पन्द्रह, पन्द्रह से बीस हज़ार तक नौबत पहुँची लेकिन फ़र्ज़ मर्दाना हिम्मत के साथ इस सिपाह-ए-अज़ीम के मुक़ाबले में यक्का व तनहा पहाड़ की तरह अटल खड़ा था।

अलोपीदीन मायूसाना अन्दाज़ से बोले–"इससे ज़्यादा मेरी हिम्मत नहीं। आईंदा आपको अख़्तियार है।" बंसीधर ने अपने जमादार को ललकारा। बदलूसिंह दिल में दारोग़ाजी को गालियाँ देता हुआ अलोपीदीन की तरफ़ बढ़ा। पंडितजी घबराकर दो-तीन क़दम पीछे हो गए और निहायत मिन्नतआमेज़ बेकसी के साथ बोले–"बाबू साहब, ईश्वर के लिए मुझ पर रहम कीजिए। मैं पच्चीस हज़ार पर मामला करने को तैयार हूँ।"

"ग़ैरमुमकिन।"

"तीस हज़ार।"

"ग़ैरमुमकिन।"

"क्या चालीस हज़ार भी मुमकिन नहीं?"

“चालीस हज़ार नहीं, चालीस लाख भी ग़ैरमुमकिन। बदलूसिंह, इस शख़्स को फ़ौरन हिरासत में ले लो। मैं अब एक लफ़्ज़ भी सुनना नहीं चाहता।”

फ़र्ज़ ने दौलत को पाँव तले कुचल डाला। अलोपीदीन ने एक क़वीहेकल जवान को हथकड़ियाँ लिए हुए देखा, चारों तरफ़ मायूसाना निगाहें डालीं और तब ग़श खाकर ज़मीन पर गिर पड़े।

4

दुनिया सोती थी मगर दुनिया की ज़बान जागती थी। सुबह हुई तो यह वाक़या बच्चे-बच्चे की ज़बान पर था और हर गली-कूचे से मलामत और तहक़ीर की सदाएँ आती थीं गोया दुनिया में अब गुनाह का वजूद नहीं रहा। पानी को दूध के नाम से बेचनेवाला ग्वाला, फ़र्ज़ी रोज़नामचे भरनेवाले हुक्कामे सरकार, टिकट के बग़ैर रेल पर सफ़र करनेवाले बाबू साहबान और जाली दस्तावेज़ें बनानेवाले सेठ और साहूकार; यह सब पारसाओं की तरह गरदनें हिलाते थे और जब दूसरे दिन पंडित अलोपीदीन का मुवाख़ज़ा हुआ और वह कांस्टेबलों के साथ शर्म से गरदन झुकाए हुए अदालत की तरफ़ चले; हाथों में हथकड़ियाँ, दिल में ग़ुस्सा व ग़म तो सारे शहर में हलचल-सी मच गई। मेलों में भी शायद शौक़े नज़ारा ऐसी उमंग पर आता हो। कसरते हुजूम से सक़फ़ व दीवार में तमीज़ करना मुश्किल था।

मगर अदालत में पहुँचने की देर थी। पंडित अलोपीदीन इस क़ुल्ज़ुमे नापैदा किनारे के निहंग थे। हुक्काम उनके क़द्रशनास, अमले उनके नियाज़मन्द, वकील और मुख़्तार उनके नाज़बरदार और अर्दली, चपरासी और चौकीदार तो उनके दिरहम ख़रीदा ग़ुलाम थे। उन्हें देखते ही चारों तरफ़ से लोग दौड़े। हर शख़्स हैरत से अंगुश्तबदंदाँ था। इसलिए नहीं कि अलोपीदीन ने क्यों ऐसा फ़ैल किया, बल्कि वह क्यों क़ानून के पंजे में आए। ऐसा शख़्स जिसके पास मोहाल को मुमकिन करनेवाली दौलत और देवताओं पर जादू डालनेवाली चर्ब ज़बानी हो, क्यों कानून का शिकार बने? हैरत के बाद हमदर्दी के इज़हार होने लगे।

फ़ौरन इस हमले को रोकने के लिए वकीलों का एक दस्ता तैयार किया गया और इंसाफ़ के मैदान में फ़र्ज़ और दौलत की बाक़ायदा जंग शुरू हुई। बंसीधर ख़ामोश खड़े थे। पक्का व तनहा। सच्चाई के सिवा कुछ पास नहीं। साफ़ बयानी के सिवा और कोई हथियार नहीं। इस्तग़ाशा की शहादतें ज़रूर थीं लेकिन तर्ग़िबात से डाँवाडोल। हत्ता कि इंसाफ़ भी कुछ उनकी तरफ़ से खिंचा हुआ नज़र आता है। यह ज़रूर सच है कि इंसाफ़ सीम व ज़र से बेनियाज़ है, लेकिन परदे में वह इश्तियाक़ है जो ज़हूर में मुमकिन नहीं। दावत और तोहफ़े के परदे में बैठकर दौलत ज़ाहिदे

फ़रेब बन जाती है। वह अदालत का दरबार था लेकिन उसके अरकान पर दौलत का नशा छाया हुआ था। मुक़द्दमा बहुत जल्द फ़ैसल हो गया। डिप्टी मजिस्ट्रेट ने तजवीज़ लिखी–"पंडित अलोपीदीन के ख़िलाफ़ शहादत निहायत कमज़ोर और मोहमिल है। वह एक साहबे सरवत रईस है। यह ग़ैरमुमकिन है कि वह महज़ चन्द हज़ार के फ़ायदे के लिए ऐसी कमीना हरकत के मुर्तकिब हो सकते। दारोग़ा साहबे नमक मुंशी बंसीधर पर अगर ज़्यादा संगीन नहीं तो एक अफ़सोसनाक ग़लती और ख़ामकाराना सरगर्मी का इल्ज़ाम ज़रूर आयद होता है। हम ख़ुश हैं कि वह एक फ़र्ज़शनास नौजवान हैं लेकिन सीग़ा-ए-नमक की एतिदाल से बढ़ी हुई नमकहलाली ने उसके इम्तियाज़े इदराक को मग़लूब कर दिया है। उसे आईन्दा होशियार रहना चाहिए।"

वकीलों ने यह तजवीज़ सुनी और उछल पड़े। पंडित अलोपीदीन मुस्कुराते हुए बाहर निकले। हवालियों ने रुपए बरसाए। सख़ावत और फ़राख़ हौसलगी का सैलाब आ गया और उसकी लहरों ने अदालत की बुनियादें तक हिला दीं। जब बंसीधर अदालत से बाहर निकले, निगाहें ग़ुरूर से लबरेज़; तो तान और तमस्ख़ुर की आवाज़ें चारों तरफ़ से आने लगीं। चपरासियों और बर्कंदाज़ों ने झुककर सलाम किए, लेकिन एक इशारा उस वक़्त उस नशा-ए-ग़ुरूर पर हवा-ए-सर्द का काम कर रहा था, शायद मुक़द्दमे में कामयाब होकर वह शख़्स इस तरह अकड़ता हुआ न चलता। दुनिया ने उसे पहला सबक़ दे दिया था। इंसाफ़, इल्म और पंज हरफ़ी ख़िताबात और लम्बी दाढ़ियाँ और ढीले-ढाले चुग़े; एक भी हक़ीक़ी इज़्ज़त के मुस्तहिक़ नहीं।

5

लेकिन बंसीधर ने सरवत और रसूख़ से बैर मोल लिया था। उसकी क़ीमत देनी वाजबी थी। मुश्किल से एक हफ़्ता गुज़रा होगा कि मुअत्तली का परवाना आ पहुँचा। फ़र्ज़शनासी की सज़ा मिली। बेचारे दिल-शिकस्ता और परेशान-हाल अपने वतन को रवाना हुए। बूढ़े मुंशीजी पहले ही से बदज़न हो रहे थे कि चलते-चलते समझाया, मगर इस लड़के ने एक न सुनी। हम तो कलवार और बूचड़ के तकाज़े सहें, बुढ़ापे में भगत बनकर बैठें और वहाँ बस वही सूखी तनख़्वाह। आख़िर हमने भी नौकरी की है और कोई ओहदेदार नहीं थे, लेकिन जो काम किया दिल खोलकर किया, और आप, दयानतदार बनने चले हैं। घर में चाहे अँधेरा रहे, मस्ज़िद में ज़रूर चिराग़ जलाएँगे। तुफ़ ऐसी समझ पर। पढ़ाना-लिखाना सब अकारथ गया। इसी असना में बंसीधर ख़स्ताहाल मकान पर पहुँचे और बूढ़े मुंशीजी ने रुदाद सुनी तो सिर पीट लिया और बोले–"जी चाहता है, अपना और तुम्हारा सिर फोड़ लूँ।" बहुत देर तक पछताते

और कफ़े अफ़सोस मलते रहे। ग़ुस्से में कुछ सख़्त व सुस्त भी कहा और बंसीधर वहाँ से टल न जाते तो अजब न था कि यह ग़ुस्सा अमलीसूरत अख़्तियार कर लेता। बूढ़ी अम्मा को भी सदमा हुआ। जगन्नाथ और रामेश्वर की आरज़ूएँ ख़ाक़ में मिल गईं और बीवी ने कई दिन तक सीधे मुँह से बात नहीं की।

इस तरह अपने एगानों की तुर्शरुई और बेगानों की दिलदोज़ हमदर्दियाँ सहते-सहते एक हफ़्ता गुज़र गया। शाम का वक़्त था। बूढ़े मुंशीजी रामनाम की माला फेर रहे थे कि उनके दरवाज़े पर एक सजा हुआ रथ आकर रुका। सब्ज़ और गुलाबी रंग के परदे, पछाईं नस्ल के बैल, उनकी गरदनों में नीले धागे, सींग पीतल से मढ़े हुए मुंशीजी पेशवाई को दौड़े। देखा तो पंडित अलोपीदीन हैं। झुककर सलाम किया और मुदब्बिराना दुरअफ़शानियाँ शुरू कीं–"आपको कौन-सा मुँह दिखाएँ। मुँह में कालिख लगी हुई है, मगर क्या करें, लड़का नालायक है, नाख़लफ़ है; वरना आपसे क्यों मुँह छुपाते। ईश्वर बेचिराग़ रक्खे, मगर ऐसी औलाद न दे।" बंसीधर ने अलोपीदीन को देखा, मुसाफ़हा किया, लेकिन शान-ए-ख़ुद्दारी लिए हुए। फ़ौरन गुमान हुआ कि यह हज़रत मुझे हिलाने आए हैं। ज़बान शर्मिन्दा-ए-माज़रत नहीं हुई। अपने वालिदे बुज़ुर्गवार का ख़ुलूसे रवाँ सख़्त नागवार गुज़रा। यकायक पंडितजी ने क़तअ कलाम किया–"नहीं भाई साहब, ऐसा न फ़र्माइए।"

बूढ़े मुंशीजी की क़याफ़ाशनासी ने फ़ौरन जवाब दे दिया। अन्दाज़े हैरत से बोले–"ऐसी औलाद को और क्या कहूँ?"

अलोपीदीन ने किसी क़दर जोश से कहा–"फ़ख़्रे खानदान और बुज़ुर्गों का नाम रौशन करनेवाला ऐसा सपूत लड़का पाकर परमात्मा का शुक्रगुज़ार होना चाहिए। दुनिया में ऐसे कितने इनसान हैं जो दयानत पर अपना सब कुछ निसार करने पर तैयार हों। दारोग़ाजी इसे ज़मानासाज़ी न समझिए। ज़मानासाज़ी के लिए मुझे यहाँ तक तकलीफ़ करने की ज़रूरत न थी। उस रात को आपने मुझे हुकूमत के ज़ोर से हिरासत में ले लिया। आज मैं ख़ुद-ब-ख़ुद आपकी हिरासत में आया हूँ। मैंने हज़ारों रईस और अमीर देखे, हज़ारों आली मर्तबा हुक्काम से साबक़ा पड़ा, लेकिन मुझे ज़ेर किया तो आपने। मैंने सबको अपना और अपनी दौलत का ग़ुलाम बनाकर छोड़ दिया। मुझे इजाज़त है कि आपसे कोई सवाल करूँ?"

बंसीधर को इन बातों से कुछ ख़ुलूस की बू आई। पंडितजी के चेहरे की तरफ़ उड़ती हुई, मगर तलाश की निगाह से देखा। सदाक़त की गाढ़ी-गाढ़ी झलक नज़र आई। ग़ुरूर ने नदामत को राह दी। शर्माते हुए बोले–"यह आपकी ज़र्रानवाज़ी है। फ़र्ज़ ने मुझे आपकी बेअदबी करने पर मजबूर किया, वरना मैं तो आपकी ख़ाके पा हूँ। जो आपका इरशाद होगा बअहदे इमकान उसकी तामील में उज़्र न करूँगा।"

अलोपीदीन की इल्तिजाआमेज़ निगाहों ने उसे देखकर कहा–"दरिया किनारे आपने मेरा सवाल रद्द कर दिया था, लेकिन यह सवाल पूरा करना पड़ेगा।"

बंसीधर ने जवाब दिया–"मैं किस क़ाबिल हूँ? लेकिन मुझसे जो कुछ नाचीज़ ख़िदमत हो सकेगी, उसमें दरेग़ न होगा।"

अलोपीदीन ने एक क़ानूनी तहरीर निकाली और उसे बंसीधर के सामने रखकर बोले–"इस मुख़्तारनामे को मुलाहज़ा फ़र्माइए और इस पर दस्तख़त कीजिए। मैं हरिजन हूँ। जब तक यह सवाल पूरा न कीजिएगा, दरवाज़े से न टलूँगा।"

मुंशी बंसीधर ने मुख़्तारनामे को पढ़ा तो शुक्रिये के आँसू आँखों में भर आए। पंडित अलोपीदीन ने उन्हें अपनी सारी मिल्कियत का मुख़्तारे आम क़रार दे दिया था। छह हज़ार सालाना तनख़्वाह। जेबेख़ास के लिए रोज़ाना ख़र्च अलग, सवारी के लिए घोड़े, अख़्तियारात ग़ैरमहदूद।

काँपती हुई आवाज़ से बोले–"पंडितजी, मैं किस ज़बान से आपका शुक्रिया अदा करूँ कि आपने इनायते बेकराँ के क़ाबिल समझा, लेकिन मैं आपसे सच अर्ज़ करता हूँ कि इतने आला रुतबे के क़ाबिल नहीं हूँ।"

अलोपीदीन बोले–"अपने मुँह से अपनी तारीफ़ न कीजिए।"

बंसीधर ने मतीन आवाज़ से कहा–"यूँ...मैं आपका ग़ुलाम हूँ। आप जैसे नूरानी और साफ़े बुज़ुर्ग की ख़िदमत करना मेरे लिए फ़ख़्र की बात है, लेकिन मुझमें न इल्म है, न फिरासत, न तज़ुर्बा है; जो इन ख़ामियों पर परदा डाल सके। ऐसी मोअज़्ज़िज़ ख़िदमात के लिए एक बड़े मामलाफ़हम और कारकर्दा मुंशी की ज़रूरत है।"

अलोपीदीन ने क़लमदान से क़लम निकाला और बंसीधर के हाथ में देकर बोले–"मुझे न इल्म की ज़रूरत है, न फिरासत की। न कारकर्दगी की, न मामलाफ़हमी की। इन संगरेज़ों के जौहर मैं बार-बार परख चुका हूँ। अब हुस्ने तक़दीर और हुस्ने इत्तिफ़ाक़ ने मुझे वह बेबहा मोती दे दिया है, जिसकी आब के सामने इल्म और फ़िरासत की चमक कोई चीज़ नहीं। यह क़लम हाज़िर है। ज़्यादा ताम्मुल न कीजिए। इस पर आहिस्ता से दस्तख़त कीजिए। मेरी परमात्मा से यही इल्तिजा है कि आपको सदा वही नदी के किनारेवाला बेमुरव्वत, सख़्तज़बान, तुंदमिज़ाज लेकिन फ़र्ज़शनास दारोग़ा बनाए रक्खे।"

बंसीधर की आँखों में आँसू डबडबा आए। दिल के तंग ज़ुरूफ़ में इतना एहसान न समा सका। पंडित अलोपीदीन की तरफ़ एक बार फिर अक़ीदत और परस्तिश की निगाह से देखा और मुख़्तारनामे पर काँपते हुए हाथों से दस्तख़त कर दिए। अलोपीदीन फ़र्ते मुसर्रत से उछल पड़े और उन्हें गले लगा लिया।

पंचायत

जुम्मन शेख़ और अलगू चौधरी में बड़ा याराना था। साझे में खेती होती। लेन-देन में भी कुछ साझा था। एक को दूसरे पर कामिल ऐतमाद था। जुम्मन जब हज करने गए थे तो अपना घर अलगू को सौंप गए थे और अलगू जब कभी बाहर जाते तो जुम्मन पर अपना घर छोड़ देते। वह न हमनिवाला थे न हममशरब। सिर्फ़ हमख़याल थे। और यही दोस्ती की असली बुनियाद है।

इस दोस्ती का आग़ाज़ उसी ज़माने में हुआ, जब दोनों लड़के जुम्मन के पिदर बुज़ुर्गवार शेख़ जुमेराती के रूबरू ज़ानू-ए-अदब तह करते थे। अलगू ने उस्ताद की बहुत ख़िदमत की। ख़ूब रकाबियाँ माजीं। ख़ूब प्याले धोए। उनका हुक़्क़ा दम न लेने पाता था। इन ख़िदमतों में शागिर्दाना अक़ीदत के सिवा और कोई भी ख़याल मुज़्मर न था। जिसे अलगू ख़ूब जानता था। उनके बाप पुरानी वज़े के आदमी थे। तालीम के मुक़ाबले में उन्हें उस्ताद की ख़िदमत पर ज़्यादा भरोसा था। वह कहा करते थे, उस्ताद की दुआ चाहिए। जो कुछ होता है, फ़ैज़ से होता है। और अगर अलगू पर उस्ताद के फ़ैज़ या दुआओं का असर न हुआ तो उसे तस्कीन थी कि तहसीले इल्म का कोई दक़ीकः उसने फ़र व गुज़ाश्त नहीं किया। इल्म उसकी तक़दीर ही में न था। शेख़ जुमेराती ख़ुद दुआ और फ़ैज़ के मुक़ाबले में ताज़ियाने के ज़्यादा क़ायल थे और जुम्मन पर इसका बेदिरेग़ इस्तेमाल करते थे। उसी का यह फ़ैज़ था कि आज जुम्मन की कुर्ब व जवार के मवाज़आत में पुरसिश होती थी। बैनामा या रेहननामा के मुसविदाद पर तहसील का अराइज़नवीस भी क़लम नहीं उठा सकता था। हल्क़े का पोस्टमैन-कांस्टेबल और तहसील का मज़्कूरी; यह सब उनके दस्ते करम के मोहताज थे। इसलिए अगर अलगू को उनकी सरवत ने मुमताज़ बना दिया था तो शेख़ जुम्मन भी इल्म की लाज़वाल दौलत के बाइस इज़्ज़त की निगाहों से देखे जाते थे।

शेख़ जुम्मन की एक बूढ़ी बेवा ख़ाला थीं। उनके पास कुछ थोड़ी-सी मिल्कियत थी। मगर ग़रीब का वारिस कोई न था। जुम्मन ने वादे व अहद के सब्ज़ बाग़ दिखाकर ख़ाला अम्मा से वह मिल्कियत अपने नाम करा ली थी। जब तक हब्बानामे

पर रजिस्ट्री न हुई थी, ख़ालाजान की ख़ूब ख़ातिरदारियाँ होती थीं। ख़ूब मीठे लुक्मे, चटपटे सालन खिलाए जाते थे; मगर पगड़ी की मुहर होते ही उनकी ख़ातिरदारियों पर भी मुहर हो गई। वह वादे विसाल के दमूरे साबित हुए। जुम्मन की अहलिया बी फ़हमीन ने रोटियों के साथ चीज़ भी बदल दीं और रफ़्ता-रफ़्ता सालन की मिक़दार रोटियों से कम कर दीं। बुढ़िया वक़्त के बोरिये बटोरेगी क्या? दो-तीन बीघे ऊसर क्या दे दिया है, एक दिन दाल बग़ैर रोटी नहीं उतरती। जितना रुपया इसके पेट में गया, अगर होता तो अब तक कई गाँव मोल ले लेते। कुछ दिनों तक ख़ाला जान ने और देखा, मगर जब बरदाश्त न हुई तो जुम्मन से शिकायत की। जुम्मन सुलहपसन्द आदमी था। अब इस मामले में मुदाख़लत करना मुनासिब न समझा। कुछ दिन तो रो-धोकर काम चला। आख़िर एक रोज़ ख़ाला जान ने जुम्मन से कहा– "बेटा, तुम्हारे साथ मेरा निबाह न होगा। तुम मुझे रुपए दे दिया करो। मैं अपना अलग पका लूँगी।"

जुम्मन ने बेएतिनाई से जवाब दिया–"रुपया क्या यहाँ फलता है?"

ख़ाला जान ने बिगड़कर कहा–"तो मुझे कुछ नान-नमक चाहिए या नहीं?"

जुम्मन ने मज़्लूमाना अन्दाज़ से जवाब दिया–"चाहिए क्यों नहीं? मेरा ख़ून चूस लो। कोई यह थोड़े ही समझता था कि तुम ख़्वाजा ख़िज़्र की हयात लेकर आई हो।"

ख़ाला जान अपने मरने की बात नहीं सुन सकती थीं। जामा से बाहर होकर पंचायत की धमकी दीं। जुम्मन हँसे, वह फ़ातहाना हँसी जो शिकारी के लबों पर हिरन को जाल की तरफ़ जाते हुए देखकर नज़र आती है। कहा–"हाँ, ज़रूर पंचायत करो। फ़ैसला हो जाए। मुझे भी रात-दिन का वबाल पसन्द नहीं।"

पंचायत की सदा किसके हक़ में उठेगी, इसके मुताल्लिक़ शेख़ जुम्मन को अन्देशा नहीं था। क़ुर्ब व जवार में ऐसा कौन था, जो उनका शर्मिन्दा-ए-मिन्नत न हो? कौन था, जो उनकी दुश्मनी को हक़ीर समझे? किसमें इतनी जुर्रत थी, जो उनके सामने खड़ा हो सके? आसमान के फ़रिश्ते तो पंचायत करने आएँगे नहीं। मरीज़ ने आप ही दवा तलब की।

2

इसके बाद कई दिन तक बूढ़ी ख़ाला लकड़ी लिए आस-पास के गाँव के चक्कर लगाती रहीं। कमर झुककर कमान हो गई थी। एक क़दम चलना मुश्किल था, मगर बात आ पड़ी थी। उसका तस्फ़िया ज़रूरी था। शेख़ जुम्मन को अपनी ताक़त, रुसूख़ और मिंतक़ पर कामिल ऐतमाद था। वह किसी के सामने फ़रियाद करने नहीं गए।

बूढ़ी ख़ाला ने अपनी दानिस्त में तो गिरियह व ज़ारी करने में कोई कसर न उठा रखी। मगर ख़ूबी-ए-तक़दीर कोई इस तरफ़ माइल न हुआ। किसी ने तो यूँ ही 'हाँ-हूँ' करके टाल दिया। किसी ने ज़ख़्म पर नमक छिड़क दिया। ज़रा इस हवस को देखो। क़ब्र में पैर लटकाए हुए है। आज मरे कल दूसरा दिन हुआ, मगर सब्र नहीं होता। पूछो, अब तुम्हें घर-बार, जगह-ज़मीन से क्या सरोकार? एक लुक्मा खाओ, ठंडा पानी पीओ और मालिक की याद करो। सबसे बड़ी तादाद सितमज़रीफ़ों की थी। ख़मीदा क़मर, पोपला मुँह, सन के से बाल और शक्लसमात। जब इतने तफ़रीह के सामान मौजूद हों तो हँसी का आना कुदरती अम्र है। ग़र्ज़ ऐसे दर्दरस, इंसाफ़परवर आदमियों की तादाद बहुत कम थी, जिन्होंने ख़ाला जान की फ़रियाद को ग़ौर से सुना हो और उसकी तशफ़्फ़ी की हो। चारों तरफ से घूम-घामकर बुढ़िया अलगू चौधरी के पास आई, लाठी पटक दी और दम लेकर कहा–"बेटा, तुम भी छनभर को मेरी पंचायत में चले आना।"

अलगू बेरुख़ी से बोले–"मुझे बुलाकर क्या करोगी? कई गाँव के आदमी तो आएँगे ही।"

खाला ने हाँपकर कहा–"अपनी फरियाद तो सबके कान में डाल आई हूँ। आने न आने का हाल अल्लाह जाने। हमारे सय्यद सालार गुहार सुनकर पीढ़े से उठ आए थे। क्या मेरा रोना कोई न सुनेगा?"

अलगू ने जवाब दिया–"यूँ आने को मैं आ जाऊँगा, मगर पंचायत में मुँह न खोलूँगा।"

ख़ाला ने हैरत से पूछा–"क्यों बेटा?"

अलगू ने पीछा छुड़ाने के लिए कहा–"अब इसका क्या जवाब? अपनी-अपनी तबीयत। जुम्मन मेरे पुराने दोस्त हैं। उससे बिगाड़ नहीं कर सकता।"

ख़ाला ने ताककर निशाना मारा–"बेटा, क्या बिगाड़ के डर से ईमान की बात न कहोगे?"

हमारे सोए ईमान की सारी जथा चोरी से लुट जाए, उसे ख़बर नहीं होती, मगर खुली हुई ललकार सुनकर वह चौंक पड़ता है और होशियार हो जाता है। अलगू चौधरी इस सवाल का जवाब न दे सके। क्या वह 'नहीं' कहने की जुर्रत कर सकते थे?

3

शाम को एक पेड़ के नीचे पंचायत बैठी। टाट बिछा हुआ था। हुक़्क़ा-पान का भी इन्तज़ाम था। यह सब शेख़ जुम्मन की मेहमाननवाज़ी थी। वह ख़ुद अलगू चौधरी

के साथ ज़रा दूर बैठे हुक़्क़ा पी रहे थे। जब कोई आता था, एक दबी हुई सलाम अलैक से उसका ख़ैरमक़्दम करते थे, मगर ताज्जुब था कि बाअसर आदमियों में सिर्फ़ वही लोग नज़र आते जिन्हें उनकी रज़ाजोई की कोई परवाह नहीं हो सकती थी। कितने मजलिस को दावते अहबाब समझकर झुंड के झुंड जमा हो गए थे।

जब पंचायत पूरी बैठ गई तो बूढ़ी बी ने हाज़रीन को मुख़ातिब करके कहा–''पंचो, आज तीन साल हुए मैंने अपनी सब जायदाद अपने भांजे जुम्मन के नाम लिख दी थी। इसे आप लोग जानते होंगे। जुम्मन ने मुझे ताहीन हयात रोटी-कपड़ा देने का वादा किया था। साल-छह महीने तो मैंने उनके साथ किसी तरह रो-धोकर काटे, मगर अब मुझसे रात-दिन का रोना नहीं सहा जाता। मुझे पेट की रोटियाँ तक नहीं मिलतीं। बेकस बेवा हूँ। थाना-कचहरी कर नहीं सकती। सिवाय तुम लोगों के और किससे अपना दुख-दर्द रोऊँ। तुम लोग जो राह निकाल दो, उस राह पर चलूँ। अगर मेरी बुराई देखो, मेरे मुँह पर थप्पड़ मारो। जुम्मन की बुराई देखो, तो उसे समझाओ। क्यों एक बेकस की आह लेता है?''

रामधन मिसिर बोले–''(इनके कई असामियों को जुम्मन ने तोड़ लिया था) जुम्मन मियाँ, पंच किसे बदते हो? अभी से तय कर लो।''

जुम्मन ने हाज़रीन पर एक उड़ती निगाह डाली। अपने तईं मुख़ालिफ़ों के नर्ग़े में पाया। दिलेराना अन्दाज़ से कहा–''ख़ालाजान जिसे चाहें पंच बनाएँ। मुझे उज्र नहीं है।''

ख़ाला जान ने चिल्लाकर कहा–''अरे अल्लाह के बन्दे, तू पंचों के नाम क्यों नहीं बता देता?''

जुम्मन ने बुढ़िया को ग़ज़बनाक निगाहों से देखकर कहा–''अब इस वक़्त मेरी ज़बान न खुलवाओ। जिसे चाहो पंच बना दो।''

ख़ाला ने जुम्मन के ऐतराज़ को ताड़ लिया। बोलीं–''बेटा, ख़ुदा से डर। मेरे लिए कोई अपना ईमान न बेचेगा। इतने भले आदमियों में क्या सब तेरे दुश्मन हैं? और सब को जाने दो। अलगू चौधरी को तो मानेगा?''

जुम्मन फ़र्ते मसर्रत से बाग़-बाग़ हो गए, मगर ज़ब्त करके बोले–''अलगू चौधरी ही सही। मेरे लिए जैसे रामधन मिसिर वैसे अलगू। कोई मेरा दुश्मन नहीं है।''

अलगू बग़लें झाँकने लगे। इस झमेले में नहीं फँसना चाहते थे। मोतरिज़ाना अन्दाज़ से कहा–''बूढ़ी माँ, तुम जानती हो कि मेरी और जुम्मन की गाढ़ी दोस्ती है।''

ख़ाला ने जवाब दिया–''बेटा, दोस्ती के लिए कोई अपना ईमान नहीं बेचता। पंच का हुकुम अल्लाह का हुकुम है। पंच के मुँह से जो बात निकलती है, वह अल्लाह की तरफ़ से निकलती है।''

अलगू को कोई चारा न रहा। सरपंच बने। रामधन मिसिर दिल में बुढ़िया को कोसने लगे।

अलगू चौधरी ने फ़रमाया—"शेख़ जुम्मन, हम और तुम पुराने दोस्त हैं। जब ज़रूरत पड़ी है तुमने मेरी मदद की है और हमसे भी जो कुछ बन पड़ा है तुम्हारी ख़िदमत करते आए हैं। मगर इस वक़्त न तुम हमारे दोस्त हो, न हम तुम्हारे दोस्त। यह इंसाफ़ और ईमान का मामला है। ख़ालाजान ने पंचों से अपना हाल कह सुनाया। तुमको भी जो कुछ कहना हो, कहो।"

जुम्मन एक शाने फ़ज़ीलत से उठ खड़े हुए और बोले—"पंचो, मैं ख़ालाजान को अपनी माँ के बजाय समझता हूँ और उनकी ख़िदमत में कोई कसर नहीं रखता। हाँ, औरतों में ज़रा अनबन रहती है। इसमें मैं मजबूर हूँ। औरतों की तो यह आदत ही है। मगर माहवार रुपया देना मेरे क़ाबू से बाहर है। खेतों की जो हालत है वह किसी से छुपी नहीं। आगे पंचों का हुक्म सिर और माथे पर है।"

अलगू को आए दिन अदालत से वास्ता रहता था। क़ानूनी आदमी थे। जुम्मन से जिरह करने लगे। एक-एक सवाल जुम्मन के दिल पर हथौड़े की ज़र्ब की तरह लगता था। रामधन मिसिर और उनके रफ़ीक़ सिर हिला-हिलाकर उन सवालों की दाद देते थे। जुम्मन हैरत में थे कि अलगू को क्या हो गया है! अभी तो यह मेरे साथ बैठा कैसे मज़े-मज़े की बातें कर रहा था। इतनी देर में ऐसी कायापलट हो गई कि मेरी जड़ खोदने पर आमादा है। अच्छी दोस्ती निबाही। इससे अच्छे तो रामधन ही थे। वह यह तो न जानते कि कौन-कौन से खेत कितने पर उठते हैं और क्या निकासी होती है। ज़ालिम ने बना बनाया खेल बिगाड़ दिया।

जिरह ख़त्म होने के बाद अलगू ने फ़ैसला सुनाया। लहजा निहायत संगीन और तहक्कुमाना था। "शेख़ जुम्मन, पंचों ने इस मामले पर अच्छी तरह ग़ौर किया। ज़्यादती सरासर तुम्हारी है। खेतों से माक़ूल नफ़ा होता है। तुम्हें चाहिए कि ख़ालाजान के माहवार गुज़ारे का बन्दोबस्त कर दो। इसके सिवाय और कोई सूरत नहीं। अगर तुम्हें यह मंजूर नहीं तो हब्बानामा मंसूख़ हो जाएगा।"

जुम्मन ने फ़ैसला सुना और सन्नाटे में आ गया। अहबाब से कहने लगा—"भई, इस ज़माने में यही दोस्ती है कि जो अपने ऊपर भरोसा करे उसकी गरदन पर छुरी फेरी जाए। इसी को नेरंगिये रोज़गार कहते हैं। अगर लोग ऐसे दग़ाबाज़ जौफ़रोश गंदुमनुमाँ न होते तो मुल्क पर यह आफ़तें क्यों आतीं। यह हैज़ा और प्लेग इन्हीं मक्कारियों की सज़ा है।"

मगर रामधन मिसिर और फ़तेहख़ान और जग्गोसिंह इस बेलाग़ फ़ैसले की तारीफ़ में रत्बुल्लिसान थे। इसका नाम पंचायत है। दूध का दूध, पानी का पानी।

दोस्ती, दोस्ती की जगह है। मोकद्दम ईमान का सलामत रखना है। ऐसे ही सत्यवादियों से दुनिया क़ायम है, वरना कब की जहन्नुम में मिल जाती।

इस फ़ैसले ने अलगू और जुम्मन की दोस्ती की जड़ें हिला दीं। तनावर दरख़्त हक़ का एक झोंका भी न सह सका। वह अब भी मिलते थे, मगर वह तीर व सिपर की तरह। जुम्मन के दिल से दोस्त की गद्दारी का ख़याल दूर न होता था और इन्तक़ाम की ख़्वाहिश चैन न लेने देती थी।

ख़ुशक़िस्मती से मौक़ा भी जल्द मिल गया। पिछले साल अलगू बटेसर के मेले से बैलों की एक अच्छी गोइयाँ मोल लाए थे। पछाईं नस्ल के ख़ूबसूरत बैल थे। महीनों तक कुर्ब व जवार के लोग उन्हें देखने आते रहे।

उस पंचायत के एक महीने बाद एक बैल मर गया। जुम्मन ने अपने दोस्तों से कहा–"यह दग़ाबाज़ी की सज़ा है। इनसान सब्र कर जाए, मगर ख़ुदा नेक व बद देखता है।"

अलगू को अन्देशा हुआ कि जुम्मन ने उसे ज़हर दिलवाया है। इसके बरअक्स चौधराइन का ख़याल था कि उस पर कुछ कराया गया है। चौधराइन और फ़हमीन में एक दिन ज़ोर-शोर से ठनी। दोनों ख़वातीन ने रवानी-ए-बयान की नदी बहा दी। तश्बिहात और इस्तिआरों में बातें हुईं। बारे जुम्मन ने आग बुझा दी। बीवी को डाँटा और रज़्मगाह से हटा ले गया। इधर अलगू चौधरी ने अपने डंडे से चौधराइन की शीरीं बयानी की दाद दी।

एक बैल किस काम का? उसका जोड़ा बहुत ढूँढ़ा, मगर न मिला। नाचार उसे बेच डालने की सलाह हुई। गाँव में एक समझू सेठ थे। वह इक्कागाड़ी हाँकते थे। गाँवों में गुड़-घी भरते और मंडी ले जाते। मंडी से तेल-नमक लादकर लाते और गाँव में बेचते थे। इस बैल पर उनकी तबीयत लहराई। सोचा, इसे ले लूँ तो दिन में बिला किसी मिन्नत के तीन खेवे हों। नहीं तो एक ही के लाले रहते हैं। बैल देखा। गाड़ी में दौड़ाया। दाम के लिए एक महीने का वादा हुआ। चौधरी भी ग़र्ज़मन्द थे। घाटे की कुछ परवाह न की।

समझू ने नया बैल पाया तो पाँव फैलाए। दिन में तीन-तीन चार-चार खेवे करते। न चारे की फ़िक्र थी, न पानी की। बस, खेवों से काम था। मंडी ले गए। वहाँ कुछ सूखा भुस डाल दिया और ग़रीब जानवर अभी दम भी न लेने पाया था कि फिर जोत दिया। अलगू चौधरी के यहाँ थे तो चैन की बंसी बजती थी। रातिब पाते। साफ़ पानी, दली हुई अरहर, भूसे के साथ खली, कभी-कभी घी का मज़ा भी मिल जाता। शाम-सवेरे एक आदमी खरहरे करता, बदन खुजलाता, झाड़ता-पोंछता, सहलाता। कहाँ वह नाज़ो नेमत, कहाँ यह आठों पहर की रपट। महीने भर में बेचारे का कचूमर निकल गया। इक्के का जुआ देखते ही बेचारे का हाऊ छूट जाता। एक-एक क़दम

चलना दूभर था। हड्डियाँ निकल आई थीं; लेकिन असील जानवर, मार की ताब न थी। एक दिन चौथे खेवे में सेठजी ने दूना बोझ लादा। दिन भर का थका जानवर, पैर मुश्किल से उठते थे। इस पर सेठजी कोड़े रसीद करने लगे। बैल जिगर तोड़कर चला। कुछ दूर दौड़ा। चाहा कि ज़रा दम ले। उधर सेठजी को जल्द घर पहुँचने की फ़िक्र। कई कोड़े बेदर्दी से लगाए। बैल ने एक बार फिर ज़ोर लगाया, मगर ताक़त ने जवाब दे दिया। ज़मीन पर गिर पड़ा और ऐसा गिरा कि फिर न उठा। सेठ ने बहुत मारा-पीटा, टाँग पकड़कर खेंची, नथुनों में लकड़ी खोंस दी, मगर लाश न उठी। तब कुछ अन्देशा हुआ। ग़ौर से देखा। बैल को खोलकर अलग किया और सोचने लगे कि गाड़ी क्यूँकर घर पहुँचे। बहुत चीख़े और चिल्लाए, मगर देहात का रास्ता बच्चों की आँख है, सरेशाम से बन्द। कोई नज़र न आया। क़रीब कोई गाँव भी न था। मारे ग़ुस्से के मुए बैल पर और दुर्रे लगाए। ससुरे, तुझे मरना था तो घर पर मरता। तूने आधे रास्ते में दाँत निकाल दिए। अब गाड़ी कौन खींचे? इस तरह ख़ूब जले-भुने। कई बोरे गुड़ और कई कनस्तर घी के बेचे थे। दो-चार सौ रुपए कमर में बँधे हुए थे। गाड़ी पर कई बोरे नमक के थे। छोड़कर जा भी न सकते। गाड़ी पर लेट गए। वहीं रतजगा करने की ठान ली और आधी रात तक दिल को बहलाते रहे। हुक़्क़ा पीया। गाया। फिर हुक़्क़ा पीया। आग जलाई। तापा। अपनी दानिस्त में वह तो जागते ही रहे, मगर जब पौ फटी, चौंके और कमर पर हाथ रखा तो थैली नदारद। कलेजा सन्न से हो गया। कमर टटोली। थैली का पता न था। घबराकर इधर-उधर देखा। कई कनस्तर तेल के भी ग़ायब थे। सिर पीट लिया। पछाड़ें खाने लगे। सुबह को बहज़ार ख़राबी घर पहुँचे।

सेठानीजी ने यह हादसा अलमनाक सुना तो छाती पीट ली। पहले तो ख़ूब रोईं। तब अलगू चौधरी को गालियाँ देने लगीं। हिफ़्ज़े मातकद्दम की सूझी। निगोड़े ने ऐसा मनहूस बैल दिया कि सारे जनम की कमाई लुट गई।

इस वाक़ये को कई माह गुज़र गए। अलगू जब अपने बैल की क़ीमत माँगते तो सेठ और सेठानी दोनों झल्लाए हुए कुत्तों की तरह चढ़ बैठते। "यहाँ तो सारे जनम की कमाई मिट्टी में मिल गई। फ़क़ीर हो गए। इन्हें दाम की पड़ी है। मुर्दा मनहूस बैल दिया था, इस पर दाम माँगते हैं। आँख में धूल झोंक दी। मरा हुआ बैल गले बाँध दिया। निरा पोंगा की समझ लिया है। किसी गड्ढे में मुँह धो आओ, तब दाम लेना। सब्र न होता हो तो हमारा बैल खोल ले जाओ। महीने के बदले दो महीने जोत लो। और क्या लोगे?" इस फ़ैयाज़ाना फ़ैसले के क़द्रदान हज़रात की भी कमी न थी। इस तरह झड़प सुनकर चौधरी लौट आते, मगर डेढ़ सौ रुपए से इस तरह हाथ धो लेना आसान काम न था।

एक बार वह भी बिगड़े। सेठजी गरम हो पड़े। सेठानीजी जज़्बे के मारे घर से

निकल पड़ीं। सवाल व जवाब होने लगे। ख़ूब मुबाहसा हुआ। मुजादला की नौबत आ पहुँची। सेठजी ने घर में घुसकर किवाड़ बन्द कर लिए। गाँव के कई मोअज़्ज़िज़ आदमी जमा हो गए। दोनों फ़रीक़ को समझाया। सेठजी को दिलासा देकर घर से निकाला और सलाह दी कि आपस में सिरफुटौवल से काम न चलेगा। इससे क्या फ़ायदा? पंचायत कर लो। जो कुछ तय हो जाए, उसे मान जाओ। सेठजी राज़ी हो गए। अलगू ने भी हामी भरी। फ़ैसला हो गया। पंचायत की तैयारियाँ होने लगीं। दोनों फ़रीक़ ने गोलबन्दियाँ शुरू कीं। तीसरे दिन उसी सायादार दरख़्त के नीचे फिर पंचायत बैठी।

वही शाम का वक़्त था। खेतों में कौवों की पंचायत लगी हुई थी। अम्र मुतनाज़िआ यह था, मटरफलियों पर उसका जायज़ा इस्तेहक़ाक़ है या नहीं। और जब तक यह मसला तय न हो जाए, वह रखवाले लड़के की फ़रियाद बेदार पर अपनी बलाग़तआमेज़ नाराज़गी का इज़हार ज़रूरी समझते थे।

दरख़्त की डालियों पर तोतों में ज़बरदस्त मुबाहसा हो रहा था। बहसतलब यह अम्र था कि इनसान को उन्हें मिनहैसुल क़ौम बेवफ़ा कहने का क्या हक़ हासिल है?"

पंचायत पूरी आ बैठी तो रामधन मिसिर ने कहा–"अब क्यों देर की जाए। बोलो चौधरी, किन-किन आदमियों को पंच बदते हो।"

अलगू ने मुन्कसिराना अन्दाज़ से जवाब दिया–"समझू सेठ ही चुन लें।"

समझू सेठ खड़े हो गए और कड़ककर बोले–"मेरी तरफ़ से शेख़ जुम्मन का नाम रख लो।"

अलगू ने पहला नाम जुम्मन का सुना तो कलेजा धक् से हो गया। गोया किसी ने अचानक थप्पड़ मार दिया। रामधन मिसिर अलगू के दोस्त थे, तह पर पहुँच गए। बोले–"चौधरी, तुमको कोई उज़्र तो नहीं है?"

चौधरी ने मायूसाना अन्दाज़ से जवाब दिया–"नहीं। मुझे कोई उज़्र नहीं है।"

इसके बाद चार नाम और तज्वीज़ किए गए। अलगू पहला चरका खाकर होशियार हो गए थे। ख़ूब जाँचकर इन्तिख़ाब किया। सिर्फ़ सरपंच का इन्तिख़ाब बाक़ी था। अलगू इस फ़िक्र में थे कि इस मरहले को क्यूँकर तय करूँ कि यकायक समझू सेठ के एक अज़ीज़ गूदर साहु बोले–"समझू भाई, सरपंच किसे बनाते हो?"

समझू सेठ खड़े हो गए और अकड़कर बोले–"शेख़ जुम्मन को।"

रामधन मिसिर ने चौधरी की तरफ़ हमदर्दाना अन्दाज़ से देखकर पूछा–"अलगू, तुम्हें कोई उज़्र हो तो बोलो।"

अलगू ने क़िस्मत ठोंक ली। हसरतनाक लहजे में बोले–"नहीं। मुझे उज़्र कोई नहीं है।"

4

अपनी जिम्मेदारियों का एहसास अक्सर हमारी तंगज़र्फ़ियों का ज़बरदस्त मुस्लेह होता है और गुमराही के आलम में मौतबर रहनुमा।

एक अख़बारनवीस अपने गोशा-ए-आफ़ियत में बैठा हुआ मजलिसे वुज़रा को कितनी बेबाकी और आज़ादी से अपने ताज़ियाना-ए-क़लम का निशाना बनाता है, मगर ऐसे मवाक़े भी आते हैं, जब वह ख़ुद मज़लिसे वुज़रा में शरीक होता है। इस दायरे में क़दम रखते ही उसकी तहरीर में एक दिल पज़ीर मतानत का रंग पैदा होता है। यह जिम्मेदारी का एहसास है।

एक नौजवान आलमे शबाब में कितना बेफ़िक्र होता है। वालिदेन उसे मायूसाना निगाहों से देखते हैं। उसे नंगे ख़ानदान समझते हैं, मगर थोड़े ही दिनों में वालिदेन का साया सिर से उठ जाने के बाद वही वारफ़्ता मिज़ाज, नंगे ख़ानदान कितना सलामतरो, कितना मोहतात हो जाता है। यह जिम्मेदारी का एहसास है। यह एहसास हमारी निगाहों को और वसी कर देता है, मगर ज़बान को मेहदूद।

शेख़ जुम्मन को भी अपनी अज़ीमुश्शान जिम्मेदारी का एहसास हुआ। उसने सोचा, मैं इस वक़्त इंसाफ़ की ऊँची मसनद पर बैठा हूँ। मेरी आवाज़ इस वक़्त हुक्मे ख़ुदा है। और ख़ुदा के हुक्म में मेरी नीयत को मुतलक़ दख़ल न होना चाहिए। हक़ और रास्ती से जौभर टलना भी मुझे दुनिया और दीन दोनों ही में स्याह बना देगा।

पंचायत शुरू हुई। फ़रीक़ेन ने अपने हालात बयान किए। जिरह हुई। शहादतें गुज़रीं। फ़रीक़ेन के मददगारों ने बहुत खींचतान की। जुम्मन ने बहुत ग़ौर से सुना और तब फ़ैसला सुनाया–“अलगू चौधरी और समझू सेठ, पंचों ने तुम्हारे मामले पर ग़ौर किया। समझू को बैल की पूरी क़ीमत देना वाजिब है। जिस वक़्त बैल उनके घर आया, उसको कोई बीमारी न थी। अगर क़ीमत उसी वक़्त दे दी गई होती तो आज समझू उसे वापस लेने का हरगिज़ तक़ाज़ा न करते।”

रामधन मिसिर ने कहा–“क़ीमत के अलावा इनसे कुछ तावान भी लिया जाए। समझू ने बैल को दौड़ा-दौड़ाकर मार डाला।”

जुम्मन ने कहा–“इसका असल मामले से कोई ताल्लुक़ नहीं है।”

गूदर साहु ने कहा–“समझू के साथ कुछ रियायत होनी चाहिए। उनका बहुत नुकसान हुआ है और अपने किए की सज़ा मिल चुकी है।”

जुम्मन बोला–“इसका भी असल मामले से कोई ताल्लुक़ नहीं। यह अलगू चौधरी की भलमनसी पर मुनहसिर है।”

यह फ़ैसला सुनते ही अलगू चौधरी फूले न समाए। उठ खड़े हुए और ज़ोर-ज़ोर से हाँक लगाई–“पंच परमेश्वरी की जै।...”

आसमान पर तारे निकल आए। इस नारे के साथ उनकी सदा-ए-तहसीन भी सुनाई दी, बहुत मद्धिम, गोया समुन्दर पार से आई हो।

हर शख़्स जुम्मन के इंसाफ़ की दाद दे रहा था। इंसाफ़ इसको कहते हैं। आदमी का यह काम नहीं। पंच में परमात्मा बसते हैं। यह उनकी माया है। पंच के सामने खोटे को खरा बनाना मुश्किल है।

एक घंटे के बाद जुम्मन शेख़ अलगू के पास आए और उनके गले से लिपटकर बोले–''भैया, जबसे तुमने मेरी पंचायत की है, मैं दिल से तुम्हारा दुश्मन था। मगर आज मुझे मालूम हुआ कि पंचायत की मसनद पर बैठकर न कोई किसी का दोस्त होता है, न दुश्मन। इंसाफ़ के सिवा और उसे कुछ नहीं सूझता। यह भी ख़ुदा की शान है। आज मुझे यक़ीन आ गया कि पंच का हुक्म अल्लाह का हुक्म है।

अलगू रोने लगे। दिल साफ़ हो गए। दोस्ती का मुरझाया हुआ दरख़्त फिर से हरा हो गया। अब वह बालू की ज़मीन पर नहीं, हक़ और इंसाफ़ की ज़मीन पर खड़ा था।

बूढ़ी काकी

बुढ़ापा अक्सर बचपन का दौरे सानी हुआ करता है। बूढ़ी काकी में ज़ायक़े के सिवा कोई हिस बाक़ी न थी और न अपनी शिकायतों की तरफ़ मुख़ातिब करने का रोने के सिवा कोई दूसरा ज़रिया। आँखें, हाथ-पैर सब जवाब दे चुके थे। ज़मीन पर पड़ी रहतीं और जब घरवाले कोई बात उनकी मर्ज़ी के ख़िलाफ़ करते, खाने का वक़्त टल जाता या मिक़दार काफ़ी न होती या बाज़ार से कोई चीज़ आती और उन्हें न मिलती, तो रोने लगती थीं। और उनका रोना महज़ बिसूरना न था। वह बाआवाज़े बुलन्द रोती थीं। उनके शौहर को मरे हुए एक ज़माना गुज़र गया। सात बेटे जवान हो-होकर दाग़ दे गए और अब एक भतीजे के सिवा दुनिया में उनका और कोई न था। इसी भतीजे के नाम उन्होंने सारी जायदाद लिख दी थी। इन हज़रत ने लिखाते वक़्त तो ख़ूब लम्बे-चौड़े वादे किए, लेकिन वह वादे सिर्फ़ क़ल्बी डिपो के दलालों के सब्ज़ बाग़ थे। अगरचे इस जायदाद की सालाना आमदनी डेढ़-दो सौ रुपए से कम न थी, लेकिन बूढ़ी काकी को अब पेट भर रूखा दाना भी मुश्किल से मिलता था। बुधिराम तबीअत के नेक आदमी थे, लेकिन उसी वक़्त तक कि उनकी जेब पर कोई आँच न आए। रूपा तबीअत की तेज़ थी, लेकिन ईश्वर से डरती थी। इसलिए बूढ़ी काकी पर उसकी तेज़ी इतनी न खलती थी, जितनी बुधिराम की नेकी।

बुधिराम को कभी-कभी अपनी बेइंसाफ़ी का एहसास होता। वह सोचते कि इस जायदाद की बदौलत मैं इस वक़्त भला आदमी बना बैठा हूँ। और अगर ज़बानी तस्कीन या तशफ़्फ़ी से सूरते हाल में कुछ इसलाह हो सकती तो उन्हें मुतलक़ दुरेग़ न होता, लेकिन मज़ीद ख़र्च का ख़ौफ़ उनकी नेकी को दबाए रखता था। इसके बरअक्स अगर दरवाज़े पर कोई भलामानुस बैठा होता और बूढ़ी काकी अपना नग़्मा-ए-बेहंगाम शुरू कर देतीं, तो वह आग हो जाते थे और घर में आकर उन्हें ज़ोर से डाँटते थे। लड़के, जिन्हें बुड्ढों से एक बुग्ज़ अल्लाह होता है, वाल्देन का यह रंग देखकर बूढ़ी काकी को और भी दिक़ करते। कोई चुटकी लेकर भागता। कोई उन पर पानी की कुल्ली कर देता। काकी चीख़ मारकर रोतीं, लेकिन यह तो मशहूर ही था कि वह सिर्फ़ खाने के लिए रोती हैं। इसलिए कोई नालः व फ़रियाद पर ध्यान

न देता था। हाँ, अगर काकी कभी ग़ुस्से में आकर लड़कों को गालियाँ देने लगतीं तो रूपा मौक़अ-ए-वारदात पर ज़रूर जाती। इस ख़ौफ़ से काकी अपनी शमशीर ज़बानी का साज़ ही कभी इस्तेमाल करती थीं। हालाँकि रफ़अ-ए-शर की यह तदबीर रोने से ज़्यादा कारगर थी।

सारे घर में अगर किसी को काकी से मोहब्बत थी तो वह बुधिराम की छोटी लड़की लाडली थी। लाडली अपने दोनों भाइयों के ख़ौफ़ से अपने हिस्से की मिठाई या चबेना बूढ़ी काकी के पास बैठकर खाया करती थी। यही उसका मल्जा था और अगरचे काकी की पनाह उनकी मआनदाना सरगर्मी के बाइस बहुत गिराँ पड़ती थी, लेकिन भाइयों के दस्ते ततावुल से बदरजहा क़ाबिले तरजीह थी। इस मुनासिब अग़राज़ ने इन दोनों में मोहब्बत और हमदर्दी पैदा कर दी थी।

रात का वक़्त था। बुधिराम के दरवाज़े पर शहनाई बज रही थी और गाँव के बच्चों का जम-ए-ग़फ़ीर निगाहे-हैरत से गाने की दाद दे रहा था। चारपाइयों पर मेहमान लेटे हुए नाइयों से टिक्कियाँ लगवा रहे थे। क़रीब ही एक भाट खड़ा कबित्त सुना रहा था और बाज़ सुख़न फ़हम मेहमान की वाह-वाह से ऐसा ख़ुश होता था, गोया वही उस दाद का मुस्तहिक़ है। दो-एक अंग्रेज़ी पढ़े हुए नौजवान इन बेहूदगियों से बेज़ार थे। वह इस दहक़ानी मजलिस में बोलना या शरीक होना अपनी शान के ख़िलाफ़ समझते। आज बुधिराम के बड़े लड़के सुखराम का तिलक आया है। यह उसी का जश्न है। घर में मस्तूरात गा रही थीं और रूपा मेहमानों की दावत का सामान करने में मसरूफ़ थी। भट्टियों पर कड़ाह चढ़े हुए थे। एक में पूड़ियाँ-कचोरियाँ निकल रही थीं, दूसरे में समोसे और पिड़ाकीं बनती थीं। एक बड़े हंडे में मसालहेदार तरकारी पक रही थी। घी और मसालहे की इश्तहाअंगेज़ ख़ुश्बू चारों तरफ़ फैली हुई थी।

बूढ़ी काकी अपनी अँधेरी कोठरी में ख़याले ग़म की तरह बैठी हुई थीं। यह लज़्ज़तआमेज़ ख़ुश्बू उन्हें बेताब कर रही थी। वह दिल में सोचती थीं, शायद मुझे पूरियाँ न मिलेंगी। इतनी देर हो गई, कोई खाना लेकर नहीं आया। मालूम होता है, लोग सब खा गए हैं। मेरे लिए कुछ न बचा। यह सोचकर उन्हें बेअख़्तियार रोना आया, लेकिन शगुन के ख़ौफ़ से रो न सकीं।

आहा! कैसी ख़ुश्बू है! अब मुझे कौन पूछता है। जब रोटियों ही के लाले हैं तो ऐसे नसीब कहाँ कि पूड़ियाँ पेट भर मिलें। यह सोचकर उन्हें फिर बेअख़्तियार रोना आया। कलेजे में एक हूक-सी उठने लगी, लेकिन रूपा के ख़ौफ़ से उन्होंने फिर ज़ब्त किया।

बूढ़ी काकी देर तक इन्हीं अफ़सोसनाक ख़यालों में डूबी रहीं। घी और मसालहे की ख़ुश्बू रह-रहकर दिल को आपे से बाहर किए देती थी। मुँह में पानी भर-भर आता

था। पूड़ियों का ज़ायका याद करके दिल में गुदगुदी होने लगती थी। किसे पुकारूँ? आज लाडली भी नहीं आई। दोनों लौंडे रोज़ दिक़ किया करते हैं। आज उनका भी कहीं पता नहीं। कुछ मालूम होता कि क्या बन रहा है।

बूढ़ी काकी की चश्मे ख़याल में पूड़ियों की तस्वीर नाचने लगी। ख़ूब लाल-लाल, फूली-फूली, नर्म-नर्म होंगी। एक पूड़ी मिलती तो ज़रा हाथ में लेकर देखती। क्यों न चलकर कड़ाह के सामने ही बैठूँ।

पूड़ियाँ छन्-छन् करके कड़ाह में तैरती होंगी। कड़ाह से गरमा गरम निकलकर कठौते में रखी जाती होंगी। फूल हम घर में भी सूँघ सकते हैं, लेकिन सैरे बाग़ का कुछ और ही लुत्फ़ है।

इस तरह फ़ैसला करके बूढ़ी काकी उकड़ूँ बैठकर हाथों के बल खिसकती हुई बमुश्किल तमाम चौखट से उतरीं और धीरे-धीरे रेंगती हुई कड़ाह के पास जा बैठीं। रूपा उस वक़्त एक सरासीमगी की हालत में थी। कभी इस कमरे में जाती, कभी उस कमरे में। कभी कड़ाह के पास, कभी कोठे पर। किसी ने बाहर से आकर कहा, ''महराज ठंडाई माँग रहे हैं।'' ठंडाई देने लगी।

इतने में फिर किसी ने आकर कहा, ''भाट आया है। उसे कुछ दे दो।'' भाट के लिए सीधा निकाल रही थी कि एक तीसरे आदमी ने आकर पूछा कि अभी खाना तैयार होने में कितनी देर है? ज़रा ढोल-मजीरा उतार दो। बेचारी अकेली औरत चारों तरफ़ दौड़ते-दौड़ते हैरान हो रही थी। झुँझलाती थी। कुढ़ती थी। पर ग़ुस्सा बाहर निकलने का मौक़ा न पाता था। ख़ौफ़ होता था, कहीं पड़ोसनें यह न कहने लगें कि इतने ही में उबल पड़ीं। प्यास से ख़ुद उसका हलक़ सूख जाता था। गर्मी के मारे फुँकी जाती थी, लेकिन इतनी फ़ुर्सत कहाँ कि ज़रा पानी पी ले या पंखा लेकर झले। यह भी अन्देशा था कि ज़रा निगाह पलटी और चीज़ों की लूट मची। इस कश्मकश के आलम में उसने बूढ़ी काकी को कड़ाह के पास बैठे देखा तो जल गई। ग़ुस्सा न रुक सका। यह ख़याल न रहा कि पड़ोसनें बैठी हुई हैं। दिल में क्या कहेंगी। मर्दाने में लोग सुनेंगे तो क्या कहेंगे। जैसे मेंडक केंचुए पर झपटता है, उसी तरह वह बूढ़ी काकी पर झपटी और उन्हें दोनों हाथों से झँझोड़कर बोली–''ऐसे पेट में आग लगे। पेट है कि आग का कुंड है। कोठरी में बैठते क्या दम घुटता था? अभी मेहमानों ने नहीं खाया। देवताओं का भोग तक नहीं लगा। तब तक सब्र न हो सका। आकर छाती पर सवार हो गईं। नोज ऐसी जीभ! दिन भर खाती न रहतीं तो न जाने किसकी हाँडी में मुँह डालतीं। गाँव देखेगा तो कहेगा कि बुढ़िया भरपेट खाने को नहीं पाती, तभी तो इस तरह बौखलाई फिरती है।'' इस ख़याल से उसका ग़ुस्सा और भी तेज़ हो गया। ''डायन मरे न माँचा छोड़े। नाम बेचने पर लगी है। नाक कटवा के दम लेगी। इतना ठूँसती है, न जाने कहाँ भसम हो जाता है। ले भला चाहती हो तो कोठरी

में बैठो। जब घर के लोग खाने लगेंगे तो तुम्हें भी मिलेगा। तुम कोई देवी नहीं हो कि चाहे किसी के मुँह में पानी तक न जाए, लेकिन पहले तुम्हारी पूजा कर दें।''

बूढ़ी काकी ने सिर न उठाया। न रोईं, न बोलीं। चुपचाप रेंगती हुई वहाँ से अपने कमरे में चली गईं। सदमा ऐसा सख़्त था कि दिलो-दिमाग़ की सारी क़ूवतें, सारे जज़्बात, सारी हिस्सियात इस तरह रजू हो गई थीं, जैसे नदी में जब करारा का कोई बड़ा टुकड़ा कटकर गिरता है तो आस-पास का पानी चारों तरफ़ से सिमटकर उस ख़ला को पूरा करने के लिए दौड़ता है।

2

खाना तैयार हो गया। आँगन में पत्तल पड़ गए। मेहमान खाने लगे। औरतों ने जेवनार गाना शुरू किया। मेहमानों के नाई और ख़िदमतगार भी इस जमाअत के साथ, पर ज़रा हटकर खाने बैठे हुए थे, लेकिन आदाबे मजलिस के मुताबिक़ जब तक सब के सब खा न चुकें, कोई उठ न सकता था। दो-एक मेहमान, जो ज़रा तालीमयाफ़्ता थे, ख़िदमतगारों की पुरख़ोरी पर झुँझला रहे थे। वे इस क़ैद को बेमानी व मोहमिल समझते थे।

बूढ़ी काकी अपनी कोठरी में जाकर पछता रही थीं कि कहाँ से कहाँ गई। उन्हें रूपा पर गुस्सा नहीं था। अपनी उजलत पर अफ़सोस था। सच तो है, जब तक मेहमान लोग खा न चुकेंगे घरवाले कैसे खाएँगे। मुझसे इतनी देर भी न रहा गया। सबके सामने पानी उतर गया। अब जब तक कि कोई न बुलाने आएगा, न जाऊँगी।

दिल में यह फ़ैसला करके वह ख़ामोशी से बुलावे का इन्तज़ार करने लगीं, लेकिन घी की मरगूब ख़ुश्बू बहुत सब्रआज़मा साबित हो रही थी। उन्हें एक-एक लम्हा एक-एक घंटा मालूम होता था। अब पत्तल बिछ गए होंगे। अब मेहमान आ गए होंगे। लोग हाथ-पैर धो रहे हैं। नाई पानी दे रहा है। मालूम होता है, लोग खाने पर बैठ गए। जेवनार गाया जा रहा है। यह सोचकर बहाने के लिए लेट गईं और धीरे-धीरे गुनगुनाने लगीं। उन्हें मालूम हुआ कि मुझे गाते बहुत देर हो गई। क्या इतनी देर तक लोग खा ही रहे होंगे। किसी की बोलचाल सुनाई नहीं देती। ज़रूर लोग खा-पी के चले गए। मुझे कोई बुलाने नहीं आया। रूपा चिढ़ गई है। क्या जाने कि न बुलाए। सोचती हो कि आप ही आएँगी। कोई मेहमान नहीं कि बुलाकर लाऊँ।

बूढ़ी काकी चलने के लिए तैयार हुईं। यह यक़ीन कि अब एक लम्हे में पूड़ियाँ और मसालहेदार तरकारियाँ सामने आएँगी और उनके हुस्ने ज़ायक़ा को गुदगुदाने लगा। उन्होंने दिल में तरह-तरह के मंसूबे बाँधे; पहले तरकारी से पूड़ियाँ खाऊँगी फिर दही और शक्कर से। कचोरियाँ रायते के साथ मज़ेदार मालूम होंगी। चाहे कोई बुरा

माने या भला, मैं तो माँग-माँगकर खाऊँगी। यही न लोग कहेंगे, इन्हें लिहाज़ नहीं है। कहा करें। इतने दिनों के बाद पूड़ियाँ मिल रही हैं, तो मुँह जूठा करके थोड़े ही उठ आऊँगी।

वह उकड़ूँ बैठकर हाथों के बल खिसकती हुई आँगन में आईं; मगर वाये किस्मत! इश्तियाक़ ने अपनी पुरानी आदत के मुताबिक़ वक़्त का ग़लत अन्दाज़ा किया था। मेहमानों की जमाअत अभी बैठी हुई थी। कोई खाकर उँगलियाँ चाटता था और कनखियों से देखता था कि और लोग भी खा रहे या नहीं। कोई इस फ़िक्र में था कि पत्तल पर पूड़ियाँ छुटी जाती हैं। काश, किसी तरह उन्हें अन्दर रख लेता। कोई दही खाकर ज़बान चटखारता था, लेकिन दूसरा शकोरा माँगते हुए शरमाता था कि इतने में बूढ़ी काकी रेंगती हुई उनके बीच में जा पहुँचीं। कई आदमी चौंककर उठ खड़े हुए। आवाज़ें आईं—"अरे, यह कौन बुढ़िया है? देख, किसी को छू मत ले।"

पंडित बुधिराम काकी को देखते ही ग़ुस्से से तिलमिला गए। पूड़ियों का थाल लिए खड़े थे। थाल को ज़मीन पर पटक दिया और जिस तरह बेरहम साहूकार अपने किसी नादहिन्द मग़रूर असामी को देखते ही झपटकर उसका टेंटवा लेता है, उसी तरह लपककर उन्होंने बूढ़ी काकी के दोनों शाने पकड़े और घसीटते हुए लाकर उन्हें उस अँधेरी कोठरी में धम् से गिरा दिया। आरज़ूओं का सब्ज़ बाग़ लू के एक झोंके में वीरान हो गया।

मेहमानों ने खाना खाया। घरवालों ने खाया। बाजेवाले, धोबी-चमार भी खा चुके, लेकिन बूढ़ी काकी को किसी ने न पूछा। बुधिराम और रूपा, दोनों ही उन्हें उनकी बेहयाई की सज़ा देने का तस्फ़िया कर चुके थे। उनके बुढ़ापे पर, बेकसी पर, फ़ुतूरे अक़्ल पर; किसी को तरस नहीं आता था। अकेली लाडली उनके लिए कुढ़ रही थी।

लाडली को काकी से बहुत उन्स था। बेचारी भोली-सीधी लड़की थी। तिफ़्लाना शोख़ी और शरारत की उसमें बू तक न थी। दोनों बार जब उसकी माँ और बाप ने काकी को बेरहमी से घसीटा तो लाडली का कलेजा बैठकर रह गया। वह झुँझला रही थी कि यह लोग काकी को क्यूँ बहुत-सी पूड़ियाँ नहीं दे देते? क्या मेहमान सब की सब थोड़े ही खा जाएँगे और अगर काकी ने मेहमानों से पहले ही खा लिया तो क्या बिगड़ जाएगा? वह काकी के पास जाकर उन्हें तशफ़्फ़ी देना चाहती थी, लेकिन माँ के खौफ़ से न जाती थी। उसने अपने हिस्से की पूड़ियाँ मुतलक़ न खाई थीं, अपने गुड़ियों की पिटारी में बन्द कर रखी थीं। वह यह पूड़ियाँ काकी के पास ले जाना चाहती थी। उसका दिल बेक़रार हो रहा था। बूढ़ी काकी मेरी आवाज़ सुनते ही उठ बैठेंगी। पूड़ियाँ देखकर कैसी ख़ुश होंगी! मुझे ख़ूब प्यार करेंगी।

रात के ग्यारह बज चुके थे। रूपा आँगन में पड़ी सो रही थी। लाडली की आँखों में नींद न आती थी। काकी को पूड़ियाँ खिलाने की ख़ुशी उसे सोने न देती थी। उसने

गुड़ियों की पिटारी सामने ही रखी। जब उसे यक़ीन हो गया कि अम्मा ग़ाफ़िल सो रही हैं तो वह चुपके से उठी और सोचने लगी कि कैसे चलूँ। चारों तरफ़ अँधेरा था। सिर्फ़ चूल्हों में आग चमक रही थी और चूल्हों के पास एक कुत्ता लेटा हुआ था। लाडली की निगाह दरवाज़ेवाले नीम के दरख़्त की तरफ़ गई। उसे मालूम हुआ कि उस पर हनुमानजी बैठे हुए हैं। उनकी दुम, उनकी गदल साफ़ नज़र आती थी। मारे ख़ौफ़ के उसने आँखें बन्द कर लीं। इतने में कुत्ता उठ बैठा। लाडली को ढारस हुई। कई सोते हुए आदमियों की बनिस्बत एक जागता हुआ कुत्ता उसके लिए ज़्यादा तक़्वीयत का बाइस हुआ। उसने पिटारी उठाई और बूढ़ी काकी की कोठरी की तरफ़ चली।

3

बूढ़ी काकी को महज़ इतना याद था कि किसी ने मेरे शाने पकड़े। फिर उन्हें ऐसा मालूम हुआ, जैसे कोई पहाड़ पर उड़ाए लिए जाता है। उनके पैर बार-बार पत्थरों से टकराए। तब किसी ने उन्हें पहाड़ पर से पटक दिया। वह बेहोश हो गईं।

जब उनके होश बजा हुए तो किसी की ज़रा भी आहट न मिलती थी। समझ गईं कि सब लोग खा-पीकर सो गए। और उनके साथ मेरी तक़दीर भी सो गई। रात कैसे कटेगी? राम, क्या खाऊँ? पेट में आग जल रही है। हा! किसी ने मेरी सुध न ली। क्या मेरा ही पेट काटने से धन हो जाएगा? इन लोगों को इतनी दया भी नहीं आती कि बुढ़िया न जाने कब मर जाए। इसका रोयाँ क्यों दुखाएँ। मैं पेट की रोटियाँ ही खाती हूँ कि और कुछ। इस पर ये हाल, मैं अन्धी-अपाहिज ठहरी। न कुछ सूझे, न बूझे। अगर आँगन में चली गई तो क्या बुधिराम से इतना कहते न बनता था कि काकी, अभी लोग खा रहे हैं, फिर आना। मुझे घसीटा, पटका; इन्हीं पूड़ियों के लिए। रूपा ने सबके सामने गालियाँ दीं; इन्हीं पूड़ियों के लिए। और इतनी दुर्गत करके भी इनका पत्थर का कलेजा न पसीजा। सबको खिलाया, मेरी बात न पूछी। जब तब ही न दिया तो अब क्या देगी। ये सोचकर मायूसाना सब्र के साथ लेट गईं। रिक़्क़त से गला भर-भर आता था। लेकिन मेहमानों के सामने लिहाज़ से रोती न थीं।

यकायक उनके कान में आवाज़ आई–"काकी, उठो; मैं पूड़ियाँ लाई हूँ।"

काकी ने लाडली की आवाज़ पहचानी। चटपट उठ बैठीं। दोनों हाथों से लाडली को टटोला और उसे गोद में बिठा लिया। लाडली ने पूड़ियाँ निकालकर दीं।

काकी ने पूछा–"क्या तुम्हारी अम्माँ ने दी हैं?"

लाडली ने फ़ख़्र से कहा–"नहीं। ये मेरे हिस्से की हैं।"

काकी पूड़ियों पर टूट पड़ीं। पाँच मिनट में पिटारी ख़ाली हो गई।

लाडली ने पूछा–"काकी, पेट भर गया?"

जैसे थोड़ी-सी बारिश ठंडक की जगह और भी हब्स पैदा कर देती है, उसी तरह उन चन्द पूड़ियों ने काकी की इश्तहा और रग़बत को और भी तेज़ कर दिया। बोलीं–"नहीं बेटी! जा के अम्मा से और माँग लाओ।"

लाडली–"अम्मा सोती हैं। जगाऊँगी तो अम्मा मारेंगी।"

काकी ने पिटारी को फिर टटोला। उसमें चन्द रेज़े गिरे थे। उन्हें निकालकर खा गईं। बार-बार होंठ चाटती थीं। चटखारे भरती थीं। दिल मसोस रहा था कि और पूड़ियाँ कैसे पाऊँ? सब्र का बाँध जब टूट जाता है तो ख़्वाहिश का बहाव क़ाबू से बाहर हो जाता है। मस्तों को सुरूर की याद दिलाना उन्हें दीवाना बनाता है। काकी का बेताब दिल ख़्वाहिश के इस बहाव में बह गया। हलाल-हराम की तमीज़ न रही। वह कुछ देर तक इस ख़्वाहिश को रोकती रहीं। यकायक लाडली से बोलीं–"मेरा हाथ पकड़कर वहाँ ले चलो, जहाँ मेहमानों ने बैठकर खाना खाया था।"

लाडली उनकी मंशा न समझ सकी। उसने काकी का हाथ पकड़ा और उन्हें लाकर जूठे पत्तलों के पास बिठा दिया। और ग़रीब भूक की मारी फ़ातिरुल अक़्ल बुढ़िया पत्तलों से पूड़ियों के टुकड़े चुन-चुनकर खाने लगी। दही कितना लज़ीज़ था। सालन कितना मज़ेदार! कचोरियाँ कितनी सलोनी! समोसे कितने ख़स्ता और नरम!

काकी फ़ुतूरे अक़्ल के बावजूद जानती थीं कि मैं वह कर रही हूँ, जो मुझे न करना चाहिए। मैं दूसरों के जूठे पत्तल चाट रही हूँ। लेकिन बुढ़ापे की हिरस मर्ज़ का आख़िरी दौर है, जब सारे हवास एक ही मरकज़ पर आकर जमा हो जाते हैं। बूढ़ी काकी में यह मरकज़ हुस्ने ज़ायक़ा था।

ऐन उसी वक़्त रूपा की आँख खुली। उसे मालूम हुआ कि लाडली मेरे पास नहीं है। चौंकी, चारपाई के इधर-उधर ताकने लगी कि कहीं लड़की नीचे तो नहीं गिर पड़ी। उसे वहाँ न पाकर वह उठ बैठी तो क्या देखती है कि लाडली जूठे पत्तलों के पास चुपचाप खड़ी है और बूढ़ी काकी पत्तलों पर से पूड़ियों के टुकड़े उठा-उठाकर खा रही है। रूपा का कलेजा सन्न से हो गया। किसी गाय की गरदन पर छुरी चलते देखकर उसके दिल की जो हालत होती, वही उस वक़्त हुई। एक बरहमनी दूसरों का जूठा पत्तल टटोले इससे इब्रतनाक नज़ारा नामुमकिन था। पूड़ियों के चन्द लुक़्मों के लिए उसकी चचेरी सास ऐसा रकीक़ और हक़ीर फेल कर रही है। यह वह नज़ारा था, जिससे देखनेवालों के दिल काँप उठते हैं। ऐसा मालूम होता है कि ज़मीन रुक गई है। आसमान चक्कर खा रहा है। दुनिया पर कोई नई आफ़त आनेवाली है। रूपा को ग़ुस्सा न आया। इब्रत के सामने गुस्से का ज़िक्र क्या? दर्द और ख़ौफ़ से उसकी आँखें भर आईं। इस अधर्म और पाप का इल्ज़ाम किस पर है?

उसने सदक़े दिल से आसमान की तरफ़ हाथ उठाकर कहा–"परमात्मा, मेरे

बच्चों पर रहम करना। इस अधर्म की सज़ा मुझे मत देना। हमारा सत्यानास हो जाएगा।''

रूपा को अपनी ख़ुदग़र्ज़ी और बेइंसाफ़ी आज तक कभी इतनी सफ़ाई से नज़र न आई थी। हाय, मैं कितनी बेरहम हूँ। जिसकी जायदाद से मुझे दो सौ रुपए साल की आमदनी हो रही है, उसकी यह दुर्गति! और मेरे कारन! ऐ ईश्वर, मुझसे बड़ा भारी गुनाह हुआ है। मुझे मुआफ़ करो। आज मेरे बेटे का तिलक था। सैकड़ों आदमियों ने खाना खाया। मैं उनके इशारे की ग़ुलाम बनी हुई थी। अपने नाम के लिए, अपनी बड़ाई के लिए सैकड़ों रुपए ख़र्च कर दिए, लेकिन जिसकी बदौलत हज़ारों रुपए खाए, उसे इस तक़रीब के दिन भी पेट भरकर खाना न दे सकी। महज़ इसलिए न कि वह बुढ़िया है। बेकस है। बेज़बान है। उसने चराग़ जलाया, अपने भंडारे का दरवाज़ा खोला और एक थाली में खाने की सब चीज़ें सजाकर लिए हुए बूढ़ी काकी की तरफ़ चली।

आधी रात हो चुकी थी। आसमान पर तारों के थाल सजे हुए थे और उन पर बैठे हुए फ़रिश्ते बिहिश्ती नेमतें सजा रहे थे। लेकिन उनमें किसी को वह मुसर्रत न हासिल हो सकती थी, जो बूढ़ी काकी को अपने सामने थाल देखकर होती।

रूपा ने रिक़्क़तआमेज़ लहजे में कहा–''काकी उठो, खाना खा लो। मुझसे आज बड़ी भूल हुई। उसका बुरा न मानना। परमात्मा से दुआ करो कि वह मेरी ख़ता मुआफ़ कर दे।''

भोले-भाले बच्चे की तरह, जो मिठाइयाँ पाकर मार और घुड़कियाँ सब भूल जाता है। बूढ़ी काकी बैठी हुई खाना खा रही थीं। उनके एक-एक रोएँ से सच्ची दुआएँ निकल रही थीं और रूपा बैठी यह रूहानी नज़ारा देख रही थी।

शतरंज की बाज़ी

नवाब वाजिदअलीशाह का ज़माना था। लखनऊ ऐश व इशरत के रंग में डूबा हुआ था। छोटे-बड़े, अमीर व ग़रीब; सब रंगरलियाँ मना रहे थे। कहीं निशात की महफ़िलें आरास्ता थीं, कोई अफ़यून की पिनक के मज़े लेता था। ज़िन्दगी के हर एक शोबे में रिन्दी व मस्ती का ज़ोर था। उमूरे सियासत में, शेर व सुख़न में, तर्ज़े मआशरत में, सनूअत व हिर्फ़त में, तिजारत व तबादले में; सभी जगह नफ़्सपरस्ती की दुहाई थी। अराकीने सल्तनत मैख़्वारी के ग़ुलाम हो रहे थे। शोअरा बोसा व कनार में मस्त। अहले हर्फ़ा कलाबत्तू व चिकन बनाने में, अहले सैफ़ तीतरबाज़ी में, अहले रोज़गार सुरमा व मिस्सी, इतर व तेल की ख़रीद-फ़रोख़्त का दिलदादः। ग़र्ज़ सारा मुल्क नफ़्सपरवरी की बेड़ियों में जकड़ा हुआ था। सबकी आँखों में साग़र व जाम का नशा छाया हुआ था। दुनिया में क्या हो रहा है, इल्म व हिकमत के किन-किन ईजादों में मसरूफ़ है, बहर व बर पर मग़्रिबी अक़्वाम किस तरह हावी होती जाती है; इसकी किसी को ख़बर न थी। बटेर लड़ रहे हैं। तीतरों में पालियाँ हो रही थीं। कहीं चौसर हो रही है, पौ बारह का शोर मचा हुआ है; कहीं शतरंज के मार्के छिड़े हुए हैं, फ़ौज़ें ज़ेर व ज़बर हो रही हैं। नवाब का हाल इससे भी बदतर था। हाँ, गतों और तालों की ईजाद होती थी। हज़े नफ़्स के लिए नए लटके, नए-नए नुस्खे सोचे जाते थे। यहाँ तक कि फ़ुक़रा ख़ैरात के पैसे पाते तो रोटियाँ ख़रीदने के बजाय मदक और चंडू के मज़े लेते थे। रईसज़ादे हाज़िरजवाबी और बज़्लासंजी की तालीम हासिल करने के लिए अरबाबे निशात से क़लमबन्द करते थे। फ़िक्र को जौलाँ, अक़्ल को रसा और ज़ेहन को तेज़ करने के लिए शतरंज कीमिया समझा जाता था। अब भी उस क़ौम के लोग कहीं-कहीं मौजूद हैं, जो इस दलील को बड़े शद्दोमद से पेश करते हैं। इसलिए, अगर मिर्ज़ा सज्जादअली और मीर रोशनअली अपनी ज़िन्दगी का बेशतर हिस्सा अक़्ल को तेज़ करने में सर्फ़ किया करते थे, तो किसी ज़ीफ़हेम को ऐतराज़ करने का मौक़ा न था। हाँ, जोहला उन्हें जो चाहें, समझें। दोनों साहेबों के पास मोरूसी जागीरें थीं। फ़िक्रे मआश से आज़ाद थे। आख़िर, और करते ही क्या? तुलू-ए-सहर होते ही दोनों साहेब नाश्ता करके बिसात पर बैठ जाते, मोहरे बिछा लेते

और अक़्ल को तेज़ करना शुरू कर देते। फिर उन्हें ख़बर न होती थी कि कब दोपहर हुई, कब सः पहर और कब शाम। घर से बार-बार आदमी आकर कहता था–खाना तैयार है। यहाँ से जवाब मिलता था–चलो आते हैं। दस्तरख़्वान बिछाओ। मगर शतरंज के सामने क़ोरमे और पुलाव के मज़े भी फ़ीके थे। यहाँ तक कि बावरची मजबूर होकर खाना कमरे में ही रख जाता था और दोनों दोस्त दोनों काम साथ-साथ करके अपनी बारीक नज़री का सुबूत देते थे। कभी-कभी खाना ही रह जाता। उसकी याद ही न आती थी। मिर्ज़ा सज्जादअली के मकान में कोई बड़ा-बूढ़ा न था। इसलिए उन्हीं के दीवानख़ाने में मार्का आराइयाँ होती थीं, मगर इसके यह मानी नहीं है कि मिर्ज़ा के घर के और लोग इस मशग़ले से ख़ुश थे। हरगिज़ नहीं। मोहल्ले के, घर के नौकर-चाकरों में, मेहरियों-मामाओं में बड़ी हासिदाना हर्फ़गिरियाँ होती रहती थीं। बड़ा मनहूस खेल है। घर को तबाह करके छोड़ता है। ख़ुदा न करे कि किसी को इसकी चाट पड़े। आदमी न दीन के काम का रहता है, न दुनिया के काम का। बस, उसे धोबी का कुत्ता समझो, घर का न घाट का। बुरा मर्ज़ है। सितम यह था कि बेगम साहिबा भी आए दिन इस मशग़ले के ख़िलाफ़ सदाये एहतिजाज बुलन्द करती रहती थीं, हालाँकि उन्हें इसके मौक़े मुश्किल से मिलते। वह सोती ही रहती थीं कि उधर बाजी जम जाती थी। रात को सो जाती थीं, तब कहीं मिर्ज़ाजी घर में आते थे। हाँ, जुलाहे का ग़ुस्सा डाढ़ी पर उतारा करती थीं। नौकरों को झिड़कियाँ दिया करतीं–क्या, मियाँ ने पान माँगे हैं? कह दो, आकर ले जाएँ। क्या, पाँव में मेंहदी लगी हुई है? क्या कहा? अभी खाने की फ़ुरसत नहीं है? खाना ले जाकर सिर पर पटक दो। खाएँ या कुत्तों को खिलाएँ। यहाँ उनके इन्तज़ार में कौन बैठा रहेगा?–मगर लुत्फ़ यह था कि उन्हें अपने मियाँ से उतनी शिकायत न थी, जितनी मीर साहेब से। वह मीर साहेब को निखट्टू, बिगाड़ू, टुकड़ेख़ोर वग़ैरह नामों से याद किया करती थीं। शायद मिर्ज़ाजी भी अपनी बरीयत के इज़हार में सारा इल्ज़ाम मीर साहेब ही के सिर डाल देते थे।

एक दिन बेगम साहिबा के सिर में दर्द होने लगा, तो मामा से कहा–"जाकर मिर्ज़ाजी को बुला ला। किसी हक़ीम के यहाँ से दवा ला दें। दौड़, जल्दी कर, सिर फटा जाता है।"–मामा गई, तो मिर्ज़ाजी ने कहा–"चल, अभी आते हैं।"–बेगम साहिबा को इतनी ताब कहाँ कि उनके सिर में दर्द हो, और मियाँ शतरंज खेलने में मसरूफ़ हों। चेहरा सुर्ख़ हो गया और मामा से कहा–"जाकर कह कि अभी चलिए वर्ना वो ख़ुद हकीम साहेब के पास चली जाएँगी। कुछ उनके आँखों देखा रास्ता नहीं है।"–मिर्ज़ाजी बड़ी दिलचस्प बाज़ी खेल रहे थे। दो ही किश्तियों में मीर साहेब की मात हुई जाती थी। बोले–"क्या ऐसा दम लबों पर है? ज़रा सब्र नहीं आता? हकीम साहेब छू मन्तर कर देंगे कि उनके आते ही आते दर्दे सिर रफ़ा हो जाएगा।"

मीर साहेब ने फ़रमाया–"अरे, जाकर सुन ही आइए न! औरतें नाज़ुक मिज़ाज होती ही हैं।"

मिर्ज़ाजी–"हाँ, क्यों न चला जाऊँ? दो किश्तियों में मीर साहेब की मात हुई जाती है।"

मीर साहेब–"जी, इस भरोसे न रहिएगा। वो चाल सोची है कि आपके मोहरे धरे-के-धरे रह जाएँ और मात हो जाए। पर जाइए, सुन आइए। क्यों ख़्वामख़्वाह ज़रा-सी बात के लिए उनका दिल दुखाइएगा।"

मिर्ज़ाजी–"जी चाहता है, इसी बात पर मात कर दूँ।"

मीर साहेब–"मैं खेलूँगा ही नहीं। आप पहले जाकर सुन आएँ।"

मिर्ज़ाजी–"अरे यार, जाना पड़ेगा हकीम के यहाँ। दर्द-वर्द ख़ाक़ नहीं है। मुझे दिक़ करने का हीला है।"

मीर साहेब–"कुछ भी हो। उनकी ख़ातिर करनी ही पड़ेगी।"

मिर्ज़ाजी–"अच्छा, एक चाल और चल लूँ।"

मीर साहेब–"हरगिज़ नहीं। जब तक आप सुन न आएँगे, मोहरों को हाथ न लगाऊँगा।"

मिर्ज़ा साहेब मजबूर होकर अन्दर गए तो बेगम साहिबा ने कराहते हुए कहा–"तुम्हें निगोड़ा शतरंज इतना प्यारा है कि चाहे कोई मर भी जाए पर उठने का नाम नहीं। शतरंज है कि मेरी सौतन है। नोज कोई तुम जैसा निर्मोहिया हो।"

मिर्ज़ा–"क्या करूँ? मीर साहेब मानते ही न थे। बड़ी मुश्किलों से गला छुड़ाकर आया हूँ।"

बेगम–"क्या, जैसे ख़ुद निखट्टू हैं, वैसे ही दूसरों को समझते हैं? उनके भी तो बाल-बच्चे हैं कि सबका सफ़ाया कर दिया।"

मिर्ज़ा–"बड़ा लत्ती आदमी है। जब आकर सिर पर सवार हो जाता है, तो मजबूर होकर मुझे भी खेलना ही पड़ता है।"

बेगम–"धुत्कार क्यों नहीं देते कुत्ते की तरह।"

मिर्ज़ा–"सुभान अल्लाह! बराबर के आदमी हैं, उम्र में, रुतबे में मुझसे दो अंगुल ऊँचे। मुलाहिज़ा करना ही पड़ता है।"

बेगम–"तो मैं ही धुत्कारे देती हूँ। नाराज़ हो जाएँगे! कौन मेरी रोटियाँ चलाते हैं। रानी रूठेंगी, अपना सुहाग लेंगी। (मामा से) अब्बासी, शतरंज उठा ला। मीर साहेब से कह देना, मियाँ अब न खेलेंगे। आप तशरीफ़ ले जाएँ। अब फिर मुँह न दिखाइएगा।"

मिर्ज़ा–"हाँय, हाँय। कहीं ऐसा ग़ज़ब न करना। क्या ज़लील कराओगी? ठहर अब्बासी। कम्बख़्त, कहाँ दौड़ी जाती है?"

बेगम–"जाने क्यूँ नहीं देते? मेरा लहू, ख़ून पीए, जो रोके। अच्छा, उसे रोक लिया। मुझे रोक लो तो जानूँ।"–यह कहकर बेगम साहिबा ख़ुद झल्लाती हुई दीवानख़ाने की तरफ़ चलीं। मिर्ज़ाजी का चेहरा फ़क़ हो गया। हवाइयाँ उड़ने लगीं। बीवी की मिन्नतें करने लगे–"ख़ुदा के लिए, तुम्हें शहीदे कर्बला की क़सम। मेरी ही मय्यत देखे, जो उधर क़दम रखे।"–लेकिन बेगम साहिबा ने एक न मानी। दीवानख़ाने के दरवाज़े तक गईं। यकायक नामे हरम के रू-ब-रू बेनक़ाब जाते हुए पैर रुक गए। वहीं से अन्दर की तरफ़ झाँका। हुस्ने इत्तेफ़ाक से कमरा खाली था। मीर साहेब ने हस्बे ज़रूरत दो-चार मोहरे तब्दील कर दिए थे। इस वक़्त अपनी सफ़ाई जताने के लिए बाहर चबूतरे पर चहल क़दमी कर रहे थे। फिर क्या था! बेगम साहिबा को मुँह माँगी मुराद मिली। अन्दर पहुँचकर बाज़ी उलट दी। मोहरे, कुछ तख़्त के नीचे फेंके कुछ बाहर, तब दरवाज़ा अन्दर से बन्द करके कुंडी लगा दी। मीर साहेब दरवाज़े पर तो थे ही। मोहरे बाहर फेंके जाते देखे, फिर चूड़ियों की झनकार सुनी, तो समझ गए, बेगम साहिबा बिगड़ गईं। चुपके से घर की राह ली।

मिर्ज़ा ने बेगम साहिबा से कहा–"तुमने ग़ज़ब कर दिया।"

बेगम–"अब मुआ इधर आए, तो खड़े-खड़े निकाल दूँ। घर नहीं चकला समझ लिया है। इतनी लौ अगर ख़ुदा से हो, तो वली हो जाते। आप लोग तो शतरंज खेलें, मैं यहाँ चूल्हे-चक्की में सिर खपाऊँ। लौंडी समझ रक्खा है। जाते हो हकीम साहेब के यहाँ कि अब भी तअम्मुल है।"

मिर्ज़ाजी घर से निकले तो हकीम साहेब के यहाँ के बदले मीर साहेब के घर पहुँचे तो माज़रतआमेज़ लहजे में बादिले पुरदर्द माजरा कह सुनाया।

मीर साहेब हँसकर बोले–"इतना तो मैं उसी वक़्त समझ गया था, जब दर्दे सिर का पैग़ाम मामा लाई थी, कि आज आसार अच्छे नहीं हैं, मगर बड़ी ग़ुस्सेवर मालूम होती हैं। उफ़, इतनी तम्कनत! आपने उन्हें बहुत सिर चढ़ा रक्खा है। ये मुनासिब नहीं। उन्हें इससे क्या मतलब कि आप बाहर क्या करते हैं? ख़ानादारी का इन्तिज़ाम करना उनका काम है। मर्दों की बातों में दख़ल देने का उन्हें क्या मजाल! मेरे यहाँ देखिए, कभी कोई चूँ भी नहीं करता।"

मिर्ज़ा–"ख़ैर। अब ये बताइए, अब जमाव कहाँ होगा?"

मीर–"इसका क्या ग़म है? इतना बड़ा घर पड़ा हुआ है। बस, यहीं जमेगी।"

मिर्ज़ा–"लेकिन बेगम साहिबा को कैसे मनाऊँगा। जब घर पर बैठा रहता था, तब तो इतनी ख़फ़गी थी। घर से चला आऊँ, तो शायद ज़िंदा न छोड़ें।"

मीर–"अजी, बकने दीजिए। दो-चार दिन में ख़ुद-ब-ख़ुद सीधी हो जाएँगी। हाँ, आप भी ज़रा तन जाइए।"

2

मीर साहेब की बेगम साहिबा किसी वजह से मीर साहेब का घर से ग़ायब रहना ही पसन्द करती थीं, इसलिए वह उनके मश्ग़ला तफ़रीह का मुतलक़ गिला न करती थीं, बल्कि कभी-कभी उन्हें जाने में देर हो जाती या कुछ अलकसाते तो सुरोदिया मस्तान याद दिहानीदन के मिस्दाक़ उन्हें आगाह कर दिया करती थीं। इन वजूह से मीर साहेब को गुमान हो गया था कि मेरी बेगम निहायत ख़लीक़ मुतहम्मिल मिज़ाज और इफ़्फ़तकेश हैं, लेकिन, जब उनके दीवानख़ाने में बिसात बिछने लगी और मीर साहेब की दायमी मौजूदगी से बेगम साहिबा की आज़ादी में हर्ज़ पैदा होने लगा, तो उन्हें बड़ी तश्वीश दामनगीर हुई। दिन-के-दिन दरवाज़ा झाँकने को तरस जाती थीं। सोचने लगीं, क्यूँकर यह बला सिर से टले।

उधर नौकरों में भी यह कानाफूसी होने लगी। अब तक दिनभर पड़े-पड़े खर्राटे लेते थे। घर में कोई आए, कोई जाए; उनसे मतलब था न सरोकार। मुश्किल से दो-चार दफ़ा बाज़ार जाना पड़ता। अब आठों पहर की धौंस हो गई। कभी पान लाने का हुक्म होता, कभी पानी लाने का, कभी बरफ़ लाने का, कभी तम्बाकू भरने का। हुक़्क़ा तो किसी दिलजले आशिक़ की तरह हरदम गर्म रहता था। सब जाकर बेगम साहिबा से कहते–"हुजूर मियाँ का शतरंज तो हमारे जी का जंजाल हो गया। दिनभर दौड़ते-दौड़ते पैरों में छाले पड़ जाते हैं। ये भी कोई खेल है कि सुबह को बैठे तो शाम कर दी। घड़ी-दो घड़ी खेल लिया। चलो छुट्टी हुई। और फिर हुज़ूर तो जानती हैं कि कितना मनहूस खेल है। जिसे इसकी चाट पड़ जाती है, कभी नहीं पनपता। घर पर कोई-न-कोई आफ़त जरूर आती है। यहाँ तक कि इसके पीछे मोहल्ले-के-मोहल्ले तबाह होते देखे गए हैं। मोहल्लेवाले हरदम हमीं लोगों को टोका करते हैं। शर्म से गड़ जाना पड़ता है।"–बेगम साहिबा कहतीं–"मुझे तो ये खेल ख़ुद एक आँख नहीं भाता। पर क्या करूँ? मेरा क्या बस है?"

मोहल्ले में दो-चार बड़े-बूढ़े थे। वह तरह-तरह की बदगुमानियाँ करने लगे। अब ख़ैरियत नहीं। हमारे रईसों का यह हाल है, तो मुल्क का ख़ुदा ही हाफ़िज़ है। यह सल्तनत शतरंज के हाथों तबाह होगी। लच्छन बुरे हैं।

मुल्क में वाबेला मचा हुआ था। रिआया दिन दहाड़े लुटती थी, पर कोई उसकी फ़रियाद सुननेवाला न था। देहातों की सारी दौलत लखनऊ में खिंची चली आती थी और यहाँ सामाने ऐश के बहम पहुँचाने में सर्फ़ हो जाती थी। भाँड़, नक़्क़ाल, कथक, अरबाबे निशात की गर्म बाज़ारी थी। साक़नों की दूकानों पर अशर्फ़ियाँ बरसती थीं। रईसज़ादे एक-एक दम की एक-एक अशर्फ़ी फेंक देते थे। मसारिफ़ का यह हाल और अंग्रेज़ी कम्पनी का कर्ज़ा रोज़-ब-रोज़ बढ़ता जाता था। उसकी अदायगी की किसी

को फ़िक्र न थी। यहाँ तक कि सालाना ख़िराज भी अदा न हो सकता था। रेजीडेंट बार-बार ताक़ीदी ख़ुतूत लिखता, धमकियाँ देता, मगर यहाँ लोगों पर नफ़्सपरवरी का नशा सवार था। किसी के कान पर जूँ न रेंगती थी।

ख़ैर, मीर साहेब के दीवानख़ाने में शतरंज होते कई महीने मुज़र गए। नित नए नक़्शे हल किए जाते, नए-नए किले तामीर होते और मिस्मार किए जाते। कभी-कभी खेलते-खेलते आपस में झड़प हो जाती, तू-तू, मैं-मैं की नौबत पहुँच जाती, पर ये शकररंजियाँ बहुत जल्द रफ़ा हो जाती थीं। कभी ऐसा भी होता कि मिर्ज़ाजी रूठकर अपने घर चले जाते, मीर साहेब बिसात उठाकर अपने घर में आ बैठते और क़समें खाते कि अब कभी शतरंज के नज़दीक न जाएँगे, मगर सुबह होते ही दोनों दोस्त फिर मिल बैठते। नींद सारी बदमज़गियों को दूर कर देती थी।

एक दिन दोनों अहबाब बैठे शतरंज के दलदल में गोते खा रहे थे कि शाही रिसाले का एक सवार वर्दी पहने असलहा से लैस मीर साहेब का नाम पूछता आ पहुँचा। मीर साहेब के हवास उड़े। औसान ख़ता हो गए। ख़ुदा जाने क्या बला सिर पर आई। घर के दरवाज़े बन्द कर लिए और नौकरों से कहा–"घर में नहीं हैं।"

सवार ने कहा–"घर में नहीं हैं, तो कहाँ हैं? कहीं छुपे बैठे होंगे।"

ख़िदमतगार–"मैं यह नहीं जानता। घर में से यही जवाब मिला है। क्या काम है?"

सवार–"काम तुझे क्या बताऊँ? हुज़ूर में तलबी है। शायद फ़ौज के लिए कुछ सिपाही माँगे गए हैं। जागीरदार हैं कि मज़ाक़ है।"

ख़िदमतगार–"अच्छा, तशरीफ़ ले जाइए। कह दिया जाएगा।"

सवार–"कहने-सुनने की बात नहीं। मैं कल फिर आऊँगा और तलाश करके ले जाऊँगा। अपने हमराह हाज़िर करने का हुक्म हुआ है।"

सवार तो चला गया। मीर साहेब की रूह फ़ना हो गई। काँपते हुए मिर्ज़ाजी से बोले–"अब क्या होगा?"

मिर्ज़ा–"बड़ी मुसीबत है। कहीं मेरी तलबी भी न हो।"

मीर–"कम्बख़्त, कल फिर आने को कह गया है।"

मिर्ज़ा–"क़हर आसमानी है, और क्या? कहीं सिपाहियों की माँग हो, तो बिन मौत मरे। यहाँ तो जंग का नाम सुनते ही तप चढ़ आती है।"

मीर–"यहाँ तो आज से दाना-पानी हराम समझिए।"

मिर्ज़ा–"बस, यही तदबीर है कि उससे मिलिए ही नहीं। दोनों आदमी ग़ायब हो जाएँ। सारा शहर छानता फिरे। कल से गोमती पार किसी वीराने में नक़्शा जमे। वहाँ किसे ख़बर होगी? हज़रत, अपना-सा मुँह लेकर लौट जाएँगे।"

मीर–"बस-बस। आपको ख़ूब सूझी, वल्लाह! कल से गोमती पार की ठहरे।"

उधर बेगम साहिबा सवार से कह रही थीं–"तुमने ख़ूब बहुरूप भरा।"

उसने जवाब दिया–"ऐसे गावदियों को तो चुटकियों पर नचाता हूँ। उसकी सारी अक़्ल और हिम्मत तो शतरंज ने चर ली। अब देख लेना, जो कभी भूलकर भी घर रहे। सुबह का गया फिर रात को आएगा।"

3

उस दिन से दोनों दोस्त मुँह अँधेरे घर से निकल खड़े होते और बग़ल में एक छोटी-सी दरी दबाए, डिब्बे में गिलौरियाँ भरे गोमती पार एक पुरानी वीरान मस्जिद में जा बैठते, जो शायद अहदे मुग़लिया की यादगार थी। रास्ते में तम्बाकू-मदरिया ले लेते और मस्जिद में पहुँच, दरी बिछा, हुक़्क़ा भरकर बिसात पर जा बैठते; फिर उन्हें दीन व दुनिया की फ़िक्र न रहती थी। किश्त, शह, पीट लिया; इन अल्फ़ाज़ के सिवा उनके मुँह से और कोई कलमा न निकलता। कोई चिल्लाकश भी इतने इस्तिग्राक़ की हालत में न बैठता होगा। दोपहर को जब भूक मालूम होती, तो दोनों हज़रत गलियों में होते हुए किसी नानबाई की दूकान पर खाना खा लेते और चिलम-हुक़्क़ा पीकर फिर मह्वे शतरंजबाज़ी। कभी-कभी तो उन्हें खाने की सुध न रहती थी।

इधर मुल्क में सियासी पेचीदगियाँ रोज़-ब-रोज़ पेचीदा होती जाती थीं। कम्पनी की फ़ौजें लखनऊ की तरफ़ बढ़ी चली आती थीं। शहर में हलचल मची हुई थी। लोग अपने-अपने बाल-बच्चों को लेकर देहातों में भागे जा रहे थे, पर हमारे दोनों शतरंजबाज़ दोस्तों को ग़म व ज़दा और ग़मे काला से कोई वास्ता न था। वह घर से चलते तो गलियों में हो जाते। कहीं किसी की निगाह न पड़ जाए। मोहल्लेवालों को भी उनकी सूरत न दिखाई देती थी। यहाँ तक कि अंग्रेज़ी फ़ौजें लखनऊ के क़रीब पहुँच गईं।

एक दिन दोनों अहबाब बैठे बाज़ी खेल रहे थे। मीर साहेब की बाज़ी कुछ कमज़ोर थी। मिर्ज़ा साहेब उन्हें किश्त-पर-किश्त दे रहे थे कि दफ़अतन कम्पनी की फ़ौज सड़क पर से आती हुई दिखाई दी। कम्पनी ने लखनऊ पर तसर्रुफ़ करने का फ़ैसला कर लिया था। क़र्ज़ की इल्लत में सल्तनत हज़्म कर लेना चाहती थी। वही महाजनी चाल चली, जिससे आज सारी कमज़ोर क़ौमें पा-ब-ज़ंजीर हो रही हैं।

मीर साहेब–"अंग्रेज़ी फ़ौजें आ रही हैं।"

मिर्ज़ा–"आने दीजिए। किश्त बचाइए। ये किश्त।"

मीर–"ज़रा देखना चाहिए। आड़ से देखें। कैसे क़वीहेकल जवान हैं! देखकर सीना थर्राता है।"

मिर्ज़ा–"देख लीजिएगा, क्या जल्दी है। फिर किश्त।"

मीर–"तोपख़ाना भी है। कोई पाँच हज़ार आदमी होंगे। सुर्ख़ चेहरा जैसे लाल बन्दर।"

मिर्ज़ा–"जनाब, हीले न कीजिए। ये किश्त।"

मीर–"आप भी अजीब आदमी हैं। ख़याल तो कीजिए। शहर का मुहासरा हो गया, तो घर कैसे चलेंगे?"

मिर्ज़ा–"जब घर चलने का वक़्त आएगा, तो देखी जाएगी। ये किश्त, और मात।"

फ़ौज निकल गई। यारों ने दूसरी बाज़ी बिछा दी।

मिर्ज़ाजी बोले–"आज खाने की कैसी रहेगी?"

मीर–"आज रोज़ा है। क्या आपको ज़्यादा भूक लगी है?"

मिर्ज़ा–"जी नहीं। शहर में ना मालूम क्या हो रहा होगा।"

मीर–"शहर में कुछ नहीं हो रहा होगा। लोग खाने से फ़ारिग़ होकर आराम कर रहे होंगे। हुजूर जाने आलम भी इस्तिराहत फ़रमाते होंगे, या शायद साग़र का दौर चल रहा होगा।"

अब की दोनों दोस्त खेलने बैठे तो तीन बज गए। अबकी मिर्ज़ाजी की बाज़ी कमज़ोर थी। इसी असना में फ़ौज की वापसी की आहट मिली। नवाब वाजिदअली शाह माजूल कर दिए गए थे और फ़ौज उन्हें गिरफ़्तार किए लिए जाती थी। शहर में कोई हंगामा न हुआ, न कुश्तो ख़ून। यहाँ तक कि किसी जाँबाज़ ने एक क़तरा ख़ून भी न बहाया। नवाब घर से इस तरह रुख़सत हुए जैसे लड़की रोती-पीटती ससुराल जाती है। बेगमें रोईं। नवाबजादे, मामाएँ, मुग़लानियाँ रोईं और बस, सल्तनत का ख़ात्मा हो गया। अज़ल से किसी बादशाह की माजूली इतनी सुलेआमेज़, इतनी बेज़रर न हुई होगी। कम-अज़-कम तारीख़ में इसकी नज़ीर नहीं। यह वह अहिंसा न थी, जिस पर मलाएक ख़ुश होते हैं। यह वह पश्तहिम्मती वह नामर्दी थी, जिस पर देवियाँ रोती हैं। लखनऊ का फ़र्मांरवा क़ैदी बना चला जाता था और लखनऊ ऐश की नींद में मस्त था। यह सियासी ज़वाल की इन्तिहाई हद थी।

मिर्ज़ा ने कहा–"हुजूरे आली को ज़ालिमों ने क़ैद कर लिया है।"

मीर–"होगा, आप कोई क़ाज़ी हैं? ये लीजिए शह।"

मिर्ज़ा–"हज़रत, ज़रा ठहरिए। इस वक़्त बाज़ी की तरफ़ तबीअत नहीं मायल होगी। हुज़ूरे आली ख़ून के आँसू रोते जाते होंगे। लखनऊ का चराग़ आज गुल हो गया।"

मीर–"रोया ही चाहिएँ। ये ऐश क़ैदे फ़िरंग में कहाँ मयस्सर! ये शह।"

मिर्ज़ा–"किसी के दिन हमेशा बराबर नहीं जाते। कितनी सख़्त मुसीबत में है, बलाए आसमानी।"

मीर—"हाँ, है ही। फिर किश्त। बस, दूसरी किश्त में मात है। बच नहीं सकते।"

मिर्ज़ा—"आप बड़े बेदर्द हैं। वल्लाह! ऐसा हादिसा-ए-जाँकाह देखकर आपको सदमा नहीं होता? हाय, हुजूर जाने आलम के बाद अब कमाल का कोई क़द्रदाँ न रहा। लखनऊ वीरान हो गया।"

मीर—"पहले अपने बादशाह की जान बचाइए, फिर हुजूरे पुरनूर का मातम कीजिए। ये किश्त और मात, लाना हात।"

नवाब को लिए हुए फ़ौज सामने से निकल गई। उनके जाते ही मिर्ज़ाजी ने नई बाज़ी बिछा दी। हार की चोट बुरी होती है।

मीर साहेब ने कहा—"आइए, नवाब साहेब की हालते ज़ार पर एक मर्सिया कह डालें।"

लेकिन मिर्ज़ाजी की वफ़ादारी और अताअतशुआरी अपनी हार के साथ ग़ायब हो गई थी। वह शिकस्त का इन्तिकाम लेने के लिए बेसब्र हो रहे थे।

4

शाम हो गई। मस्जिद के खंडहर में चिमगादड़ों ने अजान देना शुरू कर दी। अबाबीलें अपने-अपने घोंसलों से चिमटकर नमाज़े मग़रिब अदा करने लगीं, पर दोनों खिलाड़ी बाज़ी पर डटे हुए थे, गोया वह ख़ून के प्यासे सूरमा मौत की बाज़ी खेल रहे हों। मिर्ज़ा मुतवातिर तीन बाज़ियाँ हार चुके थे। अब चौथी बाज़ी का भी रंग अच्छा न था। वह बार-बार जीतने का मुस्तक़िल इरादा करके ख़ूब सँभलकर, तबीयत पर ज़ोर दे-देकर खेलते थे, लेकिन एक-न-एक चाल ऐसी ख़राब पड़ जाती थी कि सारी बाज़ी बिगड़ जाती। उधर मीर साहेब ग़ज़लें पढ़ते थे, ठुमरियाँ गाते थे, चुटकियाँ लेते थे, आवाज़ें कसते थे, ज़िला और जगत में कमाल दिखाते थे। ऐसे ख़ुश थे, गोया कोई दफ़ीना हाथ आ गया है। मिर्ज़ा साहेब उनकी ये ख़ुशफ़हमियाँ सुन-सुनकर झुँझलाते थे और बार-बार तेवरी चढ़ाकर कहते—"आप चाल न तब्दील किया कीजिए। यह क्या कि चाल चले और फ़ौरन बदल दी। जो कुछ करना हो एक बार ख़ूब ग़ौर करके कीजिए। जनाब, आप मोहरे पर उँगली क्यों रखे रहते हैं? मोहरे को बेलाग छोड़ दिया कीजिए। जब तक चाल का फ़ैसला न हो जाए, मोहरे को हाथ न लगाया कीजिए।... हज़रत, आप एक चाल आध-आध घंटे में क्यूँ चलते हैं? इसकी सनद नहीं। जिसकी एक चाल में पाँच मिनट से ज़्यादा लगे, उसकी मात समझी जाए।...फिर आपने चाल बदली। मोहरा वहीं रख दीजिए।"

मीर साहेब का फ़र्ज़ी पिटा जाता था। बोले—'मैंने चाल चली कब थी?"

मिर्ज़ा–"आपकी चाल हो चुकी है। ख़ैरियत इसी में है कि मोहरा उसी घर में रख दीजिए।"

मीर–"उस घर में क्यूँ रक्खूँ?" मैंने मोहरे को हाथ से छुआ कब था?"

मिर्ज़ा–"आप क़यामत तक मोहरे को न छुएँ, तो क्या चाल ही न होगी! फ़र्ज़ी पिटते देखा तो धाँधली करने लगे।"

मीर–"धाँधली आप करते हैं। हार-जीत तक़दीर से होती है। धाँधली करने से कोई नहीं जीता।"

मिर्ज़ा–"ये बाज़ी आपकी मात होगी।"

मीर–"मेरी मात क्यूँ होने लगी?"

मिर्ज़ा–"तो आप मोहरा उस घर में रख दीजिए, जहाँ पहले रक्खा था।"

मीर–"वहाँ क्यूँ रक्खूँ? नहीं रखता।"

मिर्ज़ा–"आपको रखना पड़ेगा।"

मीर–"हरगिज़ नहीं।"

मिर्ज़ा–"रक्खेंगे तो आपके फ़रिश्ते। आपकी हक़ीक़त ही क्या है।"

बात बढ़ गई। दोनों अपने टेक के धनी थे। न ये दबता था, न वह। तकरार में लामोहाला ग़ैर मुतअल्लिक़ बातें होने लगती हैं, जिनका मंशा ज़लील और ख़फ़ीफ़ करना होता है।

मिर्ज़ाजी ने फ़रमाया–"अगर ख़ानदान में किसी ने शतरंज खेला होता, तो आप आईन और क़ायदे से वाक़िफ़ होते। वो हमेशा घाँस छीला किए। आप क्या खाकर शतरंज खेलिएगा। रियासत शै दीगर है। जागीर मिल जाने से कोई रईस नहीं हो जाता।"

मीर–"घास आपके अब्बाजान छीलते होंगे। यहाँ तो शतरंज खेलते पीढ़ियाँ और पुश्तें गुज़र गईं।"

मिर्ज़ा–"अजी जाइए। नवाब ग़ाज़ीउद्दीन के यहाँ बावर्चीगरी करते-करते उम्र गुज़र गई, इस तुफ़ैल में जागीर पा गए। आज रईस बनने का शौक चढ़ आया है। रईस बनना दिल्लगी नहीं है।"

मीर–"क्यूँ अपने बुज़ुर्गों के मुँह पर कालिख लगा रहे हो। वो ही बावरची रहे होंगे। हमारे बुज़ुर्ग तो नवाब के दस्तरख़्वान पर बैठते थे, हमनिवाला और हमपियाला थे।"

मिर्ज़ा–"बेहयाओं को शर्म भी नहीं आती।"

मीर–"ज़बान सँभालिए, वरना बुरा होगा। यहाँ ऐसी बातें सुनने के आदी नहीं हैं। किसी ने आँख दिखाई और हमने दिया तुला हुआ हाथ। भंडार खुल गए।"

मिर्ज़ा–"आप हमारे हौसले देखेंगे, तो सँभल जाइए। तक़दीर आजमाई हो जाए,

इधर या उधर।"

मीर–"हाँ, आ जाओ। तुमसे दबता कौन है?"

दोनों दोस्तों ने कमर से तलवारें निकालीं। उन दिनों अदना आला सभी कटार, खंजर, कब्ज़, शेरपंजा बाँधते थे। दोनों ऐश के बन्दे थे, मगर बेग़ैरत न थे। क़ौमी दिलेरी उनमें अन्क़ा थी, मगर ज़ाती दिलेरी कूट-कूटकर भरी हुई थी। उनके सियासी जज़्बात फ़ना हो गए थे। बादशाह के लिए, सल्तनत के लिए, क़ौम के लिए क्यूँ करें? क्यूँ अपनी मीठी नींद में ख़लल डालें? मगर इन्फ़िरादी जज़्बात में मुतलक़ ख़ौफ़ न था, बल्कि वह क़ौमी हो गए थे। दोनों ने पैंतरे बदले। लकड़ी और गुतका खेले हुए थे। तलवारें चमकीं। छपाछप की आवाज़ आई और दोनों ज़ख़्म खाकर गिर पड़े। दोनों ने वहीं तड़प-तड़पकर जान दे दी। अपने बादशाह के लिए जिनकी आँखों से एक बूँद आँसू भी न गिरी, उन्हीं दोनों आदमियों ने शतरंज के वज़ीर के लिए अपनी गरदनें कटा दीं।

अँधेरा हो गया था। बाज़ी बिछी हुई थी। दोनों बादशाह अपने-अपने तख़्त पर रौनक अफ़रोज़ थे। उन पर हसरत छाई हुई थी, गोया मक़तूलीन की मौत का मातम कर रहे थे।

चारों तरफ़ सन्नाटे का आलम था। खंडहर की पोसीदा दीवारें और ख़स्ता हाल कंगूरे और सरबसजूद मीनार उन लाशों को देखते थे और इनसानी ज़िन्दगी की बेसबाती पर अफ़सोस करते थे, जिसमें संग व ख़िश्त का सबात भी नहीं।

मन्तर

शाम का वक़्त था। डॉक्टर चड्ढा गोल्फ खेलने के लिए तैयार हो रहे थे। मोटर दरवाज़े के सामने खड़ी थी कि दो कहार डोली उठाए आते दिखाई दिए। अक़ब में एक बूढ़ा लाठी टेकता आ रहा था। डोली दरवाज़े के सामने आकर रुक गई। बूढ़े ने धीरे-धीरे आकर दरवाज़े पर पड़ी चिक में से झाँका। ऐसी साफ़-सुथरी ज़मीन पर पाँव रखते हुए उसे ख़दशा लाहक़ हो रहा था कि कोई झिड़क न दे। डॉक्टर साहब को मेज़ के क़रीब खड़े देखकर भी उसे कुछ कहने की जुर्रत न हुई।

बूढ़े ने हाथ जोड़कर कहा–''हुज़ूर! बड़ा ग़रीब आदमी हूँ। मेरा लड़का कई रोज...''

डॉक्टर साहब ने सिगार सुलगाकर जवाब दिया–''कल सुबह आओ, कल सुबह। हम इस वक़्त मरीज़ों को नहीं देखते।''

बूढ़े ने घुटने टेककर ज़मीन पर सिर रख दिया और बोला–''दुहाई सरकार की। लड़का मर जाएगा। हुज़ूर, चार दिन से आँखें नहीं खोलीं।''

डॉक्टर चड्ढा ने कलाई की घड़ी पर नज़र डाली। महज़ दस मिनट बाक़ी थे। गोल्फ स्टिक खूँटी से उतारते हुए बोले–''कल सवेरे आना, कल सवेरे। यह हमारे खेलने का वक़्त है।''

बूढ़े ने पगड़ी उतारकर चौखट पर रख दी और रोकर बोला–''हुज़ूर! एक निगाह डाल दें। महज़ एक निगाह। लड़का हाथ से चला जाएगा। हुज़ूर! कई लड़कों में से यही एक बच रहा है। हुज़ूर, हम दोनों आदमी रो-रोकर मर जाएँगे। सरकार का इक़बाल बढ़े....दीनबन्धु!''

ऐसे नागवार और नासमझ देहाती तक़रीबन रोज़ ही आया करते थे। डॉक्टर साहब उनकी फ़ितरत से अच्छी तरह वाक़िफ़ थे। कोई कितना ही क्यूँ न कहे वह अपनी रट लगाए जाएँगे। किसी की सुनेंगे नहीं। आहिस्तगी से चिक उठाकर मोटर की तरफ़ बढ़े। बूढ़ा उनके पीछे यह कहता हुआ लपका–''सरकार, बड़ा करम होगा। हुज़ूर, रहम कीजिए। बड़ा बेबस और दुखी हूँ। दुनिया में और कोई नहीं है, बाबूजी।''

लेकिन डॉक्टर साहब ने उसकी तरफ़ मुँह घुमाकर देखा तक नहीं। मोटर में बैठकर बोले–"कल सुबह आना।"

मोटर चली गई। बूढ़ा कई मिनट तक तस्वीर की तरह साकिन खड़ा रहा। दुनिया में ऐसे भी होते हैं जो अपनी तफ़रीह के लिए दूसरों की ज़िन्दगी की भी परवाह नहीं करते। शायद इस पर अब भी उसे विश्वास न होता था। मुहज़्ज़ब दुनिया इस क़दर संगदिल और बेहिस है, इसका ताज्जुबअंगेज़ एहसास उसे अब तक न हुआ था। वह पुराने ज़माने के उन लोगों में से था, जो लगी हुई आग को बुझाने, मुर्दे को कन्धे देने, किसी के छप्पर को उठाने और किसी झगड़े को मिटाने के लिए हर वक़्त तैयार रहते थे। जब तक मोटर बूढ़े की नज़रों में रही वह वहीं खड़ा उसे टकटकी बाँधे देखता रहा। शायद उसे अब भी उनके लौट आने की उम्मीद थी। फिर उसने कहारों से डोली उठाने को कहा। डोली जिधर से आई थी उधर ही चली गई। चारों तरफ़ से मायूस होकर वह डॉक्टर चड्ढा के पास आया था। उनकी बड़ी तारीफ़ सुनी थी। यहाँ से नाउम्मीद होकर वह किसी दूसरे डॉक्टर के पास नहीं गया। माथा पीटकर रह गया।

उसी रात उसका हँसता-खेलता सात बरस का बच्चा इस दुनिया से रुख़सत हो गया। बूढ़े माँ-बाप की ज़िन्दगी का यही एक सहारा था। इसी का मुँह देखकर वह ज़िन्दा थे। इस चिराग़ के गुल होते ही ज़िन्दगी की तारीक रात में सनसनाहटें-सी आ गईं। बुढ़ापे की तुन्द मोहब्बत टूटे हुए दिल से निकलकर उस तारीकी में बिलख-बिलखकर रोने लगी।

2

कई बरस गुज़र गए। डॉक्टर चड्ढा ने दौलत के साथ इज़्ज़त भी पाई और अपनी सेहत की सख़्ती से हिफ़ाज़त की, जो एक ग़ैरमामूली बात थी। यह उनकी बाक़ायदा ज़िन्दगी का ही नतीजा था कि पचास बरस की उम्र में उनमें फुर्ती एक नौजवान से भी बढ़-चढ़कर थी। उनका हर काम वक़्त का पाबन्द था। इस पाबन्दी से वह ज़र्रा भर भी परे न हटते। आमतौर पर लोग सेहत के उसूलों की पैरवी उस वक़्त करते हैं, जब वह बीमार होते हैं। वह ज़िन्दगी के आम उसूलों का भेद भी अच्छी तरह समझते थे। उनकी औलाद भी इस क़ानून के तहत थी। उनके महज़ दो बच्चे हुए, एक लड़का और एक लड़की; तीसरा बच्चा न हुआ। इसलिए श्रीमती चड्ढा भी अभी जवान नज़र आती थीं। लड़की की शादी हो चुकी थी लेकिन लड़का अभी कॉलेज ही में पढ़ता था। वही माँ-बाप की ज़िन्दगी का सहारा था। तबीअत में इन्तहाई सुकून, शराफ़त का पुतला, बेहद बाज़ौक़ और फ़ैयाज़,

युनिवर्सिटी का अज़ीज़तरीन तालिबे इल्म, नौजवान तबक़े का मेहबूबरुक्न। जब बात करता तो जैसे मुँह से फूल झड़ते थे। आज उसकी बीसवीं सालगिरह थी। शाम का वक़्त था। हरी-भरी घास पर कुर्सियाँ बिछी हुई थीं। शहर के रुअसा और हुक्काम एक तरफ़ और कॉलेज के लड़के दूसरी तरफ़ बैठे खाना तैयार कर रहे थे। बिजली के कुमकुमों से मैदान बुक़अ-ए-नूर बना हुआ था। तफ़रीह का तमाम सामान भी मौजूद था। छोटा-सा मज़ाहिया ड्रामा खेलने की तैयारी भी हो रही थी। खेल ख़ुद कैलाशनाथ ने लिखा था। नुमायाँ किरदार भी वही था। इस वक़्त वह एक रेशमी कमीस पहने नंगे सिर, नंगे पाँव इधर-उधर दोस्तों की आवभगत में मशगूल था। कोई पुकारता, कैलाश ज़रा इधर आना। कोई उधर से बुलाता, कैलाश! कैलाश! क्या उधर ही रहोगे। सभी उसे छेड़ते, मज़ाक़ करते थे। बेचारे को दम मारने तक को फ़ुरसत न मिलती थी।

अचानक एक हसीना ने उसके क़रीब आकर कहा–"क्यों कैलाश! तुम्हारे साँप कहाँ हैं? ज़रा मुझे दिखाओ तो।"

कैलाश ने उससे मुसाफ़हा करके कहा–"मिरनालिनी, इस वक़्त माफ़ करो। कल दिखा दूँगा।"

मिरनालिनी ने इसरार करके कहा–"जी नहीं। तुम्हें दिखाना पड़ेगा। मैं आज मानने की नहीं। तुम हर रोज़ कल कल करते रहते हो।"

मिरनालिनी और कैलाश दोनों हमजमाअत थे और एक-दूसरे की मोहब्बत में गिरफ़्तार। कैलाश को साँपों को पालने, खिलाने और नचाने का बड़ा शौक़ था। तरह-तरह के साँप पाल रखे थे। उनकी फ़ितरत और रहन-सहन का मुतालआ गहरी नज़र से किया करता था...थोड़े दिन हुए उन्होंने कॉलेज में साँपों पर एक मारकतुलआरा तकरीर की थी। साँपों के रक़्स का मुज़ाहरा भी किया था। यहाँ तक कि इस मौज़ूअ के बड़े-बड़े आलिम भी यह मज़मून सुनकर अंगुश्तबदंदाँ रह गए थे। यह फ़न उसने एक मुअम्मर सँपेरे से हासिल किया था। साँपों की जड़ी-बूटियाँ इकट्ठी करने का उसे जुनून था। महज़ इस क़दर इत्तला मिल जाने पर कि किसी आदमी के पास कोई जड़ी है, उसे चैन न आता था। वह उसे हासिल करके ही दम लेता था। यही एक ऐब था, जिस पर हज़ारहा रुपए ख़र्च कर चुका था। मिरनालिनी कई मर्तबा आ चुकी थी, लेकिन कभी साँपों को देखने के लिए इस क़दर मुसिर न हुई थी। यह कहना मुश्किल है कि वाक़ई उसका इश्तियाक़ इस क़दर शदीद हो गया था, या वह महज़ कैलाश पर अपने हुक़ूक़ का मुज़ाहिरा करना चाहती थी। लेकिन इस वक़्त एक्सर बेमौक़ा थी। इस कोठरी में कितनी भीड़ लग जाएगी। हुजूम को देखकर साँप किस क़दर चौंकेंगे और रात को उन्हें छोड़ना कितना बुरा लगेगा? इन बातों पर उसने ज़रा भी ग़ौर न किया।

कैलाश ने कहा—"नहीं। कल ज़रूर दिखा दूँगा। इस वक़्त उम्दगी से दिखा भी तो न सकूँगा। कमरे में तिल धरने को जगह न रहेगी।"

एक साहब छेड़कर बोले—"दिखा क्यों नहीं देते? इतनी-सी बात के लिए इतनी टाल-मटोल कर रहे हो। मिस गोबिन्द! हरगिज़ न मानना। देखें, क्योंकर नहीं दिखाते।"

दूसरे महाशय और भी तंज से बोले—"मिस गोबिन्द, इस क़दर मासूम और सादा दिल हैं। सभी इस क़दर मज़ाक़ करते हैं। कोई और होती तो अब तक इस बात पर बिगड़ चुकी होती।"

तीसरे साहब मज़ाक़ उड़ाकर बोले—"अजी, ताल्लुक़ात क़तअ कर लेती। भला कोई बात है यह भी। इस पर दावा है कि मिरनालिनी के लिए जान तक हाज़िर है।

मिरनालिनी ने देखा कि सभी मिल-जुलकर उसे बना रहे हैं तो बोली—"आप लोग मेरी वकालत न करें। मैं ख़ुद अपनी वकालत कर लूँगी। मैं इस वक़्त साँपों का तमाशा नहीं देखना चाहती। चलो छुट्टी हुई।"

एक दोस्त ने मज़ाक़ उड़ाया—"देखना तो आप सब कुछ चाहें, लेकिन कोई दिखाए भी तो।"

कैलाश को मिरनालिनी की उतरी और बदली हुई शक्ल देखकर मालूम हुआ कि उसका यह इनकार उसे इतना बुरा मालूम हो रहा है। ज्यों ही परबती भोजन ख़त्म होकर गाना शुरू हुआ, उसने मिरनालिनी और दूसरे दोस्तों को साँपों के डरबे के सामने ले जाकर डुगडुगी बजाना शुरू कर दिया। फिर एक ख़ाना खोलकर एक-एक साँप निकालने लगा। वाह! कमाल था। ऐसा जान पड़ता था कि यह कीड़े उसकी एक-एक बात, उसके दिल का हर एक जज़्बा समझते हैं। किसी को उठा लिया। किसी को गरदन में हमाइल कर लिया। किसी को हाथ में लपेट लिया। मिरनालिनी हर मर्तबा मना करती कि इन्हें गले में मत डालो। दूर से ही दिखा दो। बस, ज़रा-सा नचा दो। कैलाश की गरदन में साँपों को लिपटे देखकर उसकी जान ही निकली जा रही थी। पछता रही थी कि मैंने ख़ामख़ाह उन्हें साँप दिखाने को कहा। लेकिन कैलाश एक न सुनता था। महबूबा के सामने अपने इस फ़न की नुमाइश का ऐसा मौक़ा पाकर वह कब चूकता था। एक दोस्त ने कहा—"दाँत तो तोड़ डाले होंगे।"

कैलाश ने हँसकर जवाब दिया—"दाँत तोड़ डालना मदारियों का काम है। किसी के दाँत नहीं तोड़े गए।" यह कहकर उसने एक काले साँप को पकड़ लिया और बोला—"मेरे पास इससे बढ़कर और ज़हरीला साँप कोई नहीं है। अगर किसी को काट ले तो आदमी चश्मे ज़दन में मर जाए। एक लम्हा की भी मोहलत न मिले। इसके काटे का मन्तर नहीं। अगर कहो तो इसके दाँत दिखा दूँ।"

मिरनालिनी ने उसका हाथ पकड़कर कहा—"नहीं नहीं कैलाश। ईश्वर के लिए

इसे छोड़ दो। तुम्हारे पाँव पड़ती हूँ।'' इस पर एक दोस्त बोला–''मुझे तो यक़ीन नहीं आता। लेकिन तुम कहते हो तो मान लूँगा।''

कैलाश ने साँप की गरदन पकड़कर कहा–''नहीं साहब। आप आँखों से देखकर ही दम लें। दाँत तोड़कर बस में किया तो क्या किया। साँप बड़ा समझदार होता है। अगर उसे विश्वास हो जाए कि इस आदमी से उसे कोई नुकसान का एहतेमाल नहीं तो वह उसे कभी न काटेगा।''

मिरनालिनी ने जब यह देखा कि कैलाश के सिर पर भूत सवार है तो उसने मुज़ाहिरा ख़त्म कर देने के इरादे से कहा–''अच्छा भई, अब यहाँ से चलो। देखो, गाना शुरू हो गया है। मैं भी कोई चीज़ सुनाऊँगी।''

यह कहकर उसने कैलाश का शाना पकड़कर उसे चलने का इशारा किया और कमरे से निकल गई। लेकिन कैलाश तो मुख़ातिब लोगों का वहम दूर करके दम लेना चाहता था। उसने साँप की गरदन पकड़कर इस ज़ोर से दबाया कि उसका मुँह सुर्ख़ हो गया और जिस्म की तमाम रगें तन गईं। साँप ने उसके हाथों कभी ऐसा सुलूक न देखा था। उसकी समझ में न आता था कि वह उससे क्या चाहते हैं। उसे ख़दशा महसूस हुआ कि शायद वह उसे मार डालना चाहते हैं। इसलिए वह अपनी हिफ़ाज़त के लिए मुस्तैद हो गया। कैलाश ने उसकी गरदन ख़ूब दबाकर उसका मुँह खोल दिया और उसके ज़हरीले दाँत दिखाते हुए बोला–''जिन दोस्तों को शक हो, आकर देख लें। यक़ीन आया, या अब भी कुछ शक है?''

अहबाब में आकर उसके दाँत देखे और मुतअज्जुब रह गए। ठोस सुबूत के सामने शको शुबह की गुंजाइश कहाँ? दोस्तों के शकूक का अज़ाला करने के बाद उसने साँप की गरदन ढीली छोड़ दी और उसे ज़मीन पर रखना चाहा। लेकिन वह काला साँप ग़ुस्से से पागल हो रहा था; गरदन नर्म पड़ते ही उसने कैलाश की उँगली पर लपककर ज़ोर से काटा और वहाँ से भाग खड़ा हुआ। उँगली से टप-टप लहू टपकने लगा। पूरी क़ूवत से उँगली दबाकर कैलाश अपने कमरे की तरफ़ दौड़ा। वहाँ मेज़ की दराज़ में एक जड़ी पड़ी थी। जिसे पीसकर लगा देने से सुमे क़ातिल भी दूर हो जाता था। दोस्तों में हलचल मच गई। बाहर मेहफ़िल में इत्तला पहुँची और डॉक्टर साहब घबराकर दौड़े। फ़ौरन उँगली की जड़ कसकर बाँधी गई और जड़ी पीने के लिए दी गई। डॉक्टर साहब जड़ी के क़ायल न थे। वह उँगली का डसा हुआ नश्तर से काट देना चाहते थे। लेकिन कैलाश को जड़ी पर मुकम्मल विश्वास था। मिरनालिनी प्यानो पर बैठी थी। ख़बर मिलते ही दौड़ी आई और कैलाश की उँगली से टपकते लहू को रुमाल में जज़्ब करने लगी। जड़ी पीसी जाने लगी। लेकिन उस एक लम्हे में कैलाश की आँखें झपकने लगीं। होंठों पर ज़र्दी फैल गई। यहाँ तक कि वह खड़ा न रह सका। फ़र्श पर बैठ गया। सारे मेहमान कमरे में जमा होने लगे।

कोई कुछ कहता था, कोई कुछ। इतने में जड़ी पिसकर आ गई। मिरनालिनी ने उँगली पर लेप किया। एक मिनट और गुज़रा और कैलाश की आँखें बन्द होने लगीं। वह लेट गया और हाथ से हवा करने का इशारा किया। माँ ने दौड़कर उसका सिर गोद में रख लिया और मेज़ का बरक़ी पंखा लगा दिया गया।

डॉक्टर साहब ने झुककर पूछा–"कैलाश, कैसी तबीअत है?"

कैलाश ने आहिस्तगी से हाथ उठाया, लेकिन कुछ बोला नहीं। मिरनालिनी ने रोनी आवाज़ में कहा–"क्या यह जड़ी कुछ असर नहीं करेगी?"

डॉक्टर साहब ने सिर थामकर कहा–"क्या बताऊँ? मैं इसकी बातों में आ गया। अब तो नश्तर से भी कुछ फ़ायदा न होगा।"

निस्फ़ घंटे तक यही कैफ़ियत रही। कैलाश की हालत लम्हा-ब-लम्हा बिगड़ती जा रही थी। यहाँ तक कि उसकी आँखें पथरा गईं, हाथ-पाँव ठंडे हो गए और चेहरा माँद पड़ गया। नब्ज़ का कहीं पता न था। मौत के सभी आसार नज़र आ रहे थे। घर में कोहराम मच गया। एक तरफ़ मिरनालिनी सिर पीटने लगी, दूसरी तरफ़ माँ अलग पछाड़ें खाने लगी। डॉक्टर चड्ढा को अहबाब ने थाम लिया, नहीं तो वह अपनी गरदन में नश्तर उतार लेते।

एक साहब बोले–"कोई मन्तर झाड़नेवाला मिल जाए तो ऐन मुमकिन है कि अब भी बच जाए।"

एक मुसलमान ने इसकी ताईद की–"अरे साहब, क़ब्र में पड़ी हुई लाशें ज़िन्दा हो गईं। ऐसे-ऐसे बाकमाल लोग मौजूद हैं यहाँ।"

डॉक्टर चड्ढा बोले–"मेरी अक़्ल पर पत्थर पड़ गया था कि इसकी बातों में आ गया। नश्तर लगा देता तो यह नौबत ही क्यों आती। बार-बार समझाता था कि बेटा, साँप न पालो, मगर कौन सुनता था। बुलाइए। किसी झाड़-फूँक करनेवाले को ही बुला लीजिए। मेरा सब कुछ ले ले। मैं अपनी तमाम जायदाद उसके क़दमों पर रख देने को तैयार हूँ। लँगोटी बाँधकर घर से निकल जाऊँगा। लेकिन मेरा कैलाश, मेरा अज़ीज़ कैलाश जी उठे। भगवान के लिए किसी को बुलाइए।"

एक साहब की किसी झाड़नेवाले से जान-पहचान थी। दौड़कर उसे बुला लाए। लेकिन कैलाश की शक्ल देखकर उसे मन्तर चलाने की जुर्रत न हुई। वह बोला–"अब क्या हो सकता है, सरकार। जो कुछ होना था, हो चुका।"

"अरे अहमक़, यह क्यों नहीं कहता, जो कुछ होना था वह कहाँ हुआ! माँ-बाप ने बेटे का सेहरा कहाँ देखा? मिरनालिनी की आरज़ुओं की तक्मील कहाँ हुई? दिल के वह हसीन ख़्वाब जिससे ज़िन्दगी मसर्रतों और कहकहों से भरपूर थी, कहाँ पूरे हुए? ज़िन्दगी के रक्साँ समन्दर में दिल की ख़ुशी लूटते हुए क्या इस नैया को पानी ने निगल लिया? जो न होना था वह हो गया।" वही हरा-भरा मैदान था। वही नशीली

रौशन चाँदनी, एक ख़ामोश संगीत की तरह माहौल पर छाई हुई थी। वही अहबाब का जमे ग़फ़ीर था। वही ऐशो निशात के सामान थे, लेकिन जहाँ तरन्नुम-कहकहे गूँजते थे वहाँ अब दर्द व कर्ब और आँसुओं का दोर-दौरा था।

3

शहर से कई मील दूर एक छोटे-से घर में एक बूढ़ा और बुढ़िया अंगीठी के सामने जाड़े की रात काट रहे थे। बूढ़ा नारियल पीता और बीच-बीच में खाँसता भी जाता था। बुढ़िया दोनों घुटनों में सिर दिए आग की तरफ़ ताक रही थी। मिट्टी के तेल की एक कुप्पी ताक़ पर जल रही थी। घर में न चारपाई थी न बिछौना। एक किनारे में थोड़ी-सी पयालियाँ पड़ी थीं। इस कोठरी में एक चूल्हा था। बुढ़िया दिन भर सूखी लकड़ियाँ और उपले चुनती थी। बूढ़ा रस्सी बनाकर शहर में फ़रोख़्त कर आता था। यही उनकी ज़िन्दगी थी। उन्हें न किसी ने रोते देखा न हँसते। उनका तमाम वक़्त ज़िन्दा रहते कट जाता था। मौत दरवाज़े पर खड़ी थी। रोने या मुस्कराने की फ़ुरसत कहाँ।

बुढ़िया बोली—"कल के लिए सन तो है नहीं। काम क्या करोगे?"

"जाकर झगरू साहु से दस-बीस सेर सन उधार लाऊँगा।"

"उसके साबिक़ दाम तो दिए नहीं और उधार क्यों कर देगा?"

"न देगा न सही। घास तो कहीं नहीं गई। दोपहर तक क्या दो आने की घास न काट सकूँगा?"

इतने में एक आदमी ने आकर आवाज़ दी—"भगत! भगत! क्या सो गए? ज़रा किवाड़ तो खोलो।"

भगत ने उठकर किवाड़ खोल दिए। एक आदमी ने अन्दर आकर कहा—"कुछ सुना? डॉक्टर चड्ढा बाबू के लड़के को साँप ने काट खाया।"

भगत ने चौंककर कहा—"चड्ढाबाबू के लड़के को? वही चड्ढा बाबू हैं न, जो छावनी के बँगले में रहते हैं?..."

"शहर भर में कोहराम मचा हुआ है। जाते हो, जाओ आदमी बन जाओगे।"

बूढ़े ने सख़्त लहजे में सिर हिलाकर कहा—"मैं नहीं जाता। मेरी बला जाए। वही चड्ढा हैं। ख़ूब जानते हैं। भइया को उन्हीं के पास लेकर गया था। खेलने जा रहे थे। पाँव पर गिरा था कि एक नज़र देख लीजिए। लेकिन सीधे मुँह बात तक न की। भगवान बैठे सुन रहे हैं। अब जान पड़ेगा कि बेटे का ग़म कैसा होता है। और कई लड़के हैं?"

"नहीं जी। यही तो एक लड़का था। सुना है सबने जवाब दे दिया।"

''भगवान बड़ा कारसाज़ है। उस वक़्त मेरी आँखों में आँसू तैर आए थे। लेकिन उन्हें ज़रा भी रहम न आया।...मैं तो उनके दरवाज़े पर होता तो भी बात न पूछता।''

''तो न जाओगे? हमने सुना था, तुमसे आकर कह दिया।''

''अच्छा किया...अच्छा किया। कलेजा शान्त हो गया। आँखें ठंडी हो गईं। लड़का भी सर्द हो गया होगा। तुम जाओ। आज सुख की नींद सोऊँगा। (बुढ़िया से) ज़रा तम्बाकू ले ले, एक चिलम और पीऊँगा। अब मालूम होगा लाला को। सारी साहबी निकल जाएगी। हमारा क्या हुआ? लड़के के मर जाने से राज तो नहीं चला गया। जहाँ छह बच्चे चले गए, एक और गया तो क्या हुआ? तुम्हारा तो राज सूना हो गया। इसी के लिए सबका गला दबा-दबाकर जमा किया था। अब क्या करोगे? एक बार तो देखने जाऊँगा, लेकिन कुछ दिन बाद, तबीअत का हाल पूछने।''

आदमी चला गया। भगत ने किवाड़ बन्द कर लिए और चिलम पर तम्बाकू रखकर पीने लगा। बुढ़िया ने कहा–''इतनी रात गए जाड़े में कौन जाएगा?''

''अरे, दोपहर होती तो भी न जाता। सवारी दरवाज़े पर लेने आती तो भी न जाता। भूल नहीं गया। पन्ना की सूरत अब भी आँखों के सामने मौजूद है। इस बेरहम और संगदिल ने उसे निगाह उठाकर देखा तक नहीं था। क्या मैं न जानता था कि वह नहीं बचेगा। ख़ूब जानता था। चड्ढा भगवान नहीं थे कि उनके एक नज़र देख लेने से अमरित बरस पड़ेगा। महज़ दिल का वहम था। ज़रा तसल्ली हो जाती। बस, इसीलिए उसके पास दौड़ा गया था। अब किसी रोज़ जाऊँगा और पूछूँगा। क्यों साहब, कहिए कैसे रंग हैं? दुनिया बुरा कहेगी, कहे। कोई परवाह नहीं। छोटे आदमियों में तो सब ऐब होते हैं। बड़ों में कोई ख़ामी नहीं होती। देवता होते हैं।''

भगत के लिए ज़िन्दगी में यह अव्वलीन मौक़ा था कि ऐसी ख़बर पाकर वह ख़ामोश बैठा रहा हो। साठ बरस की ज़िन्दगी में ऐसा कभी न हुआ कि साँप की ख़बर पाकर वह दौड़ा न गया हो। पूस-माघ की अँधेरी रात, चैत-बैसाख की धूप और सावन-भादों के सैलाबज़दा नदी-नाले। किसी की उसने परवाह न की थी। वह फ़ौरन घर से निकल पड़ता था, बेलौस और बेमुद्दआ। लेने-देने का जज़्बा कभी दिल में पैदा न हुआ था। यह एक नेक काम था। वहाँ मायूस आदमियों को इसके मन्तरों ने ज़िन्दगी अता की थी। लेकिन आज वह घर से क़दम नहीं निकाल सका। यह इत्तला पाकर भी सोने जा रहा था।

बुढ़िया ने कहा–''तम्बाकू अंगीठी के क़रीब रखी हुई है। उसके भी आज अढ़ाई पैसे हो गए हैं। देती ही न थी।''

बुढ़िया यह कहकर लेट गई। बूढ़े ने कुप्पी गुल की। कुछ देर खड़ा रहा। फिर बैठ गया। आख़िर में लेट गया। लेकिन वह ख़बर उसके सीने पर एक बोझ-सा बनकर मौजूद थी। उसे मालूम हो रहा था कि उसकी कोई चीज़ खो गई है। जैसे

कोई उसके दिल में बैठा उसे घर से निकलने की तरग़ीब दे रहा था। बुढ़िया थोड़ी देर में ही खर्राटे लेने लगी। बूढ़े बातें करते-करते सोते हैं और ज़रा-सी आहट पाकर ही जाग उठते हैं। तब भगत उठा, अपनी लकड़ी उठाई और आहिस्ता से किवाड़ खोले।

बुढ़िया की नींद खुल गई। उसने जल्दी से पूछा—"कहाँ जाते हो?"

"कहीं नहीं। देखता था कि कितनी रात बाकी है।"

"अभी बहुत रात बाकी है। सो जाओ।"

"नींद नहीं आती।"

"नींद काहे को आएगी? दिल तो चड्ढा के घर के इर्द-गिर्द घूम रहा है।"

"उसने कौन-सी नेकी की है जो उसके यहाँ जाऊँ। वह आकर पाँव पर गिरे तो भी न जाऊँ।..."

"उठे तो इसी इरादे से हो।"

"नहीं री। ऐसा अहमक़ मैं भी नहीं हूँ। जो मुझे काँटे दे उसी के लिए फूल बोता फिरूँ।

बुढ़िया फिर सो गई। भगत ने किवाड़ बन्द कर दिए और फिर आकर बैठा। लेकिन उसकी हालत बिलकुल वैसे ही थी, जैसे उपदेश सुननेवालों की बाजा की आवाज़ कान में पड़ने पर होती है। आँख चाहे उपदेशक की तरफ़ ही हो, लेकिन कान बाजे पर लगे रहते हैं। दिल में भी यही आवाज़ गूँजती रहती है। बेरहम सुलूक का एहसास भगत के लिए उपदेशक था, लेकिन दिल बदक़िस्मत नौजवान की तरफ़ झुक रहा था जो इस वक़्त मर रहा था। जिसके लिए एक पल की ताख़ीर भी तबाहकुन और हौलनाक साबित होगी। उसने फिर किवाड़ खोले। इस आहिस्तगी से कि बुढ़िया को भी ख़बर न हुई। बाहर निकल आया। उसी वक़्त गाँव का चौकीदार गश्त लगा रहा था। बोला—"कैसे उठे भगत? आज तो बहुत सर्दी है। कहीं जा रहे हो क्या?"

भगत ने कहा—"नहीं जी। जाऊँगा कहाँ? देखता था अभी कितनी रात बाक़ी है, भला वक़्त क्या होगा?"

"एक बजा होगा और क्या? अभी थाने से आ रहा था तो देखा कि डॉक्टर चड्ढा बाबू के बँगले पर बड़ी भीड़ लगी हुई थी। उनके लड़के का हाल तो तुमने सुना होगा। कीड़े ने छू लिया है। चाहे मर भी गया हो। तुम चले जाओ तो शायद बच जाएगा। दस हज़ार देने को तैयार है।"

"मैं न जाऊँगा। ख़्वाह दस लाख भी दे। मुझे दस हज़ार या दस लाख लेकर करना भी क्या है। कल मर जाऊँगा। फिर कौन भोगनेवाला बैठा है?"

चौकीदार चला गया। भगत ने पाँव आगे बढ़ाए। जैसे नशे में इनसान का जिस्म

उसकी रूह से बाग़ी हो जाता है, उसके बस में नहीं रहता। पाँव कहीं रखता है और पड़ता कहीं है। कहता कुछ है और ज़बान से निकलता क्या है। यही कैफ़ियत इस वक़्त भगत की थी। दिल में एक तूफ़ान मचा हुआ था। इन्तक़ाम था। जवाबी अमल की आग रौशन थी। लेकिन अमल दिल के क़ाबू में न था। जिसने कभी तलवार को हरकत नहीं दी, वह इरादा करने पर भी उसे नहीं चला सकता। उसके हाथ काँपते हैं। उठते ही नहीं।

भगत लाठी खट-खट करता जा रहा था। एहसास रोकता था। जज़्बा उड़ाए लिए जा रहा था। ख़ादिम आक़ा पर फ़ौक़ियत हासिल करके क़ाबिज़ था। आधी रात गुज़र जाने के बाद अचानक भगत बहक गया और हँसा। इन्तक़ाम ने फ़र्ज़ पर ग़ल्बा पा लिया। मैं यूँ ही इतनी दूर चला। इस सर्दी और तारीकी में बेमक़सद ही इतनी दूर आ गया। मुझे जान मारने की क्या पड़ी है? आराम से सोया क्यों न रहा? नींद न आई न सही। दो-चार भजन ही गाता। यूँ ही यहाँ तक दौड़ आया। चड्ढा का लड़का रहे या मरे। मेरी बला से। मेरे साथ उन्होंने ऐसा कौन-सा अच्छा सुलूक किया था कि मैं उनके लिए मरूँ! दुनिया में हज़ारों मरते हैं। हज़ारों जीते हैं। मुझे किसी के मरने-जीने से क्या वास्ता?

लेकिन इन्तक़ाम ने एक दूसरा रुख़ अख़्तियार किया। जो हिंसा से बहुत कुछ मिलता-जुलता था। वह भाड़ झोंकने नहीं जा रहा। वह तो देखेगा कि बड़े लोग भी छोटों की तरह रोते हैं, या सब्र कर लेते हैं। बदला लेने के जज़्बे को तस्कीन देता हो, इस तरह वह आगे बढ़ने लगा।

इतने में दो आदमी आते दिखाई दिए। दोनों बातें करते चले आ रहे थे। "चड्ढा बाबू का घर उजड़ गया। यही तो एक लड़का था।" भगत के कानों में आवाज़ पड़ी। उसकी चाल फिर तेज़ हो गई। थकान के मारे पाँव न उठते थे।

इस क़दर जल्द-जल्द क़दम उठा रहा था जैसे अब मुँह के बल गिर पड़ेगा। इस तरह वह कोई दस मिनट तक चला होगा कि डॉक्टर साहब का बँगला नज़र आया। बिजली की बत्तियाँ जल रही थीं, लेकिन सन्नाटा छाया हुआ था। रोने-पीटने की आवाज़ भी न आई थी। भगत का कलेजा धक् से करने लगा। मुझे कहीं बहुत देर तो नहीं हो गई। अपनी उम्र में वह इस क़दर तेज़ कभी न दौड़ा होगा। यही मालूम होता था, जैसे उसके अक़ब में मौत दौड़ी आ रही है।

4

दो बज रहे थे। मेहमान रुख़सत हो चुके थे। रोनेवालों में महज़ आकाश के तारे रह गए थे। और सभी रो-रोकर थक गए थे। बड़ी बेताबी से लोग रह-रहकर आसमान

की तरफ़ देख रहे थे कि किसी तरह सुबह हो और लाश को गंगा की आगोश में बहा दिया जाए।

अचानक भगत ने दरवाज़े पर पहुँचकर आवाज़ दी। डॉक्टर साहब समझे, कोई मरीज़ आया है। किसी और दिन उन्होंने इस आदमी को लौटा दिया था। लेकिन आज वह बाहर आए। देखा, एक बूढ़ा आदमी खड़ा है। कमर झुकी हुई। पोपला मुँह। भवें तक सफ़ेद हो गई थीं। लकड़ी के सहारे काँप रहा था। बड़ी नरमी से बोले–''क्या है भाई! आज तो हम पर मुसीबत आ पड़ी है। कुछ कहते नहीं बनता। फिर किसी वक़्त आना। इधर एक महीने तक तो शायद मैं किसी मरीज़ को न देख सकूँगा।''

भगत ने कहा–''सुन चुका हूँ बाबूजी! इसीलिए तो आया हूँ। भइया कहाँ हैं? ज़रा मुझे भी दिखा दीजिए। भगवान बड़ा कारसाज़ है। मुर्दे को भी जिला सकता है। कौन जाने अब भी उसे दया आ जाए।''

चड्ढा ने बेक़रार लहजे में कहा–''चलो, देख लो। लेकिन तीन-चार घंटे हो गए। जो कुछ होना था हो चुका। बहुतेरे झाड़ने-फूँकनेवाले देखकर लौट गए।''

साहब को उम्मीद तो क्या होती! हाँ, बूढ़े पर दया आ गई। अन्दर ले गए। भगत ने लाश को दो मिनट देखा। तब मुस्कुराकर बोला–''अभी कुछ नहीं बिगड़ा, बाबूजी। नारायन चाहेंगे तो आध घंटे में भइया उठ बैठेंगे। आप नाहक़ दिल छोटा कर रहे हैं। ज़रा कहारों से कहिए, पानी तो भरें।''

कहारों ने पानी भर-भरकर कैलाश को नहलाना शुरू किया। पाइप बन्द हो गया था। कहारों की ज़्यादा तादाद न थी। इसलिए मेहमानों ने अहाते के बैरूनी कुएँ से पानी भर-भरकर उन्हें देना शुरू कर दिया। मिरनालिनी बरतन लिए पानी ला रही थी। बूढ़ा भगत मुस्कुरा-मुस्कुराकर मन्तर पढ़ रहा था। जैसे कामयाबी उसके सामने खड़ी थी। जब वह एक मन्तर ख़त्म करता तो जड़ी निकालकर सुँघा देता। इस तरह न जाने कितने घड़े कैलाश पर डाले गए। और न जाने कितनी मर्तबा भगत ने मन्तर फूँका। आख़िर आकाश ने जब अपनी लाल-लाल आखें खोलीं तो कैलाश की भी लाल-लाल आँखें खुल गईं। एक लम्हे में ही उसने अंगड़ाई ली और पीने का पानी माँगा।

डॉक्टर चड्ढा ने दौड़कर अपनी बीवी नारायनी को गले लगा लिया। नारायनी दौड़कर भगत के पाँव पर गिर पड़ी। और मिरनालिनी कैलाश के सामने आँसुओं से आँखें तर करके बोली–''अब कैसी तबीअत है।''

एक ही लम्हे में यह ख़बर हर तरफ़ मुन्तशिर हो गई। अहबाब मुबारकबाद देने आने लगे। डॉक्टर साहब हर एक के सामने इन्तिहाई अक़ीदत से भगतजी का तज़करा कर रहे थे। सभी लोग भगत के दर्शनों के लिए बेताब हो उठे। लेकिन अन्दर जाकर देखा तो भगत का कहीं पता न था। नौकरों ने कहा–''अभी तो यहीं बैठे

चिलम पी रहे थे। हम लोग तम्बाकू निकालकर देने लगे तो नहीं ली। अपनी निकालकर चिलम सुलगाई।''

यहाँ तो भगत की चारों तरफ़ तलाश होने लगी और उधर भगत लपका हुआ घर जा रहा था कि बुढ़िया के बेदार होने से पहले वहाँ पहुँच जाए।

जब मेहमान चले गए तो डॉक्टर साहब ने नारायनी से कहा–''बूढ़ा न जाने कहाँ चला गया। एक चिलम तम्बाकू का भी रवादार न हुआ।''

नारायनी ने कहा–''मैंने तो सोचा था कि उसे कोई बहुत बड़ी रक़म नज़्र करूँगी।''

डॉक्टर चड्ढा बोले–''रात को तो मैंने नहीं पहचाना, लेकिन ज़रा साफ़ होने पर मैं उसे पहचान गया था। एक बार यह एक मरीज़ लेकर आया था। मुझे अब याद आता है कि मैं उस वक़्त खेलने जा रहा था और मरीज़ को देखने से इनकार कर दिया था। आज उस रोज़ की बात याद करके मुझे इस क़दर कोफ़्त और ख़िजालत हो रही है कि बयान नहीं कर सकता। मैं अब उसे खोजूँगा और उसके क़दमों पर सिर रखकर माफ़ी माँगूँगा। वह कुछ लेगा नहीं, यह मैं जानता हूँ। उसका जन्म यश की बारिश करने के लिए ही हुआ है। उसके ख़ुलूस ने ऐसा मुझे आदर्श दिखाया है, जो ज़िन्दगीभर मेरी नज़रों में रहेगा।''

पूस की रात

हल्कू ने आकर अपनी बीवी से कहा–"सहना आया है। लाओ, जो रुपए रखे हैं उसे दे दो। किसी तरह गरदन तो छूटे।"

मुन्नी बहू झाड़ू लगा रही थी। पीछे फिरकर बोली–"तीन ही तो रुपए हैं। दे दूँ तो कम्बल कहाँ से आएगा? माघ-पूस की रात खेत में कैसे कटेगी? उससे कह दो, फ़सल पर रुपए दे देंगे, अभी नहीं हैं।"

हल्कू थोड़ी देर तक चुप खड़ा रहा और अपने दिल में सोचता रहा। पूस सिर पर आ गया है, बग़ैर कम्बल के खेत में रात को वह किसी तरह नहीं सो सकता, मगर सहना मानेगा नहीं। घुड़कियाँ देगा। यह सोचता हुआ वह अपना भारी जिस्म लिए हुए (जो उसके नाम को ग़लत साबित कर रहा था) अपनी बीवी के पास गया और ख़ुशामद करके बोला–"ला दे दे। गरदन तो किसी तरह से बचे। कम्बल के लिए कोई दूसरी तदबीर सोचूँगा।"

मुन्नी उसके पास से दूर हट गई और आँखें टेढ़ी करती हुई बोली–"कर चुके दूसरी तदबीर। ज़रा सुनूँ, कौन तदबीर करोगे? कौन कम्बल ख़ैरात में दे देगा? न जाने कितना रुपया बाक़ी है जो किसी तरह अदा ही नहीं होता। मैं कहती हूँ, तुम खेती क्यों नहीं छोड़ देते? मर-मरकर काम करो। पैदावार हो तो उससे कर्ज़ा अदा करो। चलो छुट्टी हुई। कर्ज़ा अदा करने के लिए तो हम पैदा ही हुए हैं। ऐसी खेती से बाज़ आए। मैं रुपए न दूँगी, न दूँगी।"

हल्कू रंजीदा होकर बोला–"तो क्या गालियाँ खाऊँ?"

मुन्नी ने कहा–"गाली क्यों देगा? क्या उसका राज है?" मगर यह कहने के साथ ही उसकी तनी हुई भवें ढीली पड़ गईं। हल्कू की बात में जो दिल दहला देनेवाली सदाकत थी। मालूम होता था कि वह उसकी जानिब टकटकी बाँधे देख रही थी। उसने ताक़ पर से रुपए उठाए और लाकर हल्कू के हाथ पर रख दिए। फिर बोली–"तुम अबकी खेती छोड़ दो। मज़दूरी में सुख से एक रोटी तो खाने को मिलेगी। किसी की धौंस तो न रहेगी। अच्छी खेती है! मजदूरी करके लाओ वह भी इसमें झोंक दो। उस पर से धौंस।"

हल्कू ने रुपए लिए और इस तरह बाहर चला, मालूम होता था, वह अपना कलेजा निकालकर देने जा रहा है। उसने एक-एक पैसा काटकर तीन रुपए कम्बल के लिए जमा किए थे। वह आज निकले जा रहे हैं। एक-एक क़दम के साथ उसका दिमाग़ अपनी नादारी के बोझ से दबा जा रहा था।

2

पूस की अँधेरी रात। आसमान पर तारे भी ठिठुरते हुए मालूम होते थे। हल्कू अपने खेत के किनारे ऊख के पत्तों की एक छपरी के नीचे बाँस के खटोले पर अपनी पुरानी गाढ़े की चादर ओढ़े हुए काँप रहा था। खटोले के नीचे उसका साथी कुत्ता जबरा पेट में मुँह डाले सर्दी से कूँ-कूँ कर रहा था। दो में से एक को भी नींद न आती थी।

हल्कू ने घुटनों को गरदन में चिमटाते हुए कहा–"क्यों जबरा, जाड़ा लगता है? कहा तो था, घर में पुआल पर लेट रह। तू यहाँ क्या लेने आया था? अब खा सर्दी। मैं क्या करूँ? जानता था, मैं हलवा-पूरी खाने आ रहा हूँ। दौड़ते हुए आगे चले आए। अब रोओ अपनी नानी के नाम को।"

जबरा ने लेटे हुए दुम हिलाई और एक अँगड़ाई लेकर चुप हो गया। शायद वह यह समझ गया था कि उसकी कूँ-कूँ की आवाज़ से उसके मालिक को नींद नहीं आ रही है।

हल्कू ने हाथ निकालकर जबरा की ठंडी पीठ सहलाते हुए कहा–"कल से मेरे साथ न आना। नहीं तो ठंडे हो जाओगे। यह राँड पछुआ हवा न जाने कहाँ से बर्फ़ लिए आ रही है। उठूँ, फिर एक चिलम भरूँ। किसी तरह रात तो कटे। आठ चिलम तो पी चुका। यह खेती का मज़ा है! और एक भागवान ऐसे हैं, जिनके पास अगर जाड़ा आए तो गर्मी से घबराकर भागे। मोटे गद्दे, लिहाफ़, कम्बल! मजाल है कि जाड़े का गुज़र हो जाए! तक़दीर की ख़ूबी है! मज़दूरी हम करें, मज़ा दूसरे लूटें।"

हल्कू उठा और गड्ढे में से ज़रा-सी आग निकालकर चिलम भरी। जबरा भी उठ बैठा। हल्कू ने चिलम पीते हुए कहा–"पिएगा चिलम? जाड़ा तो क्या जाता है, हाँ, ज़रा मन बहल जाता है।"

जबरा ने उसकी जानिब मोहब्बतभरी निगाहों से देखा। हल्कू ने कहा–"आज और जाड़ा खा ले। कल से मैं यहाँ पयाल बिछा दूँगा। उसमें घुसकर बैठना, जाड़ा न लगेगा।"

जबरा ने अगले पंजे उसके घुटनों पर रख दिए और उसके मुँह के पास अपना मुँह ले गया। हल्कू को उसकी गरम साँस लगी। चिलम पीकर हल्कू फिर लेटा और यह तय कर लिया कि चाहे जो कुछ हो, अबकी सो जाऊँगा, लेकिन एक लम्हे में

उसका कलेजा काँपने लगा। कभी इस करवट लेटा, कभी उस करवट। जाड़ा किसी भूत की मानिन्द उसकी छाती को दबाए हुए था।

जब किसी तरह न रहा गया तो उसने जबरा को धीरे से उठाया और उसके सिर को थपथपाकर उसे अपनी गोद में सुला लिया। कुत्ते के जिस्म से मालूम नहीं कैसी बदबू आ रही थी, पर उसे अपनी गोद से चिमटाते हुए ऐसा सुख मालूम होता था, जो इधर महीनों से उसे न मिला था। जबरा शायद यह ख़याल कर रहा था कि बिहिश्त यही है और हल्कू की रूह इतनी पाक थी कि उसे कुत्ते से बिलकुल नफ़रत न थी। वह अपनी ग़रीबी से परेशान था, जिसकी वजह से वह इस हालत को पहुँच गया था। ऐसी अनोखी दोस्ती ने उसकी रूह के सब दरवाज़े खोल दिए थे और उसका एक-एक ज़र्रा हक़ीक़ी रौशनी से मुनव्वर हो गया था। इसी असना में जबरा ने किसी जानवर की आहट पाई। उसके मालिक की इस ख़ास रुहानियत ने उसके दिल में एक जदीद ताक़त पैदा कर दी थी, जो हवा के ठंडे झोंकों को भी नाचीज़ समझ रही थी। वह झपटकर उठा और छपरी से बाहर आकर भौंकने लगा। हल्कू ने उसे कई मर्तबा पुचकारकर बुलाया, पर वह उसके पास न आया। खेत में चारों तरफ़ दौड़-दौड़कर भौंकता रहा। एक लम्हे के लिए आ भी जाता तो फ़ौरन ही फिर दौड़ता। फ़र्ज़ की अदायगी ने उसे बेचैन कर रखा था।

एक घंटा गुज़र गया। सर्दी बढ़ने लगी। हल्कू उठ बैठा और दोनों घुटनों को छाती से मिलाकर सिर को छिपा लिया। फिर भी सर्दी कम न हुई। ऐसा मालूम होता था कि सारा ख़ून मुंजमिद हो गया है। उसने उठकर आसमान की जानिब देखा। अभी कितनी रात बाक़ी है? वह सात सितारे, जो कुतुब के गिर्द घूमते हैं, अभी अपना निस्फ़ दौरा भी ख़त्म नहीं कर चुके। जब वह ऊपर आ जाएँगे तो कहीं सवेरा होगा। अभी एक घड़ी से ज़्यादा रात बाक़ी है।

हल्कू के खेत से थोड़ी दूर के फ़ासले पर एक बाग़ था। पतझड़ शुरू हो गई थी। बाग़ में पत्तों का ढेर लगा हुआ था। हल्कू ने सोचा, चलकर पत्तियाँ बटोरूँ और उनको जलाकर ख़ूब तापूँ। रात को कोई मुझे पत्तियाँ बटोरते देखे तो समझे कि कोई भूत है। कौन जाने, कोई जानवर ही छुपा बैठा हो! मगर अब तो बैठे नहीं रहा जाता।

उसने पास के अरहर के खेत में जाकर कई पौदे उखाड़े और उनका एक झाड़ू बनाकर हाथ में सुलगता हुआ उपला लिए बाग़ की तरफ़ चला। जबरा ने उसे जाते देखा तो पास आया और दुम हिलाने लगा।

हल्कू ने कहा–"अब तो नहीं रहा जाता जबरू। चलो, बाग़ में पत्तियाँ बटोरकर तापें। टाँठें हो जाएँगे तो फिर आकर सोएँगे। अभी तो रात बहुत है।"

जबरा ने कूँ-कूँ करते हुए अपने मालिक की राय से मुवाफ़क़त ज़ाहिर की और आगे-आगे बाग़ की जानिब चला। बाग़ में घटाटोप अँधेरा छाया हुआ था। दरख़्तों

से शबनम की बूँदें टप-टप टपक रही थीं। यकायक एक झोंका मेंहदी के फूलों की ख़ुशबू लिए हुए आया।

हल्कू ने कहा–"कैसी अच्छी महक आई जबरा! तुम्हारी नाक में भी कुछ ख़ुशबू आ रही है?" जबरा को कहीं ज़मीन पर एक हड्डी पड़ी मिल गई थी। वह उसे चूस रहा था।

हल्कू ने आग ज़मीन पर रख दी और पत्तियाँ बटोरने लगा। थोड़ी देर में पत्तों का एक ढेर लग गया। हाथ ठिठुरते जाते थे, नंगे पाँव गले जाते थे और वह पत्तियों का पहाड़ खड़ा कर रहा था। इसी अलाव में वह सर्दी को जलाकर ख़ाक कर देगा।

थोड़ी देर में अलाव जल उठा। उसकी लौ ऊपरवाले दरख़्त की पत्तियों को छू-छूकर भागने लगी। इस मुतज़ल्ज़ल रौशनी में बाग़ के आलीशान दरख़्त ऐसे मालूम होते थे कि वे इस लाइन्तहा अँधेरे को अपनी गरदन पर सँभाले हों। तारीकी के इस अथाह समन्दर में यह रौशनी एक नाव के मानिन्द मालूम होती थी।

हल्कू अलाव के सामने बैठा हुआ आग ताप रहा था। एक मिनट में उसने अपनी चादर बग़ल में दबा ली और दोनों पाँव फैला दिए, गोया वह सर्दी को ललकारकर कह रहा था, 'तेरे जी में आए, वो कर।' सर्दी की इस बेपायाँ ताक़त पर फ़तह पाकर वह ख़ुशी को छुपा न सकता था।

उसने जबरा से कहा–"क्यों जबरा, अब तो ठंड नहीं लग रही है?"

जबरा ने कूँ-कूँ करके, गोया कहा–"अब क्या ठंड लगती ही रहेगी?"

"पहले यह तदबीर नहीं सूझी। नहीं, इतनी ठंड क्यूँ खाते!"

जबरा ने दुम हिलाई।

"अच्छा आओ। इस अलाव को कूदकर पार करें। देखें, कौन निकल जाए है। अगर जल गए बच्चा, तो मैं दवा न करूँगा।"

जबरा ने ख़ौफ़ज़दा निगाहों से अलाव की जानिब देखा।

"मुन्नी से कल यह न जड़ देना कि रात ठंड लगी और ताप-तापकर रात काटी, वरना लड़ाई करेगी।"

यह कहता हुआ वह उछला और उस अलाव के ऊपर से साफ़ निकल गया। पैरों में ज़रा-सी लपट लग गई, पर वह कोई बात न थी। जबरा अलाव के गिर्द घूमकर उसके पास आ खड़ा हुआ। हल्कू ने कहा–"चलो चलो; इसकी सही नहीं। ऊपर से कूदकर आओ।" वह फिर कूदा और अलाव के इस पार आ गया।

पत्तियाँ जल चुकी थीं। बाग़ीचे में फिर अँधेरा छा गया था। राख के नीचे कुछ-कुछ आग बाक़ी थी, जो हवा का झोंका आने पर ज़रा जाग उठती थी, पर एक लम्हे में फिर आँखें बन्द कर लेती थी।

हल्कू ने फिर चादर ओढ़ ली और गर्म राख के पास बैठा हुआ एक गीत गुनगुनाने लगा। उसके जिस्म में गर्मी आ गई थी, पर ज्यूँ-ज्यूँ सर्दी बढ़ती जाती थी, उसे सुस्ती दबा लेती थी।

दफ़अतन जबरा ज़ोर से भौंककर खेत की तरफ़ भागा। हल्कू को ऐसा मालूम हुआ कि जानवरों का एक ग़ोल उसके खेत में आया। शायद नीलगायों का झुंड था। उनके कूदने और दौड़ने की आवाज़ें साफ़ कान में आ रही थीं। फिर ऐसा मालूम हुआ कि खेत में चर रही हैं...। उसने दिल में कहा–"नहीं, जबरा के होते हुए कोई जानवर खेत में नहीं आ सकता। नोंच ही डाले। मुझे वहम हो रहा है। कहाँ? अब तो कुछ सुनायी नहीं देता। मुझे भी कैसा धोका हुआ।"

उसने ज़ोर से आवाज़ लगाई–"जबरा! जबरा!"

जबरा भौंकता रहा। उसके पास न आया।

जानवरों के चरने की आवाज़ चर-चर सुनाई देने लगी। हल्कू अब अपने को फ़रेब न दे सका, मगर उसे उस वक़्त अपनी जगह से हिलना ज़हर मालूम होता था। कैसा गर्माया हुआ मज़े से बैठा हुआ था। इस जाड़े-पाले में खेत में जाना, जानवरों को भगाना, उनका तआक़ुब करना उसे पहाड़ मालूम होता था। अपनी जगह से न हिला। बैठे-बैठे जानवरों को भगाने के लिए चिल्लाने लगा–'लिहो लिहो, हो हो, हा हा!'

मगर जबरा फिर भौंक उठा। अगर जानवर भाग जाते तो वह अब तक लौट आया होता। नहीं भागे, अभी तक चर रहे हैं। शायद वह सब भी समझ रहे हैं कि इस सर्दी में कौन बैठा है, जो उनके पीछे दौड़ेगा। फ़सल तैयार है। कैसी अच्छी खेती थी। सारा गाँव देख-देखकर जलता था। उसे यह अभागे तबाह किए डालते हैं।

अब हल्कू से न रहा गया। वह पक्का इरादा करके उठा और दो-तीन क़दम चला। फिर यकायक हवा का ऐसा ठंडा चुभनेवाला बिच्छू के डंक का-सा झोंका लगा। वह फिर बुझते हुए अलाव के पास आ बैठा और राख को कुरेद-कुरेदकर अपने ठंडे जिस्म को गर्माने लगा।

जबरा अपना गला फाड़े डालता था, नीलगायें खेत का सफ़ाया किए डालती थीं और हल्कू गर्म राख के पास बेहिस बैठा हुआ था। अफ़सुर्दगी ने उसे चारों तरफ़ से रस्सी की तरह जकड़ रखा था।

आख़िर वहीं चादर ओढ़कर सो गया।

सवेरे जब उसकी नींद खुली तो देखा, चारों तरफ़ धूप फैल गई है और मुन्नी खड़ी कह रही है–"क्या आज सोते ही रहोगे? तुम यहाँ मीठी नींद सो रहे हो और उधर सारा खेत चौपट हो गया। सारे खेत का सत्यानास हो गया। भला कोई ऐसा भी सोता है! तुम्हारे यहाँ मड़इया डालने से क्या हुआ?"

हल्कू ने बात बनाई—"मैं मरते-मरते बचा। तुझे अपने खेत की पड़ी है। पेट में ऐसा दर्द उठा कि मैं ही जानता हूँ।"

दोनों फिर खेत के डाँड़ पर आए। देखा, खेत में एक पौधे का नाम नहीं और जबरा मड़ैया के नीचे चित पड़ा है, गोया बदन में जान नहीं है।

दोनों खेत की तरफ़ देख रहे थे। मुन्नी के चेहरे पर उदासी छाई हुई थी, पर हल्कू ख़ुश था।

मुन्नी ने फ़िक्रमन्द होकर कहा—"अब मजूरी करके मालगुजारी देनी पड़ेगी।"

हल्कू ने मस्ताना अन्दाज़ से कहा—"रात को ठंड में यहाँ सोना तो न पड़ेगा।"

"मैं इस खेत का लगान न दूँगी, यह कहे देती हूँ। जीने के लिए खेती करते हैं, मरने के लिए नहीं करते।"

"जबरा अभी तक सोया हुआ है। इतना तो कभी न सोता था।"

"आज जाकर सहना से कह दो, खेत जानवर चर गए। हम एक पैसा न देंगे।"

"रात बड़े गजब की सर्दी थी।"

"मैं क्या कहती हूँ, तुम क्या सुनते हो।"

"तू गाली खिलाने की बात कह रही है। सहना को इन बातों से क्या सरोकार? तुम्हारा खेत चाहे जानवर खाएँ, चाहे आग लग जाए, चाहे ओले पड़ जाएँ; उसे तो अपनी मालगुजारी चाहिए।"

"तो छोड़ दो खेती। मैं ऐसी खेती से बाज़ आई।"

हल्कू ने मायूसाना अन्दाज़ से कहा—"जी में तो मेरे भी यही आता है कि खेती-बाड़ी छोड़ दूँ। मुन्नी, तुझसे सच कहता हूँ, मगर मजूरी का खयाल करता हूँ तो जी घबरा उठता है। किसान का बेटा होकर अब मजूरी न करूँगा, चाहे कितनी ही दुर्गत हो जाए। खेती का मरजाद नहीं बिगाड़ूँगा। जबरा! जबरा! क्या सोता ही रहेगा? चल, घर चलें।"

ईदगाह

रमज़ान के पूरे तीस रोज़ों के बाद आज ईद आई। कितनी सुहानी और रंगीन सुबह है, बच्चे की तरह पुरतबस्सुम। दरख़्तों पर कुछ अजीब हरियावल है। खेतों में कुछ अजीब रौनक है। आसमान पर कुछ अजीब फ़िज़ा है। आज का आफ़ताब देख, कितना प्यारा है; गोया दुनिया को ईद की ख़ुशी पर मुबारकबाद दे रहा है। गाँवों में कितनी चहल-पहल है। ईदगाह जाने की धूम है। किसी के कुर्ते में बटन नहीं है तो सुई-धागा लेने दौड़ा जा रहा है। किसी के जूते सख़्त हो गए हैं, उसे तेल और पानी से नरम कर रहा है। जल्दी-जल्दी बैलों को सानी-पानी दे दें, ईदगाह से लौटते-लौटते दोपहर हो जाएगी। तीन कोस का पैदल रास्ता, फिर सैकड़ों रिश्ते-कराबतवालों से मिलना-मिलाना। दोपहर से पहले लौटना ग़ैरमुमकिन है। लड़के सबसे ज़्यादा ख़ुश हैं। किसी ने एक रोज़ा रखा, वह भी दोपहर तक; किसी ने वह भी नहीं। लेकिन ईदगाह जाने की ख़ुशी उनका हिस्सा है। रोज़े बड़े-बूढ़ों के लिए होंगे, बच्चों के लिए तो ईद है। रोज़ ईद का नाम रटते थे, आज वह आ गई। अब जल्दी पड़ी हुई है कि ईदगाह क्यों नहीं चलते। उन्हें घर के फ़िक्रों से क्या वास्ता? सेवइयों के लिए घर में दूध और शक्कर-मेवे हैं या नहीं, इसकी उन्हें क्या फ़िक्र? वह क्या जानें, अब्बा क्यों बदहवास गाँव के महाजन चौधरी क़ासिमअली के घर दौड़े जा रहे हैं? उनकी अपनी जेबों में तो क़ारून का ख़ज़ाना रखा हुआ है। बार-बार जेब से अपना ख़ज़ाना निकालकर गिनते हैं, दोस्तों को दिखाते हैं और ख़ुश होकर रख लेते हैं। इन्हीं दो-चार पैसों में दुनिया की सात नेमतें लाएँगे। खिलौने और मिठाइयाँ और बिगुल और ख़ुदा जाने क्या-क्या। और सबसे ज़्यादा ख़ुश है हामिद। वह चार साल का ग़रीबसूरत बच्चा है, जिसका बाप पिछले साल हैज़े की नज़्र हो गया था और माँ न जाने क्यों ज़र्द होती-होती एक दिन मर गई। किसी को पता न चला कि बीमारी क्या है। कहती किससे, कौन सुननेवाला था? दिल पर जो गुज़रती थी, सहती थी। और जब न सहा गया तो दुनिया से रुख़सत हो गई। अब हामिद अपनी बूढ़ी दादी अमीना की गोद में सोता है और उतना ही ख़ुश है। उसके अब्बाजान बड़ी दूर रुपए कमाने गए थे, बहुत-सी थैलियाँ लेकर आएँगे, अम्मीजान अल्लाह मियाँ के घर मिठाई लेने गई हैं,

इसलिए ख़ामोश है। हामिद के पाँव में जूते नहीं हैं। सिर पर एक पुरानी-धुरानी टोपी है, जिसका गोटा स्याह हो गया है; फिर भी वह ख़ुश है। जब उसके अब्बाजान थैलियाँ और अम्मीजान नेमतें लेकर आएँगे, तब वह दिल के अरमान निकालेगा। तब देखेगा कि महमूद और मोहसिन, आज़र और सभी कहाँ से इतने पैसे लाते हैं। दुनिया में मुसीबतों की सारी फ़ौज लेकर आए, उसकी एक निगाहें मासूम उसे पामाल करने के लिए काफ़ी है।

हामिद अन्दर जाकर अमीना से कहता है–"तुम डरना नहीं अम्माँ मैं गाँववालों का साथ न छोड़ूँगा। बिलकुल न डरना।" लेकिन अमीना का दिल नहीं मानता। गाँव के बच्चे अपने-अपने बाप के साथ जा रहे हैं। हामिद क्या अकेला ही जाएगा? उस भीड़-भाड़ में कहीं खो जाए तो क्या हो। नहीं, अमीना उसे तन्हा न जाने देगी। नन्हीं-सी जान। तीन कोस चलेगा। पाँव में छाले न पड़ जाएँगे।

मगर वह चली जाए तो यहाँ सेवइयाँ कौन पकाएगा। भूका-प्यासा दोपहर को लौटेगा, क्या उस वक़्त सेवइयाँ पकाने बैठेगी? रोना तो ये है कि अमीना के पास पैसे नहीं हैं। उसने फ़हमीन के कपड़े सिए थे। आठ आने पैसे मिले थे। उस अठन्नी को ईमान की तरह बचाती चली आई थी, इस ईद के लिए; लेकिन घर में पैसे और न थे और ग्वालन के पैसे और चढ़ गए थे। देने पड़े। हामिद के लिए रोज़ दो पैसे का दूध तो लेना पड़ता है। अब कुल दो आने पैसे बच रहे हैं। तीन पैसे हामिद की जेब में और पाँच अमीना के बटवे में, यही बिसात है। अल्लाह ही बेड़ा पार करेगा। धोबन, मेहतरानी और नाइन भी तो आएँगी। सबको सेवइयाँ चाहिए। किस-किस से मुँह छिपाए? साल भर का तेहवार। ज़िन्दगी ख़ैरियत से रहे। उनकी तक़दीर भी तो उसके साथ है, बच्चे को ख़ुदा सलामत रखे। ये दिन भी यूँ ही कट जाएँगे।

गाँव से लोग चले और हामिद भी बच्चों के साथ था। सब के सब दौड़कर निकल जाते, फिर किसी दरख़्त के नीचे खड़े होकर साथवालों का इन्तज़ार करते। ये लोग क्यों इतने आहिस्ता-आहिस्ता चल रहे हैं।

शहर का सिरा शुरू हो गया। सड़क के दोनों तरफ़ अमीरों के बाग़ हैं। पुख़्ता चहारदीवारी बनी हुई है। दरख़्तों में आम लगे हुए हैं। हामिद ने एक कंकरी उठाकर एक आम पर निशाना लगाया। माली अन्दर से गाली देता हुआ बाहर आया। बच्चे वहाँ से एक फ़र्लांग पर हैं। ख़ूब हँस रहे हैं। माली को ख़ूब उल्लू बनाया।

बड़ी-बड़ी इमारतें आने लगीं। यह अदालत है। यह मदरसा है। यह क्लब घर है। इतने बड़े मदरसे में कितने सारे लड़के पढ़ते होंगे! लड़के नहीं हैं जी, बड़े-बड़े आदमी हैं। सच, उनकी बड़ी-बड़ी मूछें हैं। इतने बड़े हो गए, अब तक पढ़ने जाते हैं। आज तो छुट्टी है, लेकिन एक बार जब पहले आए थे तो बहुत-से दाढ़ी-मूछोंवाले लड़के यहाँ खेल रहे थे। न जाने कब तक पढ़ेंगे। और क्या करेंगे इतना पढ़कर। गाँव

के देहाती मदरसे में दो-तीन बड़े-बड़े लड़के हैं, बिलकुल कौवों जैसे, काम से जी चुरानेवाले। ये लड़के भी उसी तरह के होंगे जी। और क्या नहीं, क्या अब तक पढ़ते होते! वह क्लबघर है। वहाँ जादू का खेल होता है। सुना है, मुर्दों की खोपड़ियाँ उड़ती हैं। आदमी को बेहोश कर देते हैं, फिर उससे जो कुछ पूछते हैं, वह सब बतला देते हैं। और बड़े-बड़े तमाशे होते हैं। और मेमें भी खेलती हैं। सच, हमारी अम्माँ को वह दे दो, क्या कहलाता है, 'बैट', तो उसे घुमाते ही लुढ़क जाएँ।

मोहसिन ने कहा–''हमारी अम्मीजान तो उसे पकड़ ही न सकें। हाथ काँपने लगें। अल्ला कसम।''

हामिद ने इससे इख़्तिलाफ़ किया–''चलो, मनों आटा पीस डालती हैं। ज़रा-सी बैट पकड़ लेंगे तो हाथ काँपने लगेगा! सैकड़ों घड़े पानी रोज़ निकालती हैं। किसी मेम को एक घड़ा पानी निकालना पड़े तो आँखों तले अँधेरा आ जाए।''

मोहसिन–''लेकिन दौड़ती तो नहीं, उछल-कूद नहीं सकती।''

हामिद–''काम आ पड़ता है, तो दौड़ भी लेती हैं। अभी उस दिन तुम्हारी गाय खुल गई थी और चौधरी के खेत में जा पड़ी थी तो तुम्हारी अम्माँ ही तो दौड़कर उसे भगा लाई थीं। कितनी तेज़ी से दौड़ी थीं! हम-तुम दोनों उनसे पीछे रह गए।''

फिर आगे चले। हलवाइयों की दूकानें शुरू हो गईं। आज ख़ूब सजी हुई थीं।

इतनी मिठाइयाँ कौन खाता है? देखो न, एक-एक दूकान पर मनों होंगी। सुना है, रात को एक जिन्नात हर एक दूकान पर जाता है, जितना माल बचा होता है, वह सब ख़रीद लेता है और सचमुच के रुपए देता है, बिलकुल ऐसी ही चाँदी के रुपए।

महमूद को यक़ीन न आया। ''ऐसे रुपए जिन्नात को कहाँ से मिल जाएँगे?''

मोहसिन–''जिन्नात को रुपयों की क्या कमी? जिस ख़ज़ाने में चाहें चले जाएँ। कोई उन्हें देख नहीं सकता। लोहे के दरवाज़े तक नहीं रोक सकते। जनाब, आप हैं किस ख़याल में। हीरे-जवाहरात उनके पास रहते हैं। जिससे ख़ुश हो गए, उसे टोकरों जवाहरात दे दिए। पाँच मिनट में कहो काबुल पहुँच जाएँ।''

हामिद–''जिन्नात बहुत बड़े होते होंगे!''

मोहसिन–''और क्या, एक-एक आसमान के बराबर होता है। ज़मीन पर खड़ा हो जाए तो उसका सिर आसमान से जा लगे। मगर चाहे तो एक लोटे में घुस जाए।''

समी–''सुना है चौधरी साहब के क़ब्ज़े में बहुत-से जिन्नात हैं। कोई चीज़ चोरी चली जाए, चौधरी साहब उसका पता बता देंगे और चोर का नाम तक बता देंगे। जुमेराती का बछड़ा उस दिन खो गया था। तीन दिन हैरान हुए, कहीं न मिला। तब झक मारकर चौधरी के पास गए। चौधरी ने कहा, मवेशीख़ाना में है और वहीं मिला। जिन्नात आकर उन्हें सब ख़बरें दे जाया करते हैं।''

अब हरएक की समझ में आ गया कि चौधरी क़ासिमअली के पास क्यों इस क़दर दौलत है और क्यों वह कुर्ब व जवार के मवाज़आत के महाजन हैं। जिन्नात आकर उन्हें रुपए दे जाते हैं। आगे चलिए, ये पुलिस लाइन है। यहाँ पुलिसवाले क़वाइद करते हैं–राइट लप फाम फू।

नूरी ने तसहीह की। "यहाँ पुलिसवाले पहरा देते हैं। जब ही तो इन्हें बहुत ख़बर है। अजी हज़रत ये लोग चोरियाँ कराते हैं। शहर के जितने चोर-डाकू हैं, सब इनसे मिले रहते हैं। रात को सब एक मोहल्ले में चोरों से कहते हैं और दूसरे मोहल्ले में पुकारते हैं, 'जागते रहो'। मेरे मामूँ एक थाने में सिपाही हैं। बीस रुपए महीना पाते हैं, लेकिन थैलियाँ भर-भर घर भेजते हैं। मैंने एक बार पूछा था, मामूँ, इतने रुपए। आप चाहें तो एक दिन में लाखों मार लाएँ। हम तो इतना ही लेते हैं, जिसमें अपनी बदनामी न हो और नौकरी बनी रहे।"

हामिद ने ताज्जुब से पूछा–"ये लोग चोरी कराते हैं, तो इन्हें कोई पकड़ता नहीं!"

नूरी ने उसकी कोताहफ़हमी पर रहम खाकर कहा–"अरे अहमक, इन्हें कौन पकड़ेगा। पकड़नेवाले तो ये ख़ुद हैं। लेकिन अल्लाह इन्हें सज़ा भी ख़ूब देता है। थोड़े दिन हुए, मामूँ के घर में आग लग गई। सारा माल-मता जल गया। एक बर्तन तक न बचा। कई दिन तक दरख़्त के साए के नीचे सोए, अल्लाह क़सम! फिर न जाने कहाँ से क़र्ज़ लाए तो बर्तन-भांडे आए।"

बस्ती घनी होने लगी। ईदगाह जानेवालों के मजमा नज़र आने लगे। एक से एक ज़र्क़-बर्क़ पोशाक पहने हुए। कोई ताँगे पर सवार, कोई मोटर पर; चलते थे तो कपड़ों से इत्र की ख़ुश्बू उड़ती थी।

दहक़ानों की यह मुख़्तसर-सी टोली अपनी बेसरो-सामानी से बेहिस अपनी ख़स्ताहाल में, मगर साबिर-व-शाकिर चली जाती थी। जिस चीज़ की तरफ़ ताकते, ताकते रह जाते और पीछे से बार-बार हार्न की आवाज़ होने पर भी ख़बर न होती थी। मोहसिन तो मोटर के नीचे जाते-जाते बचा।

वह ईदगाह नज़र आई। जमाअत शुरू हो गई है और इमली के घने दरख़्तों का साया है। नीचे खुला हुआ पुख़्ता फ़र्श है जिस पर जाजम बिछा हुआ है और नमाजियों की क़तारें एक के पीछे दूसरी, ख़ुदा जाने कहाँ तक चली गई हैं। पुख़्ता फ़र्श के नीचे जाजम भी नहीं। कई क़तारें खड़ी हैं, जो आते जाते हैं, पीछे खड़े होते जाते हैं। आगे अब जगह नहीं रही। यहाँ कोई रुतबा और ओहदा नहीं देखता। इस्लाम की निगाह में सब बराबर हैं। दहक़ानों ने भी वजू किया और जमाअत में शामिल हो लिए कितनी बाक़ायदा मुनज़्ज़म जमाअत है! लाखों आदमी एक साथ झुकते हैं, एक साथ दो ज़ानू बैठ जाते हैं और यह अमल बार-बार होता है। ऐसा मालूम हो रहा है, गोया बिजली की लाखों बत्तियाँ एक साथ रोशन हो जाएँ और एक साथ बुझ जाएँ। कितना

पुरएहतराम रोबअंगेज़ नज़ारा है। जिसकी हमआहंगी और वुस्अत और तादाद दिलों पर एक विज्दानी कैफ़ियत पैदा कर देती है, गोया उख़व्वत का रिश्ता इन तमाम रूहों को मुंसलिक किए हुए हैं।

नमाज़ ख़त्म हो गई। लोग बाहम गले मिल रहे हैं। कुछ लोग मोहताजों और साइलों को ख़ैरात कर रहे हैं, जो आज यहाँ हज़ारों जमा हो गए हैं। हमारे दहक़ानों ने मिठाई और खिलौनों की दूकानों पर योरिश की। बूढ़े भी इन दिलचस्पियों में बच्चों से कम नहीं हैं। ये देखो हिंडोला है, एक पैसा देकर आसमान पर जाते मालूम होंगे। कभी ज़मीन पर गिरते हैं। यह चरख़ी है, लकड़ी के घोड़े, ऊँट, हाथी मंजों से लटके हुए हैं। एक पैसा देकर बैठ जाओ और पच्चीस चक्करों का मज़ा लो। महमूद और मोहसिन, दोनों हिंडोले पर बैठे हैं; आज़र और समी घोड़ों पर। इनके बुज़ुर्ग इतने ही तिफ़्लाना इश्तिआक़ से चरख़ी पर बैठे हैं। हामिद दूर खड़ा है। तीन ही पैसे तो उसके पास हैं। ज़रा-सा चक्कर खाने के लिए वह अपने ख़ज़ाने का सुलस नहीं सर्फ़ कर सकता। मोहसिन का बाप बार-बार उसे चरख़ी पर बुलाता है, लेकिन वह राज़ी नहीं होता। बूढ़े कहते हैं, इस लड़के में अभी से अपना-पराया आ गया है। हामिद सोचता है, क्यों किसी का एहसान लूँ। उसरत ने उसे ज़रूरत से ज़्यादा ज़की-उल-हिस बना दिया है। सब लोग चरख़ी से उतरते हैं। खिलौनों की ख़रीद शुरू होती है। सिपाही, गुजरिया, राजा-रानी, वकील, धोबी और भिश्ती बेइम्तियाज़ इनसे रान मिलाए बैठे हुए हैं। धोबी, राजा-रानी की बग़ल में है और भिश्ती, वकील साहब की बग़ल में। वाह, कितने ख़ूबसूरत! बोला ही चाहते हैं। महमूद सिपाही पर लट्टू हो जाता है। ख़ाकी वर्दी और पगड़ी लाल, कन्धे पर बन्दूक; मालूम होता है अभी क़वाइद के लिए चला आ रहा है। मोहसिन को भिश्ती पसन्द आया। कमर झुकी हुई है, उस पर मशक का दहाना एक हाथ से पकड़े हुए है, दूसरे हाथ में रस्सी है। कितना बाश्शाश चेहरा है, शायद कोई गीत गा रहा है। मशक से पानी टपकता हुआ मालूम होता है। नूरी को वकील से मुनासबत है। कितनी आलिमाना सूरत है! स्याह चुग़ा, नीचे सफ़ेद अचकन, अचकन के सीने की जेब में सुनहरी ज़ंजीर, एक हाथ में क़ानून की क़िताब लिए हुए है। मालूम होता है, अभी किसी अदालत से जिरह या बहस करके चले आ रहे हैं। ये सब दो-दो पैसे के खिलौने हैं। हामिद के पास कुल तीन पैसे हैं। और अगर दो का एक खिलौना ले ले तो फिर और क्या लेगा! नहीं, खिलौने फुज़ूल हैं। कहीं हाथ से गिर पड़े तो चूर-चूर हो जाए। ज़रा-सा पानी पड़ जाए तो सारा रंग धुल जाए। इन खिलौनों को लेकर वह क्या करेगा? किस मसरफ़ के हैं?

मोहसिन कहता है—''मेरा भिश्ती रोज़ पानी दे जाएगा, सुबह-शाम।''

महमूद—''और मेरा सिपाही घर का पहरा देगा। कोई चोर आएगा तो फौरन बन्दूक़ से फ़ायर कर देगा।''

नूरी–"और मेरा वकील रोज़ मुक़द्दमे लड़ेगा और रोज़ रुपए लाएगा।"

हामिद खिलौनों की मज़म्मत करता है। मिट्टी के ही तो हैं, गिरें तो चकनाचूर हो जाएँ; लेकिन हर चीज़ को ललचाई हुई नज़रों से देख रहा है और चाहता है कि ज़रा देर के लिए उन्हें हाथ में ले सकता। यह बिसाती की दूकान है। तरह-तरह की ज़रूरी चीज़ें, एक चादर बिछी हुई हैं। गेंद, सीटियाँ, बिगुल, भौंरे, रबड़ के खिलौने और हज़ारों चीज़ें। मोहसिन एक सीटी लेता है, महमूद गेंद, नूरी रबड़ का बुत; जो चूँ-चूँ करता है और समी एक खँजरी; उसे वह बजा-बजाकर गाएगा। हामिद खड़ा हर एक को हसरत से देख रहा है। जब उसका रफ़ीक़ कोई चीज़ ख़रीद लेता है तो वह बड़े इश्तियाक़ से एक बार उसे हाथ में लेकर देखने लगता है; लेकिन लड़के इतने दोस्तनवाज़ नहीं होते, ख़ासकर जब कि अभी दिलचस्पी ताज़ा है। बेचारा यूँ ही मायूस होकर रह जाता है।

खिलौनों के बाद मिठाइयों का नम्बर आया। किसी ने रेवड़ियाँ ली हैं, किसी ने गुलाबजामुन, किसी ने सोहन हलवा। मज़े से खा रहे हैं। हामिद उनकी बिरादरी से ख़ारिज है। कम्बख़्त की जेब में तीन पैसे तो हैं। क्यूँ नहीं कुछ लेकर खाता? हरीस निगाहों से सबकी तरफ़ देखता है।

मोहसिन ने कहा–"हामिद, यह रेवड़ी ले जा। कितनी ख़ुश्बूदार है।"

हामिद समझ गया। यह महज़ शरारत है। मोहसिन इतना फ़ैयाज़तबअ न था, फिर भी वह उसके पास गया। मोहसिन ने दोने से दो-तीन रेवड़ियाँ निकालीं। हामिद की तरफ़ बढ़ाईं। हामिद ने हाथ फैलाया। मोहसिन ने हाथ खींच लिया और रेवड़ियाँ अपने मुँह में रख लीं। महमूद, नूरी और समी ख़ूब तालियाँ बजा-बजाकर हँसने लगे। हामिद खिसियाना हो गया। मोहसिन ने कहा–"अच्छा, अब ज़रूर देंगे। यह ले जाओ, अल्लाह क़सम।"

हामिद ने कहा–"रखिए रखिए। क्या मेरे पास पैसे नहीं हैं?"

समी बोला–"तीन ही पैसे तो हैं। क्या-क्या लोगे?"

महमूद–"तुम उससे मत बोलो हामिद, मेरे पास आओ। यह गुलाबजामुन ले लो।"

हामिद–"मिठाई कौन बड़ी नेमत है? क़िताब में इसकी बुराइयाँ लिखी हैं।"

मोहसिन–"लेकिन, जी में कह रहे होगे कि कुछ मिल जाए तो खा लें। अपने पैसे क्यों नहीं निकालते?"

महमूद–"इसकी होशियारी मैं समझता हूँ। जब हमारे सारे पैसे ख़र्च हो जाएँगे, तब यह मिठाई लेगा और हमें चिढ़ा-चिढ़ाकर खाएगा।"

हलवाइयों की दूकानों के आगे कुछ दूकानें लोहे की चीज़ों की थीं, कुछ गिलट और मुलम्मा के ज़ेवरात की। लड़कों के लिए यहाँ दिलचस्पी का कोई सामान न था। हामिद लोहे की दूकान पर एक लम्हा के लिए रुक गया। दस्तपनाह रखे हुए थे।

वह दस्तपनाह ख़रीद लेगा। अम्माँ के पास दस्तपनाह नहीं है। तवे से रोटियाँ उतारती हैं तो हाथ जल जाता है। अगर वह दस्तपनाह ले जाकर अम्माँ को दे दे तो वो कितनी ख़ुश होंगी। फिर उनकी उँगलियाँ कभी नहीं जलेंगी, घर में एक काम की चीज़ हो जाएगी। खिलौनों से क्या फ़ायदा? मुफ़्त में पैसे ख़राब होते हैं। ज़रा देर ही तो ख़ुशी होती है, फिर तो उन्हें कोई आँख उठाकर भी नहीं देखता। या तो घर पहँचते-पहुँचते टूट-फूटकर बरबाद हो जाएँगे या छोटे बच्चे, जो ईदगाह नहीं जा सकते हैं, ज़िद करके ले लेंगे और तोड़ डालेंगे। दस्तपनाह कितने फ़ायदे की चीज़ है। रोटियाँ तवे से उतार लो, चूल्हे से आग निकालकर दे दो। अम्माँ को फुरसत कहाँ है, बाज़ार आएँ और इतने पैसे कहाँ मिलते हैं। रोज़ हाथ जला लेती हैं। उसके साथी आगे बढ़ गए हैं। सबील पर सब के सब पानी पी रहे हैं। कितने लालची हैं। सबने इतनी मिठाइयाँ लीं, किसी ने मुझे एक भी न दी। इस पर कहते हैं, मेरे साथ खेलो। मेरी तख़्ती धो लाओ। अब अगर यहाँ मोहसिन ने कोई काम करने को कहा तो ख़बर लूँगा। खाँय मिठाइयाँ, आप मुँह सड़ेगा, फोड़े-फुंसियाँ निकलेंगी, आप ही ज़बान चटोरी हो जाएगी; तब पैसे चुराएँगे और मार खाएँगे। मेरी ज़बान क्यूँ ख़राब होगी? उसने फिर सोचा। अम्माँ दस्तपनाह देखते ही दौड़कर मेरे हाथ से ले लेंगी और कहेंगी, मेरा बेटा अपनी माँ के लिए दस्तपनाह लाया है। हज़ारों दुआएँ देंगी। फिर उसे पड़ोसियों को दिखाएँगी। सारे गाँव में वाह-वाह मच जाएगी। इन लोगों के खिलौनों पर कौन इन्हें दुआएँ देगा। बुज़ुर्गों की दुआएँ सीधी ख़ुदा की बारगाह में पहुँचती हैं और फ़ौरन कुबूल होती हैं। मेरे पास बहुत-से पैसे नहीं हैं, जब ही तो मोहसिन और महमूद यूँ मिज़ाज दिखाते हैं। मैं भी उनको मिज़ाज दिखाऊँगा। वह खिलौने खेलें, मिठाइयाँ खाएँ; मैं ग़रीब सही। किसी से कुछ माँगने तो नहीं जाता। आख़िर अब्बा कभी-न-कभी आएँगे ही। फिर उन लोगों से पूछूँगा, कितने खिलौने लोगे? एक-एक को एक टोकरी दूँ और दिखा दूँ कि दोस्तों के साथ इस तरह सुलूक किया जाता है। जितने ग़रीब लड़के हैं, सबको अच्छे-अच्छे कुर्ते दिलवा दूँगा और क़िताबें दे दूँगा। यह नहीं कि एक पैसे की रेवड़ियाँ ले तो चिढ़ा-चिढ़ाकर खाने लगें।

दस्तपनाह देखकर सब के सब हँसेंगे। अहमक़ तो हैं ही सब। उसने डरते-डरते दूकानदार से पूछा–''यह दस्तपनाह बेचोगे?''

दूकानदार ने उसकी तरफ़ देखा और साथ कोई आदमी न देखकर कहा–''यह तुम्हारे काम का नहीं है।''

''बिकाऊ है या नहीं?''

''बिकाऊ है जी, और यहाँ क्यूँ लादकर लाएँ।''

''तो बतलाते क्यूँ नहीं? कै पैसे का दोगे?''

''छह पैसे लगेगा।''

हामिद का दिल बैठ गया। कलेजा मज़बूत करके बोला–"तीन पैसे लोगे?" और आगे बढ़ा कि दूकानदार की घुड़कियाँ न सुनें। मगर दूकानदार ने घुड़कियाँ न दीं। दस्तपनाह उसकी तरफ़ बढ़ा दिया और पैसे ले लिए।

हामिद ने दस्तपनाह कन्धे पर रख लिया, गोया बन्दूक़ है और शान से अकड़ता हुआ अपने रफ़ीक़ों के पास आया।

मोहसिन ने हँसते हुए कहा–"यह दस्तपनाह लाया है। अहमक़ इसे क्या करोगे?"

हामिद ने दस्तपनाह को ज़मीन पर पटककर कहा–"ज़रा अपना भिश्ती ज़मीन पर गिरा दो। सारी पस्लियाँ चूर-चूर हो जाएँगी बच्चा की।"

महमूद–"तो यह दस्तपनाह कोई खिलौना है।"

हामिद–"खिलौना क्यों नहीं है? अभी कन्धे पर रखा बन्दूक हो गया। हाथ में ले लिया फ़क़ीर का चिमटा हो गया। चाहूँ तो इससे तुम्हारी नाक पकड़ लूँ। एक चिमटा दूँ तो तुम लोगों के सारे खिलौनों की जान निकल जाए। तुम्हारे खिलौने कितना ही ज़ोर लगाएँ, इसका बाल बींका नहीं कर सकते। मेरा बहादुर शेर है यह दस्तपनाह।"

समी मुतास्सिर होकर बोला–"मेरी खँजरी से बदलोगे? दो आने की है।"

हामिद ने खँजरी की तरफ़ हिक़ारत से देखकर कहा–"मेरा दस्तपनाह चाहे तो तुम्हारी खँजरी का पेट फाड़ डाले। बस एक चमड़े की झिल्ली लगा दी, ढब-ढब बोलने लगी। ज़रा-सा पानी लगे तो ख़त्म हो जाए। मेरा बहादुर दस्तपनाह तो आग में, पानी में, आँधी में, तूफ़ान में बराबर डटा रहेगा।"

मेला बहुत पीछे छूट चुका था। दस बज रहे थे। घर पहुँचने की जल्दी थी। अब दस्तपनाह नहीं मिल सकता। अब किसी के पास पैसे भी तो नहीं रहे। हामिद है बड़ा होशियार। अब दो फ़रीक़ हो गए। मोहसिन, महमूद और नूरी एक तरफ़; हामिद एक्कः व तन्हा दूसरी तरफ़। समी ग़ैरजानिबदार हैं। जिसकी फ़तह देखेगा, उसकी तरफ़ हो जाएगा। मुनाज़िरह शुरू हो गया। आज हामिद की ज़बान बड़ी सफ़ाई से चल रही है। इत्तेहादेसुलासा उसके जाहराना अमल से परेशान हो रहा है। सुलासा के पास तादाद की ताक़त है, हामिद के पास हक़ और अख़लाक़। एक तरफ़ मिट्टी, रबड़ और लकड़ी की चीज़ें; दूसरी जानिब अकेला लोहा, जो इस वक्त अपने आपको फ़ौलाद कह रहा है। वह रोएँतन है, सफ़शिकन है। अगर कहीं शेर की आवाज़ कान में आ जाए तो मियाँ भिश्ती की औसान ख़ता हो जाए। मियाँ सिपाही मिट्टी की बन्दूक़ छोड़कर भागें। वकील साहब का सारा क़ानून पेट में समा जाए। चुग़े में मुँह छुपाकर लेट जाएँ। मगर बहादुर यह रुस्तमे-हिन्द लपककर शेर की गरदन पर सवार हो जाएगा और उसकी आँखें निकाल लेगा।

मोहसिन ने एड़ी-चोटी का ज़ोर लगाकर कहा–''अच्छा, तुम्हारा दस्तपनाह पानी तो नहीं भर सकता।''

हामिद ने दस्तपनाह को सीधा करके कहा–''यह भिश्ती को एक डाँट बताएगा। दौड़ा हुआ पानी लाकर इसके दरवाज़े पर छिड़कने लगेगा। ज़नाब, इससे चाहे घड़े, मटके और कुंडे भर लो।''

मोहसिन का नातक़ः बन्द हो गया। नूरी ने कुमुक पहुँचाई, ''बच्चा, गिरफ़्तार हो जाएँ तो अदालत में बँधे-बँधे फिरेंगे। तब तो हमारे वकील साहब ही पैरवी करेंगे। बोलिए जनाब।''

हामिद के पास इस वार का दफ़ीअः इतना आसान न था। दफ़अतन उसने ज़रा मोहलत पा जाने के इरादे से पूछा–''इसे पकड़ने कौन आएगा?''

महमूद ने कहा–''यह सिपाही बन्दूक़वाला।''

हामिद ने मुँह चिढ़ाकर कहा–''ये बेचारे! इस रुस्तमे हिन्द को पकड़ लेंगे? अच्छा लाओ, अभी ज़रा मुक़ाबला हो जाए। इसकी सूरत देखते ही बच्चा की माँ मर जाएगी। पकड़ेंगे क्या बेचारे।''

मोहसिन ने ताज़ादम होकर वार किया–''तुम्हारे दस्तपनाह का मुँह रोज़ आग में जला करेगा।''

हामिद के पास जवाब तैयार था–''आग में बहादुर कूदते हैं जनाब। तुम्हारे ये वकील और ये सिपाही और भिश्ती डरपोक हैं। सब घर में घुस जाएँगे। आग में कूदना वो काम है, जो रुस्तम ही कर सकता है।''

नूरी ने इन्तिहाई जिद्दत से काम लिया–''तुम्हारा दस्तपनाह बावर्चीखाने में ज़मीन पर पड़ा रहेगा। मेरा वकील शान से मेज़-कुर्सी लगाकर बैठेगा।'' इस जुम्ले ने मुर्दों में भी जान डाल दी। समी भी जीत गया–''बेशक, बड़े मार्के की बात कही। दस्तपनाह बावर्चीखाने में पड़ा रहेगा।''

हामिद ने धाँधली की–''मेरा दस्तपनाह बावर्चीखाने में रहेगा। वकील साहब कुर्सी पर बैठेंगे तो जाकर उन्हें ज़मीन पर पटक देगा और सारा क़ानून उनके पेट में डाल देगा।''

इस जवाब में बिलकुल जान न थी। बिलकुल बेतुकी-सी बात थी, लेकिन क़ानून पेट में डालनेवाली बात छा गई। तीनों सूरमाँ मुँह ताकते रह गए। हामिद ने मैदान जीत लिया। गो सुलासा के पास अभी गेंद, सीटी और बुत रिज़र्व थे, मगर इन मशीनगनों के सामने उन बुज़दिलों को कौन पूछता है। दस्तपनाह रुस्तमे हिन्द है। इसमें किसी को चूँ-चरा की गुंजाइश नहीं। फ़ातह को मफ़्तूहों से हार और ख़ुशामद का मिज़ाज मिलता है, वह हामिद को मिलने लगा। और सब ने तीन-तीन आने ख़र्च किए और कोई काम की चीज़ न ले सके। हामिद ने तीन ही पैसों में रंग जमा लिया।

खिलौनों का क्या ऐतबार! दो-एक दिन में टूट-फूट जाएँगे। हामिद का दस्तपनाह तो फ़ातह रहेगा हमेशा। सुलह की शर्तें तय होने लगीं।

मोहसिन ने कहा–"ज़रा अपना चिमटा दो। हम भी देखें। तुम चाहो तो हमारा वकील देख लो।"

हामिद–"हमें इसमें कोई ऐतराज़ नहीं है।"

वह फ़ैयाज़तबअ फ़ातह है। दस्तपनाह बारी-बारी से महमूद, मोहसिन, नूरी और समी; सब के हाथों में गया और उनके खिलौने बारी-बारी हामिद के हाथ में आए। कितने ख़ूबसूरत खिलौने हैं। मालूम होता है, बोला ही चाहते हैं। मगर इन खिलौनों के लिए इन्हें दुआएँ कौन देगा? कौन-कौन इन खिलौनों को देखकर इतना ख़ुश होगा, जितना अम्माँजान दस्तपनाह को देखकर होंगी। उसे अपने तर्ज़े-अमल पर मुतलक़ पछतावा नहीं है। फिर अब तो दस्तपनाह तो है, और सबका बादशाह। रास्ते में, महमूद ने एक पैसे की ककड़ियाँ लीं। उसमें हामिद को भी ख़िराज मिला। हालाँकि वह इनकार करता रहा। मोहसिन और समी ने एक-एक पैसे के फ़ालसे लिए। हामिद को ख़िराज मिला। ये सब रुस्तमे हिन्द की बरकत थी।

ग्यारह बजे सारे गाँव में चहल-पहल हो गई। मेलेवाले आ गए। मोहसिन की छोटी बहन ने दौड़कर भिश्ती उसके हाथ से छीन लिया और मारे ख़ुशी के जो उछली तो मियाँ भिश्ती नीचे आ रहे और आलमे-जाविदानी को सिधारे। इस पर भाई-बहन में मार-पीट हुई। दोनों ख़ूब रोए। उनकी अम्माँजान, यह कोहराम सुनकर और बिगड़ीं। दोनों को ऊपर से दो-दो चाँटे रसीद किए। मियाँ नूरी के वकील साहब का हश्र इससे भी बदतर हुआ। वकील ज़मीन पर या ताक़ पर तो नहीं बैठ सकता। उसकी पोजीशन का लिहाज़ तो करना ही होगा। दीवार में दो खूँटियाँ गाड़ी गईं। उन पर चीड़ का एक पुराना पटरा रखा गया। पटरे पर सुर्ख़ रंग का एक चीथड़ा बिछा दिया, जो मंज़िला क़ालीन के था। वकील साहब आलमे-बाला पे जलवा अफ़रोज़ हुए। यहीं से क़ानूनी बहस करेंगे। नूरी एक पंखा लेकर झलने लगा। मालूम नहीं पंखे की हवा या पंखे की चोट से वकील साहब आलमे-बाला से दुनिया-ए-फ़ानी में आ रहे और इनकी मुज़स्समा ख़ाकी के पुरजे हुए। फिर बड़े ज़ोर का मातम हुआ और वकील साहब की मय्यत पारसी दस्तूर के मुताबिक़ कूड़े में फेंक दी गई, ताकि बेकार न जाकर ज़ाग़ व ज़ग़न के काम आ गया।

अब रहे मियाँ महमूद के सिपाही। मोहतरम ज़ीरोब हस्ती हैं। अपने पैरों चलने की ज़िल्लत उसे गवारा नहीं। महमूद ने अपनी बकरी का बच्चा पकड़ा और उस पर सिपाही को सवार किया। महमूद की बहन एक हाथ से सिपाही को पकड़े हुए थी और महमूद बकरी के बच्चे का कान पकड़कर उसे दरवाज़े पर चला रहा था और उसके दोनों भाई सिपाही की तरफ़ से 'थोनेवाले दागते लहो' पुकारते चलते थे। मालूम

नहीं क्या हुआ, मियाँ सिपाही अपने घोड़े की पीठ से गिर पड़े और अपनी बन्दूक़ लिए ज़मीन पर आ रहे। एक टाँग मज़रूब हो गई। मगर कोई मुज़ाइक़ः नहीं। महमूद होशियार डॉक्टर है। डॉक्टर निगम और डॉक्टर भाटिया इसकी शागिर्दी कर सकते हैं और यह टूटी टाँग आनन-फ़ानन में जोड़ देगा, सिर्फ़ गूलर का दूध चाहिए। गूलर का दूध आता है। टाँग जोड़ी जाती है। लेकिन जूँ ही खड़ा होता है, टाँग फिर अलग हो जाती है। अमले-जर्राही नाकाम हो जाती है। तब महमूद उसकी दूसरी टाँग भी तोड़ देता है। अब वह आराम से एक जगह बैठ सकता है। एक टाँग से तो न चल सकता था, न बैठ सकता था। अब वह गोशे में बैठकर टट्टी की आड़ में शिकार खेलेगा।

अब मियाँ हामिद का किस्सा सुनिए। अमीना उसकी आवाज़ सुनते ही दौड़ी और उसे गोद में उठाकर प्यार करने लगी। दफ़अतन उसके हाथ में चिमटा देखकर चौंक पड़ी।

"यह दस्तपनाह कहाँ था बेटा?"

"मैंने मोल लिया है। तीन पैसे में।"

अमीना ने छाती पीट ली। "यह कैसा बेसमझ लड़का है कि दोपहर हो गई, न कुछ खाया न पीया; लाया क्या, यह दस्तपनाह। सारे मेले में तुझे और कोई चीज़ न मिली!"

हामिद ने ख़तावाराना अन्दाज़ से कहा—"तुम्हारी उँगलियाँ तवे से जल जाती थीं कि नहीं?"

अमीना का ग़ुस्सा फ़ौरन शफ़क़्क़त में तब्दील हो गया। और शफ़क़्क़त भी वह नहीं, जो मुँह पर बयान होती है और अपनी सारी तासीर लफ़्ज़ों में मुन्तशिर कर देती है। यह बेज़बान शफ़क़्क़त थी दर्दे-इल्तिजा में डूबी हुई—उफ़! कितनी नफ़्सकुशी है। कितनी जाँसोज़ी है। ग़रीब ने अपने तिफ़्लाना इश्तियाक़ को रोकने के लिए कितना ज़ब्त किया। जब दूसरे लड़के खिलौने ले रहे होंगे, मिठाइयाँ खा रहे होंगे, उसका दिल कितना लहराता होगा। इतना ज़ब्त इससे हुआ क्योंकि अपनी बूढ़ी माँ की याद उसे वहाँ भी रही। मेरा लाल, मेरी कितनी फ़िक्र रखता है। उसके दिल में एक ऐसा जज़्बा पैदा हुआ कि उसके हाथ में दुनिया की बादशाहत आ जाए और वह उसे हामिद के ऊपर निसार कर दे।

और तब बड़ी दिलचस्प बात हुई। बुढ़िया अमीना नन्हीं-सी अमीना बन गई। वह रोने लगी। दामन फैलाकर हामिद को दुआएँ देती जाती थी और आँखों से आँसू की बड़ी-बड़ी बूँदें गिराती जाती थी। हामिद इसका राज़ क्या समझता! और न शायद हमारे बाज़ नाज़रीन ही समझ सकेंगे।

बड़े भाई साहब

मेरे भाई साहब मुझसे पाँच साल बड़े थे, लेकिन सिर्फ़ तीन दरज़े आगे थे। उन्होंने भी उसी उम्र में पढ़ना शुरू किया था, जब मैंने शुरू किया था, लेकिन तालीम जैसे अहम मामले में वह जल्दबाज़ी से काम लेना पसन्द न करते थे। इस इमारत की बुनियाद ख़ूब मज़बूत डालना चाहते थे। एक साल का काम दो साल में करते थे, ताकि इमारत पुख़्ता हो जाए।

मैं छोटा था, वह बड़े थे। मेरी उम्र नौ साल थी, वह चौदह साल के थे। उन्हें मेरी तम्बीह और निगरानी का पूरा और पैदाइशी हक़ था और मेरी सआदतमन्दी इसमें थी, उनके हुक्म को क़ानून समझूँ।

वह बड़े मेहनती वाक़े हुए थे। हर वक़्त किताब खोले बैठे रहते थे और शायद दिमाग़ को आराम देने के लिए कभी किताब पर, कभी किताब के हाशियों पर चिड़ियों, कुत्तों, बिल्लियों की तस्वीरें बनाया करते थे। कभी-कभी एक शेर को दस-बीस बार ख़ुशख़त हरूफ़ में नक़ल करते, कभी ऐसी इबारतें लिखते जिनमें कोई रब्त न होता, न कोई मानी। मसलन, एक बार उनकी कापी में मैंने यह इबारत देखी, स्पेश्यल, आईना, भाइयों-भाइयों, दरअसल, भाई-बहन, राधे-श्याम, श्रीजुत राधेश्याम, एक घंटे तक, इसके बाद एक इनसान का चेहरा था। मैंने हर चन्द कोशिश की कि इस इबारत से कोई मानी निकालूँ, लेकिन नाकाम रहा और उनसे पूछने की हिम्मत न पड़ी। वह नौवीं जमात में थे, मैं छठी जमात में था, उनकी तहरीर समझना मेरे लिए छोटा मुँह बड़ी बात थी।

मेरा जी पढ़ने में बिलकुल न लगता। एक घंटा भी किताब लेकर बैठना बारे ख़ातिर था। मौक़ा पाते ही होस्टल से निकलकर मैदान में आ जाता और कभी कंकड़ियाँ उछालता, कभी काग़ज़ की तीलियाँ उड़ाता और कहीं कोई साथी मिल गया तो पूछना ही क्या! कभी चहारदीवारी पर चढ़कर पीछे कूद रहे हैं, कभी फाटक पर सवार होकर मोटर का लुत्फ़ उठा रहे हैं, लेकिन कमरे में आते ही भाई साहब की सूरत देखकर रूह फ़ना हो जाती और सारा मज़ा किरकिरा हो जाता। पहला सवाल होता, “कहाँ थे?” इसका जवाब ख़ामोशी के सिवा मेरे पास कुछ न होता। न जाने

मेरी ज़बान से यह बात क्यूँ न निकलती कि जरा बाहर खेल रहा था। मेरी ख़ामोशी ऐतराफ़े गुनाह समझी जाती और भाई साहब बुज़ुर्गाना मोहब्बत और तुन्दी से मिले-जुले लहजे में कहते–"इस तरह अंग्रेज़ी पढ़ोगे तो ज़िन्दगीभर पढ़ते रहोगे और एक हर्फ़ न आएगा। अंग्रेज़ी पढ़ना कोई हँसी-खेल नहीं है, जो चाहे पढ़ ले। इस तरह अंग्रेज़ी आती तो सभी पढ़ लेते। यहाँ रात-दिन आँखें फोड़नी पड़ती हैं, ख़ून जलाना पड़ता है, तब जाके कहीं अंग्रेज़ी आती है। और मैं कहता हूँ कि तुम इतने कूढ़मगज़ हो कि मुझे देखकर भी सबक़ नहीं लेते, मैं कितनी मेहनत करता हूँ, यह तुम अपनी आँखों से देखते हो, अगर नहीं देखते तो यह तुम्हारा कसूर है, तुम्हारी अक़ल का कसूर है। इतने मेले-तमाशे होते हैं, मैं कभी नहीं जाता। रोज़ क्रिकेट और हॉकी के मैच होते हैं, मैं क़रीब नहीं फटकता। हमेशा पढ़ता रहता हूँ, इस पर भी दो-दो, तीन-तीन साल तक एक-एक दरज़े में पड़ा रहता हूँ, फिर तुम कैसे उम्मीद करते हो कि तुम यूँ खेल-कूद में वक़्त गँवाकर पास हो जाओगे। मुझे दो ही तीन साल लगते हैं, तुम सारी ज़िन्दगी इसी दरज़े में पड़े रहोगे, मगर तुम्हें इस तरह उम्र गँवानी है तो बेहतर है, घर चले जाओ और मज़े से गुल्ली-डंडा खेलो। दादा की गाढ़े पसीने की कमाई के रुपए क्यूँ बरबाद करते हो?

मैं यह फटकार सुनकर आँसू बहाने लगता, जवाब ही क्या था! भाई साहब को नसीहत के फ़न में कमाल था। ऐसी-ऐसी लगती बातें कहते थे कि मेरे जिगर के टुकड़े हो जाते और हिम्मत टूट जाती। इस तरह जान तोड़कर मेहनत करने की ताक़त मैं अपने में न पाता और ज़रा देर के लिए मुझ पर मायूसी आ जाती और मैं सोचता, क्यूँ न घर चला जाऊँ। जो काम मेरे होने के बाहर है, उसमें हाथ डालकर क्यूँ अपनी ज़िन्दगी ख़राब करूँ? इसके साथ ही आईन्दा से ख़ूब जी लगाकर पढ़ने का इरादा करता। टाइम टेबल बनाता, सुबह उठता, मुँह धोकर नाश्ता करता, फिर अंग्रेज़ी मुताअला सात-आठ बजे तक, हिसाब आठ से नौ बजे तक, तारीख़ नौ से साढ़े नौ तक, खाना खाकर स्कूल जाता। साढ़े तीन बजे स्कूल से वापस आकर आधा घंटे तक आराम, पाँच तक जोग्राफ़िया और नक़्शा, पाँच से छह तक ग्रामर, आधा घंटा आराम। छह से साढ़े आठ तक अंग्रेज़ी कम्पोजीशन, फिर खाना खाकर आठ से नौ बजे तक अंग्रेज़ी, नौ से दस तक उर्दू, दस से ग्यारह तक मुतफ़र्रिक मज़ामीन।

मगर टाइम टेबल बना लेना एक बात थी, उस पर अमल करना दूसरी बात। पहले ही दिन से उसकी ख़िलाफ़वर्ज़ी शुरू हो जाती। मैदान की वह फ़रहतअंगेज़ हवा, वह दिलआवेज़ हरियाली, वह पुरलुत्फ़ आज़ादी मुझे इज़्तरारी तौर पर खींच ले जाती और भाई साहब को नसीहत, और नसीहत करने का मौक़ा मिल जाता। मैं उसके साये से भागता था। उनकी निगाहों से दूर रहने की कोशिश करता, कमरे में इस तरह दबे पाँव आता कि उन्हें ख़बर न हो, उनकी नज़र मेरी जानिब उठी और मेरी

रूह फ़ना हो जाती। हमेशा सिर पर एक बरहना शमशीर-सी लटकती हुई मालूम होती। किताबों से नफ़रत-सी होती जाती थी।

2

सालाना इम्तहान हुआ, भाई साहब फ़ेल हो गए, मैं पास हो गया, अपने दरज़े में अव्वल आया। मेरे और उनके दरम्यान सिर्फ़ दो दरज़ों का तफ़ावत हो गया। जी में आया, भाई साहब को आड़े हाथ लूँ। आपकी वह शबाना रोज़ की दीदारेज़ी कहाँ गई? वह इस क़दर पुज़मुर्दा शिकस्ताख़ातिर थे कि मुझे उनसे दिली हमदर्दी हुई और उनके ज़ख़्म पर नमक छिड़कने का ख़याल ही शर्मनाक मालूम हुआ। हाँ, अब मुझे अपने ऊपर कुछ ऐतमाद पैदा हुआ और भाई साहब का वह रौब मुझ पर न रहा। आज़ादी से खेल-कूद में शरीक होने लगा। दिल मज़बूत था। अगर उन्होंने फिर नसीहत की तो साफ़ कह दूँगा, आपने अपना ख़ून जलाकर कौन-सा तीर मार लिया है? मैं तो खेलते-कूदते दरज़े में अव्वल आ गया। ज़बान से यह हेकड़ी जताने की हिम्मत न होने पर भी मेरे बसरे अन्दाज़ से साफ़ ज़ाहिर होता था कि मैं भाई साहब से इतना मर्ऊब नहीं हूँ। भाई साहब ने भाँप लिया और एक रोज़ जब मैं सुबह का सारा वक़्त गुल्ली-डंडे की नज़्र करके ठीक खाने के वक़्त लौटा तो भाई साहब ने गोया म्यान से तलवार खींच ली और मुझ पर टूट पड़े–"देखता हूँ, इस साल पास हो गए और दरज़े में अव्वल, तो अब तुम्हारे दिमाग़ हो गए, मगर भाई जान, घमंड तो बड़े-बड़ों का नहीं रहा, तुम्हारी क्या हस्ती है? तारीख़ में रावण का हाल तो पढ़ा ही होगा। उसकी ज़िन्दगी से तुमने आख़िर क्या नतीजा निकाला? यूँ ही पढ़ गए। महज़ इम्तहान पास कर लेना तो कोई बड़ी चीज़ नहीं। असल चीज़ है, तारीख़ से सबक़ हासिल करना। रावण सारी दुनिया का महाराजा था, ऐसे राजों को चक्रवर्ती कहते हैं। आजकल अंग्रेज़ों का राज बहुत वसी है, मगर उन्हें चक्रवर्ती राजा नहीं कह सकते। रावण चक्रवर्ती राजा था। बड़े-बड़े देवता उसकी ग़ुलामी करते थे, आग और पानी के देवता भी उसके ग़ुलाम थे, मगर उसका अंजाम क्या हुआ? ग़ुरूर ने उसका नामो-निशान तक मिटा दिया। कोई उसे एक चुल्लू पानी देनेवाला न बचा। इंसान, और चाहे जो बुराई करे, ग़ुरूर किया और दीनो दुनिया से गया। इब्लीस का हाल भी पढ़ा होगा। उसे भी ग़ुरूर हुआ था। नतीजा यह हुआ कि जन्नत से दोज़ख़ में ढकेल दिया। शाहे रोम ने भी एक बार ग़ुरूर किया था, भीख माँग-माँगकर मर गया। तुमने अभी सिर्फ़ एक दरज़ा पास किया है और अभी से तुम्हारा सिर फिर गया, तब तो तुम आगे पढ़ चुके। यह समझ लो कि तुम अपनी मेहनत से नहीं पास हुए, अन्धे के हाथ में बटेर लग गई मगर बटेर सिर्फ़ एक बार हाथ लग सकती है, बार-बार नहीं

लग सकती। कभी-कभी गुल्ली-डंडे में भी अन्धे चोट निशाना पड़ जाता है। इससे कोई कामयाब खिलाड़ी नहीं हो जाता। कामयाब खिलाड़ी वह है, जिसका कोई निशाना खाली न जाए। मेरे फ़ेल होने पर मत जाओ। मेरे दरज़े में आओगे तो दाँतों पसीना आ जाएगा। जब एल्जबरा और ज्योमेटरी के लोहे के चने चबाने पड़ेंगे और इंग्लिस्तान की तारीख़ पढ़नी पड़ेगी। बादशाहों के नाम याद रखना आसान समझते हो? हेनरी सातवीं की जगह आठवीं लिखा और सब नम्बर ग़ायब। सिफ़र भी न मिलेगा, सिफ़र भी। किस ख़याल में हो? दर्जनों तो जेम्स हुए हैं और दर्जनों विलियम, कोड़ियों चार्ल्स! दिमाग़ चक्कर खाने लगता है। उन कम्बख्तों को नाम भी न जड़ते थे। एक ही नाम के पीछे दूयम, सूयम, चहारूम, पंजुम लगाते चले गए और ज्योमेट्री, तो बस, ख़ुदा की पनाह! अ ब ज और अ ज ब में क्या फ़र्क़ है और क्यूँ इस मोहमिल बात के लिए तालीबे इल्मों का ख़ून करते हो? दाल भात रोटी और दाल रोटी भात में कौन-सा फ़र्क़ है, मगर मुम्तहीनों को क्या परवाह? वह तो वही देखते हैं, जो किताब में लिखा है। चाहते हैं, सब लड़के रट्टू हो जाएँ। इस रटन्त का नाम तालीम रख छोड़ा है और आख़िर ऐसी बेसिर-पैर की बातें पढ़ाने से फ़ायदा ही क्या? इस ख़त पर वह उमूमन गिरा दो तो क़ायदे उमूद से दुगुना होगा। पूछिए, इससे क्या मतलब? दुगुना नहीं, चौगुना हो जाएगा! आठ गुना हो जाए, मेरी बला से। लेकिन पढ़ना है तो यह सारी बातें याद रखनी पड़ेंगी। अंग्रेज़ी मज़ामीन लिखते-पढ़ते हैं, कह दिया—'वक़्त की पाबन्दी' पर मज़मून लिखो, जो चार सफ़े से कम न हो। अब कापी खोले हुए उसके नाम को रोइए। कौन नहीं जानता, वक़्त की पाबन्दी अच्छी बात है, लेकिन इस पर चार सफ़े कैसे लिखते हैं? जो बात एक जुम्ले में कही जा सके, उसके लिए चार सफ़े लिखने की क्या ज़रूरत? मैं तो इसे हिमाक़त कहता हूँ, मगर नहीं, आपको चार सफ़े लिखने पड़ेंगे, चाहे जैसे लिखिए, और सफ़े भी पूरे फुल स्केप साइज़ के। यह लड़कों पर सितमनारवा नहीं है, तो और क्या है? ज़ालिम इस पर भी यह कहे जाते हैं कि इख़्तयार से भी काम लो। तेज़ भी दौड़िए और आहिस्ता-आहिस्ता भी, रहे मुतज़ाद है, या नहीं। बच्चा भी समझ सकता है, लेकिन इन मास्टरों को इतनी भी तमीज नहीं, इस पर दावा है कि हम मास्टर हैं। मेरे दरज़े में आओगे तो यह पापड़ बेलने पड़ेंगे और दरज़े में अव्वल आ गए हो तो इतना इतराते हो। मेरा कहना मानिए। लाख फ़ेल हो गया, लेकिन तुमसे बड़ा हूँ। दुनिया का तुमसे ज़्यादा तज़ुर्बा हासिल किया है। मेरा कहना मानो। जो कुछ कहता हूँ उसे गिरह से बाँधो, वरना पछताओगे।"

स्कूल का वक़्त क़रीब था, वरना ख़ुदा जाने यह नसीहत कब ख़त्म होती। मुझे आज का खाना बिलकुल बेमज़ा मालूम हुआ। जब पास हो जाने पर यह लताड़ पड़ती है तो कहीं फ़ेल हो जाऊँ तो यह हज़रत ज़िन्दा ही न छोड़ेंगे। उन्होंने अपने दरज़े

की पढ़ाई की जो हैबतनाक तस्वीर खींची, उसने मुझे सचमुच लरजा दिया। कैसे स्कूल छोड़कर घर नहीं भागा, यही ताज्जुब है। लेकिन यह सब दुर्गति होने पर भी किताबों से मेरी बेज़ारी बदस्तूर क़ायम रही। खेल-कूद का मौक़ा हाथ से न जाने देता। पढ़ता भी था, मगर बहुत कम। बस, इतना कि रोज़ का काम ख़त्म हो जाए और दरज़े में जलील न होना पड़े। अपने ऊपर ऐतमाद पैदा हुआ था वह फिर फ़ना हो गया और फिर चोरों की-सी ज़िन्दगी बसर होने लगी।

3

फिर सालाना इम्तहान हुआ और कुछ इत्तफ़ाक़ ऐसा हुआ कि मैं फिर पास हो गया और बेचारे भाई साहब फिर फ़ेल हो गए। मैंने मेहनत ज़्यादा नहीं की, मगर ख़ुदा जाने कैसे दरज़े में अव्वल आ गया। मुझे ख़ुद ताज्जुब हुआ। भाई साहब ने हैरतअंगेज़ मेहनत की थी। दस बजे रात तक उधर चार बजे सुबह से, फिर उधर छह से साढ़े नौ तक, स्कूल जाने के क़ब्ल। चेहरा ज़र्द हो गया था, मगर फ़ेल। मुझे उन पर रहम आता था। नतीजा सुनाया गया तो रो पड़े। मैं भी रोने लगा।

मेरे और भाई साहब के दरम्यान अब सिर्फ़ एक दरज़े का तफ़ावत रह गया। मेरे दिल में एक बेहूदा ख़याल यह पैदा हुआ कि कहीं भाई साहब एक साल और फ़ेल हो जाएँ तो मैं उनके बराबर हो जाऊँ, फिर किस बिना पर मुझे नसीहत कर सकेंगे? लेकिन मैंने इस ख़याल को दिल से फ़ौरन निकाल दिया। आख़िर वह मुझे डाँटते हैं तो मेरी ही भलाई के लिए। मुझे उसी वक़्त नागवार लगता है ज़रूर, मगर शायद उनकी तम्बीह का ही असर हो कि मैं यूँ दनादन पास होता जाऊँ और इतने अच्छे नम्बरों से।

अब की भाई साहब कुछ नरम पड़ गए थे। कई बार मुझे डाँटने का मौक़ा पाकर भी उन्होंने तहाम्मुल से काम लिया। शायद अब उन्हें ख़ुद महसूस होने लगा था कि यह मिज़ाज अब उन्हें नहीं रहा, या रहा तो बहुत कम। मेरी बदमाशी भी बहुत बढ़ गई थी। मैं उनके तहाम्मुल का नाजायज़ फ़ायदा उठाने लगा। मुझे ऐसा गुमान हुआ कि मैं तो पास ही हो जाऊँगा, पढ़ूँ, या न पढ़ूँ। मेरी तक़दीर अच्छी है। इसलिए भाई साहब के ख़ौफ़ से जो थोड़ी-बहुत क़िताबें देख लिया करता था, वह भी जाता रहा। मुझे कनकौवे उड़ाने का नया शौक़ पैदा हो गया था। और अब ज़्यादातर क्या, बल्कि सारा वक़्त इसी मशग़ले की नज़्र होता था। फिर भी भाई साहब का अदब करता था और उनकी नज़र बचाकर कनकौवे उड़ाता था। सारी जुज़ियात दर परदा अमल में आती थीं। मैं उन्हें यह गुमान करने का मौक़ा न देना चाहता था कि भाई साहब की वक़त और इज़्ज़त मेरी नज़रों में कुछ कम हो गई है।

एक रोज़ शाम के वक़्त होस्टल से दूर मैं एक कनकौवा लूटने जा रहा था कि भाई साहब से मेरी मुठभेड़ हो गई, शायद वह बाज़ार से लौट रहे थे। उन्होंने वहीं मेरा हाथ पकड़ लिया और मुझे हिकारतआमेज़ नज़रों से देखकर बोले–"इन बाज़ारी लौंडों के साथ धेले के कनकौवे के लिए दौड़ते हुए शर्म नहीं आती तुम्हें? इसका कुछ लिहाज़ नहीं कि अब नीची जमातों में नहीं हो, बल्कि आठवीं जमात में आ गए हो और मुझसे सिर्फ़ एक दरज़ा पीछे हो। आख़िर कुछ तो अपनी पोजीशन का ख़याल करना चाहिए। एक ज़माना वह था कि लोग आठवाँ दरज़ा पास करके नायब तहसीलदार हो जाते थे। मैं कितने ही मिडलचियों को जानता हूँ, जो आज अव्वल दरज़े के डिप्टी कलक्टर, या सुप्रींटेंडेंट हैं, कितने ही हमारे लीडर हैं। बी.ए. और एम. ए. वाले उनके मातहत और उनके पैरों हैं और तुम उसी आठवें दरज़े में आकर लौंडों के साथ कनकौवे के लिए दौड़ रहे हो। अफ़सोस है तुम्हारी इस नाअक़्ली पर। तुम ज़हीन हो इसमें शक नहीं, लेकिन वह धुन किस काम का जिससे आदमी वकार खो बैठे। तुम अपने दिल में समझते होगे, मैं महज़ उनसे एक दरज़ा पीछे हूँ और अब उन्हें मुझको कुछ कहने का हक़ नहीं है बस तुम्हारे इस ख़याल को कभी तसलीम नहीं कर सकता। मैं तुमसे पाँच साल बड़ा हूँ और चाहे आज तुम मेरी जमात में आ जाओ और मुम्तहीनों का यही हाल है, तो यकीनन अगली साल मेरी हमजमात हो जाओगे और शायद एक साल बाद मुझसे आगे निकल जाओ, लेकिन मुझमें और तुममें जो पाँच साल का तफ़ावत है, उसे तुम क्या ख़ुदा भी नहीं मिटा सकता। मैं तुमसे पाँच साल बड़ा हूँ और हमेशा बड़ा रहूँगा। मुझे दुनिया और ज़िन्दगी का जो तज़ुर्बा है, तुम उसके बराबर कभी नहीं आ सकोगे, चाहे तुम एम.ए. और एल.एल. बी. ही क्यूँ न हो जाओ। अक़्ल किताबें पढ़ने से ही नहीं आती। हमारी अम्माँ ने कोई दरज़ा पास नहीं किया और दादा भी शायद पाँचवीं-छट्ठी जमात से आगे नहीं गए, लेकिन हम दोनों आज सारी दुनिया का इल्म क्यूँ न पढ़ लें? अम्माँ और दादा को हमें तम्बीह करने का हमेशा अख़्तियार रहेगा। महज़ इसलिए नहीं कि वह बुज़ुर्ग हैं, बल्कि इसलिए कि वह तज़ुर्बाकार हैं और रहेंगे। अमरीका में किस तरह की हुकूमत है और हेनरी हश्तुम ने कितनी शादियाँ कीं और आसमान में कितने सितारे हैं, ये बातें उन्हें न मालूम हों, लेकिन हज़ारों ऐसी बातें, जिनका इल्म उन्हें हमसे ज़्यादा है। मैं ख़ुदा न ख़ास्ता बीमार हो जाऊँ तो तुम्हारे हाथ-पाँव फूल जाएँगे। सिवाय दादा को तार देने के तुम्हें और कुछ न सूझेगा। लेकिन तुम्हारी जगह दादा होंगे तो किसी को तार न देंगे, बल्कि ख़ुद मर्ज़ पहचानेंगे और ख़ुद इलाज करेंगे। और अगर इसमें कामयाबी नहीं हुई तो किसी डॉक्टर को बुलाएँगे, घबराएँगे नहीं, बदहवास न होंगे। हमारे ख़र्च के लिए वह जो कुछ भेजते हैं, उसे हम बीस-बाईस तारीख़ तक ख़र्च करके पैसे-पैसे को मोहताज हो जाते हैं। नास्ता बन्द कर देते हैं, धोबी और नाई से मुँह

चुराते हैं, लेकिन जितना आज हम और तुम ख़र्च कर रहे हैं, उनकें निस्फ़ में दादा ने अपनी ज़िन्दगी का बड़ा हिस्सा इज़्ज़त और नेकनामी के साथ बसर किया है और अपने कुनबे की परवरिश की है, जिसमें सब मिलाकर नौ आदमी थे। यह ग़ुरूर दिल से निकाल डालो कि तुम क़रीब आ गए और अब ख़ुद मुख़्तार हो। मेरे देखते तुम कभी अपनी ज़िन्दगी बरबाद न कर पाओगे। मैं जानता हूँ, तुम्हें मेरी बातें ज़हर लग रही हैं।" मैंने उनकी बुज़ुर्गी का एहसास करते हुए अपनी सआदतमन्दी पर नादिम होकर चश्मेनम कहा–"हर्गिज़ नहीं। आप जो कुछ फ़रमा रहे हैं, वह माक़ूल है। और आपको उसके कहने का हक़ है।"

भाई साहब ने मुझे शफ़क्क़त की नज़रों से देखा और मुझे गले लगा लिया और बोले–"कनकौवे उड़ाने को मना नहीं करता। मेरा जी भी कभी-कभी कनकौवे उड़ाने को ललचाता है। ख़ुद बेराह चलूँगा तो तुम्हें हिदायत कैसे करूँ? यह तो फ़र्ज़ मेरे सिर पर है।"

इत्तफ़ाक़ से उस वक़्त एक कनकौवा हमारे ऊपर से गुज़रा। उसकी डोर लटक रही थी। भाई साहब लपके थे। उछलकर उसकी डोर पकड़ ली और उसे लिए हुए होस्टल की तरफ़ दौड़े। मैं पीछे-पीछे दौड़ रहा था।

कफ़न

झोंपड़े के दरवाज़े पर बाप और बेटा दोनों एक बुझे हुए अलाव के सामने ख़ामोश बैठे हुए थे और अन्दर बेटे की नौजवान बीवी बुधिया दर्दे ज़ह से पछाड़ें खा रही थी और रह-रहकर उसके मुँह से ऐसी दिलख़राश सदा निकलती थी कि दोनों कलेजा थाम लेते थे। जाड़ों की रात थी, फ़िज़ा सन्नाटे में ग़र्क़। सारा गाँव तारीकी में जज़्ब हो गया था।

घीसू ने कहा–''मालूम होता है बचेगी नहीं। सारा दिन तड़पते हो गया। जा, देख तो आ।''

माधो दर्दनाक लहजे में बोला–''मरना है तो जल्दी मर क्यों नहीं जाती। देखकर क्या आऊँ!''

''तू बड़ा बेदरद है बे! सालभर जिसके साथ जिन्दगानी का सुख भोगा उसी के साथ इतनी बेवफ़ाई!''

''तो मुझसे तो उसका तड़पना और हाथ-पाँव पटकना नहीं देखा जाता।''

चमारों का कुनबा था और सारे गाँव में बदनाम। घीसू एक दिन काम करता तो तीन दिन आराम। माधो इतना कामचोर था कि घंटा भर काम करता तो घंटा भर चिलम पीता। इसलिए इन्हें कोई रखता ही नहीं था। घर में मुट्ठी भर अनाज हो तो इनके लिए काम करने की क़सम थी। जब दो-एक फ़ाक़े हो जाते तो घीसू दरख़्तों पर चढ़कर लकड़ियाँ तोड़ लाता और माधो बाज़ार में बेच आता और जब तक वह पैसे रहते दोनों इधर-उधर मारे-मारे फिरते। जब फ़ाक़े की नौबत आ जाती तो फिर लकड़ियाँ तोड़ते, या कोई मज़दूरी तलाश करते। गाँव में काम की कमी न थी। काश्तकारों का गाँव था। मेहनती आदमी के लिए पचास काम थे, मगर इन दोनों को लोग उसी वक़्त बुलाते जब दो आदमियों से एक का काम पाकर भी क़नाअत कर लेने के सिवा और कोई चारा न होता। काश दोनों साधू होते तो इन्हें क़नाअत और तवक्कुल के लिए ज़ब्ते नफ़्स की मुतलक़ ज़रूरत न होती। यह इनकी ख़ल्की सिफ़त थी। अजीब ज़िन्दगी थी इन लोगों की। घर में मिट्टी के दो-चार बरतनों के सिवा कोई असासा नहीं। फटे चीथड़ों से अपनी उरियानी ढाँके हुए, दुनिया के मकरों

से आज़ाद। क़र्ज़ से लदे हुए। गालियाँ भी खाते थे, मगर कोई ग़म नहीं। मिस्कीन इतने कि वसूली की मुतलक़ उम्मीद न होने पर भी लोग इन्हें कुछ-न-कुछ क़र्ज़ दे देते थे। मटर या आलू की फ़सल में खेतों से मटर या आलू उखाड़ लाते और भून-भूनकर खाते, या दस-पाँच ऊख तोड़ लाते और रातों को चूसते। घीसू ने इसी ज़ाहिदाना अन्दाज़ से साठ साल की उम्र काट दी और माधो भी सआदतमन्द बेटे की तरह बाप के नक़्शे क़दम पर चल रहा था, बल्कि उसका नाम और भी रौशन कर रहा था। इस वक़्त भी दोनों अलाव के सामने बैठे आलू भून रहे थे, जो किसी के खेत से खोद लाए थे। घीसू की बीवी का तो मुद्दत हुई इन्तक़ाल हो गया था। माधो की शादी पिछले साल हुई थी। जब से यह औरत आई थी इसने इस खानदान में तमद्दुन की बुनियाद डाली थी। पिसाई करके, घास छीलकर, वह सेर भर आटे का भी इन्तज़ार कर लेती और इन दोनों बेग़ैरतों का दोज़ख़ भरती रहती थी। जब से वह आई, ये दोनों और भी आरामतलब और आलसी हो गए थे, बल्कि कुछ अकड़ने भी लगे थे। कोई काम करने को बुलाता तो बेनियाज़ी शान से दोगुनी मज़दूरी माँगते। वही औरत आज सुबह से दर्दे ज़ह से मर रही थी और ये दोनों शायद इसी इन्तज़ार में थे कि यह मर जाए तो आराम से सोएँ।

घीसू ने आलू निकालकर छीलते हुए कहा–"जाकर देख तो क्या हालत है उसकी। चुड़ैल का फँसाव होगा, और क्या! यहाँ तो ओझा भी एक रुपया माँगता है। किसके घर से आए?"

माधो को अन्देशा था कि कोठरी में गया तो घीसू आलुओं का बड़ा हिस्सा साफ़ कर देगा। बोला–"मुझे वहाँ डर लगता है।"

"डर किस बात का है? मैं तो यहाँ हूँ ही।"

"तो तुम्हीं जाकर देखो न।"

"मेरी औरत जब मरी थी तो मैं तीन दिन उसके पास से हिला भी नहीं। और फिर मुझसे लजाएगी कि नहीं। कभी उसका मुँह नहीं देखा, आज उसका उघारा हुआ बदन देखूँ! उसे तन की सुध भी तो न होगी। मुझे देख लेगी तो खुलकर हाथ-पाँव भी न पटक सकेगी।"

"मैं सोचता हूँ, कोई बाल-बच्चा हो गया तो क्या होगा! सोंठ, गुड़, तेल; कुछ तो नहीं है घर में।"

"सब कुछ आएगा। भगवान बच्चा दें तो! जो लोग अभी एक पैसा नहीं दे रहे हैं वही तब बुलाकर देंगे। मेरे नौ लड़के हुए। घर में कभी कुछ न था, मगर इसी तरह हर बार काम चल गया।"

जिस समाज में रात-दिन काम करनेवालों की हालत इनकी हालत से कुछ बहुत अच्छी न थी और किसानों के मुक़ाबले में वह लोग जो किसानों की कमज़ोरियों से

फ़ायदा उठाना जानते थे, कहीं ज़्यादा फ़ारिगुलबाल थे, वहाँ इस क़िस्म की ज़ेहनीयत का पैदा हो जाना कोई तअज्जुब की बात न थी। हम तो कहेंगे कि घीसू किसानों के मुक़ाबले में ज़्यादा बारीकबीं था और किसानों की तही दिमाग़ जमीअत में शामिल होने के बदले शातिरों की फ़ितनः परदाज़ जमाअत में शामिल हो गया था। हाँ, उसमें ये सलाहियत न थी कि शातिरों के आईन व अदब की पाबन्दी भी करता। इसलिए जहाँ उसकी जमाअत के और लोग गाँव के सरग़ना और मुखिया बने हुए थे, उस पर सारा गाँव अंगुश्तनुमाई करता था। फिर भी उसे यह तस्कीन तो थी ही कि अगर वह खस्ताहाल है तो कम-अज-कम किसानों की-सी जिगरतोड़ मेहनत तो नहीं करनी पड़ती, और उसकी सादगी और बेज़बानी से दूसरे बेजा फ़ायदा तो नहीं उठाते।

दोनों आलू निकालकर जलते-जलते खाने लगे। कल से कुछ नहीं खाया था। इतना सब्र न था कि उन्हें कुछ ठंडा हो जाने दें। कई बार दोनों की ज़बानें जल गईं। छिल जाने पर आलू का बैरूनी हिस्सा तो बहुत ज़ियादा गर्म न मालूम होता था, लेकिन दाँतों के तले पड़ते ही अन्दर का हिस्सा ज़बान, तालू और हलक़ को जला देता था। और उस अंगारे को मुँह में रखने से ज़ियादा ख़ैरियत इसी में थी कि वह अन्दर पहुँच जाए। वहाँ उसे ठंडा करने के लिए काफ़ी सामान था। इसलिए दोनों जल्दी-जल्दी निगल जाते। हालाँकि इस कोशिश में इनकी आँखों से आँसू निकल आते।

घीसू को इस वक़्त ठाकुर की बारात याद आई जिसमें बीस साल पहले वह गया था। उस दावत में उसे जो सेरी नसीब हुई थी वह उसकी ज़िन्दगी में एक यादगार वाक़या थी और आज भी उसकी याद ताज़ा थी। बोला–''वो भोज नहीं भूलता। तब से फिर उस तरह का खाना और भरपेट नहीं मिला। लड़कीवालों ने सबको पूड़ियाँ खिलाई थीं, सबको। छोटे-बड़े सब ने पूड़ियाँ खाईं और असल घी की। सटपनी, रायता, तीन तरह के सूखे साग, एक रसेदार तरकारी, दही, चटनी, मिठाई। अब क्या बताऊँ कि उस भोज में कितना स्वाद मिला। कोई रोक नहीं थी। जो चीज़ चाहो माँगो और जितना चाहो खाओ। लोगों ने तो ऐसा खाया, ऐसा खाया कि किसी से पानी न पिया गया। मगर परोसनेवाले हैं कि सामने गरमा-गरम, गोल-गोल, महकती कचौरियाँ डाल देते हैं। मना करते हैं कि नहीं चाहिए, पत्तल को हाथ से रोके हुए थे, मगर वो हैं कि दिए जाते हैं। और जब सब ने मुँह धो लिया तो एक-एक बीड़ा पान भी मिला। मगर मुझे पान लेने की कहाँ सुध थी। खड़ा न हुआ जाता था। चटपट जाकर अपने कम्बल पर लेट गया। ऐसा दरियादिल था वो ठाकुर।''

माधो ने इन तकल्लुफ़ात का मज़ा लेते हुए कहा–''अब हमें कोई ऐसा भोज खिलाता!''

''अब कोई क्या खिलाएगा। वो जमाना दूसरा था। अब तो सबको किफायत सूझती है। सादी-बियाह में मत खरच करो। किरिया-करम में मत खरच करो। पूछो,

गरीबों का माल बटोर-बटोकर कहाँ रखोगे? मगर बटोरने में तो कमी नहीं है। हाँ, खरच में किफायत सूझती है।"

"तुमने एक बीस पूरियाँ खाई होंगी।"

"बीस से जियादा खाई थीं।"

"मैं पचास खा जाता।"

"पचास से कम मैंने भी न खाई होंगी। अच्छा पट्ठा था। तू उसका आधा भी नहीं है।"

आलू खाकर दोनों ने पानी पिया और वहीं अलाव के सामने अपनी धोतियाँ ओढ़कर पाँव पेट में डाले सो रहे, जैसे दो बड़े अज़दर कुंडलियाँ मारे पड़े हों। और बुधिया अभी तक कराह रही थी।

2

सुबह को माधो ने कोठरी में जाकर देखा तो उसकी बीवी ठंडी हो गई थी। उसके मुँह पर मक्खियाँ भिनक रही थीं। पथराई हुई आँखें ऊपर टँगी हुई थीं। सारा जिस्म ख़ाक में लत-पत हो रहा था। उसके पेट में बच्चा मर गया था।

माधो भागा हुआ घीसू के पास गया। फिर दोनों ज़ोर-ज़ोर से हाय-हाय करने और छाती पीटने लगे। पड़ोसवालों ने यह आहो ज़ारी सुनी तो दौड़ते हुए आए और रस्मे क़दीम के मुताबिक़ ग़मज़दों की तशफ़्फ़ी करने लगे।

मगर ज़ियादा रोने-धोने का मौक़ा न था। कफ़न की और लकड़ी की फ़िक्र करनी थी। घर में तो पैसा इस तरह ग़ायब था जैसे चील के घोंसले में माँस।

बाप-बेटे रोते हुए गाँव के ज़मीनदार के पास गए। वह इन दोनों की सूरत से नफ़रत करते थे। कई बार इन्हें अपने हाथों से पीट चुके थे। चोरी की इल्लत में, वादे पर काम पर न आने की इल्लत में। पूछा—"क्या है बे घिसुआ, रोता क्यों है? अब तो तेरी सूरत ही नज़र नहीं आती। अब मालूम होता है कि तुम इस गाँव में रहना नहीं चाहते।"

घिसुआ ने ज़मीन पर सिर रखकर, आँखों में आँसू भरते हुए कहा—"सरकार, बड़ी बिपत में हूँ। माधो की घरवाली रात गुजर गई। दिन भर तड़पती रही। आधी रात तक हम दोनों उसके सिरहाने बैठे रहे। दवा-दारू जो कुछ हो सका, सब किया। मगर वो हमें दगा दे गई। अब कोई एक रोटी देनेवाला नहीं रहा मालिक। तबाह हो गए। घर उजड़ गया। आपका गुलाम हूँ। अब आपके सिवा उसकी मिट्टी कौन पार लगाएगा। हमारे हाथ में तो जो कुछ था, वो सब दवा-दारू में उठ गया। सरकार ही की दया होगी तो उसकी मिट्टी उठेगी। आपके सिवा और किसके द्वार पर जाऊँ।"

ज़मीनदार साहब रहमदिल आदमी थे, मगर घीसू पर रहम करना काले कम्बल पर रंग चढ़ाना था। जी में तो आया कह दें, "चल दूर हो यहाँ से। लाश घर में रख सड़ा। यूँ तो बुलाने से भी नहीं आता। आज जब ग़रज़ पड़ी तो आकर ख़ुशामद कर रहा है। हरामख़ोर कहीं का। बदमाश।" मगर यह ग़ुस्सा या इन्तक़ाम का मौक़ा नहीं था। तवअन व करहन दो रुपए निकालकर फेंक दिए, मगर तशफ़्फ़ी का एक कलमा भी मुँह से न निकाला। उसकी तरफ़ ताका तक नहीं, गोया सिर का बोझ उतारा हो।

जब ज़मीनदार साहब ने दो रुपए दिए तो गाँव के बनिए-महाजनों को इनकार की जुर्रत क्योंकर होती। घीसू ज़मीनदार के नाम से ढिंढोरा पीटता जाता था। किसी ने दो आने दिए, किसी ने चार आने। एक घंटे में घीसू के पास पाँच रुपए की माक़ूल रक़म जमा हो गई। किसी ने ग़ल्ला दिया और किसी ने लकड़ी। और दो पहर को घीसू और माधो बाज़ार से कफ़न लाने चले। इधर लोग बाँस-वाँस काटने लगे।

गाँव की रक़ीकुलक़ल्ब औरतें लाश आ-आकर देखती थीं और उसकी बेबसी पर दो बूँद आँसू गिराकर चली जाती थीं।

3

बाज़ार में पहुँचकर घीसू बोला–"लकड़ी तो उसे जलाने भर को मिल गई है, क्यों माधो?"

माधो बोला–"हाँ, लकड़ी तो बहुत है। अब कफ़न चाहिए।"

"तो कोई हल्का-सा कफ़न ले लें।"

"हाँ, और क्या! लास उठते-उठते रात हो जाएगी। रात को कफ़न कौन देखता है।"

"कैसा बुरा रिवाज है कि जिसे जीते जी तन ढाँकने को चीथड़ा भी न मिले उसे मरने पर नया कफ़न चाहिए।"

"कफ़न लास के साथ जल ही हो जाता है।"

"और क्या रखा रहता है! यही पाँच रुपए पहले मिलते तो कुछ दवा-दारू करते।"

दोनों एक-दूसरे के दिल का माजरा मा'नवी तौर पर समझ रहे थे। बाज़ार में इधर-उधर घूमते रहे। यहाँ तक कि शाम हो गई। दोनों इत्तेफ़ाक से या अमदन एक शराबख़ाने के सामने आ पहुँचे और गोया किसी तयशुदा फ़ैसले के मुताबिक़ अन्दर गए और ज़रा देर तक दोनों तज़बज़ब की हालत में खड़े रहे। फिर घीसू ने एक बोतल शराब की ली, कुछ गज़क, और दोनों बरामदे में बैठकर पीने लगे। कई कुज्जियाँ पैहम पीने के बाद दोनों सुरूर में आ गए।

घीसू बोला–"क़फन लगाने से क्या मिलता। आखिर जल ही तो जाता। कुछ बहू के साथ तो न जाता।"

माधो आसमान की तरफ़ देखकर बोला, गोया फ़रिश्तों को अपनी मासूमियत का यक़ीन दिला रहा हो–"दुनिया का दस्तूर है। यहीं लोग बाम्हनों को हज़ारों क्यों देते हैं? कौन देखता है, परलोक में मिलता है कि नहीं।"

"बड़े आदमियों के पास धन है, फूँकें। हमारे पास फूँकने को क्या है?"

"लेकिन लोगों को जवाब क्या देंगे? लोग पूछेंगे नहीं कि कफ़न कहाँ है?"

घीसू हँसा–"कह देंगे कि रुपए कमर से खिसक गए। बहुत ढूँढा। मिले नहीं।"

माधो भी हँसा, इस ग़ैरमुतवक़्क़ो ख़ुशनसीबी पर, कुदरत को इस तरह शिकस्त देने पर। बोला–"बड़ी अच्छी थी बिचारी। मरी भी तो खूब खिला-पिलाकर।"

आधी बोतल से ज़्यादा ख़त्म हो गई। घीसू ने दो सेर पूड़ियाँ मँगवाईं। गोश्त और सालन और चटपट कलेजियाँ और तली हुई मछलियाँ। शराबख़ाने के सामने ही दूकान थी। माधो लपककर दो पत्तलों में सारी चीज़ें ले आया। पूरे डेढ़ रुपए ख़र्च हो गए। सिर्फ़ थोड़े से पैसे बच रहे थे।

दोनों इस वक़्त इस शान से बैठे हुए पूड़ियाँ खा रहे थे जैसे जंगल में कोई शेर अपना शिकार उड़ा रहा हो। न जवाबदेही का ख़ौफ़ था न बदनामी की फ़िक्र। ज़ौफ़ के इन मराहिल को इन्होंने बहुत पहले तय कर लिया था। घीसू फ़लसफ़ियाना अन्दाज़ से बोला–"हमारी आतमा परसन्न हो रही है तो क्या उसे पुन्न न होगा?"

माधो ने फ़र्क़े अक़ीदत झुकाकर तस्दीक़ की–"जरूर से जरूर होगा। भगवान तुम अन्तर्जामी (अलीम) हो। उसे बैकुंठ ले जाना। हम दोनों हिरदय से उसे दुआ दे रहे हैं। आज जो भोजन मिला वो कभी उमर भर न मिला था।"

एक लम्हे के बाद माधो के दिल में एक तश्वीश पैदा हुई–"क्यों दादा, हम लोग भी तो एक-न-एक दिन वहाँ जाएँगे ही।"

घीसू ने इस तिफ़लाना सवाल का जवाब न दिया। माधो की तरफ़ पुरमलामत अन्दाज़ से देखा।

"जो वहाँ हम लोगों से वो पूछे कि तुमने हमें कफ़न क्यों नहीं दिया तो क्या कहोगे?"

"कहेंगे तुम्हारा सिर।"

"पूछेगी तो जरूर।"

"तू कैसे जानता है कि उसे कफ़न न मिलेगा? तू मुझे ऐसा गधा समझता है। मैं साठ साल क्या दुनिया में घास खोदता रहा हूँ। उसको कफ़न मिलेगा। और उससे बहुत अच्छा मिलेगा जो हम देते।"

माधो को यक़ीन न आया। बोला–"कौन देगा? रुपए तो तुमने चट कर दिए।"

घीसू तेज़ हो गया–"मैं कहता हूँ उसे कफ़न मिलेगा। तू मानता क्यों नहीं?"

"कौन देगा? बताते क्यों नहीं?"

"वही लोग देंगे जिन्होंने अबकी दिया। हाँ, वो रुपए हमारे हाथ न आएँगे। और अगर किसी तरह आ जाएँ तो फिर हम इसी तरह बैठे पिएँगे और कफ़न तीसरी बार मिलेगा।"

"जूँ-जूँ अँधेरा बढ़ता था और सितारों की चमक तेज़ होती थी, मयख़ाने की रौनक भी बढ़ती जाती थी। कोई गाता था, कोई लहकता था, कोई अपने रफ़ीक़ के गले लिपटा जाता था, कोई अपने दोस्त के मुँह से साग़र लगाए देता था। वहाँ की फ़िज़ा में सुरूर था, हवा में नशा। कितने तो चुल्लू में उल्लू हो जाते हैं। यहाँ आए थे सिर्फ़ ख़ुदफ़रामोशी का मज़ा लेने के लिए। शराब से ज़ियादा यहाँ की हवा से मसरूर होते थे। ज़ीस्त की बला यहाँ खींच लाती थी। और कुछ देर के लिए वह भूल जाते थे कि वह ज़िन्दा हैं, या मुर्दा हैं, या ज़िन्दादरगोर।

और यह दोनों बाप-बेटे अब भी मज़ा ले-लेकर चुस्कियाँ ले रहे थे। सबकी निगाहें इनकी तरफ़ जमी हुई थीं। कितने ख़ुशनसीब हैं दोनों। पूरी बोतल बीच में है।

खाने से फ़ारिग़ होकर माधो ने बची हुई पूड़ियों का पत्तल उठाकर एक भिखारी को दे दिया, जो खड़ा इनकी तरफ़ गुरसिनः निग़ाहों से देख रहा था और 'पीने' के ग़ुरूर, वलवला और मसर्रत का अपनी ज़िन्दगी में पहली बार एहसास किया।

घीसू ने कहा–"ले जा, खूब खा और आसिरबाद दे। जिसकी कमाई थी वो तो मर गई, मगर तेरा आसिरबाद उसे जरूर पहुँच जाएगा। रोयें-रोयें से आसिरबाद दे। बड़ी गाढ़ी कमाई के पैसे हैं।"

माधो ने फिर आसमान की तरफ़ देखकर कहा–"बैकुंठ में जाएगी दादा–बैकुंठ की रानी बनेगी।"

घीसू खड़ा हो गया और जैसे मसर्रत की लहरों में तैरता हुआ बोला–"हाँ बेटा, बैकुंठ में जाएगी। किसी को सताया नहीं। किसी को दबाया नहीं। मरते वक़्त हमारी जिन्दगी की सबसे बड़ी लालसा पूरी कर गई। वो न बैकुंठ में जाएगी, तो क्या ये मोटे-मोटे लोग जाएँगे, जो गरीबों को दोनों हाथों से लूटते हैं और अपने पाप को धोने के लिए गंगा में जाते हैं और मन्दिर में जल चढ़ाते हैं।"

यह ख़ुशऐतक़ादी का रंग बदला। तलव्वुने नशे की ख़ासियत है। यास और ग़म का दौरा हुआ। माधो बोला–"मगर दादा, बिचारी ने जिन्दगी में बड़ा दुख भोगा। मरी भी तो कितना दुख झेलकर।"

वह आँखों पर हाथ रखकर रोने लगा।

घीसू ने समझाया–"क्यों रोता है बेटा! खुस हो कि वो मायाजाल से मुक्त हो

गई। जंजाल से छूट गई। बड़ी भागवान थी जो इतनी जल्दी मायामोह के बन्धन तोड़ दिए।''

और दोनों वहीं खड़े होकर गाने लगे

'ठगिनी क्यों नैना झमकावे–ठगिनी...

सारा मयख़ाना मह्वे तमाशा था और यह दोनों मयकश मह्वीयत के आलम में गाए जाते थे। फिर दोनों नाचने लगे। उछले भी, कूदे भी, गिरे भी, मटके भी, भाव भी बताए और आख़िर नशे से बदमस्त होकर वहीं गिर पड़े।

दूसरा खंड : तुलना

बड़े घर की बेटी : तीन रूप

'बड़े घर की बेटी' कहानी पहले-पहल उर्दू में छपी थी, इसे सभी जानते हैं। वे हिन्दीरूप को यही मानकर पढ़ते हैं कि इसका हिन्दी अनुवाद प्रेमचन्द ने ही किया था। पाठ्यक्रमों में तो यह कहानी हिन्दी की मूल रचना के रूप में ही शामिल की जाती है। विद्यार्थी हक़ीक़त से अनजान रहता है। प्रश्न यह है कि क्या इस कहानी का हिन्दी रूपान्तर प्रेमचन्द ने ख़ुद किया था? और अगर उन्होंने ख़ुद किया था, तो हिन्दीरूप उर्दूरूप की अपेक्षा ज़्यादा कलात्मक होना चाहिए, मगर ऐसा नहीं है। इस कहानी का उर्दूरूप 'ज़माना' दिसम्बर 1910 में छपा था, जबकि प्रेमचन्द का हिन्दी की ओर झुकाव 'बस्ती' आने के बाद हुआ, जिसमें मन्नन द्विवेदी 'गजपुरी' का बहुत योगदान था। महोबा से 3 जून, 1914 को मुंशी दयानरायन निगम को लिखते हैं, "मैंने लिखा था कि रुख़सत की दरख़्वास्त दे चुका हूँ। ग़ालिबन पन्द्रह तक मैं यहाँ से रुख़सत हो जाऊँगा।"[1] मगर 15 जून तक रुख़सत नहीं होते, क्योंकि अगला ख़त भी महोबा से ही है, जो जून के तीसरे-चौथे हफ़्ते का लगता है, "जून ख़त्म हुआ।"[2] इसके बाद का ख़त 16 जुलाई, 1914 का बस्ती से है। बस्ती से ही लिखा गया 4 सितम्बर, 1914 का ख़त यह बतलाता है कि प्रेमचन्द हिन्दी की ओर झुकने लगे थे–"प्रताप के इसरार से मजबूर होकर एक मुख़्तसर-सा क़िस्सा हिन्दी में उसके विजयादसमी नम्बर के लिए लिखा है। हिन्दी लिखनी तो आती नहीं मगर कुछ क़लम तोड़-मोड़ दिया है।"[3] बस्ती से ही लिखा गया 1 सितम्बर 1915 का ख़त इस बात की ओर इशारा करता है कि प्रेमचन्द से उर्दू में छपी कहानियों के हिन्दी तर्जुमे की माँग होने लगी थी–"हिन्दी तर्जुमे के लिए कई जगह से इसरार हुआ है और मैं ख़ुद ही इस काम को हाथ में लूँगा। अब हिन्दी लिखने की मश्क़ भी कर रहा हूँ। उर्दू में अब गुज़र नहीं है"[4] ख़ुद ही तर्जुमा करने का इरादा है। यह इरादा पूरा हुआ, या नहीं, इसे हम आगे देखेंगे। हिन्दी की ओर आने का कारण धन है। धन की किल्लत और छपने (किताब) की दिक़्क़त ने प्रेमचन्द को हिन्दी में आने को मजबूर किया। 2 अक्टूबर, 1915 के ख़त में वे लिखते हैं, "ज़माना के लिए एक क़िस्सा लिखा है। मैं हिन्दी में भी लिख रहा हूँ। सरस्वती को एक मज़मून दिया। प्रताप के लिए लिखा।

इसलिए ज़्यादा काम करने से माज़ूर हूँ। क़िस्सा ख़िदमत में बाद दसहरा पहुँचेगा।... दसहरे की तातील में ज़माना के लिए ईश्वर चाहेगा तो कुछ-न-कुछ ज़रूर लिखूँगा। प्रेम पचीसी को हिन्दी में भी लिख रहा हूँ।''[5] किल्लत और दिक़्क़त से मुक्ति पाने का एक दरवाज़ा खुला है। इस ख़त में उसी का उत्साह बोल रहा है। जो सहारा है, उसको भी सँभालना है और नए रास्ते की ओर बढ़ना भी है, क्योंकि वह मौजूद सहारे से ज़्यादा मज़बूत लगता है। नार्मल स्कूल, गोरखपुर से 24 नवम्बर, 1915 को लिखते हैं, ''क़िस्से लिख रहा हूँ। ज्यों ही तैयार हो गए भेजूँगा। अभी तक हिन्दी मजमूआ तैयार नहीं हुआ है। यह क़िस्से पहले पहल हिन्दी में निकलेंगे। इसके बाद उर्दू में भी। अभी इन्हें छाप देने से इनका नयापन जाता रहेगा। कोशिश कर रहा हूँ कि अपनी और कहानियाँ भी तर्जुमा कराके छापूँ।''[6] प्रेमचन्द 'पहले पहल' हिन्दी में क्यों निकालना चाहते हैं? इसलिए कि हिन्दी से किल्लत ख़त्म होने की उम्मीद है। 'तर्जुमा कराके छापूँ' से बोध होता है कि किसी दूसरे से तर्जुमा कराके छापूँ, जबकि इसके पहले के ख़त से ऐसा लगता था कि ख़ुद हिन्दी तर्जुमा कर रहे हैं, मगर ऐसा नहीं है। उत्साह से भरा इरादा भर है। इस तरह के वाक्य कुछ लोगों को विरोधाभास लगते हैं। 'प्रताप' में किसी कहानी के छपने का प्रमाण नहीं मिलता। पहली बार हिन्दी में जो कहानी छपी, उसका नाम है, 'सौत', जो 'सरस्वती' दिसम्बर 1915 में छपी। यह वही कहानी है, जिसका पिछले ख़त 'सरस्वती' में भेजने का उल्लेख है। मई 1918 तक प्रेमचन्द की पहली बार हिन्दी में छपी हुई तीन कहानियाँ हैं, जो 'सरस्वती' में ही छपीं। ये हैं–'सौत', 'सज्जनता का दंड' मार्च 1916 और 'बलिदान' मई 1918। ये तीनों कहानियाँ 'प्रेम बतीसी' भाग-1 में शामिल हैं। 'प्रेम बतीसी' भाग-1 अक्टूबर 1919 के आस-पास छपने में जा चुकी थी। इसलिए प्रेमचन्द यह जो लिख रहे हैं, ''मिस्टर हैदर क़ुरैशी यहाँ नार्मल स्कूल में मुदर्रिस हैं। क़िस्सा जो उन्होंने भेजा है एक हिन्दी कहानी का तर्जुमा है। इसलिए आप सरस्वती का हवाला ज़रूर दे दें। वह आइन्दा भी तर्जुमे करके भेजते रहेंगे।''[7] यह एक उभरते हुए साहित्यकार के लिए सिफ़ारिश है। 'एक हिन्दी कहानी' से आशय प्रेमचन्द की हिन्दी कहानी नहीं है। यह कहानी किसी और की है, जो 'सरस्वती' में छपी थी। प्रेमचन्द हैदर साहब से काम भी लेते थे, ''मैंने आस्कर वाइल्ड की एक दिलचस्प कहानी तर्जुमा कर ली है, शायद कल तक ख़त्म हो जाए। सय्यद मुनीर हैदर क़ुरैशी इसे साफ़ कर रहे हैं।''[8] प्रेमचन्द 24 अप्रैल, 1919 को नार्मल स्कूल, गोरखपुर से लिखते हैं, ''आप यह सुनकर ख़ुश होंगे कि मेरे हिन्दी नाविल ने ख़ूब सोहरत हासिल की और अक्सर नक़्क़ादों ने उसे हिन्दी ज़बान का बेहतरीन नाविल कहा है। यह 'बाज़ारे हुस्न' का तर्जुमा है। 'बाज़ारे हुस्न' अब साफ़ कर रहा हूँ।''[9] ज़रा सोचें, जिस व्यक्ति ने सितम्बर 1914 से हिन्दी में लिखने की कोशिश शुरू की हो, अब तक उर्दू में लिखता रहा हो इतने सालों से,

1919 में उसका उपन्यास छपकर आ जाए और पाठकों के द्वारा ख़ूब सराहा जाए, वह कितने उत्साह में होगा! हिन्दी पाठक तर्जुमे पर इतना रीझ गए थे, तो मूल को अगर देवनागरी लिपि में पाते तो क्या हालत होती! साफ़ है कि जिस तरह की रचना की पाठकों को ज़रूरत थी, हिन्दी में नहीं लिखी जा रही थी। ऐसे में वे प्रेमचन्द की तर्जुमा की हुई रचनाएँ पाते हैं, तो टूट पड़ते हैं। 'बस्ती' और 'गोरखपुर' का ठिकाना प्रेमचन्द के जीवन का सबसे महत्त्वपूर्ण समय है। इसी समय हिन्दी का दरवाज़ा खुला और ऐसा खुला कि प्रेमचन्द को उर्दू की अपेक्षा हिन्दी को तरजीह देनी पड़ी। उर्दू में प्रकाशकों की मिन्नत करनी पड़ती थी, जबकि हिन्दी में प्रकाशक सामने से हाज़िर था। 'प्रेम पचीसी' भाग-2 उर्दू में अभी तक नहीं छपा और इधर हिन्दी में उपन्यास छापने को प्रकाशक तैयार है, "अपना नाविल ख़त्म कर रहा हूँ। उसे पहले हिन्दी में तबा कराने का क़स्द है। उर्दू में तो पब्लिशर अनक़ा है।"[10] इस प्रकार यह स्पष्ट होता है कि इस दौर में प्रेमचन्द जितने उत्साहित हैं, उनसे रचनाओं की जितनी माँग हो रही है, नए के सिवा पुराने को देखने का न अवकाश है, न मानसिकता। यह उत्साह नए को ही जन्म दे सकता है।

मैंने अपने लिप्यंतर का जब 'समक्ष' से मिलान किया (यह लिप्यन्तर मैंने अप्रैल-मई 2002 में कर लिया था। नवम्बर 2002 में इलाहाबाद जाने का मौक़ा मिला और वहीं पता चला कि हंस प्रकाशन ने 'समक्ष' नाम से बीस कहानियों का लिप्यन्तर छापा है, तो उसे ख़रीद लिया) तो दोनों में जगह-जगह फ़र्क़ पाया। प्रेमचन्द-साहित्य के साथ ऐसा क्यों हुआ? यहाँ दोनों लिप्यन्तरों और हिन्दीरूप के फ़र्क़ को रेखांकित करने की कोशिश की जा रही है। जवाब पाठकों को ख़ुद ढूँढ़ना है। मैंने 'समक्ष' के लिप्यन्तर को 'समक्ष' तथा अपने लिप्यन्तर को 'उर्दू' नाम दिया है सुविधा के लिए।

समक्ष : "पक्का तालाब"

उर्दू : "पुख़्ता तालाब"

समक्ष : "दोहरे बदन का सजीला नौजवान था।"

उर्दू : "दोहरे बदन का सजीला जवान था।"

समक्ष : "इन्हीं दो हरूफ़ों ने"

उर्दू : "इन्हीं दो हर्फ़ों ने"

समक्ष : "अपना वक़्त फ़ुरसत तलब के मुतालेअह"

उर्दू : "अपना वक़्त फ़ुरसत तिब के मुतालअः"

समक्ष : "अपने कुनबे के साथ मिलकर रहने में"

उर्दू : "अपने कुनबे के साथ मिल-जुलकर रहने में"

समक्ष : "हाथ समेट लिया"

उर्दू : "हाथ-पैर पीट लिए"

समक्ष : "वह बचपन से आदी हो रही थी"

उर्दू : "वह बचपन से आदी थी"

समक्ष : "हाथी घोड़ों का क्या ज़िक्र"

उर्दू : "हाथी-घोड़ों का तो ज़िक्र क्या!"

समक्ष : "आनन्दी–आज तो कुल पाव भर था वह मैंने गोश्त में डाल दिया।"

उर्दू : "आनन्दी ने कहा–घी सब गोश्त में पड़ गया।

"लालबिहारी–अभी परसों घी आया है। इस क़दर जल्द उठ गया?"

"आनन्दी–आज तो कुल पाव भर था। वो मैंने गोश्त में डाल दिया।"

हिन्दीरूप 'उर्दू' से मिलता-जुलता है। 'समक्ष' में संवाद के दृश्य को सिमटा दिया गया है। देवर-भाभी का 'उर्दू' का संवाद आगे की घटना की पूर्वभूमिका तैयार करता है। सवाल यह है कि इस दृश्य को किसने सिमटाया?

समक्ष : "वहाँ इतना घी रोज़ नाई-कुम्हार खा जाते हैं।"

उर्दू : "वहाँ इतना घी रोज़ नाई-कहार खा जाते हैं।"

कुम्हार मिट्टी के बर्तन बनाता है। वह जमींदार के दरवाज़े पर नहीं रहा करता, जबकि कहार का काम ही है, पालकी ढोना, पानी भरना। इसलिए 'नाई-कहार' ज़्यादा वाजिब है।

समक्ष : "उसे शौहर की ताक़त और मर्द की हिम्मत का घमंड होता है।"

उर्दू : "उसे शौहर ही की ताक़त और हिम्मत का घमंड होता है।"

समक्ष : "मेरे मैके को बुरा कहने लगा।"

उर्दू : "मेरे मैके को बुरा-भला कहने लगा।"

समक्ष : "कड़ी बात तो मुज़ायकह नहीं"

उर्दू : "कड़ी बात तक मुज़ायकः नहीं"

समक्ष : "ऐसी ज़ालिमाना बर्ताव मैं नहीं कर सकता"

उर्दू : "ऐसा ज़ालिमाना बर्ताव मैं नहीं सह सकता"

समक्ष : "कुछ हासिद भी इस गाँव में थे"

उर्दू : "कुछ ऐसे हासिद भी गाँव में थे"

समक्ष : "तो शायद उसे मलाल न होता"

उर्दू : "तो शायद उसे इतना मलाल न होता"

समक्ष : "वह रोता हुआ घर में गया"

उर्दू : "वह रोता हुआ घर में आया"

समक्ष : "यकायक आनन्दी अपने घर से निकली"

उर्दू : "यकायक आनन्दी अपने कमरे से निकली"

समक्ष : "मैं तुम लोगों के साथ रहने के लायक़ नहीं हूँ"

उर्दू : "मैं तुम लोगों के साथ रहने के क़ाबिल नहीं हूँ"

समक्ष : "जब तक मुझे यह यक़ीन न हो जाएगा"

उर्दू : "जब तक मुझे यह मालूम न हो जाएगा"

समक्ष : "कि भइया का दिल मेरी तरफ़ से साफ़ हो गया है"

उर्दू : "कि भइया के दिल में मेरी तरफ़ से कोई तकलीफ़ नहीं"

ये महज़ उदाहरण हैं। दोनों लिप्यन्तरों में काफ़ी अन्तर है। सघनता, सहजता और कलात्मकता की दृष्टि से 'उर्दू' ज़्यादा प्रौढ़ है।

हिन्दी : "गाँव का पक्का तालाब और मन्दिर जिनकी अब मरम्मत भी मुश्किल थी, उन्हीं के कीर्ति-स्तम्भ थे।"

उर्दू : "पुख़्ता तालाब और मन्दिर उन्हीं की यादगार थी।"

हिन्दी : "जिसके शरीर में अस्थि-पंजर के सिवा और कुछ शेष न रहा था; पर दूध शायद बहुत देती थी।"

उर्दू : "जिसके बदन पर गोश्त तो न था, मगर दूध शायद बहुत देती थी।"

हिन्दी : "भरा हुआ मुखड़ा, चौड़ी छाती।"

उर्दू : "भरा हुआ चेहरा, चौड़ी छाती।"

हिन्दी : "इन दो अक्षरों ने उनके शरीर को निर्बल और चेहरे को कान्तिहीन बना दिया था।"

उर्दू : "इन्हीं दो हर्फ़ों ने उनके सीने की कुशादगी, कद की बुलन्दी, चेहरे की चमक, सब हज़म कर ली थी।"

ध्यान दें, एक जगह 'चेहरे' का 'मुखड़ा' हो गया और दूसरी जगह 'चेहरे' का 'चेहरे' ही है। साफ़ देखा जा सकता है कि हिन्दीरूप आवेगहीन सूचनात्मक हो गया है।

हिन्दी : "इस अंग्रेज़ी डिग्री के अधिपति होने पर थी"

उर्दू : "इस अंग्रेज़ी डिग्री के बावजूद"

हिन्दी : "स्वयं किसी-न-किसी पात्र का पार्ट लेते थे।"

उर्दू : "ख़ुद हर रोज़ कोई-न-कोई रूप भरते।"

हिन्दी : "प्राचीन हिन्दू सभ्यता का गुणगान उनकी धार्मिकता का प्रधान गुण था।"

उर्दू : "पुराने रस्मो रिवाज का उनसे ज़्यादा पुरजोश वकील मुश्किल से होगा।"

हिन्दीरूप और उर्दूरूप में किसी भी तरह साम्य नहीं है। 'पुराने रस्मो रिवाज' का 'प्राचीन हिन्दू सभ्यता' से क्या लेना-देना! संस्कृति और धर्म में अन्तर है, जिसे अनुवादक शायद नहीं समझता।

हिन्दी : "गाँव की ललनाएँ उनकी निन्दक थीं।"

उर्दू : "गाँव की बहुएँ उन्हें मक़बूलियत की निगाह से देखती थीं।"

'बहुएँ' के लिए 'ललनाएँ' लिखना कितना सहज और वाजिब है?

हिन्दी : "और दैवयोग से सब की सब जीवित रहीं।"

उर्दू : "और सातो ज़िन्दा रहीं।"

उर्दूरूप का यह वाक्य हिन्दीरूप से ग़ायब है–"अपने बराबर या ज़्यादा ऊँचे ख़ानदान में उनकी शादी करना अपनी रियासत को मिट्टी में मिलाना था।"

हिन्दी : "हाथ समेट लिए।"

उर्दू : "हाथ-पैर पीट लिए।"

हिन्दीरूप ही 'समक्ष' में भी है। ऊपरवाला वाक्य जो हिन्दी में नहीं है, 'समक्ष' में है।

हिन्दी : "और धूमधाम से श्रीकंठ सिंह का आनन्दी के साथ ब्याह हो गया।"

उर्दू : "खेंचतान कर ज़ायचे मिलाए गए और शादी धूम-धाम से हो गई।"

'खेंचतान कर ज़ायचे मिलाए गए' में व्यंग्य है। अनुवादक धार्मिक व्यक्ति है। उसे यह पसन्द नहीं आया, इसलिए निकाल दिया। इसके पहले हम देख चुके हैं कि 'पुराने रस्मो रिवाज' का 'प्राचीन हिन्दू सभ्यता' और 'धार्मिकता', 'दैवयोग से' अनुवादक की सोच और मानसिकता को प्रकट करते हैं। अक्सर इन अनुवादकों में यह सोच और मानसिकता जगह-जगह दिखती है कि 'उर्दू' यानी, मुसलमानों की भाषा और 'हिन्दी' यानी, हिन्दुओं की भाषा। वे ज़रा देर के लिए इतना भी नहीं सोचते कि प्रेमचन्द ऐसा नहीं मानते हैं। अगर ऐसा मानते होते, तो एक ठाकुर परिवार की दास्तान उर्दू में क्यों लिखते। इसलिए भी ज़रूरी है कि प्रेमचन्द की कहानियों का असल और प्रौढ़ रूप हिन्दी-उर्दू पाठकों के सामने जाए, तभी हम प्रेमचन्द के व्यक्तित्व और कला को समझ सकेंगे।

हिन्दी : "यह एक सीधा-सादा देहाती गृहस्थ का मकान था।"

उर्दू : "यह एक सीधा-सादा देहक़ानी मकान था।"

'देहाती' और 'देहक़ानी' दोनों फ़ारसी शब्द हैं। उर्दूरूप में 'देहक़ानी' मकान के विशेषण के रूप में आया है, जबकि हिन्दी में 'गृहस्थ' के विशेषण के रूप में।

हिन्दी : "दो दिन तक आनन्दी कोप-भवन में रही। न कुछ खाया न पिया, उनकी बाट देखती रही।"

उर्दू : "दो दिन तक आनन्दी ने न कुछ खाया, न पीया, उनकी राह देखती रही।"

'कोप-भवन' दशरथ जैसे राजा के महल में होता होगा, 'देहाती गृहस्थ' के मकान में नहीं। हिन्दीरूप का यह वाक्य उर्दूरूप में नहीं है–"गाँव के भद्र पुरुषों को इन बातों

में इतना आनन्द मिलता था कि खाने-पीने की भी सुधि न रहती थी। श्रीकंठ को पिंड छुड़ाना मुश्किल हो जाता था।''

हिन्दी : ''झुंझलाहट के मारे बदन में यह ज्वाला-सी दहक उठी।''

उर्दू : ''झुँझलाहट के मारे बदन में पसीना आ गया।''

हिन्दी : ''मुझे खड़ाऊँ से मारकर यों न अकड़ता।''

उर्दू : ''मुझे खड़ाऊँ से मारकर यूँ न अकड़ता। बोटियाँ नुचवा लेती। इस पर तुम पूछते हो कि घर में तूफ़ान क्यूँ मचा रक्खा है।''

हिन्दी : ''आनन्दी स्त्रियों के स्वभावानुसार रोने लगी; क्योंकि आँसू उनकी पलकों पर रहते हैं। श्रीकंठ बड़े धैर्यवान और शान्त पुरुष थे। उन्हें कदाचित ही कभी क्रोध आता था; स्त्रियों के आँसू पुरुष की क्रोधाग्नि भड़काने में तेल का काम देते हैं।''

उर्दू : ''आनन्दी रोने लगी, जैसे औरतों का कायदा है, क्योंकि आँसू उनकी पलकों पर रहता है। औरत के आँसू मर्द के ग़ुस्से पर रोग़न का काम करते हैं। श्रीकंठ के मिज़ाज में तहम्मुल बहुत था। उन्हें शायद कभी ग़ुस्सा आया ही न था, मगर आनन्दी के आँसुओं ने आज ज़हरीली शराब का काम किया।''

हिन्दी : ''परन्तु दुर्भाग्य, आज उन्हें स्वयं वे ही बातें अपने मुँह से कहनी पड़ीं! दूसरों को उपदेश देना भी कितना सहज है!''

उर्दू : ''जब उनका कोई दोस्त उनसे ऐसी बातें कहता तो वह मुज़हका उड़ाते और कहते, तुम बीवियों के ग़ुलाम हो। उन्हें क़ाबू में रखने के बजाय ख़ुद उनके क़ाबू में हो जाते हो। मगर हिन्दू मुश्तरका ख़ानदान का यह पुरजोश वकील आज अपने बाप से यह कह रहा था–''दादा, अब मेरा निबाह इस घर में न होगा।'' नासह की ज़बान उसी वक़्त तक चलती है, जब तक वह इश्क के करिश्मों से बेख़बर रहता है। आजमाइश के बीच में आकर ज़ब्त और हुलुम रुख़सत हो जाते हैं।''

हिन्दी : ''श्रीकंठ अपने बाप से दबता है, इसीलिए वह दब्बू है।''

उर्दू : ''श्रीकंठ अपने बाप से दबता है, इसीलिए ख़तावार है।''

हिन्दी : ''उसने विद्या पढ़ी, इसलिए वह किताबों का कीड़ा है। बेनीमाधव सिंह उसकी सलाह के बिना कोई काम नहीं करते, यह उनकी मूर्खता है।''

उर्दू : ''वह बिना उसकी सलाह के कोई काम नहीं करते, यह उनकी हिमाक़त है।''

हिन्दी : ''इलाहाबाद का अनुभव-रहित झल्लाया हुआ ग्रेजुएट इस बात को न समझ सका।''

उर्दू : ''इलाहाबाद का नौजवान, झल्लाया हुआ ग्रेजुएड इस घात को न समझ सका।''

'घात' यानी, दाँव। बेनीमाधो सिंह दाँव चले थे कि 'उन्हें ख़ुश न होने दूँगा। ख़्वाह अपने ऊपर कितना ही जब्र हो।' इसीलिए 'इस मैदान में वह बिलकुल अनाड़ी निकला', क्योंकि 'अपने डिबेटिंग-क्लब में उसने अपनी बात पर अड़ने की आदत सीखी थी, मगर अमली मुबाहिसों के दाँव-पेंच से वाक़िफ़ न था।"

हिन्दी : "मन का मैल धोने के लिए नयनजल से उपयुक्त और कोई वस्तु नहीं है।"

उर्दू : "दिलों का मैल धोने के लिए आँसू से ज़्यादा कारगर और कोई चीज़ नहीं है।"

प्रेमचन्द ही नहीं, कोई भी रचनाकार 'आँसू' के लिए 'नयनजल' का प्रयोग नहीं कर सकता। हाँ, छायावादी रचनाकारों की बात अलग है।

इन कुछ उदाहरणों के माध्यम से यह साबित करने की कोशिश की गई है कि 'बड़े घर की बेटी' कहानी प्रेमचन्द के द्वारा नहीं, किसी दूसरे व्यक्ति के द्वारा अनुवादित है। यह अनुवाद मूल रचना से काफ़ी दूर है। भाव और रूप, दोनों के अनुवाद में जगह-जगह ख़ामियाँ हैं। इसलिए पाठकों के सामने प्रेमचन्द का असल और प्रौढ़ रूप आना चाहिए, वह चाहे हिन्दी में हो, या उर्दू में।

सन्दर्भ

1. प्रेमचन्द : चिट्ठी-पत्री, पृ. 31
2. वही, पृ. 33
3. वही, पृ. 36
4. वही, पृ. 46
5. वही, पृ. 49
6. वही, पृ. 50
7. वही, पृ. 92
8. वही, पृ. 96
9. वही, पृ. 83-84
10. वही, पृ. 65

नमक का दारोग़ा : उर्दूरूप ही असल रूप

'नमक का दारोग़ा' कहानी पहली बार उर्दू पत्रिका 'हमदर्द' के अक्टूबर 1913 अंक में छपी थी। इसके बाद किताबी सूरत में 'प्रेम पच्चीसी-अव्वल' में, जो 1915 में प्रकाशित हुई थी, संग्रहित की गई थी। साफ़ है कि इसका हिन्दीरूप अनुवाद है। अब सवाल यह बचता है कि इसका अनुवाद प्रेमचन्द ने किया, अथवा किसी और ने। अगर प्रेमचन्द ने किया, तो उर्दूरूप से हिन्दीरूप में जो अन्तर है, उसे कहानी का विकसित रूप माना जाएगा, कारण कि कोई रचनाकार अपनी रनचा में जब भी कोई रद्दोबदल करता है, इसका मतलब है कि वह उसके रूप से सन्तुष्ट नहीं है। इस तरह रद्दोबदल किया हुआ रूप ही उसके अनुसार उसकी रचना का अन्तिम रूप है। अगर अनुवाद किसी दूसरे के द्वारा किया गया है और रचना में रद्दोबदल हुई है, तो यह अनुवाद की ख़ामी मानी जाएगी। अर्थात् ऐसा अनुवाद प्रामाणिक नहीं माना जाएगा। मूल रचना की ख़ामी-ख़ूबी में सुधार करने का अधिकार किसी भी अनुवादक को नहीं है। कोई भी लेखक अपनी ख़ामी-ख़ूबी के साथ ही अपने पाठकों के सामने जाता है और जाना चाहिए। यहाँ उर्दू-हिन्दीरूप में आए अन्तर की जाँच-पड़ताल है। इसके द्वारा यह भी समझने की कोशिश है कि अनुवाद प्रेमचन्द ने किया है, या किसी और ने। प्रामाणिक रूप उर्दू है, या हिन्दी।

हिन्दी : ''ईश्वर प्रदत्त वस्तु के व्यवहार करने का निषेध हो गया।''

उर्दू : ''एक ख़ुदादाद नेमत से फ़ायदा उठाने की आम मुमानियत कर दी गई।''

'निषेध हो गया' में वह बात नहीं है, जो 'आम मुमानियत कर दी गई' में है। उर्दूरूप में लेखक का विरोध भाव है। शासन का यह क़दम ग़लत है।

हिन्दी : ''तो लोग चोरी-छिपे इसका व्यापार करने लगे।''

उर्दू : ''तो लोग दरवाज़ा-ए-सदर बन्द पाकर रोज़न और शग़ाफ़ की फ़िक्र करने लगे।''

लोग 'व्यापार' नहीं करते हैं, 'व्यवहार' करते हैं। लेखक की सहानुभूति लोगों के साथ है। लेखक के कहने का आशय यह है कि लोगों के जीवन की अनिवार्य ज़रूरत के इस्तेमाल पर जब शासन के द्वारा बन्दिश लगाई जाती है, तो लोग

चोरी-छिपे इसको पाने की कोशिश करते हैं। इस तरह की बन्दिश अमानवीय हरकत है, जिसे अंग्रेज़ी सरकार ने अंजाम दिया। हिन्दीरूप न केवल सामान्य अर्थ देता है, ग़लत अर्थ भी देता है। 'चोरी-छिपे इसका व्यापार' अलोपीदीन जैसे चन्द व्यक्ति करते हैं, न कि 'लोग'।

हिन्दी : ''अनेक प्रकार के छल-प्रपंचों का सूत्रपात हुआ, कोई घूस से काम निकालता था, कोई चालाकी से।''

उर्दू : ''चारों तरफ़ ख़यानत, ग़बन और तहरीस का बाज़ार गर्म था।''

'बाज़ार गर्म था।' में जो बात है, जो आवेग है, वह हिन्दीरूप के फ़ैलावयुक्त निरपेक्ष और निरावेग वाक्य में कहाँ? बाज़ार गर्म होने का मतलब है कि व्यापारियों और व्यवस्थापकों का ख़ूब फ़ायदा। बाज़ार गर्म होने में ख़रीदार का नुकसान संकेतित है। और ख़रीदार है, आम जनता। हिन्दी अनुवादक को लगता है कि उपर्युक्त वाक्य में यह बात नहीं आ पाई। इसीलिए आगे यह वाक्य जोड़ता है–''अधिकारियों के पौ-बारह थे।''

हिन्दी : ''मुंशी वंशीधर ने भी जुलेखा की विरह-कथा समाप्त करके मजनू और फरहाद के प्रेम-वृत्तान्त को नल और नील की लड़ाई और अमेरिका के आविष्कार से अधिक महत्त्व की बातें समझते हुए रोजगार की खोज में निकले।''

उर्दू : ''मुंशी बंसीधर ने भी जुलेखा की दास्तान ख़त्म की और मजनू और फ़रहाद के क़िस्सा-ए-ग़म को दरयाफ़्त-ए-अमेरिका या जंग-ए-नील से अज़ीमतर वाक़या ख़याल करते हुए रोज़गार की तलाश में निकले।''

मुंशी बंसीधर रोज़गार की तलाश (खोज) में निकले हैं। रोज़गार पाना कठिन काम है। जीवन एक संग्राम है। हक़ीक़त में रोज़गार की तलाश 'दरयाफ़्त-ए-अमेरिका' अथवा 'जंग-ए-नील' से कम कठिन नहीं है। प्रेमचन्द आत्मानुभव के माध्यम से तत्कालीन व्यवस्था को खोल रहे हैं। इस भाव को अनुवादक महोदय नहीं समझ पाए और 'या' की जगह 'और' से जोड़ दिया। क्या इतिहास में 'नल और नील की लड़ाई' का कहीं उल्लेख मिलता है? नील की लड़ाई तारीख़ में ज़रूर दर्ज़ है। इस कहानी का लेखक और अनुवादक एक नहीं हो सकता। अनुवाद करते समय हर अनुवादक में एक मनोविज्ञान काम करता है, वह अनुवादित भाषा में मूलभाषा के हर शब्द को लाना चाहता है। ज्यों-का-त्यों रखने में उसकी अपनी वैयक्तिकता कहीं-न-कहीं खंडित होती लगती है। ऐसे में वह मूल से न्याय नहीं कर पाता। अपनी ओर से कुछ जोड़ता-घटाता है। इसी मनोभाव के तहत यहाँ 'दास्तान' का 'विरह-कथा', 'ख़त्म की' का 'सामाप्त करके', 'क़िस्सा-ए-ग़म' का 'प्रेम-वृत्तान्त' कर दिया गया है।

हिन्दी : ''लड़कियाँ हैं, वह घास-फूस की तरह बढ़ती चली आती हैं। मैं कगारे का वृक्ष हो रहा हूँ, न मालूम कब गिर पड़ूँ।''

उर्दू : "लड़कियाँ हैं कि वह गंगा-जमना की तरह बढ़ती चली आ रही हैं। मैं कगारे का दरख़्त हूँ, न मालूम कब गिर पड़ूँ।"

'कगार' नदी किनारे होता है। लड़कियों का बढ़ना चिन्ता का बढ़ना है। इस चिन्ता को गंगा-जमना के माध्यम से मूर्त किया गया है। कहने का मतलब यह है कि मैं मौत के क़रीब हूँ, लड़कियों की गंगा-जमना की तरह बढ़ती चिन्ता को मैं बरदाश्त नहीं कर सकता। अनुवादक ने 'गंगा-जमना' की जगह 'घास-फूस' करके रूपक के सौन्दर्य को ख़त्म कर दिया है। ऐसा उपर्युक्त मनोविज्ञान के तहत ही हुआ है।

हिन्दी : "गरजवाले आदमी के साथ कठोरता करने में लाभ ही लाभ है।"

उर्दू : "ग़रजमन्द के साथ हमेशा बेरहमी और बेरुखी कर सकते हो।"

सलाह के रूप में उर्दूरूप ज़्यादा सहज और असरदार है। 'गरजमन्द' में 'गरज' का हिन्दी शब्द न मिलने पर 'वाले' जोड़कर हिन्दी बनाने की कोशिश की गई। फिर भी खटका बना रहा। वह तब दूर हुआ जब उसके आगे 'आदमी' जोड़ा गया, इसकी चिन्ता ही न रही कि कथन की सहजता और गतिशीलता ग़ायब हो गई।

हिन्दी : "नमक के सिपाही, चौकीदार नशे में मस्त थे।"

उर्दू : "नमक के बर्कन्दाज़ चौकीदार शराबखाने के दरबान बने हुए थे।"

साफ़ है कि भावानुवाद किया गया है, चित्रण शैली का नहीं। ऐसा इसलिए भी मुमकिन है कि उस समय भारत में अनुवाद कला का आज की तरह विकास नहीं हुआ था। यही कारण है कि अक्सर अनुवादकों ने संरचना और रूपविधान को तवज्जो नहीं दी है। अपने शब्दों और संरचना में भावों को रख देने की कोशिश की है। यहाँ उर्दूरूप में आया 'बर्कन्दाज़' इसके पहले हिन्दीरूप में आया है–'इस विभाग की बरकन्दाजी करते थे।' मगर यहाँ 'सिपाही' कर दिया गया। अनुवादक पर वही दबाव है यहाँ भी।

हिन्दी : "लेकिन इस थोड़े समय में ही उन्होंने अपनी कार्यकुशलता और उत्तम आचार से अफसरों को मोहित कर लिया था। अफसर लोग उन पर बहुत विश्वास करने लगे।"

उर्दू : "लेकिन इस अर्से में उनकी फ़र्ज़शनासी और दयानत ने अफ़सरों का ऐतबार और पब्लिक की बेऐतबारी हासिल कर ली थी।"

यहाँ हम दोनों रूपों में दो ध्रुवों का अन्तर देख सकते हैं। अनुवादक की सहानुभूति मुंशी बंसीधर के साथ है, जबकि प्रेमचन्द की जनता के साथ। प्रेमचन्द के दिमाग़ में शासक और शासित का भेद मौजूद है, जिसे अनुवादक नहीं पकड़ पाया। उसे लगा कि प्रेमचन्द बंसीधर की ईमानदारी की कथा लिख रहे हैं, जैसा कि आगे चलकर विद्वानों ने यही निष्कर्ष निकाला, उसने 'और पब्लिक की बेऐतबारी

हासिल कर ली थी।' को न केवल हटा दिया, बल्कि उनकी हैसियत (गुण) को और बढ़ानेवाला वाक्य अपनी ओर से जोड़ दिया।

मुंशी बंसीधर 'मजनू और फ़रहाद के क़िस्सा-ए-ग़म को', 'ख़याल करते हुए रोज़गार की तलाश में निकले' थे। उनको अभी भी नहीं मालूम कि रोज़गार की तलाश 'दरयाफ़्त-ए-अमेरिका या जंग-ए-नील' से कम कठिन नहीं है, क्योंकि जाते-ही-जाते 'सीग़-ए-नमक के दारोग़ा मुक़र्रर हो गए।' इसीलिए प्रेमचन्द अपनी ओर से व्यंग्य करते हैं–'लेकिन अच्छे शगुन से चले थे, ख़ूबी-ए-क़िस्मत साथ थी।' बिना किसी जद्दोजहद के वह नौकरी मिली, जो 'वकीलों के लिए भी रश्क का बाइस' थी। उर्दू रूप में प्रेमचन्द उनके सपनों को यथार्थ से अलग शृंगारी दुनिया का ही दिखलाते हैं। जैसे आगे यथार्थ से मुठभेड़ कराने की तैयारी के पहले उनके चरित्र को और साफ़ तौर पर प्रस्तुत कर रहे हैं। 'नदी के मीठे-सुहाने राग', 'ज़ुल्फ़-ए-महबूब से भी ज़्यादा तूलानी' के द्वारा प्रस्तुत करते हैं। अनुवादक : 'नदी के प्रवाह' और अगले उपमान को सिरे से ग़ायब कर देता है। जैसे प्रेमचन्द पहले ही ताना-बाना बुनकर यह बतला रहे हों कि आगे इनका जटिल यथार्थ से सामना होना है। यह व्यक्ति कैसे उसका सामना करेगा? आगे हम देखते हैं कि 'अफ़सरों की ऐतबारी' किसी काम नहीं आती। फ़र्ज़शनासी का ईनाम मिलता है, बर्ख़ास्तगी। यही है यथार्थ की दुनिया। इससे भी सबक़ न लेने के कारण पतन में गिरते हैं। जिसे गुनहगार के रूप में रंगे हाथों ख़ुद पकड़ा, अब उसी के यहाँ बर्कन्दाज़ी। इस जटिलता को अनुवादक महोदय नहीं समझ पाए, इसलिए अनुवाद करते समय कहानी उनसे छूट गई।

हिन्दी : "धर्म की इस बुद्धिहीन दृढ़ता और देव-दुर्लभ त्याग पर मन बहुत झुँझलाया।"

उर्दू : "दौलत फ़र्ज़ की इस ख़ामकाराना जसारत और ज़ाहिदाना नफ़्सकुशी पर झुँझलाई।"

दृश्य है, दौलत और फ़र्ज़ की लड़ाई का। "अब इन दोनों ताक़तों के दरम्यान बड़े मार्के की कशमकश शुरू हुई। दौलत ने पेच व ताब खा-खाकर मायूसाना जोश के साथ कई हमले किए।" इसका हिन्दीरूप है–"अब दोनों शक्तियों में संग्राम होने लगा। धन ने उछल-उछलकर आक्रमण करने शुरू किए।" इसलिए 'दौलत...झुँझलाई' न कि मन। इस तरह की ग़लती लेखक के द्वारा नहीं हो सकती, दूसरे के द्वारा ही हो सकती है।

आगे इतने बेमेल, असहज और ग़लत मानी के अनुवाद हुए हैं कि इस कहानी का सौन्दर्य और रवानी ही ग़ायब हो गई है। मसलन–'फ़र्ज़ मर्दाना हिम्मत के साथ' का 'धर्म अलौकिक वीरता के साथ', 'दुनिया की ज़बान जागती थी' का 'दुनिया की जीभ जागती थी', 'अब गुनाह का वजूद नहीं रहा' का 'अब पापी का पाप कट गया',

'शौक-ए-नज़ारा ऐसी उमंग पर न आता हो' का 'आँखें इतनी व्यग्र न होती होंगी', 'तमीज़ करना मुश्किल था' का 'कोई भेद न रहा', 'देवताओं पर जादू डालनेवाली चर्बज़बानी हो' का 'अनन्य वाचालता हो', 'हैरत के बाद हमदर्दी के इज़हार होने लगे' का 'प्रत्येक मनुष्य उनसे सहानुभूति प्रकट करता था।' उर्दूरूप की चित्रात्मकता का हिन्दीरूप में हुए अमूर्तन को यहाँ साफ़ देखा जा सकता है। गद्य की रवानी को जो नुकसान हुआ है, उसकी बात ही मत पूछिए।

हिन्दी : "वह न्याय का दरबार था, परन्तु उसके कर्मचारियों पर पक्षपात का नशा छाया हुआ था। किन्तु पक्षपात और न्याय का क्या मेल? जहाँ पक्षपात हो, वहाँ न्याय की कल्पना भी नहीं की जा सकती।"

उर्दू : "यह ज़रूर सच है कि इंसाफ़ सीम व ज़र से बेनियाज़ है। लेकिन परदे में इश्तियाक़ है जो ज़हूर में मुमकिन नहीं। दावत और तोहफ़े के परदे में बैठकर दौलत ज़ाहिदे फ़रेब बन जाती है। वह अदालत का दरबार था लेकिन उसके अरकान पर दौलत का नशा छाया हुआ था।"

'दौलत का नशा' तो होता है, मगर 'पक्षपात का नशा'? लड़ाई है, दौलत और फ़र्ज़ में। पहले जहाँ लगा था कि दौलत हार गई, वह इंसाफ़ के दरबार में पहुँचने पर जीत जाती है। कारण कि वह 'दावत और तोहफ़े के परदे में बैठकर ज़ाहिदे फ़रेब बन जाती है।' अर्थ की सघनता, सांकेतिकता; अभिव्यक्ति में बिम्बात्मकता होने के कारण इसके आगे हिन्दीरूप अमूर्त है। साफ़ है कि अनुवादक महोदय सृजनात्मक भाषा से उतना वाक़िफ़ नहीं हैं, जितना कि होना चाहिए।

कई जगह तो ऐसे हैं, जहाँ अनुवादक महोदय को महज़ अरबी-फ़ारसी शब्दों की जगह हिन्दी शब्द रख देना था, मगर ऐसा नहीं हुआ। मसलन–'यह गैरमुमकिन है' का 'यह बात कल्पना के बाहर है' किया गया है, जबकि 'यह असम्भव है' होना चाहिए था। इसी तरह 'दरिया किनारे आ पहुँचे' का 'पुल पर आ पहुँचे', 'हाकिमाना अन्दाज़ से पूछा' का 'डाँटकर पूछा' आदि।

यहाँ इन कुछ उदाहरणों के माध्यम से यह जानने की कोशिश की गई है कि 'नमक का दारोग़ा' कहानी का कौन-सा रूप श्रेष्ठ है। चूँकि हिन्दीरूप किसी अन्य व्यक्ति द्वारा अनुवादित है और यह अनुवाद बहुत कुछ असल से भिन्न है, लगभग ग़लत। इसलिए उर्दूरूप ही प्रेमचन्द का प्रामाणिक और प्रौढ़ रूप है। इसलिए इस कहानी का उर्दूरूप ही हिन्दी में आना चाहिए, क्योंकि हिन्दीरूप प्रेमचन्द की रचनात्मकता का आभास भर है।

'पंच परमेश्वर' और 'पंचायत' : श्रेष्ठ कौन

इस वक़्त मेरे सामने प्रेमचन्द की कहानी 'पंच परमेश्वर' का उर्दूरूप 'पंचायत' भी है। मैं दोनों को पढ़ता हूँ, तो पाता हूँ कि दोनों कहानियों में काफ़ी अन्तर है। यह अन्तर गुणात्मक है। कुछ निकाल दिया गया है, कुछ जोड़ दिया गया है; कुछ सुधार दिया गया है। पहली छाप यह बनती है कि 'पंच परमेश्वर' किसी उर्दू पांडुलिपि का अनुवाद है। बाद में प्रेमचन्द ने उस पांडुलिपि पर दुबारा काम किया और उसी का परिणाम है, उर्दूरूप 'पंचायत'। इस कहानी का शीर्षक आचार्य महावीर प्रसाद द्विवेदी ने 'पंच परमेश्वर' देकर 'सरस्वती' में छापा था। इससे सभी अवगत हैं। 'पंचायत' 'पंच परमेश्वर का संशोधित-परिवर्द्धित रूप क्यों है? इसकी छानबीन का यहाँ विनम्र प्रयास है। अन्तिम निर्णय तो विद्वान पाठकों को ही करना है।

हिन्दीरूप "मगर जुमराती शेख स्वयं आशीर्वाद के कायल न थे। उन्हें अपने सोटे पर अधिक भरोसा था" का उर्दूरूप है, "शेख़ जुमेराती ख़ुद दुआ और फ़ैज़ के मुक़ाबले में ताज़ियाने के ज़्यादा क़ायल थे और जुम्मन पर इसका बेदिरेग़ इस्तेमाल करते थे।" उर्दूरूप यह स्पष्ट करता है कि अलगू पर इसका इस्तेमाल नहीं करते थे। क्यों? इसलिए कि अलगू के पिता ऐसा नहीं मानते-जानते थे। उन्हें तो "उस्ताद की ख़िदमत पर ज़्यादा भरोसा था।" "तालीम के मुक़ाबले में।" इसीलिए अलगू नहीं पढ़ सके और "उसी का ये फ़ैज़ था कि आज जुम्मन के कुर्ब-व-जवार के मवाज़आत में पुर्सिश होती थी।" इसका हिन्दीरूप है, "और उसी सोटे के प्रताप से आज आसपास के गाँवों में जुम्मन की पूजा होती थी।" 'पूजा' की अपेक्षा 'पुर्सिश' (इज़्ज़त) ज़्यादा माकूल है। "जुम्मन शेख की एक बूढ़ी खाला (मौसी) थी। उसके पास कुछ थोड़ी-सी मिल्कियत थी; परन्तु उसके सम्बन्धियों में कोई न था।" का उर्दूरूप है, "शेख़ जुम्मन की एक बूढ़ी बेवा ख़ाला थीं। उनके पास कुछ थोड़ी-सी मिल्कियत थी। मगर ग़रीब का वारिस कोई न था।" ख़ाला न केवल बूढ़ी थीं, बेवा भी थीं। 'ग़रीब का वारिस' में लेखक की जो सम्वेदना घुली हुई है, वह 'उसके निकट सम्बन्धियों में कोई न था' में नहीं है। उर्दूरूप सम्वेदनात्मक है, जबकि हिन्दीरूप सूचनात्मक। 'लम्बे-चौड़े वादे करके' अमूर्त है, जबकि 'वादे-व-अहद के सब्ज़बाग़ दिखाकर' मूर्त।

'उन्हें ख़ूब स्वादिष्ट पदार्थ खिलाए गए' अमूर्त है। इस अमूर्तन को आगे 'हलवे-पुलाव की वर्षा-सी की गई' के द्वारा मूर्त किया गया है। इसलिए पहले का अमूर्त वाक्य 'उन्हें खूब स्वादिष्ट पदार्थ खिलाए गए' भरती का साबित होता है। यह उर्दूरूप में नहीं है। यहाँ सीधे मूर्तन है, ''ख़ूब मीठे लुक्मे, चटपटे सालन खिलाए जाते।'' प्रेमचन्द की भाषा मुहावरे के लिए मशहूर है। यह मुहावरा, ''वे वादे विसाल के दमूरे साबित हुए' हिन्दीरूप से ग़ायब है। किस तरीक़े से क्रमशः ख़ालाजान की ख़ुराक की मात्रा और गुणवत्ता कम की गई, इसका उर्दूरूप में बड़ा ही सूक्ष्म चित्रण है। 'रोटियों के साथ चीज़ भी बदल दीं।' रोटी के साथ अमूमन सब्ज़ी, दाल अथवा सालन होता है। रोटी तो बदली ही गई, सब्ज़ी अथवा दाल अथवा सालन भी बदल दी गई। इतना ही नहीं ''रफ़्ता-रफ़्ता सालन की मिक़्दार रोटियों से कम कर दीं।'' पहले गुणवत्ता कम की गई, फिर मात्रा। यानी, सूखी रोटी दी जाने लगी। हिन्दीरूप में सपाट और सूचनात्मक वाक्य है, ''रोटियों के साथ कड़वी बातों के कुछ तेज, तीखे सालन भी देने लगी।'' हिन्दीरूप में इसके बाद का वाक्य है, ''जुम्मन शेख भी निठुर हो गए। अब बेचारी खालाजान को प्रायः नित्य ही ऐसी बातें सुननी पड़ती थीं।'' इसका मतलब है कि ख़ालाजान ने शेख़ जुम्मन से शिकायत की थी। अगर ऐसा है, तो आगे चलकर आया यह वाक्य ''कुछ दिन खालाजान ने सुना और सहा, पर जब न सहा गया तब जुम्मन से शिकायत की।'' बेकार और दुहराव ही नहीं, क्रिया के स्वाभाविक विकास को खंडित करता है। उर्दूरूप के अनुसार पहले ख़ालाजान ख़ुद सहमी है। वह रोटी के साथ पर्याप्त मात्रा में सालन अथवा दाल की माँग फ़हिमन से करती है, जैसा कि पहले आया है, ''सालन की मिक़्दार रोटियों से कम कर दीं'', तब फ़हिमन कहती है, ''...एक दिन दाल बग़ैर रोटी नहीं उतरती।...'' जब फ़हिमन के व्यवहार में कोई अन्तर नहीं आता, और ख़ालाजान के बरदाश्त से बाहर हो जाता है, तब वह जुम्मन से शिकायत करती है। प्रेमचन्द आगे चलकर व्यंग्य करते हैं, ''जुम्मन सुलहपसन्द आदमी था। अब इस मुआमले में मुदाख़लत करना मुनासिब न समझा।'' क्यों? इसलिए कि इससे उसका फ़ायदा था, नुकसान नहीं। फ़ायदा था, इसलिए जुम्मन सुलहपसन्द आदमी था। 'बूढ़ी काकी' का बुधिराम असल में जुम्मन ही है। प्रेमचन्द लिखते हैं, ''बुधिराम तबीअत के नेक आदमी थे। लेकिन उसी वक़्त तक कि उनकी जेब पर कोई आँच न आए।'' ऐसे ही सुलहपसन्द आदमी हैं, जुम्मन। बूढ़ी काकी रो-धोकर, अपमान सहकर अपनी ज़िन्दगी गुज़ारती हैं, ख़ालाजान की तरह रुपए लेकर अलग पकाने की नहीं सोच सकतीं। इसके मूल में है, सामाजिक परिवेश। यहाँ तो ख़ालाजान न केवल अलग पकाने की सोचती है, अपना हक़ पाने के लिए लड़ती भी है। इसीलिए ख़ालाजान का चरित्र जहाँ प्रेरणादायी बनता है, बूढ़ी काकी का चरित्र लिजलिजा। ख़ालाजान पहले तो इस समस्या को घर में ही सुलझाने की कोशिश

करती हैं। पहले फ़हिमन से, जब वह अपने व्यवहार को नहीं सुधारती, तब जुम्मन से, और जब जुम्मन भी नहीं सुधरता, तब समाज से; यानी, पंचायत से। जुम्मन घर में ही नहीं, बाहर भी मज़बूत है। जब ख़ालाजान का जुम्मन के साथ रहना मुश्किल हो जाता है, तब वह अलग पकाने के लिए रुपए की माँग करती है। यहाँ जुम्मन और ख़ाला के संवाद सहज, सघन और युक्तियुक्त हैं। ख़ालाजान द्वारा रुपए माँगने पर "जुम्मन ने बेएतिनाई से जवाब दिया–रुपया क्या यहाँ फलता है?", यहाँ जुम्मन 'उपेक्षा' से जवाब देता है, जबकि हिन्दीरूप में 'धृष्टता' से। 'रुपए क्या यहाँ फलते हैं?' की बनिस्बत 'रुपया क्या यहाँ फलता है?' ज़्यादा युक्तियुक्त है। 'रुपया' और 'फलना' की असम्भवनीयता यहाँ केन्द्र में है। इसलिए एकवचन 'रुपया' बहुवचन 'रुपए' की अपेक्षा ज़्यादा सटीक है। जुम्मन की जिम्मेदारी थी, ख़ालाजान की परवरिश। और जब वह अपनी जिम्मेदारी की ओर ध्यान न देकर उपेक्षा से जवाब देता है, तब "ख़ालाजान ने बिगड़कर कहा–तो मुझे कुछ नान-नमक चाहिए या नहीं।" हिन्दीरूप में 'धृष्टता' की प्रतिक्रिया में "खाला ने नम्रता से कहा–मुझे कुछ रूखा-सूखा चाहिए भी कि नहीं?" अस्वाभाविक और असहज है। जुम्मन के धृष्टतापूर्ण व्यवहार पर ख़ालाजान नम्र नहीं होंगी, बिगड़ेंगी। ख़ाला के बिगड़ने पर "जुम्मन ने मज़्लूमाना (जिस पर ज़ुल्म किया गया हो) अन्दाज़ से जवाब दिया–चाहिए क्यों नहीं? मेरा ख़ून चूस लो। कोई यह थोड़े ही समझता था कि तुम ख़्वाजा ख़िज़्र की हयात लेकर आई हो।" यानी, तुमने मुझे तबाह कर दिया। 'मेरा ख़ून चूस लो।' में तबाही झलकती है। हिन्दीरूप में "जुम्मन ने गम्भीर स्वर से जवाब दिया–तो कोई यह थोड़े समझा था कि तुम मौत से लड़कर आई हो?" उर्दूरूप में सवाल-जवाब के द्वारा दोनों के अन्दाज़-ए-बयाँ में क्रमशः परिवर्तन होता है। ख़ाला बिगड़कर बोली थीं, अब जामा से बाहर हो जाती हैं। क्यों? इसलिए कि "ख़ालाजान अपने मरने की बात नहीं सुन सकती थीं। जामा से बाहर होकर पंचायत की धमकी दीं।" जबकि हिन्दीरूप में "खाला बिगड़ गईं, उन्होंने पंचायत करने की धमकी दी।" जैसा निरपेक्ष वर्णन है। आगे हिन्दीरूप है, "आसमान के फरिश्ते तो पंचायत करने आवेंगे ही नहीं।" जबकि उर्दूरूप है, "आसमान के फरिश्ते तो पंचायत करने आएँगे नहीं। मरीज़ ने आप ही दवा तलब की।" हिन्दीरूप में एक तो 'ही' स्वाभाविक कथन को क्षति पहुँचाता है, दूसरे उर्दूरूप में आया मुहावरा यहाँ नहीं है। यह मुहावरा जुम्मन की आन्तरिक ख़ुशी, चाहत और विश्वास को व्यक्त करता है। यानी, वैसा ही हो रहा है, जैसा वे चाहते हैं।

पंचायत के लिए कोशिश ख़ालाजान ही करती हैं, जुम्मन नहीं। उर्दूरूप है, "इसके बाद कई दिन तक बूढ़ी ख़ाला लकड़ी लिए आस-पास के गाँव के चक्कर लगाती रहीं। कमर झुककर कमान हो गई थी। एक क़दम चलना मुश्किल था। मगर

बात आ पड़ी थी। उसका तस्फ़ियः ज़रूरी था।'' इसके आगे जुम्मन के फ़रियाद करने न जाने का कारण भी है, ''शेख़ जुम्मन को अपनी ताक़त, रुसूख़ और मिंतक़ पर कामिल एतिमात था। वे किसी के सामने फ़रियाद करने नहीं गए।'' हिन्दीरूप में यह कारण नहीं है। पंचायत की जब ख़ालाजान ने धमकी दी थी, उस वक़्त शेख़ जुम्मन ने सोचा था, ''पंचायत की सदा किसके हक़ में उठेगी, इसके मुतअल्लिक़ शेख़ जुम्मन को अन्देशा नहीं था। कुर्ब-व-जवार में ऐसा कौन था, जो उनका शर्मिन्दा-ए-मिन्नत न हो? कौन था, जो उनकी दुश्मनी को हक़ीर समझे? किसमें इतनी जुर्रत थी, जो उनके सामने खड़ा हो सके? आसमान के फ़रिश्ते तो पंचायत करने आएँगे नहीं। मरीज़ ने आप ही दवा तलब की।'' इसमें के अन्तिम वाक्य के अलावा बाक़ी सब हिन्दीरूप में है। यह अहंकार है। फ़रियाद करने जाने के वक़्त प्रेमचन्द शेख़ जुम्मन के इस अहंकार को पुनः याद दिलाते हैं और बतलाते हैं कि इसी के कारण शेख़ जुम्मन किसी को फ़रियाद करने नहीं जाते। वे अपने शुभचिन्तकों को भी नहीं बुलाते, इसलिए वे न आकर अपने शुभचिन्तक होने को साबित कर देते हैं। इसी तरह उनके दुश्मन आकर अपनी दुश्मनी को प्रमाणित करते हैं। उनके शुभचिन्तकों ने उनके विरोधी ख़ालाजान का विरोध न आकर किया और विरोधियों ने ख़ालाजान का समर्थन आकर किया। अगर वे बुलाने जाते, तो उनके शुभचिन्तक आकर अपनी शुभचिन्ता जतलाते। इस पंचायत में ख़ालाजान के शुभचिन्तक नहीं आए हैं, जुम्मन के विरोधी आए हैं। जुम्मन का एक ही हितैषी आया है। वह भी नहीं आता। वह क्यों आता है? प्रेमचन्द उसके आने के कारण और उसकी प्रक्रिया को रचते हैं। ख़ालाजान और अलगू के संवादों में उतरें तो हम पाएँगे कि ख़ालाजान अलगू को पंचायत में आने के लिए तैयार करती हैं। प्रेमचन्द कहानी के लिए मनुष्य के मनोविज्ञान को ज़रूरी मानते थे। यहाँ उसी मनोविज्ञान का दर्शन होता है। हिन्दीरूप में दोनों के अन्दाज़-ए-बयाँ का हवाला नहीं है। इसके कारण बहुत कुछ अमूर्त हो जाता है।

आइए, देखा जाए कि किस तरह से ख़ालाजान पंचायत में आने के लिए अलगू को मनाती हैं। ''चारों तरफ़ से घूम-घामकर बुढ़िया अलगू चौधरी के पास आई। लाठी पटक दी और दम लेकर कहा—बेटा, तुम भी छनभर को मेरी पंचायत में चले आना।'' चूँकि अलगू की गाढ़ी दोस्ती है जुम्मन से। और उन्होंने पंचायत में नहीं बुलाया है। इसलिए इस पंचायत से अलगू का क्या लेना-देना? इसीलिए ''अलगू बेरुखी से बोले—मुझे बुलाकर क्या करोगी? कई गाँव के आदमी तो आएँगे ही।'' ''ख़ाला ने हाँपकर कहा—अपनी फ़रियाद तो सबके कान में डाल आई हूँ। आने न आने का हाल अल्लाह जाने। हमारे सय्यद सालार गुहार सुनकर पीढ़े से उठ आए थे। क्या मेरा रोना कोई न सुनेगा?'' जुम्मन को तो यही विश्वास है कि पंचायत करने कोई नहीं आएगा।

लिहाजा पंचायत होगी ही नहीं। इस ग़रीब ख़ाला के लिए उनसे दुश्मनी कौन मोल लेगा? 'कई गाँव के आदमी तो आएँगे ही' में व्यंग्य है। अलगू भी जुम्मन की तरह ही सोचते हैं। ख़ाला का हाँफकर कहना, उनकी पीड़ा, निराशा और जद्दोजहद का मिला-जुला रूप है। 'क्या मेरा रोना कोई न सुनेगा?' में मानवीय संवेदना पर चोट करनेवाला है। साथ ही 'क्या तुम भी न सुनोगे?' का ध्वनि प्रकट करनेवाला है। अलगू की मानवीय संवेदना कुनमुनाती है। तभी तो जो अलगू इसके पहले 'बेरुखी' से बोले थे, अब निरपेक्ष होकर कहते हैं–"अलगू ने जवाब दिया–यूँ आने को मैं आ जाऊँगा। मगर पंचायत में मुँह न खोलूँगा।" ध्यान दें कि अलगू के बेरुखी से बोलने के मूल में जुम्मन की पक्षधरता थी। वह पक्षधरता अब कम हुई है। वे आने को तैयार हैं, मगर शर्त के साथ। मगर पंचायत में आने का क्या मतलब जब मुँह ही नहीं खोलेंगे। ख़ालाजान अपनी सफलता से उत्साहित हैं। इसीलिए ज़बान खोलने के लिए अलगू को तैयार करने की कोशिश में जुट जाती हैं। "ख़ाला ने हैरत से पूछा–क्यों बेटा?" "अलगू ने पीछा छुड़ाने के लिए कहा–अब इसका क्या जवाब? अपनी-अपनी तबीअत। जुम्मन मेरे पुराने दोस्त हैं। उससे बिगाड़ नहीं सकता।" "ख़ाला ने ताककर निशाना मारा–बेटा, क्या बिगाड़ के डर से ईमान की बात न कहोगे?" ग़ौर कीजिए, "ख़ाला ने ताककर निशाना मारा।" ख़ाला वैयक्तिक और सामाजिक मनोविज्ञान से परिचित हैं। अपने इतने लम्बे सामाजिक जीवन से यह सब सीखा-जाना है। 'बिगाड़ के डर से' में यह ध्वनि शामिल है कि जुम्मन से डरकर ऐसा नहीं करोगे? यानी, तुम जुम्मन से कमज़ोर हो। इसीलिए जुम्मन से घबराते हो। यह वह चीज़ है, जिसे मानवमात्र नहीं स्वीकारता। आगे चलकर प्रेमचन्द इस बारीक़ी को ख़ुद स्पष्ट करते हैं, "मगर खुली हुई ललकार सुनकर वह चौंक पड़ता है और होशियार हो जाता है।" ख़ाला के कथन में 'खुली हुई ललकार है', जिसे सुनकर अलगू चौंक पड़ने के साथ-साथ होशियार हो गए हैं। इसीलिए "अलगू चौधरी इस सवाल का जवाब न दे सके।" इसके बाद प्रेमचन्द प्रश्न करते हैं, जिसमें उत्तर भी शामिल है, "क्या वे 'नहीं', करने की जुर्रत कर सकते थे?" इसमें प्रेमचन्द की अपनी मान्यता और पक्षधरता, दोनों शामिल हैं, जबकि हिन्दीरूप निरपेक्ष चित्रणमात्र है, "पर उसके हृदय में ये शब्द गूँज रहे थे–क्या बिगाड़ के डर से ईमान की बात न कहोगे?"

पंचायत में लोगों का आना ख़ाला की पहली जीत है। यानी, 'किसमें इतनी जुर्रत थी, जो उनके सामने खड़ा हो सके?' ग़लत साबित हुआ। ख़ाला जैसी असहाय ग़रीब बुढ़िया उनके सामने खड़ी है। जुम्मन ने अपने आपको 'मुख़ालिफ़ों के नर्गे में पाया।' स्पष्ट है कि अब वे घबराए हुए हैं। फ़रियाद करने न जाने की भूल का उन्हें एहसास हो रहा है। वे जान गए हैं कि इस पंचायत में अब उनका हारना तय है।

रामधन मिसिर, जो जुम्मन के विरोधी हैं; जुम्मन से पहले पंच बदने को इसलिए

कहते हैं कि वे जानते हैं कि मौजूद लोगों में से जुम्मन जिसका भी नाम लेंगे, उनका विरोधी ही होगा। अगर इस पंचायत में जुम्मन के हितैषी शामिल होते, तो रामधन मिसिर पहले ख़ालाजान से पंच बदने को कहते। जैसा कि वे अलगू की पंचायत में करते हैं। इधर जुम्मन भी इसे जानते हैं। अपनी ज़बान से अपने विरोधी को पंच बदने से अच्छा है कि दिलेरी दिखाई जाए। "ख़ालाजान जिसे चाहें पंच बनाएँ। मुझे उज़्र नहीं है।" ख़ालाजान जुम्मन के मन की खोट को समझ जाती हैं। इसीलिए "ख़ालाजान ने चिल्लाकर कहा–अरे अल्लाह के बन्दे, तू पंचों के नाम क्यों नहीं बता देता?" ख़ालाजान के चिल्लाकर कहने से जुम्मन अपने आपको क़ाबू में रखते हुए भी फिसल जाते हैं। "जुम्मन ने बुढ़िया को ग़ज़बनाक निगाहों से देखकर कहा–अब इस वक़्त मेरी ज़बान न खुलवाओ। जिसे चाहो पंच बना लो।" ख़ालाजान जुम्मन के छिपे आरोप को उघाड़कर हाज़िर लोगों के मन में अपना पक्ष मज़बूत कर लेती हैं। इतना ही नहीं फिर चैलेंज के रूप में अलगू का नाम प्रस्तावित कर देती हैं। "बेटा, ख़ुदा से डर। मेरे लिए कोई अपना ईमान न बेचेगा। इतने भले आदमियों में क्या सब तेरे दुश्मन हैं? और सबको जाने दो। अलगू चौधरी को तो मानेगा?" ख़ालाजान अलगू चौधरी का नाम बदकर जुआ नहीं खेल रही हैं। नाम बदने के पहले उन्होंने जो दो वाक्य कहे हैं, वे किसी भी इनसान को झनझनानेवाले हैं। यानी, हे उपस्थित सज्जनों, यह जुम्मन आप सभी को दुश्मन मानता है। इसलिए मैं उसके दोस्त अलगू का नाम बदती हूँ। इसके पहले वे अलगू को ताककर निशाना मार चुकी हैं, "बेटा, क्या बिगाड़ के डर से ईमान की बात न कहोगे?" और उसके असर को भी देख चुकी हैं। अलगू होशियार हो चुके हैं, इसलिए दोस्ती के बहाने इस झमेले से बच निकलना चाहते थे। उनके लिए सरपंची 'झमेले में फँसना' क्यों हो गई? उन्हें तो जुम्मन की ही तरह ख़ुश होना चाहिए। स्पष्ट है कि सरपंची इस वक़्त अलगू के लिए तनावभरा कार्य है। ख़ाला ने ईमान और दोस्ती में द्वन्द्व पैदा कर दिया है। इसीलिए उन्होंने "मोतरिज़ाना अन्दाज़ से कहा–बूढ़ी माँ, तुम जानती हो कि मेरी और जुम्मन की गाढ़ी दोस्ती है।" उर्दूरूप में इसके पहले एक मुहावरा प्रयुक्त है, "अलगू बग़लें झाँकने लगे।" जो हिन्दीरूप में नहीं है। अलगू तनाव अथवा द्वन्द्व से बचने के लिए अन्तिम उपाय करते हैं। ख़ाला ने फिर ताककर निशाना मारा से मिलता-जुलता कथन, "बेटा, दोस्ती के लिए कोई अपना ईमान नहीं बेचता।" करके अलगू को तनावमुक्त कर देती हैं। इसीलिए 'अलगू को कोई चारा न रहा।' यह वाक्य हिन्दीरूप में नहीं है। यहाँ तक हम पाते हैं कि कितनी सूझ-बूझ और जद्दोजहद से ख़ालाजान अलगू को सरपंच बनाने में कामयाब होती हैं।

सरपंच बनने के बाद अलगू चौधरी शेख़ जुम्मन को सम्बोधित करते हुए कहते हैं, "शेख़ जुम्मन, हम और तुम पुराने दोस्त हैं। जब ज़रूरत पड़ी है, तुमने मेरी मदद

की है। और हमसे भी जो कुछ बन पड़ा है, तुम्हारी ख़िदमत करते आए हैं। मगर इस वक़्त न तुम हमारे दोस्त हो, न हम तुम्हारे दोस्त। यह इंसाफ़ और ईमान का मुआमला है। ख़ालाजान ने पंचों से अपना हाल कह सुनाया। तुमको भी जो कुछ कहना हो, कहो।" उर्दूरूप हिन्दीरूप की अपेक्षा सहज, सघन और लयबद्ध है। हिन्दीरूप में 'यह इंसाफ़ और ईमान का मुआमला है।' नहीं है; जिसके माध्यम से अलगू अपनी दोस्ती को अलगाते हैं। इसलिए 'इस वक़्त न तुम हमारे दोस्त हो, न हम तुम्हारे दोस्त।' जबकि हिन्दीरूप में 'इस समय तुम और बूढ़ी ख़ाला, हमारी निगाह में बराबर हो।' है। हिन्दी का कथन अमूर्त है। 'बराबर' होने के लिए ख़ाला को दोस्ती के स्तर तक उठाया जा सकता है। इस तरह से दो दोस्तों में 'बराबर' हो जाएगा। न्याय की पहली शर्त है, व्यक्तिगत सम्बन्धों से मुक्ति। अलगू इस व्यक्तिगत सम्बन्ध से मुक्ति की घोषणा करते हैं। उर्दूरूप ज़्यादा अर्थपूर्ण और प्रभावशाली है।

"जुम्मन एक शाने-फ़जीलत (श्रेष्ठता) से उठ खड़े हुए और बोले" के द्वारा प्रेमचन्द सीधे गतिविधि पर आ जाते हैं, जबकि हिन्दीरूप में वे अपनी ओर से स्पष्टता करने के बाद गतिविधि पर आते हैं। "जुम्मन को पूरा विश्वास था कि अब बाजी मेरी है। अलगू यह सब दिखावे की बातें कर रहा है। अतएव शान्त-चित्त होकर बोले"। विद्वान पाठक ख़ुद तय करें कि जुम्मन का श्रेष्ठता के भाव से बोलना ज़्यादा स्वाभाविक है या शान्त-चित्त होकर। उर्दूरूप में जुम्मन कहते हैं, "पंचो, मैं ख़ालाजान को अपनी माँ के बजाय समझता हूँ और उनकी ख़िदमत में कोई कसर नहीं रखता।" जबकि हिन्दीरूप में दुहराव और स्फीति है। वे वही सब कहते हैं, जो ख़ालाजान पहले ही कह चुकी हैं, "पंचो, तीन साल हुए ख़ालाजान ने अपनी जायदाद मेरे नाम हिब्बा कर दी थी। मैंने उन्हें ता-हयात खाना-कपड़ा देना कुबूल किया था। ख़ुदा गवाह है, आज तक मैंने ख़ालाजान को कोई तकलीफ़ नहीं दी।" निश्चित रूप से दुहराव समझकर इन वाक्यों को प्रेमचन्द ने ख़ुद ही निकाल दिया है। और 'उनकी ख़िदमत करना मेरा फ़र्ज है' की जगह 'उनकी ख़िदमत में कोई कसर नहीं रखता' कर दिया है। 'कोई कसर नहीं रखता' में अपनी सामर्थ्यभर सक्रियता परिलक्षित होती है, जबकि 'फर्ज है' में नहीं। फ़र्ज़ निभाया जाता है कि नहीं इसका पता नहीं चलता। हिन्दीरूप में है, "खालाजान मुझसे माहवार खर्च माँगती हैं' दुहराव है, क्योंकि ख़ालाजान यह पहले ही कह चुकी हैं और इसी के लिए पंचायत बुलाई है। इसलिए उर्दूरूप से इसे निकाल दिया गया है और जुम्मन की चाहत का बयान किया गया है, "माहवार रुपया देना मेरे क़ाबू से बाहर है। खेतों की जो हालत है वह किसी से छुपी नहीं। आगे पंचों का हुक़्म सिर और माथे पर है।" जबकि हिन्दीरूप में काफ़ी बिखराव है, "जायदाद जितनी है; वह पंचों से छिपी नहीं। उससे इतना मुनाफा नहीं होता है कि माहवार खर्च दे सकूँ। इसके अलावा हिब्बानामे में माहवार खर्च का कोई जिक्र नहीं।

नहीं तो मैं भूलकर भी इस झमेले में न पड़ता। बस, मुझे यही कहना है। आइन्दा पंचों का अख़्तियार है, जो फैसला चाहें, करें।" 'नहीं तो मैं भूलकर भी इस झमेले में न पड़ता।' वाक्य जुम्मन कह ही नहीं सकते। वे तो जायदाद भी चाहते हैं और माहवार रुपया देने से निजात भी। अगर ऐसा वाक्य कहते हैं, तब तो फ़ैसला तुरन्त हो जाता है। 'जो फैसला चाहें, करें' में विनम्रता नहीं है, जबकि उर्दूरूप 'आगे पंचों का हुक़्म सिर माथे पर है।' में अत्यन्त विनम्रता है। यही है जटिल राजनीति।

अलगू के जिरह से अचम्भित और परेशान जुम्मन को शिकायत है अलगू से, 'अच्छी दोस्ती निबाही।' हिन्दीरूप में यह 'न मालूम कब की कसर यह निकाल रहा है?' है। इसमें शिकायत नहीं, बल्कि अपने किए में ख़ामी ढूँढ़ने का प्रयास है। जो इस स्थिति में सम्भव नहीं। इसीलिए उन्हें दोस्त की अपेक्षा दुश्मन ज़्यादा काम का नज़र आता है, "इससे अच्छे तो रामधन ही थे। वह यह तो न जानते थे कि कौन-कौन से खेत कितने पर उठते हैं और क्या निकासी होती है। ज़ालिम ने बना बनाया खेल बिगाड़ दिया।" में जुम्मन का शातिरपन उजागर होता है। उसके इस शातिरपने में उसके दोस्त अलगू ने मदद नहीं की, इसी की शिकायत है उसे। प्रेमचन्द कहानी के प्रारम्भ में ही दोस्त की परिभाषा दे चुके हैं, "सिर्फ़ हमख़याल थे। और यही दोस्ती की असली बुनियाद है।" यहाँ वे इसकी पुष्टि करते हैं, ग़लत काम में अलगू के द्वारा विरोध कराकर। हिन्दीरूप में है, "क्या इतने दिनों की दोस्ती कुछ भी काम न आएगी?" "न मालूम कब की कसर निकाल रहा है?" के बाद इस तरह की आशा करना न तो सहज है, न तर्कसंगत। जुम्मन जैसे चालाक चरित्र के लिए तो हरगिज़ नहीं। हिन्दीरूप में 'अलगू ने फैसला सुनाया' है, जबकि उर्दूरूप में 'अलगू ने फ़ैसला सुनाया लहजा निहायत संगीन और तहकुमाना था।' इसीलिए उर्दूरूप में स्पष्ट निर्णय है, "ज्यादती सरासर तुम्हारी है।" जबकि हिन्दीरूप में यह वाक्य है ही नहीं। इतना ही नहीं निर्णय में 'इसके सिवाय और कोई सूरत नहीं। अगर तुम्हें यह मंजूर नहीं तो हब्बानामा मंसूख़ हो जाएगा।' चेतावनी है। निर्णय में वे दोनों बातें हैं, जो जुम्मन नहीं चाहते थे। फ़ैसला सुनने के बाद जुम्मन लोगों में जो अपनी प्रतिक्रिया व्यक्त करते हैं, वह हिन्दी की अपेक्षा उर्दू में ज़्यादा संगठित और स्वाभाविक है।

उर्दूरूप से ख़ालाजान का जो चरित्र उभरकर सामने आता है, वह एक सूझ-बूझ और संघर्षशील औरत का है। वे अपनी सूझ-बूझ और जद्दोजहद से न्याय अर्जित करती हैं, न्याय की भीख नहीं माँगतीं। अलगू की मानसिकता में बदलाव और वैयक्तिकता से सामाजिकता की ओर उन्मुखता में ख़ालाजान की महत्त्वपूर्ण भूमिका है। यहाँ तक की कहानी पंचायत की पूरी रूपरेखा और उसमें चलनेवाली गतिविधि, व्यक्ति और समुदाय (समाज) के द्वन्द्व को रचती है। पंच अपने आप में समाज है।

एक व्यक्ति ही पंच बनता है। पंच बनने के पहले वह एक व्यक्ति था, अपनी वैयक्तिक ख़ामियों-ख़ूबियों के साथ। पंच बनते ही उसके व्यक्ति पर समाज का दबाव पड़ता है। यह दबाव उसके व्यक्ति को बदलने को मजबूर करता है। जैसा कि अलगू के साथ होता है। यह कहानी पंच की नहीं, पंचायत की कहानी है। जिसमें अनेकों प्रकार की खींचतान है। यह खींचतान सत्य के बाहर आने में बाधक नहीं बन पाती। यूँ तो यहाँ तक की कहानीं अपने आप में एक मुकम्मल कहानी है। यहाँ तक की कहानी पूरी तरह से ख़ालाजान की कहानी है। पंचायत की कहानी ख़ाला के चरित्र से दब-सी जाती है, साथ ही अधूरी भी है। यहाँ हमने एक कमज़ोर को न्याय पाते देखा। जिसमें खींचतान अपने चरम पर नहीं है। क्योंकि जुम्मन पंचायत के लिए लोगों को बुलाने नहीं जाते। जब तक चरमावस्था की खींचतानवाली पंचायत का स्वरूप नहीं बनेगा; पंचायत की कहानी अधूरी रहेगी।

अब तक हमने दोस्त, जो एक व्यक्तिगत सम्बन्ध है, को सामूहिकता के दबाव के तहत बदलते देखा। अब दुश्मन के सम्बन्ध को देखें। यहाँ पंचायत का और जटिल रूप दिखाई देता है। इस भाग का प्रारम्भ हिन्दीरूप में इस प्रकार है, "अच्छे कामों की सिद्धि में बड़ी देर लगती है; पर बुरे कामों की सिद्धि में यह बात नहीं होती, जुम्मन को भी बदला लेने का अवसर जल्दी ही मिल गया।" जबकि उर्दूरूप इस प्रकार है, "ख़ुशकिस्मती से मौक़ा भी जल्द मिल गया।" हम देखते हैं कि उर्दूरूप में लेखक का अभिमत नहीं है। 'ख़ुशकिस्मती' में जुम्मन की मानसिकता का आलेखन है। बदला लेने का मौक़ा जल्द मिल गया, यह उसके लिए ख़ुशकिस्मती है। जबकि हिन्दीरूप में जुम्मन की मानसिकता का पता नहीं चलता। हिन्दीरूप में प्रेमचन्द एक निरपेक्ष द्रष्टा की तरह चित्रण करते नज़र आते हैं, जबकि उर्दूरूप में वे द्रष्टा के साथ-साथ भोक्ता के रूप में भी प्रकट होते हैं। इसमें उनकी संवेदना और पक्षधरता स्पष्ट नज़र आती है। हिन्दीरूप में है, "बैल पछाहीं जाति के सुन्दर, बड़े-बड़े सींगोंवाले थे" की जगह उर्दूरूप में 'पछाईं नस्ल के ख़ूबसूरत बैल थे' है। इसी तरह हिन्दीरूप "दैवयोग से जुम्मन की पंचायत के एक महीने बाद इस जोड़ी का एक बैल मर गया।" से 'देवयोग' हटाकर "इस पंचायत के एक महीने बाद एक बैल मर गया।" कर दिया गया है। लेखक के कथन में 'देवयोग' खटकता है। बैल का मरना किसी भी लेखक अथवा इनसान के लिए ख़ुशख़बरी नहीं है, सिवाय दुश्मन के। आगे हिन्दीरूप है, "कहाँ वह सुख-चैन, कहाँ यह आठों पहर की खपत।', जबकि उर्दूरूप है, "कहाँ वह नाज़ोनेमत, कहाँ यह आठों पहर की रपट।" पाठक 'खपत' और 'रपट' के अन्तर और अर्थवत्ता और औचित्य को समझ सकते हैं। यहाँ 'खपत' नहीं 'रपट' ज़्यादा औचित्यपूर्ण है। इसी तरह हिन्दीरूप में है, "महीने भर ही में वह पिस-सा गया। इक्के का जुआ देखते ही उसका लहू सूख जाता था।" जबकि उर्दूरूप है,

"महीनेभर में बेचारे का कचूमर निकल गया। यक्के का जुआ देखते ही बेचारे का हाऊ छूट जाता।" 'बेचारे' के माध्यम से लेखक की सम्वेदना प्रकट होती है।

अलगू की पंचायत के वक़्त पंच के रूप में जब समझू सेठ शेख़ जुम्मन का नाम बदते हैं, तो अलगू का कलेजा धक् से हो जाता है। रामधन मिसिर अलगू के दोस्त हैं, इसलिए मौक़ा देते हुए अलगू से पूछते हैं, "चौधरी, तुमको कोई उज़्र तो नहीं?" पंचायत में पंचों के नाम पर अमूमन उज़्र नहीं किया जाता। पंचों पर अविश्वास करना अपने आपको क्षति पहुँचाना है। अविश्वास व्यक्त करनेवाले के प्रति पूरे समूह में एक विरोध का भाव पैदा होता है। ख़ाला की पंचायत दो सशक्तों की पंचायत नहीं थी, मगर यह पंचायत तो दो शक्तिशालियों की पंचायत है। अपनी जीत के लिए पंचायत से पहले दोनों 'गोलबन्दियाँ' करते हैं, "दोनों फ़रीक़ ने गोलबन्दियाँ शुरू कीं।" यह हिन्दीरूप में नहीं है। चूँकि यहाँ काँटे की टक्कर है। इसलिए यहाँ होनेवाली बारीक़-से-बारीक़ खींचतान का चित्रण ज़रूरी है। यह खींचतान इस ओर इशारा करती है कि पंचायत में भी दोनों पक्ष अपना-अपना हित साधने के लिए अनेकों प्रकार के दाँव-पेंच अपनाते हैं, बावजूद इसके सत्य और न्याय ही उभरकर सामने आते हैं।

"इसके बाद चार नाम और तज्वीज़ किए गए। अलगू पहला चरका खाकर होशियार हो गए थे। ख़ूब जाँचकर इन्तिख़ाब किया। सिर्फ़ सरपंच का इन्तिख़ाब बाक़ी था। अलगू इस फ़िक्र में थे कि इस मरहले को क्यूँकर तै करूँ कि यकायक समझू सेठ के एक अज़ीज़ गूदर साहु बोले–समझू भाई, सरपंच किसे बदते हो?

"समझू खड़े हो गए और अकड़कर बोले–शेख़ जुम्मन को।

"रामधन मिसिर ने चौधरी की तरफ़ हमदर्दाना अन्दाज़ से देखकर पूछा–अलगू, तुम्हें कोई उज़्र हो तो बोलो।" यहाँ हम देख रहे हैं कि रामधन मिसिर उज़्र करने के लिए अलगू को मौक़ा ही नहीं दे रहे हैं, उकसा भी रहे हैं। "अलगू ने क़िस्मत ठोंक ली। हसरतनाक लहजे में बोले–नहीं। मुझे कोई उज़्र नहीं है।" यह पूरा दृश्य हिन्दीरूप में नहीं है। यह दृश्य न केवल पंचायत की प्रक्रिया और गतिविधि को चित्रित करता है, बल्कि जुम्मन के बदलाव को भी रचता है। अलगू और समझू जब अपनी व्यक्तिगत समस्या का समाधान आपस में नहीं कर पाते, तो उसे समाज में ले जाते हैं। जुम्मन सरपंच बनने के बाद व्यक्ति नहीं समाज में रूपान्तरित हो जाते हैं। यही है जिम्मेदारी का एहसास। इस वक़्त वे समाज के वाहक हैं, जिसमें उनका अपना व्यक्ति भी बैठा है। यह वाहन अगर ग़लत जगह गया, तो उनका अपना व्यक्ति भी ग़लत जगह ही पहुँचेगा। हिन्दीरूप है, "मुझे सत्य से जौ-भर भी टलना उचित नहीं।" जबकि उर्दूरूप है, "हक़ और रास्ती से जौभर टलना भी मुझे दुनिया और दीन दोनों ही में स्याह बना देगा।" हिन्दीरूप अमूर्त है, जबकि उर्दूरूप मूर्त। जुम्मन का आत्म वर्तमान की अपेक्षा भविष्य की ओर मुख़ातिब है। जिसमें

आत्मविस्तार और आत्मविकास की चिन्ता है। यही है सामाजिक होना अथवा सामाजिकता का दबाव। हिन्दीरूप है, "पंचों ने दोनों पक्षों से सवाल-जवाब शुरू किए। बहुत देर तक दोनों दल अपने-अपने पक्ष का समर्थन करते रहे। इस विषय में तो सब सहमत थे कि समझू को बैल का मूल्य देना चाहिए। परन्तु दो महाशय इस कारण रियायत चाहते थे कि बैल के मर जाने से समझू को हानि हुई। इसके प्रतिकूल दो सभ्य मूल के अतिरिक्त समझू को दंड भी देना चाहते थे, जिससे फिर किसी को पशुओं के साथ ऐसी निर्दयता करने का साहस न हो। अन्त में जुम्मन ने फ़ैसला सुनाया", जबकि उर्दूरूप दुहराव को काट-छाँटकर सघन और सन्तुलित कर दिया गया है, "पंचायत शुरू हुई। फ़रीकेन ने अपने-अपने हालात बयान किए। जिरह हुई। शहादतें गुज़रीं। फ़रीक़ेन के मददगारों ने बहोत खेंचतान की। जुम्मन ने बहोत ग़ौर से सुना। और तब फ़ैसला सुनाया।" हिन्दीरूप में जो 'रियायत' और 'दंड' की बात कही गई है, वह आगे दुबारा संवादों के माध्यम से आती है। दुहराव होने के कारण उसे उर्दूरूप से हटा दिया गया है। आगे के संवाद भी हिन्दीरूप की बनिस्बत उर्दूरूप के ज़्यादा सहज और सघन हैं। मसलन, "रामधन मिसिर ने कहा–क़ीमत के अलावा इनसे कुछ तावान भी लिया जाए। समझू ने बैल को दौड़ा-दौड़ाकर मार डाला।" इसका हिन्दीरूप है, "रामधन मिश्र बोले–समझू ने बैल को जान-बूझकर मारा है, अतएव उससे दंड लेना चाहिए।" इसी तरह उर्दूरूप है, "गूडर साहु ने कहा–समझू के साथ रिआयत होनी चाहिए। उनका बहोत नुकसान हुआ है और अपने किए की सज़ा मिल चुकी है।" और हिन्दीरूप है, "झगड़ू साहु ने कहा–समझू के साथ रियायत होनी चाहिए।"

फ़ैसला सुनने के बाद अलगू 'पंच परमेश्वर की जै' की हाँक लगाते हैं। इस हाँक की प्रतिक्रिया क्या होती है? आइए देखें। उर्दूरूप है, "आसमान पर तारे निकल आए। इस नारे के साथ उनकी सदा-ए-तहसीन भी सुनाई दी। बहोत मद्धम। गोया समन्दर पार से आई हो।" और हिन्दीरूप है, "इसके साथ ही चारों ओर से प्रतिध्वनि हुई–पंच-परमेश्वर की जय।" पाठक देख सकते हैं, उर्दूरूप की श्रेष्ठता को। आगे लोग कहते हैं, "पंच में परमात्मा बसते हैं। यह उनकी माया है।" यहाँ हिन्दीरूप है, "पंच में परमेश्वर वास करते हैं, यह उन्हीं की महिमा है।" आत्म से बना है आत्मा। आत्मा का विकसित रूप है परमात्मा। आत्मा अपने क्रिया-कलापों के द्वारा परमात्मा बन सकती है। परमात्मा का एक अर्थ समाज भी है। आत्म यानी, व्यक्ति और परम आत्म यानी, समाज। मनुष्य आज तक अपनी जद्दोजहद के द्वारा इसी परम की ओर अग्रसरित रहा है और आज भी है। आत्म ही माया को रचता है। यह माया उसके अपने क्रिया-कलाप हैं। जितना ही वह अपने आत्म में सिमटता है, उतनी ही माया रचता है। और जैसे-जैसे आत्मविस्तार करता है, वैसे-वैसे माया को ख़त्म करता है।

हिन्दीरूप में आए 'परमेश्वर' और 'महिमा', दोनों अरूप और असाध्य हैं। जब ईश्वर ही अरूप और असाध्य है, तो 'परमेश्वर' और उसकी 'महिमा' कितना अरूप और असाध्य होगा!

'पंचायत' 'पंच परमेश्वर' की अपेक्षा ज़्यादा जटिल, यथार्थपरक और कलात्मक कहानी है। 'पंचायत' शीर्षक ही उचित शीर्षक है। यह कहानी दृष्टान्त के ढाँचे में होने पर भी दृष्टान्त का अतिक्रमण कर जाती है। इसमें कारणभूत हैं, लेखक की संवेदना और जटिल यथार्थ का अंकन। दृष्टान्त का ढाँचा इसे उपदेशपरक बनाता है, परन्तु लेखक की संवेदना, पक्षधरता और जटिल यथार्थ उपदेशपरकता को दबाकर प्रभाव उत्पन्न करते हैं। यह कहानी प्रेमचन्द के सन्धिकाल की कहानी है, जब वे उपदेशपरकता से प्रभाव पैदा करने की ओर अग्रसरित हो रहे थे। सामान्य-सी लगनेवाली यह कहानी अपने अन्तर में गहन सामाजिकताबोध, प्रतिबद्धता, सूक्ष्म मनोविज्ञान और मानवीय चिन्ता को छिपाए है। अब विद्वान पाठक ही फ़ैसला करें कि 'पंचायत' कहानी श्रेष्ठ और प्रौढ़ है या 'पंच परमेश्वर'। अगर 'पंचायत' श्रेष्ठ और प्रौढ़ है, तो हिन्दी पाठकों के सामने क्या यही रूप नहीं आना चाहिए?

बूढ़ी काकी : हिन्दी-उर्दूरूप की तुलना

'बूढ़ी काकी' कहानी के भी हिन्दी-उर्दूरूप का मिलान करने पर दोनों में जगह-जगह अन्तर नज़र आता है। उर्दूरूप ज़्यादा सघन, सहज और रवानी लिए हैं। साफ़ नज़र आता है कि हिन्दीरूप ही उर्दूरूप का अनुवाद है, न कि उर्दूरूप। कारण, जितने वाजिब और सटीक शब्दचयन उर्दूरूप में हैं, हिन्दी में नहीं हैं। कहीं-कहीं ऐसा भी हुआ है कि उर्दू शब्द को एक जगह ज्यों-का-त्यों रहने दिया गया है, तो दूसरी जगह उसी शब्द का अनुवाद कर दिया गया है, वह भी मानी से अलग। प्रेमचन्द के विचारों और उनकी असल भाषा से जो व्यक्तित्व उभरकर सामने आता है, वह है जनसामान्य का प्रबल पक्षधर और उसकी बोली में बात करनेवाला। जबकि हिन्दीरूप में तत्सम और कोश की शब्दावली की भरमार है। कई ऐसे शब्द मिलते हैं, जो प्रेमचन्द की ज़बान से कम-से-कम कहानी में निकल ही नहीं सकते। कारण, कहानी अनुभूति-प्रधान विधा होने के कारण वह व्यावहारिक भाषा और शब्दावली का इस्तेमाल करती है। कोई शास्त्रीय विधा नहीं है कि शास्त्रीय अथवा बौद्धिक भाषा और शब्दावली का इस्तेमाल करे। आइए, जानने की कोशिश करें कि कौन-सा रूप प्रेमचन्द के व्यक्तित्व से मेल खाता है।

शुरुआत दूसरे वाक्य से करते हैं। हिन्दीरूप है–"बूढ़ी काकी में जिह्वा-स्वाद के सिवा और कोई चेष्टा शेष न थी और न अपने कष्टों की ओर आकर्षित करने का, रोने के अतिरिक्त कोई दूसरा सहारा ही।" और उर्दूरूप है–"बूढ़ी काकी में ज़ायके के सिवा कोई हिस बाक़ी न थी और न अपनी शिकायतों की तरफ़ मुख़ातिब करने का रोने के सिवा और कोई दूसरा ज़रिया।" उर्दूरूप में दो जगह 'सिवा' आया है, जबकि हिन्दीरूप में एक जगह 'सिवा' और दूसरी जगह 'अतिरिक्त' है। ऐसा क्यों है? 'नमक का दारोग़ा' की पड़ताल में अनुवादक के मनोविज्ञान की बात की ग़ई है। यहाँ उसी मनोविज्ञान का दबाव नज़र आता है। 'जिह्वा-स्वाद' प्रेमचन्द की प्रकृति के अनुकूल नहीं है। 'स्वाद' में अपने आप 'जिह्वा' शामिल है। 'जिह्वा' प्रसादजी के लिए उपयुक्त है, प्रेमचन्द के लिए नहीं। ज़ायका और स्वाद समानार्थी हैं। इसलिए 'जिह्वा' शब्द दुहराव के कारण भाषा की सघनता और रवानी को

नुकसान पहुँचाता है। ऐसी भूल कोई दूसरा व्यक्ति ही कर सकता है, प्रेमचन्द नहीं। 'हिस' और 'चेष्टा' समानार्थी नहीं हैं। 'हिस' का समानार्थी है, 'इच्छा' और 'चेष्टा' का समानार्थी है, 'कोशिश'। इसका मतलब है कि अनुवाद चाहे जो भी रूप हो, मूल से दूर है। यानी, ग़लत है। मगर इनमें से कोई-न-कोई असल और अनुवाद है। कहानी की माँग के अनुसार 'इच्छा' यानी, 'हिस' ज़्यादा वाजिब है, 'चेष्टा' नहीं। 'चेष्टा' में क्रियाशीलता शामिल है, जबकि बूढ़ी काकी उससे भी आगे बढ़ गई है। यहाँ तक कि सारी इच्छाएँ मर गई हैं, महज़ एक इच्छा बाक़ी है–स्वाद। आगे 'कष्टों' और 'शिकायतों' समानार्थी के रूप में प्रयुक्त हुए हैं। क्या यह बतलाने की ज़रूरत है कि ये समानार्थी नहीं हैं? फिर वाजिब कौन है? कष्ट पड़ता है तो किसी से मदद माँगी जाती है, अगर ख़ुद कष्ट को दूर कर पाने में नाकाम हों तो। पहले ही बतलाया जा चुका है कि जब इच्छा भी महज़ एक ही बाक़ी है तो चेष्टा यानी, क्रियाशीलता का अवकाश कहाँ? कष्ट देनेवाले घर के ही लोग हैं। कहानी का पहला ही वाक्य है–''बुढ़ापा अक्सर बचपन का दौरे सानी हुआ करता है।'' यानी, घर के बच्चे बूढ़ी काकी के साथ बच्चों का-सा व्यवहार करते हैं। सताते हैं। कष्ट को दूर करने के लिए बूढ़ी काकी घर के मालिक-मुख़्तारों से शिकायत करती है। काकी छोटी बच्ची नहीं है, जिसके पास ज़बान नहीं होती। इसके पास ज़बान है। भाषा है। मगर भाषिक शिकायतों की ओर कोई ध्यान ही नहीं देता, इसलिए अपनी शिकायत को और घनीभूत तथा असरदार बनाने के लिए रोती है। इसलिए यहाँ 'कष्टों' की अपेक्षा 'शिकायतों' ज़्यादा वाजिब और मुनासिब है। इस वाक्य का आख़िरी शब्द है, 'सहारा'। उर्दू में 'ज़रिया' प्रयुक्त है। 'रोना' सहारा नहीं है, अपनी शिकायतों की ओर आकर्षित करने का उपाय है, माध्यम है। इस तरह उर्दूरूप का यह पहला वाक्य अपनी बुनावट, अर्थ-सघनता और बोलचाल की रवानी के कारण हिन्दी रूप से ज़्यादा प्रौढ़ और असरदार है। हिन्दीरूप अनुवाद है, वह भी किसी दूसरे व्यक्ति के द्वारा।

उर्दू का वाक्य है–''आँखों, हाथ-पैर सब जवाब दे चुके थे।'' और हिन्दी वाक्य है–''समस्त इन्द्रियाँ, नेत्र, हाथ और पैर जवाब दे चुके थे।'' 'समस्त इन्द्रियाँ' कहने के बाद 'नेत्र' की ज़रूरत क्यों पड़ी? क्या 'नेत्र' 'समस्त इन्द्रियाँ' में शामिल नहीं होता? प्रेमचन्द की भाषा और शब्दावली से 'आँख' का मेल बैठता है, या 'नेत्र' का। हिन्दी की 'आँख' हिन्दी में 'नेत्र' हो गई, और उर्दू का 'जवाब' हिन्दी में 'जवाब' ही रहा। गनीमत है कि 'उत्तर' नहीं हुआ। मगर यहाँ 'ज़मीन' का 'पृथ्वी' हो गया–उर्दूरूप–''ज़मीन पर पड़ी रहतीं।'' हिन्दीरूप–''पृथ्वी पर पड़ी रहतीं।'' आगे के वाक्य में देखेंगे कि लेखक का एक सामान्य कथन किस तरह विशिष्ट बन गया। उर्दूरूप–''उनके शौहर को मरे हुए एक ज़माना गुज़र गया।'' इसका हिन्दीरूप है–''उनके

पतिदेव को स्वर्ग सिधारे कालान्तर हो चुका था।'' 'शौहर' का 'पति' नहीं, 'पतिदेव' और 'मरे हुए' को जबरन 'स्वर्ग सिधारे' करके अनुवादक ने अपने व्यक्तित्व को कहानी में आरोपित करने की कोशिश की। यह कोशिश प्रेमचन्द के व्यक्तित्व को न केवल खंडित करती है, बल्कि अपना व्यक्तित्व मिलाकर एक बेमज़ा, बेस्वाद खिचड़ी पकाती है। 'ज़माना गुज़र गया' का सीधा-सादा अनुवाद होता, 'युग बीत गया।' इससे प्रेमचन्द के कथ्य और रूप दोनों की रक्षा होती। 'ज़माना' और 'कालान्तर' किसी भी तरीक़े से एक ही अर्थ नहीं देते और कहानी की माँग के अनुसार 'ज़माना गुज़र गया' ज्यादा सही है।

प्रेमचन्द कितने सधे हुए लेखक हैं, इसकी पहचान उर्दूरूप से होती है। उर्दूरूप का यह वाक्य–''सात बेटे जवान हो-होकर दाग़ दे गए।'' हिन्दीरूप में इस प्रकार है–''बेटे तरुण हो-होकर चल बसे थे।'' उर्दूरूप में प्रेमचन्द बूढ़ी काकी की सामाजिक हैसियत से परिचित करा रहे थे, कि काकी के एक नहीं सात-सात बेटे, वह भी जवान हो-होकर मर गए। समाज में इससे काकी की छवि अभागिन की है। इसीलिए प्रेमचन्द 'दाग़ दे गए' लिखते हैं। कौन-सा दाग़ दिया? अभागिन का। 'भतारो खाई, पूतो खाई' और अब? आगे रूपा का कथन इसे सार्थक करता है–''डायन मरे न माँचा छोड़े।'' अनुवादक महोदय इस ध्वनि को नहीं समझ सके, इसलिए अपनी भावुकता काकी को समर्पित कर बैठे। 'सात' की संख्या के महत्त्व से न केवल अनजान रहे, बल्कि उसे भरती का समझकर निकाल दिए।

इस कहानी में अनुवादक महोदय ने छेड़छाड़ की हद तक अपने व्यक्तित्व को घुसाया है। कई बार तो ऐसा लगता है, जैसे प्रेमचन्द को बेदख़ल करने पर आमादा हैं। जैसे प्रेमचन्द खिसकने का नाम ही न ले रहे हों और अनुवादक महोदय खीझ में उनके कपड़े फाड़ रहे हों। मसलन–'वह सोचते' का 'वह विचारते', 'सारे घर में' का 'सारे परिवार में', 'कड़ाह चढ़े हुए थे' का 'कड़ाह चढ़ रहे थे', 'दूसरे में समोसे और पिड़ाकीं बनती थीं' का 'दूसरे में अन्य पकवान बनते थे', 'लोग सब खा गए हैं। मेरे लिए कुछ न बचा' का 'सब लोग भोजन कर चुके हैं। मेरे लिए कुछ न बचा', 'कि पूड़ियाँ पेटभर मिलें' का 'कि भरपेट पूड़ियाँ मिलें', 'खिसकती हुई' का 'सरकती हुई', 'जा बैठीं' का 'आ बैठीं', 'पछता रही थीं' का 'पश्चाताप कर रही थीं', 'फ़ैसला करके' का 'विचारकर', 'साबित हो रही थी' का 'प्रतीत हो रही थी', 'इन्हें लिहाज नहीं है' का 'इन्हें विचार नहीं है', 'कनखियों से देखता था' का 'तिरछे नेत्रों से देखता था', 'तरस नहीं आता था' का 'करुणा न आई थी', 'इसका रोयाँ क्यों दुखाएँ' का 'उसका जी क्यों दुखावें', 'सब्र का बाँध' का 'सन्तोष-सेतु', 'आसमान की तरफ़' का 'गगन-मंडल की ओर' आदि। इन जबरन के अनुवादों ने कहानी की गति को तो नुकसान पहुँचाया ही है, अर्थ का अनर्थ भी कर दिया है। मिसाल के तौर पर यहाँ

दो वाक्य लेते हैं। हिन्दीरूप है, 'सब लोग भोजन कर चुके हैं। मेरे लिए कुछ न बचा।' अगर मन में यह भाव जगता है कि 'सब लोग भोजन कर चुके हैं।' तब तो अपनी बारी का तीव्रता से इन्तज़ार होगा, न कि निराशा-मायूसी। 'मेरे लिए कुछ न बचा' में जो निराशा और मायूसी है, वह तभी उत्पन्न होगी, जब यह वाक्य आए, 'लोग सब खा गए हैं।' हिन्दीरूप दृश्य के भाव का खंडित रूप है। एक तरह से ग़लत। इसी तरह उर्दूरूप में प्रेमचन्द पूड़ियों के प्रति काकी की तीव्र इच्छा बतला रहे हैं। सामान्य परिवारों में पूड़ी तीज-त्यौहार, शादी जैसे मौक़ों पर ही खाने को मिलती है। वह भी कई घरों में तो प्रसाद की तरह। काकी को 'पंचायत की ख़ाला की तरह रोटियों के लाले नहीं हैं। कहानी की शुरुआत में ही कहा गया है–'बूढ़ी काकी में ज़ायक़े के सिवा कोई हिस बाक़ी न थी।' रोटी की अपेक्षा पूड़ी ज़्यादा ज़ायक़ेदार है। वह पूड़ी खाने का अवसर आया। शादी जैसा ख़ुशी का मौक़ा! इतनी बड़ी ख़ुशी के प्रति वह आशंकित हो जाती है। जैसे कोई माँ अपनी सन्तान के प्रति रहती है। वह तो अभागिन है ही, इसीलिए अपने भाग्य को कोस रही है कि 'जब रोटियों ही के लाले हैं तो ऐसे नसीब कहाँ कि पूड़ियाँ पेटभर मिलें।''

अनुवादक ने मुहावरों तक को नहीं बख़्शा है। यह देखकर हैरत के साथ-साथ दुख होता है कि विद्वानों ने इस तरह की भाषा की भूरि-भूरि प्रशंसा कैसे की! बहती गंगा में डुबकी लगा लेने के चलन को तो नहीं निभाया? यह विकासशील और स्वस्थ समाज का लक्षण नहीं है, अन्धश्रद्धा है। हिन्दीरूप का यह वाक्य–''विस्मयपूर्ण नेत्रों से गाने का रसास्वादन कर रहा था।'' गाने का 'रसास्वादन' कान से होता है, आँख से नहीं। आइए देखिए, यह किस उर्दूरूप का अनुवाद है–''निगाहे-हैरत से गाने की दाद दे रहा था।'' आँखें बोलती भी हैं, क्योंकि उनमें हरकत होती है। 'दाद देना' 'रसास्वादन' के बाद की क्रिया है। 'देने' का ठीक उल्टा है 'लेना'। अनुवाद उल्टा हुआ, या नहीं।

हिन्दीरूप का यह वाक्य–''यहाँ आने पर उन्हें उतना ही धैर्य हुआ जितना भूखे कुत्ते को खानेवाले के सम्मुख बैठने में होता है।'' देखकर मुझे भयंकर दुख होता है। यहाँ लेखकीय कल्पना है। एक इनसान के धैर्य की समानता कुत्ते के धैर्य से करना! प्रेमचन्द जानवरों को भी मानवीय रूप में दिखलाते हैं। वे बूढ़ी काकी जैसे असहाय व्यक्ति को कुत्ते से जोड़ें, मुझे तो मुमकिन नहीं लगता। यह वाक्य उर्दूरूप में नहीं है। तो क्या यह मान लें कि हिन्दीरूप का अनुवाद है उर्दूरूप? तो क्या ऊपर की सारी छानबीन, व्याख्या इस वाक्य के कारण खंडित हो गई? नहीं, मुझे तो लगता है कि जिस तरह अनुवादक महोदय ने अपनी मनमानी की है, उसी तरह यहाँ भी पेश आए हैं। यह वाक्य उन्हीं के द्वारा जोड़ा हुआ लगता है। इस कहानी के साथ ऐसा भी नहीं हुआ है हिन्दीरूप उर्दू के पहले मसौदे का अनुवाद हो और उर्दूरूप पहले

मसौदे का संशोधित-परिवर्द्धित रूप। हिन्दीरूप उर्दूरूप का बहुत ही ख़राब अनुवाद है। पाठक लिप्यन्तरित कहानी को पढ़कर ख़ुद निर्णय पर पहुँचेंगे।

यह कहानी पहली बार कब और कहाँ छपी, इस बाबत तीन विद्वान तीन बातें करते हैं। अमृतराय, कहाँ छपी का जवाब 'नहीं जानते' देते हैं, और कब छपी का जवाब ई. सन् 1921 बतलाते हैं। जाफ़र रज़ा, मई, 1918 'तहजीबे निसवाँ' में तथा प्रेमगोपाल मित्तल जुलाई, 1920 'कहकशाँ' में प्रकाशित बतलाते हैं। जाफ़र रज़ा ने जिस तरह से छानबीन की है, उससे उनके कथन को मानने को जी करता है।

'समक्ष' के उर्दूरूप में आया यह वाक्य यहाँ दिए गए लिप्यन्तर में नहीं है–"रूपा ने ख़ूब मायन दिया होगा। कचौरियों में अजवाइन और इलायची की महक आ रही होगी।" मुझे लगता है कि यह वाक्य किसी असावधानीवश छूट गया है। हिन्दीरूप में भी यह वाक्य है, मगर पहले वाक्य में यहाँ भी अनर्थ हुआ है। हिन्दी का वाक्य है–"रूपा ने भली-भाँति भोजन किया होगा।"

'शतरंज की बाज़ी' ही प्रौढ़ रूप है

'शतरंज की बाज़ी' कहानी पहली बार 'शतरंज के खिलाड़ी' नाम से 'माधुरी' अक्टूबर 1924 में छपी थी। इस कहानी के हिन्दी-उर्दूरूप में बहुत फ़र्क़ है। डॉ. कमलकिशोर गोयनका ने 'प्रेमचन्द और शतरंज के खिलाड़ी' नामक किताब में इसकी बारीक़ जाँच-पड़ताल की है। उन्हें 'माधुरी' में प्रकाशन के लिए भेजी गई मूल प्रति भी मिली है। अपनी जाँच-पड़ताल में उन्होंने पाया है, " 'माधुरी' पत्रिका के सम्पादक दुलारेलाल भार्गव ने पांडुलिपि के पाठ में अनेक प्रकार के संशोधन एवं परिवर्द्धन किए। उन्होंने कहानी के मूलपाठ (पांडुलिपि के पाठ) में से अनेक शब्दों एवं वाक्यों को जोड़ दिया।"[1] मैं इसका समर्थन करने में असमर्थ हूँ, कारण उस समय प्रेमचन्द 'माधुरी' कार्यालय और नवलकिशोर प्रेस, लखनऊ में कार्यरत थे। ये परिवर्तन चाहे जिस किसी के द्वारा किए गए हों, उसमें प्रेमचन्द की सहमति अवश्य रही होगी। कुछ बातों के लिखित प्रमाण नहीं होते। समय, समाज, चलन, व्यक्ति आदि के माध्यम से उन बातों की असलियत का पता चलता है। मसलन, अक्सर लेखक अपनी रचना का ख़ुद अनुवाद नहीं करते, दूसरों से करवाते हैं, मगर अनुवादक के रूप में उनका ही नाम जाता है। लेखक ऐसा नहीं करना चाहता, बाज़ार यानी, प्रकाशक के दबाव के तहत उसे ऐसा करना पड़ता है। प्रकाशक पाठकों को यह बतलाने के लिए ऐसा करता है कि यह रचना, अगर मूल नहीं तो मूल के एकदम क़रीब है, क्योंकि इसका अनुवाद उस रचना के लेखक ने ही किया है। जबकि हक़ीक़त यह है कि मूलतः रचनाकार अपनी किसी भी रचना का अनुवाद कर ही नहीं सकता। लेखक होने का मतलब ही है, और बेहतर की कोशिश। लेखकीय मनोविज्ञान का अगर अध्ययन किया जाए, तो हम पाएँगे कि एक लेखक कुछ अर्से के बाद जब अपनी रचना को पढ़ता है, तो उसमें उसे जगह जगह ख़ामियाँ नज़र आती हैं, वही रचना जिसको लेकर वह गद्‌गद् था। प्रेमचन्द की कहानियों (प्रस्तुत दस कहानियाँ) का अध्ययन करते समय और उसके बाद मुझे लगा है कि प्रेमचन्द ने हिन्दीरूप छपने के बाद उन कहानियों पर फिर से काम किया है। यानी, हिन्दी में भेजते समय वे उस कहानी से सन्तुष्ट न थे, मगर रचनाओं की माँग, सम्बन्धों का दबाव और आर्थिक किल्लत

इसमें मुख्य भूमिका निभाते हैं। इन दबावों के हटते ही प्रेमचन्द अपने असन्तोष को सन्तोष में तब्दील करने के लिए उन रचनाओं पर फिर से काम करते थे। 'मन्तर', 'ईदगाह', 'बड़े भाई साहब' आदि कहानियाँ इस बात को प्रमाणित करती हैं।

डॉ. कमलकिशोर गोयनका लिखते हैं, "अभी तक प्रेमचन्द के साहित्य के सम्बन्ध में यह मान्यता प्रचलित है कि उनका उर्दू एवं हिन्दी-कथा साहित्य एक-दूसरे का अनुवाद है; परन्तु 'शतरंज के खिलाड़ी' कहानी का उर्दू-पाठ इस धारणा को असत्य सिद्ध करता है। यह तो सत्य है प्रेमचन्द ने मूल उर्दू अथवा हिन्दी-पाठ को आधार बनाकर हिन्दी अथवा उर्दू-पाठ को तैयार किया, लेकिन प्रस्तुत कहानी के उर्दू-पाठ से यह प्रमाणित नहीं होता कि वह हिन्दी पाठ का अक्षरशः अनुवाद अथवा फ़ारसी-लिप्यन्तर है। कहानी का उर्दू-पाठ न तो मूल हिन्दी पांडुलिपि का अनुवाद अथवा लिप्यन्तर है और न 'माधुरी' में प्रकाशित हिन्दी पाठ का। उससे तो लेखक की पुनः सृजन की रहस्यगाथा ही सामने आती है।"[2] गोयनकाजी जिसे 'रहस्य-गाथा' कहते हैं, असल में वह हमारी अनभिज्ञता है। काहे की 'रहस्य-गाथा'? प्रेमचन्द ने सब-का-सब हमारे सामने रख दिया। दोनों रूपों का मिलान करने पर यह साफ़ हो जाता है कि इस कहानी का हिन्दीरूप पहला ड्राफ़्ट है और उर्दूरूप अन्तिम। इसीलिए "हिन्दी-पाठ की तुलना में उर्दू-पाठ अधिक कलात्मक और प्रभावशाली है। हिन्दी पाठ की अपेक्षा उर्दू-पाठ में कथा, पात्र, भाषा-परिवेश आदि सभी कुछ अधिक 'लखनवी' लगते हैं और पाठक भी अधिक गहराई से संवेदना को आत्मसात् कर पाता है।"[3]

इस कहानी का शीर्षक भी अलग-अलग है। असल में, यह कहानी 'खिलाड़ी' को केन्द्र में नहीं रखे हैं, 'बाज़ी' (खेल) को केन्द्र में रखे हैं। यह कहानी चरित्र-प्रधान न होकर परिवेश प्रधान है। देश अथवा अवध के ग़ुलाम होने के कारणों की जाँच-पड़ताल से प्राप्त निष्कर्ष की कहानी है यह। सत्ताधीशों की मानसिकता और उनसे प्रभावित जनता की मानसिकता की कहानी है। इसलिए इसके प्रौढ़रूप का शीर्षक भी बदलकर 'शतरंज की बाज़ी' कर दिया गया है।

यहाँ हिन्दी-उर्दूरूप की तुलना नहीं दी जा रही। कारण कि डॉ. कमलकिशोर गोयनका ने 'प्रेमचन्द और शतरंज के खिलाड़ी' किताब में इसका गहन अध्ययन किया है। इसलिए ऐसा करना दुहराव होगा। हाँ, 'समक्ष' और मेरे लिप्यन्तरित-पाठ में काफ़ी अन्तर है। इसलिए इसका अध्ययन ज़रूरी है।

समक्ष : "कुछ उनके आँखों रास्ता नहीं देखा है।"

उर्दू : "कुछ उनके आँखों देखा रास्ता नहीं है।"

'समक्ष' की अपेक्षा 'उर्दूरूप' ज़्यादा रवानी लिए है। 'रास्ता नहीं देखा है' और 'देखा रास्ता नहीं है' में दूसरा सहज, अर्थपूर्ण अथवा रवानीयुक्त है।

समक्ष : "नौज कोई तुम जैसा नर मुहैया हो।"

उर्दू : "नोज कोई तुम जैसा 'निर्मोहिया हो।"

'नर मुहैया' और 'निर्मोहिया' के अर्थ में कितना फ़र्क़ है। प्रेमचन्द की भाषा किस तरह पूर्वी उत्तर प्रदेश में बोली जानेवाली आमफ़हम भाषा है, इसका यह उदाहरण है। 'निर्मोह' शब्द तत्सम है और 'निर्मोहिया' तद्भव। अवध की संस्कृति में किस क़दर अरबी-फ़ारसी और तत्सम-तद्भव घुल-मिल गए हैं। यहाँ 'समक्ष' का लिपयन्तर ख़ामीयुक्त है।

समक्ष : "यह सल्तनत शतरंज के हाथों तबाह होगी।"

उर्दू : "यह सल्तनत शतरंज के हाथों तबाह होगी। लच्छन बुरे हैं।"

'समक्ष' में 'लच्छन बुरे हैं।' नहीं है। इसमें 'मुहल्ले के दो-चार बड़े-बूढ़े' के अनुभव का निचोड़ है। इतना ही नहीं उनकी बेबसी भी शामिल है। जिन लोगों के हाथ में समाज की डोर है, जो ऐयासी में ज़िन्दगी गुज़ार रहे हैं उनके बरक्स ऐसे लोग भी हैं, जो समाज की चिन्ता करते हैं, मगर बेबस हैं। 'समक्ष' में यह क्यों नहीं है, इसे तो लिप्यन्तरकार ही जाने।

समक्ष : "यहाँ तो शतरंज का नाम सुनते ही नप चढ़ जाती है।"

उर्दू : "यहाँ तो शतरंज का नाम सुनते ही तप चढ़ जाती है।"

'तप चढ़ जाती है' का अर्थ बुखार चढ़ जाता है, समझ में आता है, मगर 'नप चढ़ जाती है' का अर्थ समझ में नहीं आता।

समक्ष : "शहर का मुहाशरा हो गया तो घर कैसे जाएँगे।"

उर्दू : "शहर का मुहाशरा हो गया तो घर कैसे चलेंगे?"

यह वाक्य मीर साहब का है, जिसके जवाब में मिर्ज़ाजी कहते हैं, "जब घर चलने का वक़्त आएगा, तो देखी जाएगी।" 'घर कैसे चलेंगे?' का जवाब 'जब घर चलने...' ज़्यादा सहज है। इसलिए 'जाएँगे' की बनिस्बत 'चलेंगे' ज़्यादा उपयुक्त है।

समक्ष : "यह वह अहिंसा जिस पर मलायकह ख़ुश होते हैं।"

उर्दू : "यह वह अहिंसा न थी, जिस पर मलाएक ख़ुश होते हैं।"

स्पष्ट है कि 'न थी' छूट गया है। प्रश्न यह है कि लिप्यन्तर में इस तरह की भूलें पाठक को कहाँ ले जाएँगी?

समक्ष : "आज रईस बनने का शौक चर्राया है।"

उर्दू : "आज रईस बनने का शौक चढ़ आया है।"

'चर्राया' शब्द 'चढ़ आया' का संयुक्तीकरण है। मुखसुख और अनुकरण की अपूर्णता इसमें कारणभूत है। मिर्ज़ा और मीर जैसे पढ़े-लिखे जागीरदार के मुँह से 'चर्राया' की बनिस्बत 'चढ़ आया' ज़्यादा यथार्थपूर्ण और चरित्र के अनुकूल है।

समक्ष : "और हमने दिया मिला हुआ हाथ।"

उर्दू : "और हमने दिया तुला हुआ हाथ।"

'तुला हुआ हाथ' यानी, वज़नदार थप्पड़ अथवा घूँसा। यह एक मुहावरा है। 'मिला' की जगह 'तुला' होना चाहिए।

इन उदाहरणों से यह बतलाने की कोशिश की गई है कि लिप्यन्तर का काम भी कठिन है। पहले उर्दू-हिन्दी मसौदे की गहराई से छानबीन, इसके बाद लिप्यन्तर। फ़ारसी दाँ से यह लिप्यन्तर मुमकिन नहीं और न केवल हिन्दी दाँ से। भारतीय संस्कृति अथवा पूर्वी उत्तर प्रदेश की संस्कृति और उर्दू-हिन्दी जाननेवाला इनसान ही सही तर्जुमा कर सकेगा। मेरे मन में सवाल उठता है कि किसी भी भाषा का स्वभाव और संगठन कैसे बनता है? क्या उस समाज के लोगों का रहन-सहन, तौर-तरीक़ा इस पर अपनी छाप छोड़ता है? अंग्रेज़ी भाषा में कर्त्ता + क्रिया + कर्म का जो संगठन है, वह संस्कृत में क्यों नहीं है? संस्कृत का संगठन कर्त्ता + कर्म + क्रिया क्यों है? अंग्रेज़ी और संस्कृत में सर्वनाम लिंग प्रधान हैं। मसलन–'ही' अथवा 'सः' पुलिंग और 'शी' अथवा 'सा' स्त्रीलिंग है, जबकि हिन्दी में सर्वनाम से लिंग का बोध नहीं होता। क्रिया से होता है। इस प्रकार प्रेमचन्द की भाषा हिन्दुस्तानी संस्कृति की भाषा है। वह हिन्दी भी है, उर्दू भी है। मगर दोनों आपस में इस तरह घुल-मिल गई हैं कि अपने होने का एहसास भर कराती हैं। इन्हें अलगाया नहीं जा सकता।

इस कहानी के केन्द्र में 'शतरंज की बाज़ी' है। सामान्य तौर पर यह खेल समय काटने का एक मशग़ला है। मगर यह खेल अफ़ीम की तरह जल्द ही आदत बन जाता है। एक काल्पनिक हार-जीत के लिए लोग क्या-क्या नहीं कर जाते! यह बाज़ी इनसान को इनसान ही नहीं रहने देती। अपना गुलाम बना लेती है। इस कहानी के दोनों चरित्र इसके सबूत हैं। बाज़ी कमज़ोर होने पर बाज़ीगर का क्या मनोविज्ञान होता है, यह कहानी बड़ी ख़ूबी से बतलाती है। दोनों खिलाड़ियों की बाज़ी कमज़ोर होने पर वे चाहते हैं कि किसी तरह खेल ख़त्म हो जाए। बहाना ढूँढ़ते हैं, इसके लिए हक़ीक़त में आते हैं, मगर मज़बूत बाज़ीगर उसे हक़ीक़त में आने ही नहीं देता। इस मनोविज्ञान की शुरुआत जहाँ से प्रेमचन्द करते हैं, हिन्दीरूप में एक गम्भीर भूल है। जब 'मिरज़ा की बाज़ी कुछ कमजोर थी' तो मीर साहब क्यों भागने लगे? भागेंगे मिर्ज़ाजी। इसलिए "मीर साहब बोले–अंग्रेज़ी फौज आ रही है; ख़ुदा खैर करे।" नहीं बोल सकते। हिन्दीरूप में आगे भी मिर्ज़ाजी की ही बाज़ी कमज़ोर है–"अब की मिर्ज़ाजी की बाज़ी कमजोर थी।" "मिर्ज़ाजी तीन बाजियाँ लगातार हार चुके थे; इस चौथी बाजी का रंग भी अच्छा न था।" 'अब की' इस बात की ओर इशारा करता है कि इसके पहले की बाज़ी मिर्ज़ाजी की नहीं, मीर साहब की कमज़ोर थी। यानी, पहली बाज़ी मीर साहब की कमज़ोर थी, तब उनमें 'राजभक्ति' जगी और दूसरी बाज़ी मिर्ज़ा की कमज़ोर थी इसलिए उनमें 'राजभक्ति' जगी, जो 'अपनी हार के साथ लुप्त हो चुकी थी।' इसके बाद की भी बाज़ियाँ मिर्ज़ा की ही कमज़ोर थीं। एक लगातार

जीत रहा है, दूसरा लगातार हार रहा है। दोनों की मानसिक स्थिति विरुद्ध दिशा में गति कर रही है। यह दोनों में होनेवाले उग्र संघर्ष की मानसिक प्रक्रिया का आलेखन है। मिर्ज़ाजी में 'हर बार हार के साथ प्रतिकार की भावना और भी उग्र होती थी।' 'उधर मीर साहब मारे उमंग के गजलें गाते थे, चुटकियाँ लेते थे, मानों कोई गुप्त धन पा गए हों।' उर्दूरूप में हिन्दीरूप की भूल सुधार दी गई है–'मीर साहेब की बाज़ी कुछ कमज़ोर थी।' इतना ही नहीं, 'कि सारी बाज़ी बिगड़ जाती', जिसका हिन्दी रूप है, 'जिससे बाज़ी ख़राब हो जाती थी' के बाद का वाक्य 'हर बार हार के साथ प्रतिकार की भावना और भी उग्र होती थी' निकाल दिया गया है, क्योंकि इसके पहले का चित्रण इसको बड़ी ख़ूबसूरती से कह देता है। भावनाओं का बयान नहीं चित्रण किया जाता है।

इस प्रकार इस कहानी का वाजिब शीर्षक 'शतरंज के खिलाड़ी' नहीं 'शतरंज की बाज़ी' है और ज़्यादा कलात्मक, प्रौढ़ तथा सघन रूप उर्दूरूप है। इसलिए वही रूप हिन्दी पाठकों के समक्ष जाना चाहिए, जिससे वह प्रेमचन्द की सोच और अभिव्यक्ति की उच्चतम स्थिति से अवगत हो सकें।

सन्दर्भ

1. डॉ. कमलकिशोर गोयनका : 'प्रेमचन्द और शतरंज के खिलाड़ी', पृ. 65
2. वही : पृ. 110
3. वही : पृ. 117

'मन्तर' ही प्रौढ़ रूप है

'मन्त्र' कहानी अमृतराय के अनुसार पहली बार हिन्दी में 'विशाल भारत' मार्च 1928 में छपी थी, जबकि जाफ़र रज़ा के अनुसार उर्दू में 'मन्तर' शीर्षक से 'ज़माना' फ़रवरी 1928 में छपी थी। अमृतराय की बनिस्बत जाफ़र रज़ा की मान्यता ज़्यादा प्रामाणिक है, कारण कि अमृतराय द्वारा ही सन्दर्भित केशोराम सब्बरवाल का यह ख़त, जिसे उन्होंने 2 अगस्त, 1928 को टोकियो से लिखा था, इसी का समर्थन करता है–"... 'ज़माना' के जुबिली नम्बर में आपकी एक बेहतरीन कहानी है। दो रोज़ हुए मैंने 'ज़माना' मिलते ही 'मन्त्र' पर काम करना शुरू क्रिया और अभी अनुवाद का काम चल ही रहा था कि 'विशाल भारत' यहाँ-वहाँ थोड़े से हेर-फेर के साथ इसी कहानी को लिए हुए आया। मैंने उर्दू पाठ के अनुसार काम किया है, बस इन कुछ शब्दों को छोड़कर–यहाँ तो भगत की चारों ओर तलाश होने लगी, और भगत लपका हुआ घर चला जा रहा था कि **बुढ़िया के उठने से पहले घर पहुँच जाऊँ**। मोटे शब्दों ने सारे कथानक में एक जादू-सा डाल दिया है। मगर इस साफ़गोई के लिए माफ़ कीजिएगा, मुझे 'विशाल भारत' में छपी कहानी के अन्त के तीन पैराग्राफ़...अच्छे नहीं लगे।"[1] इस ख़त के जवाब में प्रेमचन्द माधुरी कार्यालय लखनऊ से 15 अगस्त, 1928 को लिखते हैं, "उर्दू कृतियाँ मेरी हिन्दी कृतियों का मात्र उर्दू रूपान्तर है। साहित्यिक भाषा उर्दू अधिक लचीली और मँजी हुई होने के कारण उसने मुझे इतना आकृष्ट किया है कि मैं अपनी छोटी कहानियों के लिए उसको अपनाऊँ और आप उनके उर्दूवेश में उनका अधिक रस पाएँगे।"[2] पहली बात यहाँ साफ़ हो गई कि 'मन्तर' पहले छपी थी, न कि 'मन्त्र'। प्रेमचन्द का यह ख़त यह बतलाता है कि हिन्दी रूप पहले लिखा गया, जिसका उर्दूरूप रूपान्तर है। प्रेमचन्द के इस जवाब से सन्तुष्ट न होकर सब्बरवाल ने लिखा होगा कि उर्दूरूप ज़्यादा गझिन और कलात्मक है। ऐसा लगता है कि यह कहानी उर्दू रूपान्तर न होकर दुबारा लिखी गई है। जिसके जवाब में 31 अगस्त, 1928 को प्रेमचन्द ने लिखा, "हाँ, कहानी का 'ज़माना' वाला रूप 'विशाल भारत' के बाद लिखा गया था। मैंने वो कहानी एक कहानी-सम्मेलन में पढ़ी थी और सम्भवतः एक नाटकीय स्थल पर पहुँचकर रुक गया। मैंने महसूस किया कि

उसको और आगे चलाना श्रोताओं के धैर्य की परीक्षा लेना होगा।"[3] अर्थात् 'ज़माना' वाला रूप संशोधित-परिवर्द्धित रूप है, न कि हिन्दी का रूपान्तर। इसलिए यही रूप इस कहानी का अन्तिम रूप है। इसलिए प्रचलित हिन्दीरूप की जगह यही रूप हिन्दी में आना चाहिए, क्योंकि प्रेमचन्द की असल भाषा, रूपविधान, कल्पना-क्षमता और देखने का नज़रिया यहीं मिलेगा।

चूँकि प्रेमचन्द ने ख़ुद कहा है कि 'मन्तर' बाद में लिखा गया, इसलिए 'यहाँ-वहाँ थोड़े-से हेर-फेर' की चर्चा अब मुनासिब नहीं रही। हाँ, दोनों रूपों को पढ़ने के बाद उर्दूरूप ज़्यादा गझिन, लयबद्ध और कलात्मक लगा, मगर कहानी के शुरू में हिन्दी में आया यह वाक्य उर्दूरूप में नहीं है—"डॉक्टर साहब ने चिक के अन्दर से गरज कर कहा—कौन है? क्या चाहता है?" इसे होना चाहिए, क्योंकि इसके पहले का वाक्य है, "डॉक्टर साहब को मेज़ के क़रीब खड़े देखकर भी उसे कुछ कहने की जुर्रत न हुई।" जब 'जुर्रत न हुई' तो आगे का कथन बूढ़ा कैसे कर सकता है? दृश्य में डॉक्टर साहब का रुआब भयभीत करनेवाला है, बूढ़ा जैसे व्यक्ति को। यह दृश्य मुकम्मल तब होता है, जब डॉक्टर साहब अपने रुआब के अन्दाज़ में ख़ुद पूछें, तब बूढ़े को हाथ जोड़कर कुछ कहने की जुर्रत होगी।

'समक्ष' में इस कहानी का लिप्यन्तर शामिल है। उस और इस लिप्यन्तर में जगह-जगह फ़र्क़ है। उस फ़र्क़ को यहाँ दर्ज़ कर दिया जा रहा है। कौन-सा सही है और कौन-सा ग़लत, पाठक ख़ुद तय करें। ऐसा क्यों हुआ है, इसकी छानबीन भी यहाँ नहीं की जा रही है।

समक्ष : "बूढ़ा कई मिनट तक तस्वीर की तरह साकित खड़ा रहा।"

उर्दू : "बूढ़ा कई मिनट तक तस्वीर की तरह साकिन खड़ा रहा।"

फ़र्क़ है, 'साकित' और 'साकिन' में।

समक्ष : "और रात को उन्हें छेड़ना उन्हें कितना बुरा लगेगा"

उर्दू : "और रात को उन्हें छेड़ना कितना बुरा लगेगा"

'समक्ष' में दो बार 'उन्हें' आया है, जबकि इस लिप्यन्तर में महज़ एक बार।

समक्ष : "साँपों को लिपटे देखकर उसकी जान ही निकल जा रही थी।"

उर्दू : "साँपों को लिपटे देखकर उसकी जान ही निकली जा रही थी।"

'निकल' और 'निकली' में अन्तर है।

समक्ष : "उसने साँप की गरदन ढीली छोड़ी।"

उर्दू : "उसने साँप की गरदन् ढीली छोड़ दी।"

फ़र्क़ है, 'छोड़ी' और 'छोड़ दी' में।

समक्ष : "वह उँगली का डसा हुआ नश्तर से काट देना चाहते हैं।

उर्दू : "वह उँगली का डसा हुआ नश्तर से काट देना चाहते थे।

यहाँ 'हैं' और 'थे' में फ़र्क़ है।

समक्ष : "तबीअत का हाल पूछूँगा।"

उर्दू : "तबीअत का हाल पूछने।"

'पूछूँगा' और 'पूछने' में फ़र्क़ है। इसके पहले का वाक्य है, "एक बार तो देखने जाऊँगा, लेकिन कुछ दिन बाद"

समक्ष : "दुनिया बुरा कहेगी कोई परवाह नहीं।"

उर्दू : "दुनिया बुरा कहेगी, कहे। कोई परवाह नहीं।"

'समक्ष' में 'कहे' नहीं है।

समक्ष : "बुढ़िया कहकर लेट गई।"

उर्दू : "बुढ़िया यह कहकर लेट गई।"

'समक्ष' में 'यह' नहीं है।

समक्ष : "जिसके लिए एक एक पल की ताख़ीर भी तबाहकुन और हौलनाक साबित होगी।"

उर्दू : "जिसके लिए एक पल की ताख़ीर भी तबाहकुन और हौलनाक साबित होगी।"

'समक्ष' में दो बार 'एक' आया है, जबकि दूसरे में एक बार।

समक्ष : "देखता था अभी रात कितनी बाक़ी है।"

उर्दू : "देखता था अभी कितनी रात बाक़ी है।"

'रात कितनी' और 'कितनी रात' में फ़र्क है।

समक्ष : "जैसे नशे में इनसान का जिस्म उसकी रूह से बाअई हो जाता है।"

उर्दू : "जैसे नशे में इनसान का जिस्म उसकी रूह से बाग़ी हो जाता है।"

'बाअई' और 'बाग़ी' में अन्तर है।

समक्ष : "बदला लेने के जज़्बा को तस्कीन देता हुआ इस तरह वह आगे बढ़ने लगा।"

उर्दू : "बदला लेने के जज़्बे को तस्कीन देता हो, इस तरह वह आगे बढ़ने लगा।"

'जज़्बा' और 'जज़्बे' तथा 'हुआ' और 'हो' में अन्तर है।

समक्ष : "अचानक भगत बहक गया और हिसे इन्तकाम ने फ़र्ज़ पर ग़लबा पा लिया।"

उर्दू : "अचानक भगत बहक गया और हँसा। इन्तक़ाम ने फ़र्ज़ पर ग़ल्बा पा लिया।"

'हिसे' और 'हँसा' में अन्तर है।

समक्ष : "रोने-पीटने की आवाज़ भी न आती थी।"

उर्दू : "रोने-पीटने की आवाज़ भी न आई थी।"

'आती' और 'आई' में अन्तर है।

समक्ष : "किसी और दिन उन्होंने उस आदमी को लौटा दिया होता।"

उर्दू : "किसी और दिन उन्होंने इस आदमी को लौटा दिया था।"

'होता' और 'था' में फ़र्क़ है।

समक्ष : "लेकिन ज़रा साफ़ होने पर उसे पहचान गया था।"

उर्दू : "लेकिन ज़रा साफ़ होने पर मैं उसे पहचान गया था।"

एक में 'मैं' नहीं है, जबकि दूसरे मैं है।

समक्ष : "उसका जन्म यश की बारिश करने के लिए हुआ है।"

उर्दू : "उसका जन्म यश की बारिश करने के लिए ही हुआ है।"

एक में 'ही' नहीं है, जबकि दूसरे में है।

एक ही कहानी के दो लिप्यन्तरों में अन्तर क्यों है? कहीं-न-कहीं चूक ज़रूर हुई है। यह चूक किसी लेखक की रचना पर क्या असर डालती है, पाठक इससे अनजान नहीं हैं। या तो लिप्यन्तरकार से चूक हुई है, या उस सम्पादक और संग्रहकर्ता से, जिनकी किताबों से लिप्यन्तर किया गया है। साधन और समय के अभाव में यह काम पाठकों पर छोड़ना पड़ रहा है। वैसे भी, असल प्रेमचन्द को जानने-पहचानने के लिए सभी को आगे आना होगा। यह काम किसी अकेले के वश का नहीं। कम-से-कम मेरे तो नहीं ही।

सन्दर्भ

1. 'कलम का सिपाही' : अमृतराय, पृ. 393
2. प्रेमचन्द : चिट्ठी पत्री, भाग-2, पृ. 204
3. वही, पृ. 205

पूस की रात : प्रौढ़ कौन

'पूस की रात' कहानी प्रेमचन्द की ही नहीं, हिन्दी की श्रेष्ठ कहानियों में से एक है, मगर विडम्बना है कि इसके तीन रूप प्रचलित हैं–हिन्दी में एक और उर्दू में दो। यहाँ तीनों रूपों में जो अन्तर है, वह क्यों है, प्रौढ़ रूप अथवा साफ़ किया हुआ मजमून कौन है, इसकी छानबीन की कोशिश है।

हिन्दी : "सहना आया है, लाओ, जो रुपए रखे हैं, उसे दे दूँ। किसी तरह गला तो छूटे।"

उर्दू : "सहना आया है। लाओ, जो रुपए रखे हैं उसे दे दो। किसी तरह गरदन तो छूटे।"

यहाँ हम देख सकते हैं कि 'उसे दे दूँ' और 'उसे दे दो' दो रूप हैं। 'दूँ' और 'दो' के अन्तर ने अर्थ में कितना फ़र्क़ डाल दिया है, देखिए। हिन्दी में 'उसे' सहना के लिए आया है, जबकि उर्दू का 'उसे' रुपए के लिए। अर्थ की सघनता उर्दूरूप में ज़्यादा है। सहना के आने की सूचना, इसके बाद ख़ुद पैसा माँगना और फिर 'किसी तरह गरदन तो छूटे कहना।' 'उसे दे दूँ' का भाव तो इसमें आ ही जाता है, मगर प्रेमचन्द 'देने' के भाव को नहीं बतलाना चाहते। सहना का आना, हल्कू की गरदन का पंजे में आ जाना है। उसका आना, पीड़ादायी है। इसीलिए उसको जल्द भगाना है। 'उसे' का 'जो रुपए' के लिए प्रयुक्त होना, उन रुपयों की महत्ता को संकेतित करता है। जो चीज़ इतने दिनों से सँभालकर रखी है, उसे माँग रहा है। वह सहना को रुपए देगा नहीं, अपनी गरदन छुड़ाएगा।

हिन्दी : "तीन ही तो रुपए हैं; दे दोगे तो कम्बल कहाँ से आएगा? माघ-पूस की रात हार में कैसे कटेगी। उससे कह दो, फसल पर रुपए दे देंगे। अभी नहीं।"

उर्दू : "तीन ही तो रुपए हैं। दे दूँ तो कम्बल कहाँ से आएगा? माघ-पूस की रात खेत में कैसे कटेगी? उससे कह दो, फ़सल पर रुपए दे देंगे, अभी नहीं हैं।"

यहाँ 'दे दोगे' हल्कू के लिए, जबकि 'दे दूँ' मुन्नी के लिए। मुन्नी का हल्कू को रुपए देने का मतलब ही है, सहना को देना। 'अभी नहीं' में समयसूचकता है।

मतलब, हैं लेकिन अभी नहीं देंगे, दूसरे काम के लिए रखे हैं। यानी, हल्कू 'अभी नहीं' कह ही नहीं सकता। वह बहाना करेगा, 'अभी नहीं है।'

हिन्दी : ''हल्कू एक क्षण अनिश्चित दशा में खड़ा रहा।

उर्दू : ''हल्कू थोड़ी देर तक चुप खड़ा रहा और अपने दिल में सोचता रहा।''

हिन्दी : ''घुड़कियाँ जमावेगा, गालियाँ देगा। बला से जाड़ों मरेंगे, बला तो सिर से टल जाएगी।''

समक्ष : ''वह घुड़कियाँ देगा, गालियाँ सुनाएगा, बला से जाड़ों मरेंगे, यह बला तो सिर से टल जाएगी।''

उर्दू : ''घुड़कियाँ देगा।''

यहाँ प्रेमचन्द हल्कू के मन में चल रहे द्वन्द्व के बाद के निर्णय की ओर इशारा करते हैं। दिल में वह दो बातें सोचता रहा। कम्बल के बिना क्या वह खेत में रात बिता पाएगा? बहाना करने से क्या वह गरदन छोड़ देगा? नहीं, घुड़कियाँ जमाएगा। 'गालियाँ देगा...' और निर्णय की सूचना दुहराव और स्पष्टता है। 'घुड़कियाँ' में 'गालियाँ' शामिल हैं। आगे चलकर वह कहता है, जो तीनों रूपों में है–''तो क्या गालियाँ खाऊँ?'' इसलिए महज़ 'घुड़कियाँ देगा' ज़्यादा सहज और असरदार है।

हिन्दी : ''ला दे दे, गला तो छूटे। कम्मल के लिए कोई दूसरा उपाय सोचूँगा।''

समक्ष : ''ला दे दे। गरदन तो किसी तरह से बचे। कम्बल के लिए कोई तदबीर सोचूँगा।''

उर्दू : ''ला दे दे। गरदन तो किसी तरह से बचे। कम्बल के लिए कोई दूसरी तदबीर सोचूँगा।''

उर्दू के दोनों रूपों में 'किसी तरह से' है, जो ज़्यादा अर्थवान है। ज़बकि 'समक्ष' के लिप्यन्तर में 'दूसरी' नहीं है। 'दूसरा उपाय' अथवा 'दूसरी तदबीर' ही कथनभंगिमा और मानसिक-बौद्धिक स्तर और स्थिति के अनुकूल है। गरदन बचाने की पहली तदबीर है कि रुपए दे दे। एक समस्या से निजात पाया। अब दूसरी समस्या से निजात पाने के लिए 'कोई दूसरी तदबीर' ही काम आएगी। आगे मुन्नी का कथन भी यह इशारा और पुष्टि करता है कि हल्कू ने 'दूसरी तदबीर' कहा है। जो 'समक्ष' में भी है।

हिन्दी : ''कोई खैरात दे देगा कम्मल। न जाने कितनी बाकी है जो किसी तरह चुकने ही नहीं आती। मैं कहती हूँ, तो क्यों नहीं खेती छोड़ देते?''

उर्दू : ''कौन कम्बल खैरात में दे देगा? न जाने कितना रुपया बाकी है जो किसी तरह अदा ही नहीं होता। मैं कहती हूँ, तुम खेती क्यों नहीं छोड़ देते?''

हिन्दी की अपेक्षा उर्दू की वाक्य संरचना बोलचाल के अनुरूप है। 'कितनी

बाकी' है की जगह 'कितना बाकी' ज़्यादा सही है। 'तुम खेती क्यों नहीं छोड़ देते?' ज़्यादा सहज और चरित्र के अनुकूल है, बजाय 'तो क्यों नहीं खेती छोड़ देते।'

हिन्दी : ''हल्कू के उस वाक्य में जो कठोर सत्य था, वह मानो भीषण जन्तु की भाँति घूर रहा था।

उर्दू : ''हल्कू की बात में जो दिल दहला देनेवाली सदाकत थी, मालूम होता था कि वह उसकी जानिब टकटकी बाँधे देख रही थी।''

यहाँ हम देख सकते हैं कि 'दिल दहला देनेवाली' का अनुवाद 'कठोर' किया गया है, जो अमूर्त है। हिन्दी में उत्प्रेक्षा 'मानो' के साथ उपमा 'भाँति' का प्रयोग है, जबकि उर्दू में केवल उत्प्रेक्षा 'मालूम होता था' है। 'भीषण जन्तु' अनुवादक ने ख़ुद जोड़ा है। 'टकटकी बाँधना' और घूरना के अर्थ में बहुत अन्तर है। 'टकटकी बाँधना' ज़्यादा संगतिपूर्ण और अर्थवान है।''

हिन्दी : ''उसने जाकर आले पर से रुपए निकाले और लाकर हल्कू के हाथ पर रख दिए।''

समक्ष : ''उसने ताक़ पर से पैसे उठाए और लाकर हल्कू के हाथ पर रख दिए।''

उर्दू : ''उसने ताक़ पर से रुपए उठाए और लाकर हल्कू के हाथ पर रख दिए।''

हिन्दीरूप में 'उसने जाकर...और लाकर' है, जबकि उर्दू में '...और लाकर है, जिसमें 'उसने जाकर' का अर्थ अपने आप प्रकट हो जाता है। इसके बाद का दृश्य खंडित होता है। 'आले पर से रुपए निकाले' में अगर 'पर' को 'में' अथवा 'निकाले' को 'उठाए' कर दें, तब दृश्य पूरा होगा। इस प्रकार उर्दूरूप ज़्यादा असरदार है। 'समक्ष' में 'रुपए' को 'पैसे' कर दिया है। क्यों? यह तो करनेवाला ही जाने। आगे हम देखेंगे कि कई जगह उर्दू शब्द का उर्दू में अनुवाद कर दिया गया है। वहीं कारण जानने की कोशिश करेंगे।

हिन्दी : ''तुम छोड़ दो अबकी से खेती। मजूरी में सुख से एक रोटी खाने को तो मिलेगी।''

समक्ष : ''तुम अबकी खेती छोड़ दो। मज़दूरी में सुख से एक रोटी तो चैन से खाने को मिलेगी।''

उर्दू : ''तुम अबकी खेती छोड़ दो। मज़दूरी में सुख से एक रोटी तो खाने को मिलेगी।''

एक ही कथन के ये तीन रूप हैं। हिन्दीरूप का पहला वाक्य बोलचाल के हिसाब से उर्दूरूप की अपेक्षा कमज़ोर है। इसी तरह 'समक्ष' का दूसरा वाक्य हिन्दी-उर्दूरूप की अपेक्षा असहज है। 'सुख से' के बाद दुबारा 'चैन से' का प्रयोग बोलचाल की सहज गति में बाधक है।

हिन्दी : ''जबरा ने पड़े-पड़े दुम हिलाई और कूँ-कूँ को दीर्घ बनाता हुआ एक बार जम्हाई लेकर चुप हो गया।''

उर्दू : ''जबरा ने लेटे हुए दुम हिलाई और एक अँगड़ाई लेकर चुप हो गया।''

पहले ही कहा जा चुका है, ''जबरा पेट में मुँह डाले सर्दी से कूँ-कूँ कर रहा था।'' और आगे कहा गया है, ''उसकी श्वान-बुद्धि ने शायद ताड़ लिया, स्वामी को मेरी कूँ-कूँ से नींद नहीं आ रही है।'' फिर वह अपनी कूँ-कूँ को 'दीर्घ' कैसे बनाएगा? इसीलिए उर्दूरूप ज़्यादा संगत और असरदार है। मतलब यह कि उसे अपनी 'कूँ-कूँ' को भी बन्द कर दिया। जबरा और हल्कू का एक-दूसरे के प्रति संवेदनात्मक जुड़ाव का सूक्ष्मरूप है यह। कुत्ता भी सामाजिक हो गया है। मनुष्य के साथ रहकर वह भी मानवीय हो गया है। अपनों के सुख-दुख के प्रति चिन्तित है।

हिन्दी : ''जबरा शायद समझ रहा था कि स्वर्ग यही है।''

समक्ष : ''जबरा शायद ख़याल कर रहा था कि जन्नत यही है।''

उर्दू : ''जबरा शायद यह ख़याल कर रहा था कि बिहिश्त यही है।''

हिन्दीरूप 'समक्ष' का अनुवाद लगता है, मगर 'समक्ष' और दूसरे उर्दूरूप में भी अन्तर है। यह क्योंकर आया? 'ख़याल' और 'यह ख़याल', 'जन्नत' और 'बिहिश्त'। लगता है, 'समक्ष' का रूप दूसरे उर्दूरूप का उर्दू अनुवाद है। अनुवाद करते समय 'यह' छूट गया। 'यह ख़याल' ज़्यादा संगत है। 'समक्ष' के रूप को दूसरे उर्दूरूप का अनुवाद इसलिए कहा जा रहा है कि कहानी में आगे 'जदीद ताक़त' का 'नई ताक़त', 'कई मर्तबा' का 'कई बार', 'ख़त्म नहीं कर चुके' का 'ख़त्म नहीं कर पाए थे', 'मुवाफ़्फ़कत ज़ाहिर की' का 'इत्तफ़ाक़ किया' 'चूस रहा था' का 'चिचोड़ रहा था', 'मुतज़ल्ज़ल रौशनी में' का 'हिलती हुई रोशनी में', 'जानिब देखा' का 'तरफ़ देखा', 'मुन्नी से कल यह न जड़ देना कि रात ठंड लगी और ताप-तापकर रात काटी, वरना लड़ाई करेगी' का 'मुन्नी से कल न कह देना वरना लड़ाई करेगी', 'आवाज़ें साफ़ कान में आ रही थीं' का 'आवाज़ें साफ़ सुनाई दे रही थीं', 'उनका तआक़ुब करना' का 'उनका पीछा करना', 'लिहो लिहो, हो हो, हा हा' का 'हो, हो, हो, हो, हा हा', 'मगर जबरा फिर भौंक उठा। अगर जानवर भाग जाते तो वह अब तक लौट आया होता। नहीं भागे, अभी तक चर रहे हैं। शायद वह सब भी समझ रहे हैं कि इस सर्दी में कौन बैठा है जो उनके पीछे दौड़ेगा। फ़सल तैयार है। कैसी अच्छी खेती थी। सारा गाँव देख-देखकर जलता था। उसे यह अभागे तबाह किए डालते हैं।' का 'मगर जबरा फिर भोंक उठा। जानवर खेत चर रहे थे। फ़सल तैयार है मगर यह जालिम जानवर उसका सत्यानाश किए डालते हैं।', 'अब हल्कू से न रहा गया। वह पक्का इरादा करके उठा' का 'हलकू पक्का इरादा करके उठा', 'नीलगायें खेत का सफ़ाया किए

डालती थीं' का 'नील गाएँ सफ़ाया किए डालती थीं', 'आख़िर वहीं चादर ओढ़कर सो गया' का 'उसी राख के पास ज़मीन पर वह चादर ओढ़कर सो गया', 'उसकी नींद खुली तो देखा, चारों तरफ़ धूप फैल गई है' का 'उसकी आँख खुली तो देखा चारों तरफ़ धूप फैल गई थी', 'और मुन्नी खड़ी कह रही है–क्या आज सोते ही रहोगे? तुम यहाँ मीठी नींद सो रहे हो और उधर सारा खेत चौपट हो गया। सारे खेत का सत्यानास हो गया। भला कोई ऐसा भी सोता है! तुम्हारे यहाँ मड़इयां डालने से क्या हुआ?' का 'और मुन्नी खड़ी कह रही है–क्या आज सोते ही रहोगे तुम यहाँ मीठी नींद सो रहे हो और उधर सारा खेत चौपट हो गया। हल्कू ने उठकर कहा–क्या तू खेत से होकर आ रही है? मुन्नी बोली–हाँ सारे खेत का सत्यानाश हो गया। भला ऐसा भी कोई सोता है? तुम्हारे यहाँ मड़इया डालने से क्या फ़ायदा हुआ?' 'हलकू ने बात बनाई' का 'हलकू ने बहाना किया', 'मस्ताना अन्दाज़ से कहा' का 'ख़ुशी के लहजे में कहा', 'सहना को इन बातों से क्या सरोकार?' का 'सहना को इन बातों से क्या मतलब?' 'तुम्हारा खेत चाहे जानवर खाएँ, चाहे आग लग जाए, चाहे ओले पड़ जाएँ' का 'तुम्हारा खेत चाहे जानवरों ने खाया या आग लग जाए, ओले पड़ जाएँ', 'खेती का मरजाद नहीं बिगाड़ूँगा' का 'खेती का काम न बिगाड़ूँगा' कर दिया गया है। यहाँ कई जगह लगता है कि 'समक्ष' का रूप पहला मसौदा है। आगे चलकर जिस पर प्रेमचन्द ने फिर काम किया। उर्दूरूप ज़्यादा सघन, अर्थवान, सहज और असरदार है। ऐसा भी लगता है कि 'समक्ष' का रूप हिन्दीरूप का अनुवाद है, मगर ऐसा है नहीं, क्योंकि हिन्दी रूप जहाँ ख़त्म होता है, 'समक्ष' का रूप और आगे चलता है।

हिन्दी : "अपने किसी अभिन्न मित्र या भाई को भी वह इतनी ही तत्परता से गले लगाता। वह अपनी दीनता से आहत न था, जिसने आज उसे इस दशा को पहुँचा दिया।"

उर्दू : "वह अपनी ग़रीबी से परेशान था, जिसकी वजह से वह इस हालत को पहुँच गया था।"

हिन्दी में यहाँ जो पहला वाक्य है उसके पहले कहा गया है, "और हल्कू की पवित्र आत्मा में तो उसे कुत्ते के प्रति घृणा की गन्ध तक न थी!" यह वाक्य अस्त-व्यस्त होते हुए भी यह बतला देता है कि हल्कू के मन में कुत्ते जैसे जानवर के प्रति घृणा ही नहीं, 'घृणा की गन्ध तक नहीं थी। फिर 'अपने किसी...गले लगाता।' ये क्या मतलब है? क्या 'अभिन्न मित्र या भाई' कुत्ते जैसे जानवर से गये-गुज़रे हैं? यह वाक्य 'समक्ष' में भी नहीं है।

हिन्दी : "ऐसा जान पड़ता था, सारा रक्त जम गया है; धमनियों में रक्त की जगह हिम बह रहा है। उसने झुककर आकाश की ओर देखा।"

उर्दू : ''ऐसा मालूम होता था कि सारा ख़ून मुंजमिद हो गया है। उसने उठकर आसमान की जानिब देखा।''

आइए देखें, क्या 'झुककर आकाश' की ओर देखने की स्थिति बनती है? ''हल्कू उठ बैठा और दोनों घुटनों को छाती से मिलाकर सिर को उसमें छिपा लिया।'' इस हालत में वह छपरी में बैठा है। अगर वहाँ से बैठे-बैठे 'सप्तर्षि' नहीं दिखाई देते, तो झुककर भी दिखाई नहीं देंगे। झुकना उठने के बाद ही मुमकिन है। इस तरह 'उठकर' में छपरी से बाहर आने का अर्थ भी शामिल है।

हिन्दी : ''जानवर खेत चर रहे थे। फसल तैयार है। कैसी अच्छी खेती थी; पर ये दुष्ट जानवर उसका सर्वनाश किए डालते हैं।''

उर्दू : ''अगर जानवर भाग जाते तो वह अब तक लौट आया होता। नहीं भागे, अभी तक चर रहे हैं। शायद वह सब भी समझ रहे हैं कि इस सर्दी में कौन बैठा है जो उनके पीछे दौड़ेगा। फसल तैयार है। कैसी अच्छी खेती थी। सारा गाँव देख-देखकर जलता था। उसे यह अभागे तबाह किए डालते हैं।''

उर्दूरूप इस प्रसंग और हल्कू के चरित्र को और सघन बनाता है। जबरा लौटकर नहीं आया है। इसके आधार पर हल्कू साफ़ तौर पर जान गया है कि जानवर नहीं भागे हैं, बावजूद इसके वह अपनी जगह से हिलता तक नहीं है। 'कैसी अच्छी खेती थी' का मूर्त रूप है, 'सारा गाँव देख-देखकर जलता था।' यहाँ आलस्य की चरम सीमा है।

हिन्दी : ''और मुन्नी कह रही थी—क्या आज सोते ही रहोगे? तुम यहाँ आकर रम गए और उधर सारा खेत चौपट हो गया।

''हल्कू ने उठकर कहा—क्या तू खेत से होकर आ रही है?

''मुन्नी बोली—हाँ, सारे खेत का सत्यानाश हो गया। भला ऐसा भी कोई सोता है! तुम्हारे यहाँ मड़ैया डालने से क्या हुआ।''

उर्दू : ''और मुन्नी खड़ी कह रही है—''क्या आज सोते ही रहोगे? तुम यहाँ मीठी नींद सो रहे हो और उधर सारा खेत चौपट हो गया। सारे खेत का सत्यानास हो गया। भला कोई ऐसा भी सोता है! तुम्हारे यहाँ मड़इया डालने से क्या हुआ?''

हिन्दीरूप में आया हल्कू का उठकर यह कहना, 'क्या तू खेत से होकर आ रही है, असंगत है, क्योंकि मुन्नी खेत की छपरी में जाएगी हल्कू के पास। वहाँ न पाकर वह इधर-उधर ढूँढ़ेगी। उसे क्या पता कि हल्कू खेत की छपरी में न सोकर बाग़ में अलाव के पास सोया है। साफ़ है कि पहला रूप 'समक्ष' और उसका अनुवाद हिन्दीरूप है। उर्दूरूप संशोधित-परिवर्द्धित रूप है।

हिन्दी : ''हल्कू ने प्रसन्न मुख से कहा''

उर्दू : ''हल्कू ने मस्ताना अन्दाज़ से कहा''

क्या 'प्रसन्न मुख' और 'मस्ताना अन्दाज़' के अन्तर को स्पष्ट करने की ज़रूरत है?

हिन्दीरूप हल्कू के कथन के साथ ख़त्म हो जाता है, जबकि 'समक्ष' और उर्दूरूप और आगे चलते हैं। साफ़ है कि अनुवादक ने अपना दिमाग़ लगाया और पाया कि कहानी हल्कू के कथन पर ही ख़त्म हो जाए, तो ज़्यादा असरदार होगी। जबकि प्रेमचन्द को ऐसा नहीं लगता। इसीलिए संशोधन-परिवर्द्धन के समय भी उन्होंने बाद के हिस्से को नहीं हटाया। उस हिस्से को पाठक लिप्यन्तरित पाठ में ख़ुद देख लेंगे। इस कहानी की समीक्षा में उस हिस्से की ज़रूरत और अनिवार्यता का पता चलेगा।

इस कहानी के अनुवादक कोई अन्य महाशय हैं। ज़्यादा विवरण में न जाकर कुछ उदाहरण प्रस्तुत हैं, जिनसे पता चलता है कि दोनों रूप एक ही व्यक्ति के नहीं हो सकते।

हिन्दी : "पर एक ही क्षण में उसके हृदय में कम्पन होने लगा।"

उर्दू : "लेकिन एक लम्हे में उसका कलेजा काँपने लगा।"

हिन्दी : "और हल्कू की पवित्र आत्मा में तो उसे कुत्ते के प्रति घृणा की गन्ध तक न थी।"

उर्दू : "और हल्कू की रूह इतनी पाक थी कि उसे कुत्ते से बिलकुल नफ़रत न थी।"

उर्दूरूप पाठकों के रू-ब-रू है। अब वे ख़ुद तय करें कि किसी भी लेखक की कृति का पहला मसौदा उसके व्यक्तित्व की पहचान होता है, या संशोधित-परिवर्द्धित मसौदा। कोई भी लेखक अपनी छपी हुई रचना में संशोधन-परिवर्द्धन क्यों करता है? स्पष्ट है कि किन्हीं कारणों से उसने छपने को अपनी रचना भेज तो दी, मगर वह उससे असन्तुष्ट रहता है। जो कहना चाहता था, वह नहीं आ पाया। इसी की कचोट उसे उस रचना पर फिर से काम करवाती है। ऐसा प्रेमचन्द के साथ ही नहीं है। आज भी कितने ही रचनाकारों की रचनाएँ पत्रिकाओं में जिस रूप में आई होती हैं, किताबी शक्ल में आने पर उनमें परिवर्तन मिलता है। यह परिवर्तित रूप ही उस रचना का अन्तिम और प्रामाणिक रूप है, न कि पत्रिका में छपा हुआ पहला रूप।

ईदगाह : हिन्दी-उर्दूरूप की तुलना

प्रेमचन्द की कहानियों के हिन्दी रूप, जो हमारे सामने हैं; बहुतायत में उर्दूरूप से भिन्न हैं। 'अक्षरा' ने अक्टूबर-दिसम्बर 1998 अंक में 'नमक का दारोग़ा' और 'वर्तमान साहित्य' ने जनवरी-फरवरी 2000 अंक में 'कफ़न' का लिप्यन्तर छापकर इसे प्रमाणित कर दिया है। मगर 'ईदगाह' कहानी, जो 'चाँद' के अगस्त 1933 अंक में छपी थी, का उर्दूरूप 'इस्मत' के सालगिरह अंक 1933 में छपा था। दोनों रूपों को पढ़ने पर उर्दूरूप ज़्यादा प्रौढ़, ज़्यादा यथार्थपरक, सघन एवं कलात्मक लगता है। ऐसा लगता है कि हिन्दी-रूप कच्चा मसौदा है; जिस पर फिर काम किया गया; स्फीति को या तो हटा दिया गया या उसे सघन बना दिया गया। संवादों में और चुस्ती लाई गई; यहाँ तक कि दृश्यों में भी परिवर्तन कर दिया गया। निस्सन्देह यह सब प्रेमचन्द ने ही किया है। यहाँ कुछ उदाहरण प्रस्तुत किए जा रहे हैं।

दृश्यों-उपादानों में परिवर्तन

हिन्दीरूप : "अब रहा महमूद का सिपाही। उसे चटपट गाँव का पहरा देने का चार्ज मिल गया; लेकिन पुलिस का सिपाही कोई साधारण व्यक्ति तो था नहीं; जो अपने पैरों चले। वह पालकी पर चलेगा। एक टोकरी आई, उसमें कुछ लाल रंग के फटे-पुराने चिथड़े बिछाए गए, जिसमें सिपाही साहब आराम से लेटे। नूरे ने यह टोकरी उठाई और अपने द्वार का चक्कर लगाने लगे। उनके दोनों छोटे भाई सिपाही की तरफ से 'छोनेवाले, जागते लहो' पुकारते चलते हैं। मगर रात तो अँधेरी होनी चाहिए। महमूद को ठोकर लग जाती है। टोकरी उसके हाथ से छूटकर गिर पड़ती है और मियाँ सिपाही अपनी बन्दूक लिए जमीन पर आ जाते हैं और उनकी एक टाँग में विकार आ जाता है। महमूद को आज ज्ञात हुआ कि वह अच्छा डॉक्टर है। उसको ऐसा मरहम मिल गया है, जिससे वह टूटी टाँग को आनन-फानन जोड़ सकता है। केवल गूलर का दूध चाहिए। गूलर का दूध आता है। टाँग जोड़ दी जाती है। लेकिन सिपाही को ज्यों ही खड़ा किया जाता है, टाँग जवाब दे देती है। शल्यक्रिया असफल हुई,

तब दूसरी टाँग भी तोड़ दी जाती है। अब कम-से-कम एक जगह आराम से बैठ तो सकता है। एक टाँग से तो न चल सकता था न बैठ सकता था। अब वह सिपाही संन्यासी हो गया है। अपनी जगह पर बैठा-बैठा पहरा देता है। कभी-कभी देवता भी बन जाता है। उसके सिर पर झालरदार साफा खुरच दिया गया है। अब उसका जितना रूपान्तर चाहो, कर सकते हो। कभी-कभी तो उससे बाट का काम भी लिया जाता है।

उर्दूरूप : अब रहे मियाँ महमूद के सिपाही। मोहतरम ज़ीरौब हस्ती हैं। अपने पैरों चलने की ज़िल्लत उसे गवारा नहीं। महमूद ने अपनी बकरी का बच्चा पकड़ा और उस पर सिपाही को सवार किया। महमूद की बहन एक हाथ से सिपाही को पकड़े हुए थी और महमूद बकरी के बच्चे का कान पकड़कर उसे दरवाज़े पर चला रहा था और उसके दोनों भाई सिपाही की तरफ़ से 'थोनेवाले दागते लहो' पुकारते चलते थे। मालूम नहीं क्या हुआ, मियाँ सिपाही अपने घोड़े की पीठ से गिरे और अपनी बन्दूक़ लिए ज़मीन पर आ रहे। एक टाँग मज़रूब हो गई, मगर कोई मुज़ाइका नहीं। महमूद होशियार डॉक्टर है। डॉक्टर निगम और डॉक्टर भाटिया इसकी शागिर्दी कर सकते हैं और ये टूटी टाँग आनन-फानन में जोड़ देगा। सिर्फ़ गूलर का दूध चाहिए। गूलर का दूध आता है। टाँग जोड़ी जाती है; लेकिन जूँ ही खड़ा होता है, टाँग फिर अलग हो जाती है। अमलेज़र्राही नाकाम हो जाती है। तब महमूद उसकी दूसरी टाँग भी तोड़ देता है। अब वो आराम से एक जगह बैठ सकता है। एक टाँग से तो न चल सकता था, न बैठ सकता था। अब वो गोशे में बैठकर टट्टी की आड़ में शिकार खेलेगा।''

सहज ही देख सकते हैं कि 'टोकरी' की जगह 'बकरी का बच्चा' ज़्यादा जीवन्त और यथार्थपरक है। पुलिस का सिपाही पालकी में नहीं, घोड़े पर चलता है। घोड़े के लिए बकरी का प्रयोग बच्चों की नक़ल करने की प्रवृत्ति से ज़्यादा मेल खाता है। आगे हिन्दीरूप में जो छितराव है वह उर्दूवाले में कट-छँटकर सघन हो जाता है। ''अब वो गोशे में बैठकर टट्टी की आड़ में शिकार खेलेगा।'' एक ही वाक्य में वह सभी आ जाता है, जिसके लिए हिन्दीरूप में छः वाक्य आए हैं।

हिन्दीरूप : ''अब खिलौने लेंगे। इधर दूकानों की कतार लगी हुई है। तरह-तरह के खिलौने हैं–सिपाही और गुजरिया, राजा और वकील, भिश्ती और धोबिन और साधू वाह! कितने सुन्दर खिलौने हैं। अब बोला ही चाहते हैं।''

उर्दूरूप : ''खिलौनों की ख़रीद शुरू होती है। सिपाही और गुजरिया और राजा-रानी और वकील और धोबी और भिश्ती, बेइम्तियाज़ इनसे रान मिलाए बैठे हुए हैं। धोबी, राजा-रानी की बग़ल में है और भिश्ती, वकील साहब की बग़ल में। वाह, कितने ख़ूबसूरत! बोला ही चाहते हैं।''

उर्दूरूप में खिलौनों के बैठने की स्थिति का भी चित्रण है। यह अकारण नहीं है, वर्तमान युग की तरफ़ संकेत करता है। समय बदल गया है। अब बड़ा-छोटा नहीं चलनेवाला। हाँ, अभी यह खिलौनों की दुनिया में ही दिख रहा है, कल वास्तविक दुनिया में भी दिखेगा।

बेवजह के प्रसंगों और क्रिया-कलापों का सफ़ाया

हिन्दीरूप : ''उनकी अपनी जेबों में तो कुबेर का धन भरा हुआ है। बार-बार जेब से अपना खजाना निकालकर गिनते हैं और खुश होकर फिर रख लेते हैं। महमूद गिनता है, एक-दो, दस-बारह। उसके पास बारह पैसे हैं। मोहसिन के पास एक, दो, तीन, आठ, नौ, पन्द्रह पैसे हैं। इन्हीं अनगिनती पैसों में अनगिनती चीज़ें लाएँगे—खिलौने, मिठाइयाँ, बिगुल, गेंद और न जाने क्या-क्या।''

उर्दूरूप : ''उनकी अपनी जेबों में तो क़ारून का ख़ज़ाना रखा हुआ है। बार-बार जेब से अपना ख़जाना निकालकर गिनते हैं, दोस्तों को दिखाते हैं और ख़ुश होकर रख लेते हैं। इन्हीं दो-चार पैसों में दुनिया की सात नेमतें लाएँगे। खिलौने और मिठाइयाँ और बिगुल और ख़ुदा जाने क्या-क्या।''

हम देख सकते हैं कि उर्दूरूप ज़्यादा सघन हो गया है। ''महमूद गिनता...पन्द्रह पैसे हैं।'' बेवजह और स्फीति पैदा करनेवाला होने के कारण निकाल दिया गया है और ''दोस्तों को दिखाते हैं।'' जोड़कर बच्चों की मानसिकता को और सघन बनाते हैं।

हिन्दीरूप : ''उसके अब्बाजान रुपए कमाने गए हैं। बहुत-सी थैलियाँ लेकर आएँगे। अम्मीजान अल्लाह मियाँ के घर से उसके लिए बड़ी अच्छी-अच्छी चीजें लाने गई हैं; इसलिए हामिद प्रसन्न है। आशा तो बड़ी चीज है, और फिर बच्चों की आशा! उनकी कल्पना तो राई का पर्वत बना लेती है।''

उर्दूरूप : ''उसके अब्बाजान बड़ी दूर रुपए कमाने गए थे, बहुत-सी थैलियाँ लेकर आएँगे; अम्मीजान अल्लाह मियाँ के घर मिठाई लेने गई हैं, इसलिए ख़ामोश है।''

''आशा तो...बना लेती है।'' उर्दूवाले में नहीं है। कथावाचक का यह कथन सामान्य कथन है, जो इसमें कुछ जोड़ने के बजाय स्फीति पैदा करता है। ''इसलिए हामिद प्रसन्न है।'' की अपेक्षा ''इसलिए ख़ामोश है।'' ज़्यादा तर्कसंगत और ध्वन्यात्मक है। यानी, अगर उसके अब्बा और अम्मीजान होते तो वह भी दूसरे बच्चों की तरह अपना क़ारून का ख़ज़ाना गिनता, दोस्तों को दिखाता और ख़ुश होकर अपनी जेब में रख लेता।

हिन्दीरूप : अभागिन अमीना अपनी कोठरी में बैठी रो रही है। आज ईद का दिन और उसके घर में दाना नहीं! आज आबिद होता तो क्या इसी तरह ईद आती और चली जाती! इस अन्धकार और निराशा में वह डूबी जा रही थी। किसने बुलाया था इस ईद को। इस घर में उसका काम नहीं है, लेकिन हामिद! उसे किसी के मरने-जीने से क्या मतलब? उसके अन्दर प्रकाश है, बाहर आशा।''

पूरा-का-पूरा दृश्य उर्दूरूप में नहीं है। अमीना की मनोदशा का यह चित्रण अमीना के चरित्र को कमज़ोर बनाता है। हामिद में जो असमय बुढ़ापा आ गया है, या समझ आ गई है; वह ग़रीबी और परिस्थितियों के कारण तो आई ही है, अमीना के कुशल निर्देशन का भी उसमें योगदान है। परिस्थिति के अनुरूप हामिद को ढालने का काम अमीना ने ही किया है। अतः उसका यह भावविगलित रूप उसकी यथार्थ से लड़ने की छवि को नष्ट करता है।

हिन्दीरूप : ''हामिद ने हारनेवाले के आँसू पोंछे—मैं तुम्हें चिढ़ा रहा था, सच। यह लोहे का चिमटा भला इन खिलौनों की क्या बराबरी करेगा; मालूम होता है, अब बोले, अब बोले।

''लेकिन मोहसिन की पार्टी को इस दिलासे से सन्तोष नहीं होता। चिमटे का सिक्का खूब बैठ गया है। चिपका हुआ टिकट अब पानी से नहीं छूट रहा है।

''मोहसिन—लेकिन इन खिलौनों के लिए कोई हमें दुआ तो न देगा।

''महमूद—दुआ को लिए फिरते हो। उलटे मार न पड़े। अम्माँ जरूर कहेंगी कि मेले में मिट्टी के खिलौने तुम्हें मिले?

''हामिद को स्वीकार करना पड़ा कि खिलौनों को देखकर किसी की माँ इतनी ख़ुश न होगी, जितनी दादी चिमटे को देखकर होंगी। तीन पैसों ही में तो उसे सब कुछ करना था, और उन पैसों के इस उपयोग पर पछतावे की बिलकुल जरूरत न थी।''

उपर्युक्त प्रसंग हामिद और अन्य बच्चों के चरित्रों को ही खंडित नहीं करता अपितु कहानी को ही नष्ट कर देता है। 'उलटे मार न पड़े', यानी ख़ौफ़ज़दा बच्चे घर पहुँचने पर जिस उत्साह से अपने खिलौनों से खेलते हैं, खेल ही नहीं सकते। मसलन, नूरी का अपने वकील साहब के लिए खूँटी गाड़ना, महमूद का अपने सिपाही को बकरी के बच्चे या टोकरी में लेकर चलना। सबसे ज़्यादा नुकसान होता है, हामिद के चरित्र का; जो पूरी कहानी में बूढ़े का रोल निभाता है। इसीलिए उर्दूरूप में उपर्युक्त प्रसंग निकाल दिया गया है। उर्दूरूप में हामिद दिलासा नहीं देता। दूसरों के खिलौने बारी-बारी से उसके हाथ में आने पर सोचता ज़रूर है, जिसमें मन का मसोस भी है, मगर चिमटा ख़रीदने का सार्थकताबोध क़ायम है।

उर्दूरूप : ''कितने ख़ूबसूरत खिलौने हैं। मालूम होता है, बोला ही चाहते हैं। मगर

इन खिलौनों के लिए इन्हें दुआएँ कौन देगा? कौन-कौन इन खिलौनों को देखकर इतना ख़ुश होगा, जितना अम्माँजान दस्तपनाह को देखकर होंगी।''

तथ्यों, क्रिया-कलापों में हेर-फेर; चरित्रों की सार्थकता एवं वैयक्तिकता

अमीना हामिद को ईदगाह अकेला नहीं जाने देना चाहती, मगर साथ भी नहीं जा सकती। इसका कारण जो वह देती है, प्रस्तुत है–

हिन्दीरूप : ''पैसे होते तो लौटते-लौटते सब सामग्री जमा करके चटपट बना लेती। यहाँ तो घंटों चीजें जमा करते लगेंगे। माँगे ही का तो भरोसा ठहरा।''

उर्दूरूप : ''मगर वह चली जाए तो यहाँ सेवइयाँ कौन पकाएगा, भूका-प्यासा दोपहर को लौटेगा, क्या उस वक़्त सेवइयाँ पकाने बैठेगी? रोना तो ये है कि अमीना के पास पैसे नहीं हैं।''

'माँगे ही का भरोसा ठहरा।' से अमीना की ख़ुद्दारी और ग़रीबी से जूझनेवाला रूप नष्ट हो जाता है। जबकि वह अपने श्रम पर जीनेवाली औरत है, क्योंकि आगे का यह वाक्य ''उस दिन फहिमन के कपड़े सिए थे। आठ आने पैसे मिले थे।'' उसके अपने श्रम पर निर्बाह करने की पुष्टि करता है। उर्दूरूप ज़्यादा संगत और अर्थवान है। ''रोना तो ये है कि अमीना के पास पैसे नहीं हैं।'' अगर पैसे होते तो हामिद को अकेला न जाने देती, खुद साथ जाती। 'भूका-प्यासा दोपहर को लौटेगा।' जैसा सवाल ही नहीं उठता, क्योंकि मेले में वह उसे पेटभर खिला देती। चूँकि पैसे नहीं है, इसलिए हामिद का भूका-प्यासा लौटना लाज़िमी है। ईदगाह से लौटते-लौटते दोपहर का हो जाना भी तय है। इसलिए भूके-प्यासे हामिद को घर में दाख़िल होते ही खाना मिलना चाहिए। यह है ममतामयी अमीना का रूप। हामिद में खुद्दारी को रोपने और विकसित करनेवाली अमीना ही है।

हिन्दीरूप : ''ग्रामीणों का यह दल इस विषय में बालकों से कम उत्साही नहीं है।'' मगर इसका कहीं प्रमाण नहीं दिया गया है।

उर्दूरूप : ''इनके बुज़ुर्ग इतने ही तिफ़्लान : इश्तियाक़ से चरख़ी पर बैठे हैं।''

''मोहसिन का बाप बार-बार उसे चरख़ी पर बुलाता है, लेकिन वह राज़ी नहीं होता। बूढ़े कहते हैं, इस लड़के में अभी से अपना-पराया आ गया है। हामिद सोचता है, क्यों किसी का एहसान लूँ।''

यहाँ प्रमाण ही नहीं, किसानी व्यवहार का जीवन्त दृश्य है। दोनों का एक-दूसरे को न समझना भी संकेतित है। आगे लेखक अपनी राय प्रस्तुत करता है–''उसरत ने उसे ज़रूरत से ज़्यादा ज़की उल हिस बना दिया है।''

हिन्दीरूप : ''अब बालकों के दो दल हो गए हैं। मोहसिन, महमूद, सभी और

नूरे एक तरफ हैं, हामिद अकेला दूसरी तरफ। शास्त्रार्थ हो रहा है। समी तो विधर्मी हो गया। दूसरे पक्ष से जा मिला।''

उर्दूरूप : ''अब दो फ़रीक़ हो गए। मोहसिन, महमूद और नूरी एक तरफ़; हामिद एक्कः व तन्हा दूसरी तरफ़। समी ग़ैरजानिबदार है। जिसकी फ़तह देखेगा, उसकी तरफ़ हो जाएगा। मुनाज़रह शुरू हो गया।''

कौन-सा दृश्य ज़्यादा जटिल और समकालीन है। क्या, इसमें वर्तमान जीवन और व्यवस्था की जटिलता खुलती है? समी ने खँजरी ली है। ''उसे वो बजा-बजाकर गाएगा।'' क्या? प्रशंसा के गीत। सुख गाया जाता है दुख नहीं। रोना का विरोधी है गाना। वह मध्यवर्गीय चरित्र का संकेत करता है, जो विजेता की प्रशंसा का गुणगान करके अपने लिए कुछ हिस्सा हासिल करता है। इस बहस के प्रसंग को लड़ाई का रूप दे दिया है, प्रेमचन्द ने। सत्ता के पक्षधर और सत्ता के विरोधी में द्वन्द्व हो रहा है। ''सुलासा के पास तादाद की ताक़त है, हामिद के पास हक़ और अख़लाक़। एक तरफ़ मिट्टी, रबड़ और लकड़ी की चीज़ें; दूसरी जानिब अकेला लोहा, जो इस वक़्त अपने आपको फ़ौलाद कह रहा है। वह रोएँतन है, सफ़शिकन है।'' हामिद शोषित और मोहसिन, महमूद, नूरी शोषक के प्रतीक बन जाते हैं। बच्चों की यह लड़ाई वास्तविक दुनिया की लड़ाई बन जाती है, जिसमें समी रूपी मध्यवर्ग निरपेक्ष लड़ाई के अंजाम की राह ताक़ता, अपनी खँजरी सँभाले विजेता का गुणगान करने के लिए तैयार बैठा है।

मिट्टी के खिलौनों की दूकान पर खँजरी नहीं मिलती। हिन्दीरूप के अनुसार समी दो खिलौने लेता है—''समी—और मेरी धोबिन रोज कपड़े धोएगी।'' 'समी ने खँजरी ली थी। प्रभावित होकर बोला—मेरी खँजरी से बदलोगे? दो आने की है।'' खँजरी कहाँ ख़रीदी गई, इसका ज़िक्र नहीं है। मोहसिन, महमूद और नूरी एक-एक खिलौने लेते हैं। उर्दूरूप में मोहसिन, महमूद और नूरी दो-दो खिलौने लेते हैं। समी एक और हामिद खिलौना नहीं, चिमटा। समी धोबिन नहीं ख़रीदता, खँजरी ख़रीदता है बिसाती की दूकान पर। ''यह बिसाती की दुकान है। तरह-तरह की ज़रूरी चीज़ें एक चादर बिछी हुई है। गेंद, सीटियाँ, बिगुल, भौंरे, रबड़ के खिलौने और हज़ारों चीज़ें। मोहसिन एक सीटी लेता है, महमूद गेंद, नूरी रबड़ का बुत; जो चूँ-चूँ करता है और समी एक खँजरी; उसे वो बजा-बजाकर गाएगा।'' बहस में हारने के दौरान भी इसका ज़िक्र है—''तीनों सूरमा मुँह ताकते रह गए। हामिद ने मैदान जीत लिया। गो सुलासा के पास अभी गेंद, सीटी और बुत रिज़र्व थे, मगर इन मशीनगनों के सामने उन बुज़दिलों को कौन पूछता है।''

संवादों को एक चरित्र से निकलकर दूसरे में डालकर पाँचों चरित्रों को जीवन्त कर देना

ईदगाह जाते हुए चीज़ों को देखकर बच्चे जो आपस में संवाद करते हैं, उर्दूरूप में उनके चरित्र बदल जाते हैं।

हिन्दीरूप : ''महमूद ने कहा–हमारी अम्मीजान का तो हाथ काँपने लगे। अल्ला कसम।''

उर्दूरूप : ''मोहसिन ने कहा–हमारी अम्मीजान तो उसे पकड़ ही न सकें। हाथ काँपने लगें। अल्ला कसम।''

हिन्दीरूप : ''मोहसिन बोला–अम्मी मनों आटा पीस डालती हैं। ज़रा-सा बैट पकड़ लेंगी, तो हाथ काँपने लगे। सैकड़ों घड़े पानी रोज निकालती हैं। पाँच घड़े तो तेरी भैंस पी जाती है। किसी मेम को एक घड़ा पानी भरना पड़े तो आँखों तले अँधेरा आ जाए।''

उर्दूरूप : ''हामिद ने इख़्तिलाफ़ किया–चलो, मनों आटा पीस डालती हैं। ज़रा-सी बैट पकड़ लेंगे तो हाथ काँपने लगेगा! सैकड़ों घड़े पानी रोज़ निकालती हैं। किसी मेम को एक घड़ा पानी निकालना पड़े तो आँखों तले अँधेरा आ जाए।''

हिन्दीरूप : ''महमूद–लेकिन दौड़ती तो नहीं, उछल-कूद तो नहीं सकतीं।''

उर्दूरूप : ''मोहसिन–लेकिन दौड़ती तो नहीं, उछल-कूद नहीं सकतीं।''

हिन्दीरूप : ''मोहसिन–हाँ, उछल-कूद नहीं सकतीं; लेकिन उस दिन मेरी गाय खुल गई थी और चौधरी के खेत में जा पड़ी थी, तो अम्माँ इतनी तेज दौड़ीं कि मैं उन्हें न पा सका, सच।''

उर्दूरूप : ''महमूद–काम आ पड़ता है तो दौड़ भी लेती हैं। अभी उस दिन तुम्हारी गाय खुल गई थी और चौधरी के खेत में जा पड़ी थी तो तुम्हारी अम्माँ ही तो दौड़कर उसे भगा लाई थीं। कितनी तेजी से दौड़ी थीं। हम-तुम दोनों उनसे पीछे रह गए।''

हिन्दीरूप : ''हामिद को यकीन न आया–ऐसे रुपए जिन्नात को कहाँ से मिल जाएँगे?''

उर्दूरूप : ''महमूद को यक़ीन न आया–ऐसे रुपए जिन्नात को कहाँ से मिल जाएँगे?''

हिन्दीरूप : ''मोहसिन ने कहा–जिन्नात को रुपए की क्या कमी? जिस खजाने में चाहें, चले जाएँ। लोहे के दरवाज़े तक उन्हें नहीं रोक सकते जनाब, आप हैं किस फेर में। हीरे-जवाहरात तक उनके पास रहते हैं। जिससे खुश हो गए, उसे टोकरों जवाहरात दे दिए। अभी यहीं बैठे हैं, पाँच मिनट में कहो कलकत्ता पहुँच जाएँ।''

उर्दूरूप : ''मोहसिन–जिन्नात को रुपयों की क्या कमी? जिस ख़ज़ाने में चाहें, चले जाएँ। कोई उन्हें देख नहीं सकता। लोहे के दरवाज़े तक नहीं रोक सकते।

जनाब, आप हैं किस ख़याल में। हीरे-जवाहरात उनके पास रहते हैं। जिससे खुश हो गए, उसे टोकरों जवाहरात दे दिए। पाँच मिनट में कहो काबुल पहुँच जाएँ।''

हिन्दीरूप : ''हामिद ने पूछा–जिन्नात बहुत बड़े होते होंगे?''

उर्दूरूप : ''हामिद–जिन्नात बहुत बड़े होते होंगे?''

हिन्दीरूप : ''मोहसिन–और क्या, एक-एक आसमान के बराबर होता है। ज़मीन पर खड़ा हो जाए तो उसका सिर आसमान से जा लगे, मगर चाहें तो एक लोटे में घुस जाएँ।''

उर्दूरूप : ''मोहसिन–और क्या, एक-एक आसमान के बराबर होता है। ज़मीन पर खड़ा हो जाए तो उसका सिर आसमान से जा लगे। मगर चाहे तो एक लोटे में घुस जाए।''

हिन्दीरूप : ''हामिद–लोग उन्हें कैसे खुश करते होंगे? कोई मुझे वह मन्तर बता दे, तो एक जिन्न को खुश कर लूँ।''

उर्दूरूप : इस कथन को सिरे से निकाल दिया गया है। यह कथन हामिद के चरित्र को कमज़ोर बनाता है। हामिद लेखक की संवेदना और विचारों का वाहक भी तो है।

हिन्दीरूप : ''मोहसिन–अब यह तो मैं नहीं जानता, लेकिन चौधरी साहब के काबू में बहुत से जिन्नात हैं। कोई चीज़ चोरी चली जाए, चौधरी साहब उसका पता लगा देंगे और चोर का नाम भी बता देंगे। जुमराती का बछवा उस दिन खो गया था। तीन दिन हैरान हुए, कहीं न मिला। तब झख मारकर चौधरी के पास गए। चौधरी ने तुरन्त बता दिया कि मवेशीखाने में है, और वहीं मिला। जिन्नात आकर उन्हें सारे जहान की खबरें दे जाते हैं।''

उर्दूरूप : ''समी–सुना है चौधरी साहब के क़ब्ज़े में बहुत से जिन्नात हैं। कोई चीज़ चोरी चली जाए, चौधरी साहब उसका पता बता देंगे और चोर का नाम तक बता देंगे। जुमेराती का बछड़ा उस दिन खो गया था। तीन दिन हैरान हुए, कहीं न मिला। तब झक मारकर चौधरी के पास गए। चौधरी ने कहा, मवेशीख़ाना में है, और वहीं मिला। जिन्नात आकर उन्हें सब ख़बरें दे जाया करते हैं।''

हिन्दीरूप : ''मोहसिन ने प्रतिवाद किया–यह कानिसटिबल पहरा देते हैं? तभी तुम बहुत जानते हो। अजी हजरत, यही चोरी कराते हैं। शहर के जितने चोर-डाकू हैं, सब इनसे मिले रहते हैं। रात को ये लोग चोरों से तो कहते हैं, चोरी करो और आप दूसरे मुहल्ले में जाकर 'जागते रहो! जागते रहो!' पुकारते हैं। जभी इन लोगों के पास इतने रुपए आते हैं। मेरे मामूँ एक थाने में कानिसटिबल हैं। बीस रुपया महीना पाते हैं; लेकिन पचास रुपए घर भेजते हैं। अल्ला कसम। मैंने एक बार पूछा था कि मामूँ, आप इतने रुपए कहाँ से पाते हैं? हँसकर कहने लगे–बेटा, अल्लाह देता

है। फिर आप ही बोले–हम लोग चाहें तो एक दिन में लाखों मार लाएँ। हम तो इतना ही लेते हैं, जिसमें अपनी बदनामी न हो और नौकरी न चली जाए।''

उर्दूरूप : ''नूरी ने तसहीह की–यहाँ पुलिसवाले पहरा देते हैं। जब ही तो इन्हें बहोत ख़बर है। अजी हज़रत ये लोग चोरियाँ कराते हैं। शहर के जितने चोर-डाकू हैं, सब इनसे मिले रहते हैं। रात को सब एक मोहल्ले में चोरों से कहते हैं और दूसरे मोहल्ले में पुकारते हैं, 'जागते रहो।' मेरे मामूँ एक थाने में सिपाही हैं। बीस रुपए महीने पाते हैं, लेकिन थैलियाँ भर-भर घर भेजते हैं। मैंने एक बार पूछा था, मामूँ, इतने रुपए! आप चाहें तो दिन में लाखों मार लाएँ। हम तो इतना ही लेते हैं, जिसमें अपनी बदनामी न हो और नौकरी बची रहे।''

हिन्दीरूप : ''हामिद ने पूछा–यह लोग चोरी कराते हैं तो कोई इन्हें पकड़ता नहीं?''

उर्दूरूप : ''हामिद ने ताज्जुब से पूछा–ये लोग चोरी कराते हैं, तो इन्हें कोई पकड़ता नहीं!''

हिन्दीरूप : ''मोहसिन उसकी नादानी पर दया दिखाकर बोला–अरे पागल, इन्हें कौन पकड़ेगा। पकड़नेवाले तो यह ख़ुद हैं लेकिन अल्लाह इन्हें सजा भी खूब देता है। हराम का माल हराम में जाता है। थोड़े ही दिन हुए, मामूँ के घर में आग लग गई। सारी लेई-पूँजी जल गई। एक बरतन तक न बचा। कोई दिन पेड़ के नीचे सोए, अल्ला कसम, पेड़ के नीचे। फिर न जाने कहाँ से सौ कर्ज लाए तो बरतन-भाड़े आए।''

उर्दूरूप : ''नूरी ने उसकी कोताहफ़हमी पर रहम खाकर कहा–अरे अहमक, इन्हें कौन पकड़ेगा? पकड़नेवाले तो ये ख़ुद हैं। लेकिन अल्लाह इन्हें सज़ा भी ख़ूब देता है। थोड़े दिन हुए, मामूँ के घर में आग लग गई। सारा माल-मता जल गया। एक बर्तन तक न बचा। कई दिन तक दरख़्त के साये के नीचे सोए, अल्लाह क़सम! फिर न जाने कहाँ से क़र्ज़ लाए तो बर्तन-भाँडे आए।

हिन्दीरूप : ''हामिद–एक सौ तो पचास से ज्यादा होते हैं?''

उर्दूरूप में यह कथन है ही नहीं, क्योंकि इसमें 'सौ कर्ज लाये' की जगह 'क़र्ज़ लाये' है। क़र्ज़ की संख्या न देकर प्रेमचन्द ने नूरी के चरित्र को सहज और विश्वसनीय बना दिया है।

हिन्दीरूप : ''कहाँ पचास कहाँ एक सौ। पचास एक थैली-भर होता है। सौ तो दो थैलियों में भी न आवें।''

यह कथन बच्चों की समझ के अलावा और कुछ नहीं कहता। कहानी का लक्ष्य बच्चों की नादानी बयान करना नहीं है, उनकी समझदारी बयान करना है। इसलिए नादानी उनकी समझदारी को बतलाने का माध्यम बनकर आती है। इससे चरित्र और

उनकी हरकतें सहज हो जाती हैं। इसीलिए उपर्युक्त कथन उर्दूरूप से निकाल दिया गया है।

इतना लम्बा सन्दर्भ प्रस्तुत करने के पीछे आशय यह है कि पाठक ख़ुद उर्दूरूप और हिन्दीरूप का मिलान कर सकें। हिन्दीरूप में नूरी और सभी संवाद में कहीं भी हिस्सा नहीं लेते, ज़्यादातर मोहसिन ही बोलता है, इससे उनके चरित्र खुलते ही नहीं। जबकि उर्दूरूप में पाँचों बच्चे बारी-बारी से अपना ज्ञान प्रस्तुत करते हैं। बोलने का मतलब होता है, अपने आपको व्यक्त करना। खिलौनों का चयन और बात, दोनों के माध्यम से उनकी रुझान का पता चलता है। मसलन, मोहसिन भिश्ती ख़रीदता है, यानी, एक नौकर। वह शहरी संस्कृति की ओर आकर्षित है। मालिक बनना चाहता है, धनवान। इसीलिए वह अपनी माँ की निन्दा करता है। अपनी ज़मीन से उखड़ रहा है, जबकि हामिद अपनी ज़मीन से जुड़ा है, इसीलिए वह दूसरे की माँ की निन्दा भी बरदाश्त नहीं कर सकता। प्रमाण के साथ न केवल मोहसिन के कथन को खंडित करता है, उसकी माँ की प्रशंसा और महत्त्व को स्थापित करता है। नूरी अपने व्यक्तिगत अनुभव के कारण सिपाही नहीं लेता, वकील ख़रीदता है। वकील को ख़रीदना, कितना क़रारा व्यंग्य है। वह ख़ुद वकील बनेगा और इसी तरह बिकेगा। न्याय दिलानेवाला पैसे के मोल बिकेगा। रुपया कमाना उसका लक्ष्य है। "हमारा वकील रोज़ मुकद्दमे लड़ेगा और रोज़ रुपए लाएगा।" मगर महमूद को सिपाही चाहिए। वह बहुत पैसेवाला है, ऐसा उसने मान लिया है। धनवान लोग हमेशा डरे-घबराए रहते हैं कि कहीं कोई उनका धन चुरा न ले, लूट न ले। चूँकि पुलिसवाले ही चोरी कराते हैं, इसलिए वह उन्हें ही अपना नौकर बनाना चाहता है। वे उसके धन की रखवाली करेंगे। खेल-खेल में प्रेमचन्द आज के यथार्थ को नंगा कर देते हैं। सत्ता के आकर्षण में डूबे ये तीनों बच्चे एक ओर और हामिद अकेला। उच्चवर्ग और निम्नवर्ग के घनघोर संघर्ष की यह झलक है। समी मध्यवर्ग का नुमाइन्दा है, वह इस संघर्ष में शामिल नहीं है, गैरजानिबदार। जिसकी फ़तेह देखेगा, उसकी ओर हो जाएगा और खँजरी बजा-बजाकर उसका गुणगान करेगा। इसका अपना कोई व्यक्तित्व नहीं है। कहानी में आशावाद भी है कि इस संघर्ष में जीत निम्नवर्ग-सर्वहारा की ही होनी है, मगर यह जीत बड़ी मँहगी पड़ेगी। इस संघर्ष में बच्चों का बचपन भी क़ुर्बान होगा। प्रेमचन्द, जैसे कह रहे हों कि चुप न बैठो। देखो, कितना भयंकर संघर्ष है। इसमें यह ग़रीब बच्चा तक लग गया है। कुछ तो शरमाओ और इस युद्ध में अपने आपको झोंक दो। फ़तेह तुम्हारी ही होनी है। सत्ता के प्रशंसक इन भाँड़ों के कथनों पर न जाओ, ये तो कल को तुम्हारी प्रशंसा के गीत गाएँगे।

पाठक ही तय करें कि कौन-सा रूप श्रेष्ठ है। और जो श्रेष्ठ है, क्या वही प्रामाणिक पाठ के रूप में पाठकों के सामने नहीं जाना चाहिए?

बड़े भाई साहब : हिन्दी-उर्दूरूप की तुलना

कोई भी सहृदय देख सकता है कि 'ईदगाह', 'कफ़न' के हिन्दीरूपों की अपेक्षा 'बड़े भाई साहब' हिन्दीरूप में अरबी-फ़ारसी के शब्द ज्यादा हैं। 'ईदगाह' की अपेक्षा 'कफ़न' में तत्सम शब्द ज़्यादा हैं। ये तीनों कहानियाँ हिन्दी में क्रमशः 'चाँद' अगस्त 1933, 'चाँद' अप्रैल, 1936 और 'हंस' नवम्बर 1934 में प्रकाशित हुई थीं। यानी, 'ईदगाह' और 'बड़े भाई साहब' में पन्द्रह महीने का अन्तर तथा 'बड़े भाई साहब' और 'कफ़न' में सत्रह महीने का अन्तर है। तीनों कहानियों की शब्दावली और वाक्य-रचना पर नज़र डालें, तो पाएँगे कि इनमें कोई संगति और एक सूत्रता नहीं है। जबकि इनके उर्दूरूप पर नज़र डालते हैं, तो पाते हैं कि इनमें संगति और एक सूत्रता दोनों हैं। ये तीनों कहानियाँ न केवल अनुवाद हैं, बल्कि अलग-अलग व्यक्तियों द्वारा हिन्दी में अनुवाद हैं। 'बड़े भाई साहब' कहानी के दोनों रूपों को पढ़ने के बाद जो बात उभरकर सामने आती है, वह यह है कि हिन्दीरूप पहले मसौदे का किसी अन्य व्यक्ति के द्वारा किया गया अनुवाद है, 'ईदगाह' कहानी की तरह। उर्दूरूप उस पहले मसौदे का परिनिष्ठित रूप है। यानी, प्रेमचन्द ने इस कहानी पर फिर काम किया, जो उर्दू में छपा। इस नतीजे पर पहुँचने के कारण ये हैं–

दुहराव और फैलाव की काट-छाँट

हिन्दी : "इस भावना की बुनियाद खूब मजबूत डालनी चाहते थे, जिस पर आलीशान महल बन सके। एक साल का काम दो साल में करते थे। कभी-कभी तीन साल भी लग जाते थे। बुनियाद भी पुख्ता न हो, तो मकान कैसे पायेदार बने।"

उर्दू : "इस इमारत की बुनियाद ख़ूब मज़बूत डालना चाहते थे। एक साल का काम दो साल में करते थे, ताकि इमारत पुख़्ता हो जाए।"

कहानी का नैरेटर छोटा भाई जिस वक़्त कहानी सुना रहा है, काफ़ी बड़ा हो गया है। अपनी वर्तमान हैसियत तक पहुँचाने में जिसका सबसे ज़्यादा योगदान है, उसको तथा उसकी और अपनी गतिविधियों को याद कर रहा है। उस याद में बड़े भाई साहब

तीन बार कभी नहीं फ़ेल हुए। इसीलिए 'कभी-कभी तीन साल भी लग जाते थे' को निकाल दिया गया।

हिन्दी : ''कभी चारदीवारी पर चढ़कर नीचे कूद रहे हैं, कभी फाटक पर सवार, उसे आगे-पीछे चलाते हुए मोटरकार का आनन्द उठा रहे हैं।''

उर्दू : ''कभी चहारदीवारी पर चढ़कर पीछे कूद रहे हैं, कभी फ़ाटक पर सवार होकर मोटर का लुत्फ़ उठा रहे हैं।''

कहानी छोटे भाई के स्वच्छन्द होते जाने की लिखी जा रही है। दीवार से जब भी कूदना होगा, 'नीचे' ही होगा। इसलिए 'नीचे' दुहराव है। इसकी अपेक्षा 'पीछे' ज़्यादा सार्थक है। 'पाछे' कूदना बन्धन को नकारना है। स्वच्छन्द होना है। स्वतन्त्रता का मतलब है, सामाजिक बन्धन। सामाजिक बन्धनों से मुक्ति का नाम ही है, स्वच्छन्दता। 'उसे आगे-पीछे चलाते हुए' गतिशील बिम्ब की स्पष्टता है। 'फ़ाटक पर सवार होकर मोटर का लुत्फ़ उठा रहे हैं', में अपने आप वह आ जाता है। 'आगे-पीछे...' से कलात्मकता नष्ट होती है। पाठक की भागीदारी नहीं रहती।

हिन्दी : ''चटपट एक टाइम-टेबिल बना डालता। बिना पहले से नक्शा बनाए, कोई स्कीम तैयार किए काम कैसे शुरू करूँ। टाइम-टेबिल में खेल-कूद की मद बिलकुल उड़ जाती। प्रातःकाल उठना; छह बजे हाथ-मुँह धो, नाश्ता कर, पढ़ने बैठ जाना। छह से आठ तक अंग्रेज़ी, आठ से नौ तक हिसाब, नौ से साढ़े नौ तक इतिहास, फिर भोजन और स्कूल साढ़े तीन बजे स्कूल से वापस होकर आध घंटा आराम, चार से पाँच तक भूगोल, पाँच से छह तक ग्रामर; आध घंटा होस्टल के सामने ही टहलना, साढ़े छह से सात तक अंग्रेज़ी कम्पोजीशन, फिर भोजन करके आठ से नौ तक अनुवाद, नौ से दस तक हिन्दी, दस से ग्यारह तक विविध-विषय, फिर विश्राम।''

उर्दू : ''टाइम टेबल बनाता, सुबह उठता, मुँह धोकर नाश्ता करता, फिर अंग्रेज़ी मुतालअः सात-आठ बजे तक, हिसाब आठ से नौ बजे तक, तारीख़ नौ से साढ़े नौ तक, खाना खाकर स्कूल जाता। साढ़े तीन बजे स्कूल से वापस आकर आधा घंटे तक आराम, पाँच तक जोग्राफ़िया और नक़्शा, पाँच से छह तक ग्रामर, आधा घंटा आराम। छह से साढ़े आठ तक अंग्रेज़ी कम्पोजीशन, फिर खाना खाकर आठ से नौ बजे तक अंग्रेज़ी नौ से दस तक उर्दू, दस से ग्यारह तक मुतफ़र्क़ मजामीन।''

जिस तरह से छोटे भाई ने टाइम टेबल बनाया है, क्या उसमें खेल-कूद के लिए कहीं समय बचता है? तो क्या 'टाइम टेबल में खेल-कूद की मद बिलकुल उड़ जाती।' भरती का नहीं लगता? जिस बात को टाइम टेबल व्यंजित कर देता है, उसे स्पष्ट कर देने से क्या रचना सपाट और स्फीतियुक्त नहीं हो जाती है? इसीलिए यह उर्दूरूप

से निकाल दिया जाता है। इतना ही नहीं, यह कहने के बाद भी यहाँ 'आध घंटा होस्टल के सामने ही टहलना' है। उर्दूरूप में इसे भी निकाल दिया जाता है। अनुवादक महोदय 'सुबह उठता, मुँह धोकर नाश्ता करता' को व्यवहार में लाना समझ लेते हैं, जो आगे चलकर इस वाक्य कि 'पहले ही दिन से उसकी ख़िलाफ़वर्ज़ी शुरू हो जाती।' (हिन्दीरूप : पहले ही दिन उसकी अवहेलना शुरू हो जाती।) से कटता है। इसलिए इसका अनुवाद 'प्रातः काल उठना, छह बजे हाथ-मुँह धो, नाश्ता कर' करते हैं। जबकि प्रेमचन्द छोटे भाई की कल्पना में चलनेवाले व्यवहार को दर्ज करते हैं। यानी, वह टाइम टेबल बनाते समय इतने आवेग में है कि कल्पना में उसका व्यवहार करने लगा है। यहाँ आत्मव्यंग्य है, तीखा और करारा। कहना यह है कि टाइम टेबल सामान्यतया बनाए जाने के बाद लागू किया जाता है, यहाँ तो मैं बनाते वक़्त ही उसे लागू कर चुका था। चूँकि यह कल्पना में लागू हुआ, यथार्थ में कभी नहीं, इसीलिए व्यंग्य है। अनुवादक महोदय ने 'नौ से दस तक उर्दू' को 'नौ से दस तक हिन्दी' कर दिया है। यानी, उसने यह मान लिया है कि हिन्दी कहानी में चरित्र हिन्दी ही पढ़ेगा, उर्दू नहीं। चूँकि उर्दू कहानी में वह उर्दू पढ़ता है, इसलिए हिन्दी कहानी में हिन्दी पढ़ेगा। यह तर्क अंग्रेज़ी पर लागू नहीं होगा, क्योंकि वह विशिष्ट भाषा है।

हिन्दी : ''मैदान की वह सुखद हरियाली, हवा के हल्के-हल्के झोंके, फुटबाल की वह उछलकूद, कबड्डी के वह दाँव-घात, बॉलीबाल की वह तेजी और फुरती, मुझे अज्ञात और अनिवार्य रूप से खींच ले जाती और वहाँ जाते ही मैं सब कुछ भूल जाता। वह जानलेवा टाइम-टेबिल, वह आँखफोड़ पुस्तकें, किसी की याद न रहती, और भाई साहब को नसीहत और फजीहत का अवसर मिल जाता।''

उर्दू : ''मैदान की वह फ़हरतअंगेज़ हवा, वह दिलआवेज़ हरियाली, वह पुरलुत्फ़ आज़ादी मुझे इज़्तरारी तौर पर खींच ले जाती और भाई साहब को नसीहत, और नसीहत करने का मौक़ा मिल जाता।''

छोटा भाई अभी बॉलीबाल, फुटबाल जैसे खेलों के लायक हुआ ही नहीं है। वह तो 'कभी कंकड़ियाँ उछालता, कभी काग़ज़ की तीलियाँ उड़ाता और कहीं कोई साथी मिल गया तो पूछना ही क्या! कभी चहारदीवारी पर चढ़कर पीछे कूद रहे हैं, कभी फाटक पर सवार होकर मोटर का लुत्फ़ उठा रहे हैं।' उसके खेल की सारी गतिविधि होस्टल के मैदान में ही अंजाम पाती है, चहारदीवारी से पीछे कूदने को छोड़कर। इसीलिए उर्दू मसौदे में से उपर्युक्त असहज और असंगत बातों को निकाल दिया गया है।

हिन्दी : ''फिर भी जैसे मौत और विपत्ति के बीच भी आदमी मोह और माया के बन्धन में जकड़ा रहता है, मैं फटकार और घुड़कियाँ खाकर भी खेल-कूद का तिरस्कार न कर सकता।''

उर्दू से यह वाक्य सिरे से ग़ायब है। कहानी का नैरेटर इस वक़्त अपने छठीं जमातवाले दिनों में पहुँच गया है। छठीं जमात का लड़का इस तरह के दार्शनिक विधान नहीं कर सकता। यह वाक्य कहानी में कुछ सार्थक जोड़ने की जगह खटकन पैदा करता है। इसीलिए सिरे से ग़ायब कर दिया जाता है।

हिन्दी : "यह तो समय की किफायत नहीं, बल्कि उसका दुरुपयोग है कि व्यर्थ में किसी बात को ठूँस दिया जाए। हम चाहते हैं, आदमी को जो कुछ कहना हो, चटपट कह दे, अपनी राह ले।" " 'समय की पाबन्दी' पर संक्षेप में एक निबन्ध लिखो, जो चार पन्ने से कम न हो। ठीक! संक्षेप में तो चार पन्ने हुए नहीं शायद सौ-दो सौ पन्ने लिखवाते!"

उर्दूरूप में इनको जगह नहीं मिली। साफ़ है कि इनसे चरित्रांकन में कोई मदद नहीं मिलती। ये वाक्य कहानी को फैलाते हैं। उसकी सघनता को कम करते हैं।

हिन्दी : "कौन नहीं जानता कि समय की पाबन्दी बहुत अच्छी बात है, इससे आदमी के जीवन में संयम आता है, दूसरों का उस पर स्नेह होने लगता है और उसके कारोबार में उन्नति होती है, लेकिन इस ज़रा-सी बात पर चार पन्ने कैसे लिखें।"

उर्दू : "कौन नहीं जानता, वक़्त की पाबन्दी अच्छी बात है, लेकिन इस पर चार सफ़े कैसे लिखते?"

उर्दूरूप में प्रेमचन्द स्पष्ट कर रहे हैं कि इम्तहान में यही निबन्ध पूछा गया है और बड़े भाई इसका जवाब नहीं लिख पाए हैं। जबकि हिन्दीरूप से लगता है कि कुछ-न-कुछ लिखे हैं। तब तो पास होने भर के अंक की सम्भावना बनती है, मगर उर्दूरूप से साफ़ तौर पर झलकता है कि उनका फेल होना वाजिब है।

हिन्दी : एक दिन सन्ध्या-समय, होस्टल से दूर मैं एक कनकौआ लूटने बेतहाशा दौड़ा जा रहा था। आँखें आसमान की ओर थीं और मन उस आकाशगामी पथिक की ओर, जो मन्द गति से झूमता पतन की ओर चला आ रहा था, मानो कोई आत्मा स्वर्ग से निकलकर विरक्त मन में नए संस्कार ग्रहण करने आ रही हो। बालकों की पूरी सेना लग्गे और झाड़दार बाँस लिए इनका स्वागत करने को दौड़ी आ रही थी। किसी को अपने आगे-पीछे की खबर न थी। सभी मानो उस पतंग के साथ ही आकाश में उड़ रहे थे, जहाँ सब कुछ समतल है, न मोटर कारें हैं, ट्राम, न गाड़ियाँ।" यह काव्यात्मक पैराग्राफ़ उर्दूरूप में नहीं है। इसके निकाले जाने में ये बातें कारण होंगी। एक, नैरेटर अपने उस दौर में पहुँचकर कहानी कह रहा है, जब वह आठवें दरज़े में था। उपर्युक्त वाक्यों में विचार और उनकी अभिव्यक्ति एक प्रौढ़ व्यक्ति है, न कि आठवें दरज़े में पढ़नेवाले लड़के की। दूसरे, 'जो मन्दगति से झूमता पतन की ओर चला आ रहा था' से पूरी कहानी स्पष्ट हो जाती है। तीसरे,

कटी पतंग को लूटने का पूरा चित्रण कर देने से पाठक की भागीदारी को नुकसान पहुँचता है। यानी, यह पूरा पैराग्राफ़ कहानी की सघनता और प्रभाव दोनों को नुकसान पहुँचाता है।

हिन्दी : ''अपने हेडमास्टर साहब ही को देखो। एम.ए. हैं कि नहीं, और यहाँ के एम.ए. नहीं, ऑक्सफोर्ड के। एक हजार रुपए पाते हैं, लेकिन उनके घर का इन्तजाम कौन करता है? उनकी बूढ़ी माँ। हेडमास्टर साहब की डिग्री यहाँ बेकार हो गई। पहले ख़ुद घर का इन्तजाम करते थे। खर्च पूरा न पड़ता था। करजदार रहते थे। जब से उनकी माताजी ने प्रबन्ध अपने हाथ में ले लिया है, जैसे घर में लक्ष्मी आ गई हैं।''

बड़े भाई का यह पूरा कथन अविश्वसनीय है। हेडमास्टर साहब के घर की अन्दरूनी जानकारी उसे कैसे हुई? इसी कारण शायद इस पूरे कथन को उर्दूरूप से हटा दिया गया है और केवल अपनी अम्माँ-दादा के हवाले से नसीहत दी गई है। जो सहज, विश्वसनीय और प्रभावशाली है।

कुछ निकालना और कुछ जोड़ना

हिन्दी : ''वह नौवीं जमात में थे, मैं पाँचवीं में।''

उर्दू : ''वह नौवीं जमात में थे, मैं छठीं जमात में था।''

कहानी का पहला वाक्य 'मेरे भाई साहब मुझसे पाँच साल बड़े थे, लेकिन सिर्फ़ तीन दरज़े आगे थे।' हिन्दीरूप को ग़लत और उर्दूरूप को सही साबित करता है। यानी, हिन्दी रूप की ग़लती को उर्दूरूप में सुधार दिया गया। हिन्दीरूप में जो ग़लती आई, उसका कारण है वह उर्दूरूप, जो पहला मसौदा था।

हिन्दी : ''ऐसी-ऐसी लगती बातें कहते, ऐसे-ऐसे सूक्ति बाण चलाते कि मेरे जिगर के टुकड़े-टुकड़े हो जाते।''

उर्दू : ''ऐसी-ऐसी लगती बातें कहते थे कि मेरे जिगर के टुकड़े हो जाते।''

हिन्दी : ''महज इम्तहान पास कर लेना कोई चीज़ नहीं, असल चीज़ है बुद्धि का विकास।''

उर्दू : ''महज़ इम्तहान पास कर लेना कोई बड़ी चीज़ नहीं। असल चीज़ है, तारीख़ से सबक़ हासिल करना।''

हिन्दी : ''आदमी और जो कुकर्म चाहे करे; पर अभिमान न करे, इतराए नहीं। अभिमान किया और दीन दुनिया दोनों से गया।''

उर्दू : ''इनसान, और चाहे जो बुराई करे, गुरूर किया और दीनो दुनिया से गया।''

हिन्दीरूप उर्दूरूप के पहले मसौदे का अनुवाद क्यों है?

वाक्य-विन्यास में बदलाव

हिन्दी : "मेरा मौन कह देता था कि मुझे अपना अपराध स्वीकार है।"

उर्दू : "मेरी ख़ामोशी ऐतराफ़े गुनाह समझी जाती।"

हिन्दी : "और भाई साहब के लिए इसके सिवा और कोई इलाज न था कि स्नेह और रोष से मिले हुए शब्दों में मेरा सत्कार करें।"

उर्दू : "और भाई साहब बुज़ुर्गाना मोहब्बत और तुन्दी से मिले-जुले लहजे में कहते।"

हिन्दी : "और उस निराशा में ज़रा देर के लिए मैं सोचने लगता।"

उर्दू : "और ज़रा देर के लिए मुझ पर मायूसी आ जाती और मैं सोचता।"

हिन्दी : "हो किस खयाल में।"

उर्दू : "किस ख़याल में हो?"

ख़ुदा को कहीं ख़ुदा, कहीं ईश्वर और कहीं देव के रूप में प्रस्तुत करना

हिन्दी : "नहीं ईश्वर जाने यह उपदेश-माला कब समाप्त होती।"

उर्दू : "वरना ख़ुदा जाने यह नसीहत कब ख़त्म होती।"

हिन्दी : "शैतान का हाल भी पढ़ा ही होगा। उसे यह अभिमान हुआ था कि ईश्वर का उससे बढ़कर सच्चा भक्त कोई है ही नहीं!"

उर्दू : "इब्लीस का हाल भी पढ़ा होगा। उसे भी ग़ुरूर हुआ था।"

हिन्दी : "और जामेट्री तो बस ख़ुदा की पनाह!"

उर्दू : "और ज्योमेट्री, तो बस, ख़ुदा की पनाह!"

हिन्दी : "उसे तुम क्या, ख़ुदा भी नहीं मिटा सकता।"

उर्दू : "उसे तुम क्या, ख़ुदा भी नहीं मिटा सकता।"

हिन्दी : "दैव न करे, आज मैं बीमार हो जाऊँ"

उर्दू : "मैं ख़ुदा न ख़ास्ता बीमार हो जाऊँ"

जबरन अनुवाद की कोशिश

हिन्दी : "मैं यह लताड़ सुनकर आँसू बहाने लगता।"

उर्दू : "मैं यह फटकार सुनकर आँसू बहाने लगता।"

हिन्दी : "जब पास होने पर यह तिरस्कार हो रहा है"

उर्दू : "जब पास हो जाने पर यह लताड़ पड़ती है"

हिन्दी : ''लेकिन इतने तिरस्कार पर भी''

उर्दू : ''लेकिन यह सब दुर्गति होने पर भी''

यहाँ हम देखते हैं कि 'फटकार' का 'लताड़', 'लताड़' का 'तिरस्कार' और 'दुर्गति' का 'तिरस्कार' कर दिया गया है, बावजूद इसके कि ये शब्द मूलतः हिन्दी हैं। जबकि अनुवादक ने फ़ारसी-अरबी के शब्दों को ज्यों-का-त्यों रख दिया है। वह कहीं 'किताब' का 'किताब' ही रहने देता है, तो कहीं 'पुस्तक' कर देता है।

ग़लत अनुवाद

हिन्दी : ''और भाई साहब को नसीहत और फजीहत का अवसर मिल जाता। मैं उनके साये से भागता।

उर्दू : ''और भाई साहब को नसीहत, और नसीहत करने का मौक़ा मिल जाता। मैं उसके साये से भागता था।''

उर्दू में 'उसके' नसीहत के लिए आया है, जबकि हिन्दी में 'उनके' बड़े भाई साहब के लिए। अनुवादक ने 'नसीहत और नसीहत' का अनुवाद 'नसीहत और फजीहत' कर दिया है। जिससे छोटे भाई की बड़े भाई के प्रति खिन्नता की मात्रा में कमी आती है।

हिन्दी : ''समझ किताबें पढ़ने से नहीं आती, दुनिया देखने से आती है।''

उर्दू : ''अक़्ल किताबें पढ़ने से नहीं आती''

दोनों के अन्तर को पाठक आसानी से समझ सकते हैं।

ऊपर कुछ उदाहरणों के द्वारा यह जानने-समझने की कोशिश की गई है कि एक ही कहानी के इन दो रूपों में इतना अन्तर क्यों है? इस क्यों का जो जवाब मिला है, वह है कि हिन्दीरूप उर्दूरूप के पहले मसौदे का किसी अन्य व्यक्ति के द्वारा किया गया अनुवाद है। उर्दूरूप अपने पहले मसौदे का संशोधित-परिवर्द्धित रूप है।

उर्दूरूपों में भी फ़र्क़ : आख़िर क्यों

'कफ़न' कहानी का हिन्दीरूप, उर्दूरूप का अनुवाद है और यह अनुवाद किसी दूसरे व्यक्ति के द्वारा किया गया है। तुलना करने पर उर्दूरूप ज़्यादा सघन, अर्थवान और कलात्मक लगता है। 'वर्तमान साहित्य' के जनवरी-फ़रवरी 2000 अंक में हिन्दी-उर्दूरूप की तुलना और लिप्यन्तर छपा है, जो अब्दुल बिस्मिल्लाह के द्वारा किया गया है। चूँकि, यह तुलना बड़ी ख़ूबी के साथ अंजाम पाई है, इसलिए यहाँ यह तुलना नहीं की जा रही। एक लिप्यन्तर 'समक्ष' किताब में है और एक मैंने अपने दोस्त की मदद से सम्पन्न की है। इन तीनों लिप्यन्तरों में कुछ-न-कुछ फ़र्क़ ज़रूर है। उच्चरण भेद तो समझ में आता है, मगर शब्दों का फ़र्क़ समझ में नहीं आता। ऐसा क्यों है? ये अलग-अलग शब्द किनके द्वारा लाए गए। यह जानने की चिन्ता ही असल और श्रेष्ठ पाठ की ज़रूरत की ओर मुख़ातिब करती है। यहाँ इन तीनों लिप्यन्तरों के फ़र्क़ को पेश किया जा रहा है।

व.सा. : "देखकर क्या करूँ!"

उर्दू : "देखकर क्या आऊँ!"

घीसू, माधो से कहता है, "जा, देख तो आ।" उसने 'करने' की बात नहीं की है, 'आने' की बात की है। जवाब में 'देखकर क्या करूँ!' की अपेक्षा 'देखकर क्या आऊँ' ज़्यादा सटीक है।

व.सा. : "घर में मुट्ठी भर अनाज भी मौजूद हो तो"

उर्दू : "घर में मुट्ठी भर अनाज हो तो"

वज़न है 'अनाज' की मात्रा पर। 'मुट्ठी भर अनाज भी' की जगह 'मुट्ठी भर भी अनाज' ज़्यादा संगत और अर्थवान है। वैसे 'मुट्ठी भर' में 'भी' शामिल है और 'हो' में 'मौजूद'। वैसे 'मौजूद हो तो' और 'हो तो' अर्थ की नज़र से समान ही हैं, मगर यह फ़र्क़ आया क्यों! किसने किया?

व.सा. : "बाज़ार से बेच लाता।"

उर्दू : "बाज़ार में बेच आता।"

स्पष्ट है कि दूसरा रूप ज़्यादा बेहतर है। 'बेचना', 'बाज़ार में' होता है, 'ख़रीदना' ज़रूर 'बाज़ार से'।

व.सा. : ''अजीब ज़िन्दगी थी इनकी।''

उर्दू : ''अजीब ज़िन्दगी थी इन लोगों की।''

पहलेरूप में ज़्यादा रवानी है। 'इनकी' में 'लोगों' शामिल है।

व.सा. : ''दुनिया की फ़िक्रों से आज़ाद।''

उर्दू : ''दुनिया के मकरों से आज़ाद।''

दोनों में दो अलग-अलग शब्द प्रयुक्त हुए हैं–'फ़िक्रों' और 'मकरों'। फ़िक्र का अर्थ है–चिन्ता और मकर का अर्थ है–छल, फरेब, चालाकी। 'फ़िक्रों' की जगह 'मकरों' ज़्यादा सटीक और अर्थवान है। यह दुनिया छलों, फरेबों, चालाकियों से भरी पड़ी है। प्रेमचन्द का कॉमेंट भी है इसमें, तभी तो इस दुनिया को बदलना है। इनसे मुक्त करना है। यहाँ भी प्रश्न वही उठता है कि यह परिवर्तन किसने किया है।

व.सा. : ''गालियाँ भी खाते, मार भी खाते, मगर कोई ग़म नहीं।''

उर्दू : ''गालियाँ भी खाते थे, मगर कोई ग़म नहीं।''

देख सकते हैं कि मेरे द्वारा किए गए लिप्यन्तर में 'मार भी खाते' नहीं है।

व.सा. : ''भून-भूनकर खा लेते।''

उर्दू : ''भून-भूनकर खाते।''

व.सा. : ''घीसू ने आलू निकालकर छीलते हुए कहा–जाकर देख तो क्या हालत है उसकी। चुड़ैल का फिसाद होगा और क्या।''

समक्ष : ''घीसू ने आलू निकालकर छीलते हुए कहा कि–जाकर देख तो क्या हालत है उसकी। चुड़ैल का फँसाव होगा और क्या।''

उर्दू : ''घीसू ने आलू निकालकर छीलते हुए कहा–जाकर देख तो क्या हालत है उसकी। चुड़ैल का फँसाव होगा, और क्या।''

जहाँ, 'समक्ष' से उदाहरण प्रस्तुत नहीं है, वहाँ उर्दू, यानी मेरे लिप्यन्तर और 'समक्ष' में समानता समझनी चाहिए। 'समक्ष' में 'कि' भरती का है। 'चुड़ैल का फिसाद' की अपेक्षा 'चुड़ैल का फँसाव' ज़्यादा संगत और अर्थवान है। चुड़ैल अपने चंगुल में लोगों को फँसाती है। इसी 'फँसाव' से छुड़ाने के लिए ओझा-सोखा की ज़रूरत पड़ती है।

व.सा. : ''दोनों आलू निकाल-निकालकर जलते-जलते खाने लगे।''

उर्दू : ''दोनों आलू निकालकर जलते-जलते खाने लगे।

समक्ष : ''उस दावत में जो सेरी नसीब हुई थी।''

उर्दू : ''उस दावत में उसे जो सेरी नसीब हुई थी।''

'जलते-जलते' पर वज़न होने के कारण 'निकालकर' ज़्यादा संगत है, क्योंकि 'निकाल-निकालकर' में वज़न होने के कारण 'जलते-जलते' दब-सा जाता है। 'उसे' का होना ज़रूरी है, क्योंकि यह क़िस्सागो का कथन है।

व.सा. : ''ज़ुबान और हलक़ और तालू''

उर्दू : ''ज़बान और तालू और हलक़''

उर्दूरूप में स्थान की क्रमिकता है। इन दोनों में कौन-सा ज़्यादा उचित है, यह जानना तो ज़रूरी है ही, इससे भी ज़्यादा ज़रूरी है कि इस फ़र्क़ के लिए जिम्मेदार कौन है। आगे व.सा. में 'चटनी' है, जो हमारे लिप्यन्तर में 'सटपनी' है। इसी तरह व.सा. का 'गेड़ुलियाँ' यहाँ 'कुंडलियाँ' है। 'गेड़ुलियाँ' ज़्यादा संगत लगता है। वैसे भी प्रेमचन्द कहीं-कहीं देशज शब्दों का इस्तेमाल वातावरण निर्माण के लिए करते हैं।

व.सा. : ''माधो भागा हुआ घीसू के पास आया।''

उर्दू : ''माधो भागा हुआ घीसू के पास गया।''

''आया'-'गया' एक-दूसरे के विरोधी हैं, मगर न जाने कैसे वे प्रेमचन्द के साहित्य में अंजाम पा गए हैं।

व.सा. : 'आँखों में आँसू भरे हुए कहा।''

उर्दू : ''आँखों में आँसू भरते हुए कहा।''

व.सा. : ''लाश घर में रखकर सड़ा।''

उर्दू : ''लाश घर में रख सड़ा।''

'भरे हुए' और 'भरते हुए', 'रखकर सड़ा' और 'रख सड़ा' के अन्तर को समझा जा सकता है। 'भरते हुए', यानी, कहने के दौरान आँसू निकलने लगे। सायासता का भी भाव है। ज़मीनदार के सामने घीसू नाटक कर रहा है। यह नाटक ज़मीनदार और उसकी मान्यता को ख़त्म करने के लिए है। 'रख सड़ा' में ज़्यादा ग़ुस्सा है।

समक्ष : ''मगर तशफ़्फ़ी का एक कलमा भी मुँह से न निकला।''

उर्दू : ''मगर तशफ़्फ़ी का एक कलमा भी मुँह से न निकाला।''

'निकला' और 'निकाला' में कितना फ़र्क़ है, बतलाने की ज़रूरत नहीं। छपाई की एक खड़ी पाई की भूल रचना के मर्म से हमें कितना दूर कर देती है, पाठक ख़ुद समझ सकते हैं।

व.सा. : ''घीसू ज़मीनदार के नाम का ढिंढोरा पीटना जानता था।''

उर्दू : ''घीसू ज़मीनदार के नाम से ढिंढोरा पीटता जाता था।''

'पीटना जानता था' ज़्यादा सांकेतिक है, जबकि 'पीटता जाता था' अभिधात्मक। 'पीटना जानता था' से जो ध्वन्यार्थ निकलता है, वह 'पीटता जाता था' ही है। यानी, इसमें पाठक की भागीदारी बढ़ती है।

व.सा. : ''दुनिया का दस्तूर है। यही लोग बाम्हनों को हज्जारों रुपए क्यों दे देते हैं।''

समक्ष : ''दुनिया का दस्तूर है नहीं लोग बामनों को हजारों क्यों दे देते।''

उर्दू : ''दुनिया का दस्तूर है। यहीं लोग बाम्हनों को हजारों क्यों दे देते हैं?''

'यही लोग', 'नहीं लोग' और 'यहीं लोग'; तीन लिप्यन्तर और तीन पाठ। बात हो रही है 'दुनिया के दस्तूर' की। यह दस्तूर क्यों बना? परलोक की चिन्ता के कारण। इस लोक में देंगे, जैसा करेंगे, उस लोक में वैसा ही मिलेगा, इस विश्वास के कारण। इसलिए 'यही लोग' की अपेक्षा 'यहीं लोग' ज़्यादा संगत और अर्थवान है। 'यही' दुनिया के लोगों की ओर संकेत कर रहा है, जबकि 'यहीं' इस लोक की ओर। इसके बाद का कथन 'यहीं' की संगति में है, ''कौन देखता है, परलोक में मिलता है कि नहीं।'' माधो अभी नासमझ है, इसलिए दस्तूर का हवाला देता है। 'नहीं' शब्द कथन की संगति में बैठता ही नहीं है।

व.सा. : ''अगर किसी तरह आ जाएँगे तो फिर हम इसी तरह यहाँ बैठे पिएँगे।''

उर्दू : ''अगर किसी तरह आ जाएँ तो फिर हम इसी तरह बैठे पिएँगे।''

'आ जाएँगे' और 'आ जाएँ' में मूलभूत अन्तर जुड़ाव और इच्छा का है। 'आ जाएँ' में इच्छा जुड़ी है। वह जानता है कि नहीं आएँगे, मगर मन में चाह है कि 'आ जाएँ', जो 'आ जाएँगे' में नहीं है। अनपढ़-गँवार लोग सारी चीज़ों की अलग-अलग स्पष्टता नहीं करते। 'इसी तरह बैठे' में 'यहाँ' अन्तर्भुक्त है। इसलिए 'यहाँ' सहज न होकर कथन को फैलाता है।

व.सा. में 'कोई बहकता था' है, जबकि हमारे लिप्यन्तर में 'कोई लहकता था' है। 'कोई गाता था' की संगति में 'बहकता था' नहीं, 'लहकता था' आता है। गाना ध्वनि आधारित है और 'लहकना' जिस्म आधारित। नाचना-गाना जैसा। इसी तरह व.सा. के 'यहाँ आए थे' की अपेक्षा 'यहाँ आते थे' ज़्यादा अर्थवान और सांकेतिक है। दूसरे सब पियक्कड़ हैं, क्योंकि इसके लती हैं। यहाँ जो लेने आते हैं, कभी नहीं पाए, फिर भी आते हैं। घीसू-माधो लती नहीं हैं, पहली बार आए हैं, बावजूद इसके इतना पीने पर भी अपने क़ाबू में हैं। उन पियक्कड़ों से घीसू का अलगाव इससे स्पष्ट होता है, जो प्रेमचन्द का लक्ष्य है।

व.सा. : ''और 'देने' के ग़रूर और मसर्रत और वलवलः का अपनी ज़िन्दगी में पहली बार एहसास किया।''

उर्दू : ''और 'पीने' के ग़ुरूर, वलवलः और मसर्रत का अपनी ज़िन्दगी में पहली बार एहसास किया।''

'देने' का ग़ुरूर अभिधात्मक है, जबकि 'पीने' का ग़ुरूर ध्वन्यात्मक। यह अनुभव घीसू नहीं, माधो पाता है। किसी ग़रीब को कुछ देनेवाला अपने आपको उससे सुखी पाता है। दाता के सुख में कहीं-न-कहीं ग़ुरूर का भाव ज़रूर होता है। धनवान व्यक्ति के नशे को 'पीने' का ग़ुरूर प्रकट करता है। अगर ऐसा न हो तो हम इफ़रात रखें ही क्यों? उतना ही लें, जितना हमारी ज़रूरत है। ज़रूरत से ज़्यादा लेकर फिर देना, 'पीने' के ग़ुरूर से अलग नहीं है। वह उत्साह और ख़ुशी समाज के विकास में अपना

योग नहीं दे सकती, जिसमें ग़ुरूर हो। उत्साह और ख़ुशी तो ग़ुरूर के विरोधी हैं। उसे नष्ट कर देते हैं। आगे एक में 'मसर्रत' पहले आया है, दूसरों में वलवलः। मैं नहीं समझ पा रहा कि ऐसा क्यों हुआ।

समक्ष : "जंजाल से छूट गई जो इतनी जल्दी माया मोह के बन्धन तोड़ दिए।"

उर्दू : "जंजाल से छूट गई। बड़ी भागवान थी जो इतनी जल्दी मायामोह के बन्धन तोड़ दिए।"

देखा जा सकता है कि एक में 'बड़ी भागवान थी' है और एक में नहीं। जानना ज़रूरी यही है कि ऐसा क्यों है। व.सा. में 'मख़मूरे-मह्वीयत' है, जबकि हमारे में महज़ 'मह्वीयत'। 'मख़मूरे-मह्वीयत' का अर्थ बैठता ही नहीं है। 'समक्ष' में भी 'मख़मूरे' नहीं है। 'समक्ष' में 'मदमस्त' है, जबकि बक़िया दोनों में 'बदमस्त'। सन्तुलित मात्रा की शराब 'मदमस्त' करती है, जबकि उसकी ज़्यादा मात्रा 'बदमस्त'। ऐसी मस्ती, जो बद हो। दोनों की मस्ती बद की सीमा में दाखिल हो चुकी है। एक तो ज़्यादा शराब दूसरे अपने आप से जूझना। दोनों अपने आपको तोड़ते हैं। अपने आपको तोड़ने में कितनी पीड़ा होती है, कितना श्रम लगता है; अपने आपको तोड़नेवाला ही जान सकता है। दोनों शारीरिक और मानसिक रूप से थककर चूर हैं। यही है–बदमस्त।

इस प्रकार उर्दूरूपों में भी जगह-जगह अन्तर है। इस अन्तर की पड़ताल ज़रूरी है। एक ही रचना के अलग-अलग पाठ कहीं कालान्तर में प्रेमचन्द के साहित्य को मध्यकालीन हिन्दी साहित्य की तरह प्रक्षिप्तों का गुंजलक न कर दें। इसलिए हिन्दी-उर्दू दोनों में एक प्रामाणिक पाठ की ज़रूरत है, जिससे प्रेमचन्द का एक सही व्यक्तित्व उभरे। यह सही व्यक्तित्व ही आनेवाली पीढ़ी की प्रेरणा बनेगा।

तीसरा खंड : समीक्षा

फ़र्ज़शनासी और ईमानदारी की नई व्याख्या

प्रेमचन्द की कहानी 'नमक का दारोग़ा' अक्सर मेरे जेहन में कौंधती रही है, मगर जब भी उस कौंध को शब्दों में पकड़ने की कोशिश की है, नाकामी ही हाथ लगी है कारण था, हिन्दीरूप में कुछ कमी। मैं निरुपाय था। अपने बुज़ुर्गों की इस कहानी के बारे में स्थापना मेरे गले न उतरती थी, कारण मुंशी बंसीधर का चरित्र इस तरह का है ही नहीं कि उन्हें एक सशक्त ईमानदार के रूप में ग्रहण किया जाए। ऐसे में 'अक्षरा' अंक-42, अक्टूबर-दिसम्बर, 1998 आया, जिसमें सुखदेव चरण द्वारा लिप्यन्तरित उर्दू पाठ था। पढ़ते ही मैं उछल पड़ा। हिन्दीरूप में जो खुटता था, उर्दूरूप ने उसे पूरा कर दिया, तब मैंने यही समझा था कि हिन्दी अनुवाद प्रेमचन्द ने ही किया है, मगर जब और कहानियों को देखा तो लगा कि इसका अनुवाद प्रेमचन्द ने नहीं किया है। इतना ही नहीं, उनकी कहानियों का अनुवाद एक से ज़्यादा लोगों ने किया है। आइए, इस कहानी के दोनों रूपों को आमने-सामने रखते हुए, इस कहानी को समझें।

प्रेमचन्द इस कहानी की शुरुआत इस तरह करते हैं–"जब नमक का महकमा क़ायम हुआ और एक ख़ुदादार नेमत से फ़ायदा उठाने की आम मुमानियत कर दी गई तो लोग दरवाज़ा-ए-सदर बन्द पाकर रोज़न और शग़ाफ़ की फ़िक्र करने लगे।" इसका हिन्दी रूप है–"जब नमक का नया विभाग बना और ईश्वर प्रदत्त वस्तु के व्यवहार करने का निषेध हो गया तो लोग चोरी-छिपे इसका व्यापार करने लगे।" यह कथन मुझे रोक लेता है और जैसे कहता है कि मुझे ठीक से समझो नहीं तो अन्दर जाकर भटक जाओगे। और मैं ठीक से समझने की कोशिश में पाता हूँ कि यहाँ 'जब' कालबोधक न होकर कारणबोधक है। 'रोज़न और शग़ाफ़ की फ़िक्र' का कारण है, 'एक ख़ुदादाद नेमत से फ़ायदा उठाने की आम मुमानियत कर दी गई।' प्रेमचन्द इसे ग़ैरवाजिब मानते हैं। 'एक ख़ुदादाद नेमत से फ़ायदा उठाने' पर किसी भी तरह की पाबन्दी को वाजिब नहीं कहा जा सकता। ऐसी चीज़, जो सभी की अनिवार्य ज़रूरत है, जिसके बिना किसी का भी काम नहीं चल सकता, पर पाबन्दी लगाना, चोरी-छिपे व्यवहार को बढ़ावा देना है। इतना ही नहीं, एक अमानवीय

हरकत है। 'आम मुमानियत कर दी गई' में सत्ता की जबरदस्ती का जो भाव है, वह 'निषेध हो गया' में नहीं है। सत्ता की ज़ोर-जबरदस्ती का विरोध जनता अपने तरीक़े से अपनी हालात के अनुसार करती है। उर्दूरूप में इस प्रकार की हरकत का विरोध शामिल है। प्रेमचन्द स्वतन्त्रता संग्राम के पहरूए रहे हैं। अतः इस प्रकार की अमानवीय-दमनकारी हरकत के विरोध में खड़ा करना उनके लिए स्वाभाविक ही है। जैसा कि हम सभी जानते हैं कि गाँधीजी ने इस पाबन्दी के ख़िलाफ़ 'नमक-आन्दोलन' चलाया था, जिसे अभूतपूर्व सफलता मिली थी। इस पाबन्दी को लगानेवाली अंग्रेज़ी हुकूमत थी, जो भारत और उसकी जनता की दुश्मन थी। प्रेमचन्द पर गाँधी का प्रभाव तो ख़ूब खोजा गया है, मगर गाँधी पर प्रेमचन्द का प्रभाव की खोज सिरे से ग़ायब है। क्या ऐसा नहीं लगता कि 'नमक का दारोग़ा' 'नमक-आन्दोलन' की प्रेरणा बनी हो।

आगे चलें। प्रेमचन्द अब तत्कालीन वातावरण को रचते हैं। अंग्रेज़ी हुकूमत किस तरह के भारतीयों की नियुक्ति करती थी, इसकी नवैयत इस प्रकार बतलाते हैं–"यह वह ज़माना था जब अंग्रेज़ी तालीम और ईसाइयत मुतदारिफ़ अल्फ़ाज़ थे। फ़ारसी की तालीम सन्द-ए-इफ़्तख़ार थी। लोग हुस्न और इश्क़ की कहानियाँ पढ़-पढ़कर आलातरीन मदारिज-ए-ज़िन्दगी के क़ाबिल हो जाते थे।" यहाँ महीन और तेज़ मारक व्यंग्य है। स्पष्ट है कि प्रेमचन्द अंग्रेज़ी राज में नौकरी कर रहे भारतीयों पर व्यंग्य कर रहे हैं। अंग्रेज़ी हुकूमत को क्लर्क जैसे कर्मचारी की ज़रूरत थी, न कि नीति-निर्धारक की। इसीलिए उसने मैकाले की शिक्षा-पद्धति लागू की थी। 'हुस्न और इश्क़ की कहानियाँ' में सामाजिक सरोकारहीनता के साथ-साथ लिजलिजी भावुकता संकेतित है। इस दौर में प्रेमचन्द मुदर्रिस थे। तालीम की स्थिति से न केवल वाक़िफ़ थे, नाराज़ भी थे। इतना ही नहीं, मुदर्रिसी छोड़ने पर भी विचार करने लगे थे। यहाँ असल में, प्रेमचन्द यह बतला रहे हैं कि भावुक, आत्मकेन्द्रित और सामाजिक दायित्वबोध से हीन युवक ही अंग्रेज़ी हुकूमत की बर्क़न्दाज़ी करते थे। मुंशी बंसीधर भी उन्हीं युवकों में शामिल हैं। "मुंसी बंसीधर ने भी जुलेख़ा की दास्तान ख़त्म की और मजनू और फ़रहाद के क़िस्सा-ए-ग़म को दरयाफ़्त-ए-अमरीका या जंग-ए-नील को ज्यादा अज़ीमतर वाक़या ख़याल करते हुए रोज़गार की तलाश में निकले।" अर्थात् सामाजिक दायित्वबोध और यथार्थ-ज्ञान की अपेक्षा उनमें आत्मकेन्द्रीयता का भाव प्रबल है। सामाजिक-राजनीतिक उथल-पुथल से उनका कोई सरोकार नहीं है। कहानी अब हमें तत्कालीन समाज में उतरने को बाध्य करती है। ध्यान रखें, वह दौर अंग्रेज़ी हुकूमत को भगाने का दौर था। ढेर सारे नवयुवक अपनी पढ़ाई-लिखाई छोड़ आज़ादी की लड़ाई में कूद पड़े थे, क्योंकि उन्होंने 'मजनू और फ़रहाद के क़िस्सा-ए-ग़म' की अपेक्षा 'दरयाफ़्त-ए-अमरीका या जंग-ए-नील' को ज़्यादा महत्त्व

दिया था। अगर स्वतन्त्रता संग्राम के इतिहास पर नज़र डालें, तो हम पाएँगे कि सन् 1910 के आस-पास क्रान्तिकारियों की गतिविधियाँ तेज़ हुई थीं। उनमें सामाजिक दायित्वबोध और यथार्थ-ज्ञान पर्याप्त मात्रा में था। अंग्रेज़ों के नापाक इरादों और उपनिवेशवादी नीतियों से वे अच्छी तरह परिचित थे। यथार्थ-ज्ञान के लिए ऐतिहासिक समझ का होना लाज़िमी है।

यहाँ यह स्पष्ट हो जाता है कि प्रेमचन्द जिस व्यक्ति की कहानी लिख रहे हैं, उसके साथ उनकी सहानुभूति नहीं है और न ही उस विभाग और सरकार के प्रति जिसकी वह बर्क़न्दाज़ी करता है। बंसीधर को जो संस्कार मिले हैं वे भी आत्मकेन्द्रित एवं सत्ता के पीछे-पीछे चलनेवाले हैं। उनके पिता की नसीहतों में इसे आसानी से देखा जा सकता है।

रोज़गार की तलाश में निकले बंसीधर के बारे में प्रेमचन्द लिखते हैं–"इस वसीअ दुनिया में जहाँ अपना इस्तक़लाल अपना रफ़ीक, अपनी हिम्मत अपना मददगार और अपनी कोशिश अपना मुरब्बी है। लेकिन अच्छे शगुन से चले थे, ख़ूबी-ए-क़िस्मत साथ थी, सीग़ा-ए-नमक के दारोग़ा मुक़र्रर हो गए।" 'मजनू और फ़रहाद के क़िस्सा-ए-ग़म' को 'अज़ीमतर वाक़या ख़याल' करनेवाले बंसीधर के अपने इस्तक़लाल, अपनी हिम्मत और अपनी कोशिश का इम्तहान था, मगर इसकी नौबत ही नहीं आई। 'अच्छे शगुन से चले थे, ख़ूबी-ए-क़िस्मत साथ थी।' यानी, नमक का दारोग़ा मुक़र्रर होने में उनकी क्षमता का योगदान नहीं था, शगुन और क़िस्मत का योगदान था। मानें भी क्यों नहीं? एक तो जाते ही जाते नौकरी का मिल जाना, दूसरे, 'दारोग़ा' जैसा पद, जिसके लिए "पटवारगिरी का मोअज़्ज़िज़ और पुरमुनफ़अत ओहदा छोड़-छोड़कर लोग सीग़े नमक की बर्कन्दाज़ी करते थे और इस महकमे का दारोग़ा तो वकीलों के लिए भी रश्क का बायस था।" बिना किसी संघर्ष और साधन के बंसीधर जैसी क्षमता और ज्ञानवाला व्यक्ति ऐसा पद पा जाए, तो सचमुच क़िस्मत का धनी और 'अच्छे शगुन' से चला होगा। प्रेमचन्द जब भी व्यंग्य करते हैं तो बिना किसी टीम-टाम के, सहज ही कर देते हैं। अब मिलाएँ, 'बंसीधर ने सआदतमन्द लड़के की तरह यह बातें बहुत तवज्जोह से सुनीं' और 'अपना इस्तक़लाल अपना रफ़ीक, अपनी हिम्मत अपना मददगार और अपनी कोशिश अपना मुरब्बी है।' से। यहाँ इसे भी ध्यान में रखना चाहिए कि प्रेमचन्द तत्कालीन तन्त्र पर भी व्यंग्य करते हुए जैसे उसे बेनक़ाब कर रहे हैं। इस तन्त्र को महज कार्यकुशल, कुशाग्र बुद्धि और ईमानदार लोगों की ज़रूरत नहीं होती। उसे तो हर उस शख़्स की ज़रूरत होती है, जो उस तन्त्र के हित में ही अपना हित समझता है। तन्त्र के लिए समर्पित होता है।

बंसीधर के समर्पण को प्रेमचन्द यूँ बतलाते हैं–"बंसीधर को अभी यहाँ आए

हुए छह माह से ज़्यादा नहीं हुए थे, लेकिन इस अर्से में उनकी फ़र्ज़शनासी और दयानत ने अफ़सरों का ऐतबार और पब्लिक की बेऐतबारी हासिल कर ली थी।'' 'फ़र्ज़शनासी और दयानत' क्या समाज निरपेक्ष होती है? प्रेमचन्द फिर हमें रुकने को मजबूर करते हैं। सोचने को उकसाते हैं। एक अच्छा रचनाकार पाठक की रुचि को सन्तोषता हुआ अरुचिकर परोस देता है। यह अरुचिकर ही वस्तुतः पाठक में बदलाव लाता है। उसकी रुचि को बदलता है। जब समाज कम-से-कम दो भागों में बँटा हो, तब एक भाग के लिए 'फ़र्ज़शनासी और दयानत' दूसरे भाग के लिए ठीक इसका उलटा होगा, क्योंकि दोनों भाग एक-दूसरे के विरोधी हैं। इसीलिए प्रेमचन्द साफ़-साफ़ लिखते हैं, 'अफ़सरों का ऐतबार और पब्लिक की बेऐतबारी हासिल कर ली थी।'' मगर हिन्दीरूप में 'पब्लिक की बेऐतबारी हासिल कर ली थी।' नहीं है। यह अनुवादक की ग़लती है। यह ग़लती कहानी के मर्म तक पहुँचने में न केवल खलल डालती है, गुमराह भी करती है।

अब इतना साफ़ हो गया कि बंसीधर एक उत्साही नवयुवक हैं। सामाजिक अनुभव और सरोकार से हीन और आत्मकेन्द्रित होने के कारण वे अफ़सरों की हिदायत के अनुसार उत्साह से काम में तत्पर रहते हैं। इसी गुण के कारण वे अफ़सरों के विश्वासपात्र बन गए हैं। 'पब्लिक' से उनका कोई सरोकार नहीं है। वे सत्ता के चरित्र और उसकी राजनीति से अनभिज्ञ हैं। इसीलिए वे समझ नहीं पाते कि अलोपीदीन जैसे लोग हक़ीक़त में तो सत्तावर्ग के लोग हैं। इसलिए उनकी भी ऐतबारी हासिल करनी चाहिए, नहीं तो सत्ता में से फेंक दिए जाएँगे।

2

अब चलते हैं उस घटना पर, जो इस कहानी के केन्द्र में है। इस घटना में उतरते समय बंसीधर के अब तक के चरित्र को साथ लिए चलना है।

प्रेमचन्द लिखते हैं—''जाड़े के दिन थे, रात का वक़्त। नमक के बर्कन्दाज़ चौकीदार शराबख़ाने के दरबान बने हुए थे।'' और ''दारोग़ा साहब कमरा बन्द किए हुए मीठी नींद सोते थे।'' बंसीधर नहीं 'दारोग़ा साहब'। व्यंग्य स्पष्ट है। ''यकायक आँख खुली तो नदी के मीठे-सुहाने राग के बजाय गाड़ियों का शोर व गुल और मल्लाहों की बुलन्द आवाज़ें कान में आईं।'' मन की अपेक्षा के विरुद्ध कार्य हुआ। एक तो 'दारोग़ा साहब' दूसरे, 'मजनू और फ़रहाद के क़िस्सा-ए-ग़म' के रसिया के मन की अपेक्षा के विरुद्ध कार्य हो, तो ग़ुस्से का आना स्वाभाविक है। ''इतनी रात गए क्यों गाड़ियाँ दरिया के पार जाती हैं? अगर कुछ दग़ा नहीं है तो इस परदा-ए-तारीक की ज़रूरत क्यों?'' आज की यह क्रिया रोज़ की क्रिया से अलग है।

रोज़ नदी का मीठा-सुहाना राग आता था। यहाँ इस पर ग़ौर करना चाहिए कि 'मीठी नींद सोते' व्यक्ति को 'जाड़े के दिन और रात के वक़्त' अगर बाहर निकलना पड़े, तो वह ख़ुशी-ख़ुशी नहीं, खीझ और ग़ुस्से के साथ निकलेगा। यहाँ तो 'दारोग़ा साहब' हैं। उनकी मीठी नींद में खलल पड़ी है। जाहिर है कि वे खीझ और ग़ुस्से से भरे हुए नदी किनारे आते हैं और–

''डाँटकर पूछा, किसकी गाड़ियाँ हैं?

''थोड़ी देर तक सन्नाटा रहा। आदमियों में कुछ सरगोशियाँ हुईं। तब अगले गाड़ीवान ने जवाब दिया–पंडित अलोपीदीन की।

''कौन पंडित अलोपीदीन?

''दातागंज के।

''मुंशी बंसीधर चौंके।...''

इसके तुरन्त बाद प्रेमचन्द पाठकों को पंडित अलोपीदीन का परिचय देते हैं। प्रेमचन्द इससे दो काम ले रहे हैं। पाठकों को परिचय देने के साथ-साथ बंसीधर के अन्दर चलनेवाली उथल-पुथल को भी बतला रहे हैं। 'मुंशी बंसीधर चौंके' और उस 'चौंक' ने उनके अन्दर हलचल मचा दी। उस उथल-पुथल का ही परिणाम है कि दारोग़ा का लहजा मुलायम हो गया–

पूछा–''कहाँ जाएँगी?'' 'डाँटकर' नहीं पूछा, बल्कि 'पूछा'।

''जवाब मिला कि कानपुर। लेकिन इस सवाल पर कि इनमें है क्या? एक ख़ामोशी का आलम तारी हो गया। जवाब के नाकाम इन्तज़ार के बाद ज़रा ज़ोर से बोले–क्या तुम सब गूँगे हो गए। हम पूछते हैं, इनमें क्या लदा है?''

बंसीधर पंडित अलोपीदीन की प्रसिद्धि को जानते थे। इसीलिए मुलायम लहजे में पूछा था, मगर 'सन्देह' बढ़ने पर 'ज़रा ज़ोर से बोले', क्योंकि दूसरे प्रश्नों की तरह इसका जवाब नहीं पाते, बल्कि जवाह ही नहीं पाते। इस तरह क्रमशः दारोग़ा का ग़ुस्सा बढ़ता जाता है। ''जब अबकी भी कोई जवाब न मिला तो उन्होंने घोड़े को एक गाड़ी से मिला दिया और एक बोरे को टटोला। शुबहा यक़ीन से हमआगोश था। ये नमक के ढेले थे।''

यह घटना अपने आप में इतनी सघन है कि इसकी हर गतिविधि और संयोजन को समझने के लिए ठहरना ज़रूरी है। हम समझ सकते हैं कि जवाब पाने के लिए किसी भी दारोग़ा को उपर्युक्त हरकतें करनी पड़ें तो उसके मन में कैसे भाव उठेंगे। प्रेमचन्द ऐसी हरकतों-स्थितियों का संयोजन करते हैं। कि दारोग़ा का ग़ुस्सा क्रमशः बढ़ता हुआ दिखता है। जब पंडित अलोपीदीन अपने गाड़ीवानों से सुनते हैं कि उनकी गाड़ियों को दारोग़ा ने रोक लिया है तो वे ''लेटे-लेटे अमीराना बेपरवाई से बोले–अच्छा चलो। हम आते हैं।–यह कहकर पंडितजी ने बहुत इत्मिनान से पान के

बीड़े लगाए और तब लिहाफ़ ओढ़े हुए दारोग़ाजी के पास आकर बेतकल्लुफ़ाना अन्दाज़ से बोले—बाबूजी, आशीर्वाद। हम से...क्या ऐसी ख़ता हुई कि गाड़ियाँ रोक दी गईं। हम बरहमनों पर तो आपकी नज़रें इनायत ही रहनी चाहिएँ।" अलोपीन दौड़ते-भागते नहीं अपितु निश्चिन्तता से आए। इसके मूल में अपने तजुर्बे से मिला ज्ञान है। "वह कहा करते थे कि दुनिया का ज़िक्र ही क्या, दौलत का सिक्का बहिश्त में भी रायज है।" उनके आने में देर होती है, इतना ही नहीं बोलने का अन्दाज़ भी बेतकल्लुफ़ाना है। इससे दारोग़ा की अवमानना होती है। वैसे यह अवमानना अलोपीदीन जानबूझकर नहीं करते, बल्कि आदतन हो जाती है। 'जाड़े के दिन थे, रात का वक़्त' क्रोधित दारोग़ा का एक गुनहगार का इन्तज़ार करना, क्या दारोग़ा के ग़ुस्से को और नहीं भड़काएगा? इतना ही नहीं, 'दारोग़ाजी' के बजाय 'बाबूजी' का सम्बोधन उसके पद का अवमूल्यन करना और 'नमस्कार' की जगह 'आशीर्वाद' देना और पूछना कि "हमसे...क्या ऐसी ख़ता हुई कि गाड़ियाँ रोक दी गईं!" दारोग़ा के ग़ुस्से में घी का काम नहीं करेगा? तभी तो बंसीधर "बेऐतनायी से बोले—सरकारी हुक्म।"

प्रेमचन्द ने जिस बारीक़ी और सहजता से संवादों का संयोजन किया है, अगर उनकी कथन-भंगिमा पकड़ में नहीं आती है, तो समझ लीजिए कि कहानी हाथ से फिसल गई। प्रेमचन्द अपने चरित्रों की मानसिक उथल-पुथल में उतरने की अपेक्षा उनके व्यक्त व्यवहार को ही चित्रित करते हैं। ये व्यवहार ही चरित्रों की मानसिक उथल-पुथल में पाठकों को ले जाते हैं। इस प्रकार प्रेमचन्द अपने पाठकों को कहानी में शामिल करते हैं। इसीलिए उनकी रचनाएँ ज़्यादा मूर्त, जीवन्त (गतिशील) और सघन होती हैं। वे व्यक्त व्यवहारों के कारणों की छानबीन का काम अपने पाठकों पर छोड़ देते हैं। एक सरकारी अधिकारी के साथ किया गया शुरुआती व्यवहार अगर समुचित ढंग से नहीं हुआ, अथवा उसकी अवमानना की गई या उसे अवमानना की ज़रा-सी बू भी आई, तो समझ लीजिए कि उसे किसी भी प्रकार से मनाया नहीं जा सकता। इतना जैसे कम हो, आगे चलकर भी वे अपमान करने से बाज नहीं आते। यह अलग बात है कि वे अपने स्वाभाविक ढंग से ही पेश आते हैं। वे, अपने धन के नशे में चूर, यह जानने की कोशिश ही नहीं करते कि उनके व्यवहार का दारोग़ा पर क्या असर पड़ रहा है। इसे बंसीधर के सन्दर्भ में अपमानित करना नहीं कहेंगे, तो क्या कहेंगे—"यह हो ही नहीं सकता कि इधर से जाएँ और इस घाट के देवता को भेंट न चढ़ाएँ।" अथवा "अपने मुख़्तार से बोले—लालाजी, एक हज़ार का नोट बाबू साहब की नज़र करो। आप इस वक़्त भूके शेर हो रहे हैं।" घूस और देवता को भेंट देने का एक तरीक़ा होता है। घूस झुककर ही दिया जाता है, जिस तरह से देवता को श्रद्धा-भक्ति और प्रार्थना के साथ चढ़ावा चढ़ाया जाता है, न कि उस तरह

से जैसे अलोपीदीन दे रहे हैं। 'आप इस वक़्त' भूके शेर हो रहे हैं।' कथन दारोग़ा के अपमान में कोई कोर-कसर बाक़ी रखे है? अलोपीदीन द्वारा किया गया व्यवहार किसी भी नए तथा अपरिचित अधिकारी को फ़र्ज़शनास (ग़ुस्सावर) बनाने के लिए पर्याप्त है।

3

मुंशी बंसीधर जिस समाज और व्यवस्था में जी रहे हैं, प्रेमचन्द उसका भी जायज़ा लेते चलते हैं, क्योंकि उन्हें दिखलाना है कि उस समाज और व्यवस्था में बंसीधर किस तरह की भूमिका निभा रहे हैं। उनकी भूमिका का कोई असर पड़ भी रहा है या नहीं, और अगर पड़ रहा है, तो कैसा? तत्कालीन यथार्थ को प्रेमचन्द अलोपीदीन की मान्यता के रूप में व्यक्त करते हैं–"पंडित अलोपीदीन को मुब्लिग़ अलैहिस्सलाम की ताक़त का पूरा-पूरा और अमली तज़ुर्बा था। वह कहा करते थे कि दुनिया का ज़िक्र ही क्या, दौलत का सिक्का बहिश्त में भी रायज है।" प्रेमचन्द इसका समर्थन करने के साथ-साथ कुछ और जोड़ते हैं–"और उनका यह क़ौल बहुत सही था। क़ानून और हक़ व इंसाफ़, ये सब दौलत के खिलौने हैं। जिनसे वह हस्बे ज़रूरत अपना जी बहलाया करती है।" यह पूँजीवादी चरित्र है। अगर ग़ौर किया जाए, तो प्रेमचन्द इस कहानी में इसी की स्थापना करते हैं, मगर यह स्थापना वस्तुतः यथार्थ के स्वीकार की है। नकार से यथार्थ बदला नहीं जा सकता। उसे बदलना है, तो उसके चरित्र को स्वीकारना होगा। जैसा यथार्थ है, वैसा प्रेमचन्द नहीं चाहते। वे इसे बदलने की कोशिश में लगे हैं। यह कहानी आदर्शोन्मुख यथार्थवादी कहानी नहीं है। यह घनघोर यथार्थवादी कहानी है।

अलोपीदीन को हिरासत में ले लिए जाने पर प्रेमचन्द प्रतिक्रिया व्यक्त करते हैं– "फ़र्ज़ ने दौलत को पाँव तले कुचल डाला।" फ़र्ज़ यानी, अपने मालिक के प्रति वफ़ादारी। वस्तुतः यह प्रेमचन्द की तात्कालिक प्रतिक्रिया है। अब तक मुंशी बंसीधर पाठक के मन में नायक तथा पंडित अलोपीदीन प्रतिनायक के रूप में जगह बनाए हैं। प्रेमचन्द अपनी इस प्रतिक्रिया से पाठक को सन्तुष्ट करते हैं, जबकि उनका अपना लक्ष्य है, पाठक को असन्तुष्ट करना। तभी तो उसकी नींद हराम होगी। वह यथार्थ से जूझने की प्रवृत्ति में शामिल होगा। चूँकि पाठक सन्तुष्ट हो गया है, लेखक को अपने राह का राही पा गया है, इसलिए बेखटके उसके साथ हो लेता है। और प्रेमचन्द आराम से कहानी सुनाए जा रहे हैं।

कोई कह सकता है कि बंसीधर तो अंग्रेज़ों की ग़ुलामी करके उसकी नींव पुख़्ता कर रहे थे, जबकि अलोपीदीन उस सरकार के क़ानून को तोड़ रहे थे। इसलिए

अलोपीदीन अंग्रेज़ी राज को कमज़ोर कर रहे थे। ऐसा सोचना सरलीकरण होगा। क़ानून को तोड़नेवाले, सरकार का विरोध करनेवाले, घूस देकर क़ानून नहीं तोड़ा करते। असलियत यह है कि अलोपीदीन उस सरकार के ज़्यादा ख़ैरख़्वाह हैं, बंसीधर से भी ज़्यादा। तभी तो वे "बड़ा साहब-ए-असर, बड़ा हुक्कामरस, बड़े-बड़े अंग्रेज़ अफ़सर उसके इलाक़े में शिकार खेलते आते और उसके मेहमान होते थे।" यही कारण है कि पूरा नमक विभाग और न्याय-व्यवस्था पंडित अलोपीदीन को बाइज़्ज़त बरी कराने में जुट जाते हैं। अंग्रेज़ी हुकूमत और पूँजीवादी व्यवस्था के लिए बंसीधर की अपेक्षा अलोपीदीन ज़्यादा काम के हैं। इसीलिए वह अलोपीदीन को अपनाती है और बंसीधर को निकाल बाहर करती है। प्रेमचन्द पूँजीवादी न्याय को भी बेनक़ाब कर देते हैं। न्यायालय का फ़ैसला इसका उदाहरण है। प्रेमचन्द न्यायालय के फ़ैसले को उद्धृत करते हैं–"पंडित अलोपीदीन के ख़िलाफ़ शहादत निहायत कमज़ोर और मोहमिल है। वह एक साहब-ए-सरवत रईस है। यह ग़ैरमुमकिन है कि वह महज़ चन्द हज़ार के फ़ायदे के लिए ऐसी कमीना हरकत के मुर्तकिब हो सकते। दारोग़ा साहबे नमक मुंशी बंसीधर पर अगर ज़्यादा संगीन नहीं तो एक अफ़सोसनाक ग़लती और ख़ामकाराना सरगर्मी का इल्ज़ाम ज़रूर आयद होता है। हम ख़ुश हैं कि वह एक फ़र्ज़शनास नौजवान है लेकिन सीग़ा-ए-नमक की एतदाल से बढ़ी हुई नमक-हलाली ने उसके इम्तियाज़ एदराक को मग़लूब कर दिया है। उसे आईन्दा होशियार रहना चाहिए।" और समझने का काम पाठकों पर छोड़ देते हैं। यही है, पूँजीवादी न्याय। न्यायालय बिना किसी हिचकिचाहट के और पूर्ण विश्वास से अलोपीदीन को न केवल बाइज़्ज़त बरी करता है, 'साहब-ए-सरवत रईस' का प्रमाण-पत्र भी देता है, बिना माँगे ही। जबकि बंसीधर को 'अगर ज़्यादा संगीन नहीं तो एक अफ़सोसनाक ग़लती और ख़ामकाराना सरगर्मी; 'हम ख़ुश हैं' जैसे शब्दों के साथ 'लेकिन' लगाकर 'होशियार' रहने की सलाह-चेतावनी दी जाती है। उनमें नमकहलाली की मात्रा को सन्तुलित करना है सन्तुलन से ज़्यादा नमकहलाली ने ही विवेक और बोध को दबा दिया है। नमकहलाती को सन्तुलित करने का सरकार ने उन्हें मौक़ा भी न दिया। पाठक की अपनी मान्यता 'फ़र्ज़ ने दौलत को पाँव तले कुचल डाला। "पीड़ा के साथ खंडित होती है। वह न्याय-व्यवस्था के प्रति खीझता है। न्यायपालिका के प्रति उसकी आस्था खंडित होती है। यानी, अब वह अपनी मान्यता से दूर निकल जाता है।

प्रेमचन्द क्रूर एवं जटिल यथार्थ की नग्नता को उघाड़ने में ज़रा भी ग़फ़लत नहीं करते। उनकी दृष्टि एवं लेखकीय विवेक इतने पैने एवं सतर्क होते हैं कि यथार्थ का कोई भी पहलू उनसे नहीं बच सकता, तभी तो वे घूस की–नैतिक रूप में–स्थापना को देख ले रहे हैं। प्रेमचन्द के अलावा दूसरा कोई लेखक उस दौर में बंसीधर के पिता के मुँह से–"बालाई रक़म पानी का बहता हुआ सोता है जिससे प्यास हमेशा

बुझती रहती है।" आदि नहीं कहलवा सकता था। इतना ही नहीं उसी घूस की रक़म से माँ जगन्नाथ और रामेश्वर की यात्रा की कामना किए बैठी थीं। ध्यान दें, प्रेमचन्द धर्म और उसके कर्म-कांड की जीवन में उसकी उपयोगिता को भी पहचान ले रहे हैं। ऐसा यथार्थ की समझ के कारण ही मुमकिन हुआ है।

4

इस कहानी की दूसरी महत्त्वपूर्ण घटना में उतरने से पहले, नौकरी से मुअत्तल बंसीधर की अपने घर में क्या स्थिति है, जान लेना चाहिए। "बूढ़े मुंशीजी ने रुदाद सुनी तो सिर पीट लिया और बोले–जी चाहता है, अपना और तुम्हारा सिर फोड़ लूँ।...बूढ़ी अम्मा को भी सदमा हुआ।...बीवी ने कई दिन तक सीधे मुँह से बात नहीं की।" इससे उनकी मानसिक स्थिति का पता चलता है। यानी, अपने ही घर में उनकी स्थिति एक गुनहगार की है। घर उनको काटने को दौड़ता होगा, क्योंकि बंसीधर की दरोग़ाई ने ही माँ-बाप और पत्नी में सपने जगाए थे, बंसीधर की सहमति के बग़ैर। अब उन सपनों का अचानक यूँ ख़त्म हो जाना, बंसीधर की दरोग़ाई जाने के कारण होता है। प्रेमचन्द लिखते हैं–"इस तरह अपने एगानों की तुर्शरुई और बेगानों की दिलदोज़ हमदर्दियाँ सहते-सहते एक हफ़्ता गुज़र गया।" ऐसे समय में एक शाम पंडित अलोपीदीन पधारते हैं, अपनी पूरी शान-शौकत के साथ। यहाँ प्रेमचन्द उनके रथ का पूरा वर्णन करते हैं। क्या यह बतलाने के लिए कि इतना धनी-मानी व्यक्ति को ख़ुद चलकर आना पड़ा? नहीं। बल्कि अपने लक्ष्य में कामयाबी के लिए। इसका दबाव बनेगा उनके परिवारवालों पर। और बनता भी है, तभी तो नेताओं जैसी दिखावे की बातें शुरू कीं। शर्मिन्दगी के साथ अपने बेटे के कर्म की निन्दा करके वे अलोपीदीन को ख़ुश करने की कोशिश करते हैं। अपने लम्बे अनुभव से वे जानते हैं कि अलोपीदीन जैसे व्यक्ति से दुश्मनी मोल लेना कितना भारी पड़ सकता है। बंसीधर की मुअत्तली की सज़ा इन्हीं के कारण हुई है। "आपको कौन-सा मुँह दिखाएँ। मुँह में कालिख लगी हुई है, मगर क्या करें, लड़का नालायक है, नाख़लफ़ है; वरना आपसे क्यों मुँह छुपाते। ईश्वर बेचिराग़ रखे, मगर ऐसी औलाद न दे।"

अलोपीदीन बंसीधर के घर निरुद्देश्य नहीं आए हैं। इसलिए वे जो भी व्यवहार करते हैं, अपने उद्देश्य की पूर्ति (सफलता) को ध्यान में रखकर करते हैं। जिस वक़्त अलोपीदीन आए हैं और बंसीधर के पिता उपर्युक्त कथन करते हैं, उस वक़्त बंसीधर भी वहीं पास थे–"बंसीधर ने अलोपीदीन को देखा, मुसाफ़हा किया, लेकिन शान-ए-खुद्दारी लिए हुए। फ़ौरन गुमान हुआ कि यह हज़रत मुझे जलाने आए हैं। ज़बान शर्मिन्दा-ए-माज़रत नहीं हुई। अपने वालिद-ए-बुज़ुर्गवार का ख़ुलूस-ए-रवाँ

सख़्त नागवार गुज़रा।'' पंडित अलोपीदीन मँजे हुए खिलाड़ी हैं। उन्होंने बंसीधर के आत्मगौरव को भाँप लिया, तभी तो ''यकायक पंडितजी ने क़तअ कलाम किया–''नहीं भाई साहब, ऐसा न फ़र्माइए।'' प्रेमचन्द उस मनोविज्ञान से अच्छी तरह परिचित हैं, जिसमें आत्मनिन्दा करनेवाले को जितना ही रोका जाता है, वह और आत्मनिन्दा करने लगता है। जिस व्यक्ति को बंसीधर सज़ा दिलाना चाहते थे, वह व्यक्ति कह रहा है कि ''नहीं भाई साहब, ऐसा न फ़र्माइए।'' इससे बंसीधर का आत्मगौरव कम होता है और पिता की शर्मिन्दगी बढ़ती है। इतना ही नहीं हैरत में भी पड़ते हैं, क्योंकि उन्हें अलोपीदीन से इस तरह के व्यवहार की उम्मीद न थी। बूढ़े मुंशीजी ''अन्दाज़े हैरत से बोले–ऐसी औलाद को और क्या कहूँ?'' इसके जवाब में अलोपीदीन ने जो कुछ भी कहा उसमें बंसीधर को 'कुछ ख़ुलूस की बू आई।' ध्यान दें 'अलोपीदीन ने किसी कदर जोश से कहा'। यानी, अपने आप को नियन्त्रित करके कहा। यह जोश बनावटी है। अपमानित किया जानेवाला अपमान करनेवाले को 'फ़ख़्र-ए-खानदान और बुज़ुर्गों का नाम रौशन करनेवाला ऐसा सपूत' कहे, तो इसमें 'कुछ ख़ुलूस की बू' के बजाय सन्देह होना चाहिए। चिन्तित और सतर्क होना चाहिए।...ज़रूर दाल में कुछ काला है, मगर बंसीधर जैसे व्यक्ति के लिए ऐसा मुमकिन नहीं। अब अलोपीदीन बंसीधर से मुख़ातिब होते हैं–''दारोग़ाजी इसे ज़मानासाज़ी न समझिये। ज़मानासाज़ी के लिए मुझे यहाँ तक तकलीफ़ करने की ज़रूरत न थी। उस रात को आपने मुझे हुकूमत के ज़ोर से हिरासत में ले लिया था। आज मैं ख़ुद-ब-ख़ुद आपकी हिरासत में आया हूँ।'' यही वह जगह है, जहाँ हम अलोपीदीन में हृदय परिवर्तन मान बैठते हैं और इस कहानी को 'बेईमानी पर ईमानदारी की जीत' का वाहक क़रार दे देते हैं। हर रचनाकार चाहता है कि सत्य और ईमान की जीत हो, मगर हक़ीक़त में इसका उलट है। रचनाकार की चाहत यानी, सत्य और ईमान की जीत हो, इसके लिए जनता को जाग्रत और समर्थ बनाना होगा। कहानी में इसकी जीत करा देने से हक़ीक़त में बदलाव नहीं आएगा, बल्कि इसकी हार को ज़्यादा कर्कश, पीड़ादायी बना देने से पाठक को इसके विरुद्ध खड़ा होने के लिए उकसाया ज़रूर जा सकता है, जिससे हक़ीक़त बदलने को मजबूर होगी। अलोपीदीन के आगे के वाक्य पर ज़्यादा ध्यान दिया जाना चाहिए–''मैंने हज़ारों रईस और अमीर देखे। हज़ारों आली मर्तबा हुक्काम से साबका पड़ा। लेकिन मुझे ज़ेर किया तो आपने। मैंने सबको अपना और अपनी दौलत का ग़ुलाम बनाकर छोड़ दिया।''

''अलोपीदीन इस इलाके का सबसे बड़ा और मुमताज़ ज़मींदार था।...बारहों महीने सदाव्रत चलता था।'' में उतरना ज़रूरी है। ख़ुद को पराजित कहनेवाला व्यक्ति साथ में दावा भी कर रहा है कि उसने 'हज़ारों रईस और अमीर', 'हज़ारों आली मर्तबा

हुक्काम' 'सबको अपना और अपनी दौलत का ग़ुलाम' बना लिया नहीं 'बनाकर छोड़ दिया'। क्यों? इसलिए कि वे मेरे काम के नहीं थे। आप मेरे काम के हैं। आपको अपना और अपनी दौलत का ग़ुलाम बनाकर रखूँगा, छोड़ूँगा नहीं। इस ध्वनि को बंसीधर पकड़ नहीं पाते। अलोपीदीन ने अपने लक्ष्य की पूर्ति के लिए जब अपने आत्माभिमान को भी नहीं बख़्शा, तो वे कुछ भी कर सकते हैं। उनके कथन अच्छे-भले समझदार इनसान को बरगलाने के लिए पर्याप्त हैं, फिर तो बंसीधर जैसे आत्मकेन्द्रित, यथार्थबोध और सामाजिक सरोकारहीन व्यक्ति की तो बात ही क्या! आत्मनिन्दा, पश्चात्ताप और आत्मगौरव की चासनी में नासमझ बंसीधर को इस क़दर डुबो देते हैं कि वह सच्चाई के ठीक उलट पहुँचते हैं। वे सोच ही नहीं सकते कि अलोपीदीन उसे 'जला' कर क्या पाएँगे। चासनी का ही असर था कि "ग़ुरूर ने निदामत को राह दी। शर्माते हुए बोले।" जब अलोपीदीन की चासनी नहीं मिली थी, तब उन्होंने "अलोपीदीन को देखा, मुसाफ़हा किया, लेकिन शान-ए-खुद्दारी लिए हुए। फ़ौरन ग़ुमान हुआ कि यह हज़रत मुझे जलाने आए हैं। ज़बान शर्मिन्दा-ए-माज़रत नहीं हुई।" अब बंसीधर "शर्माते हुए बोले–यह आपकी ज़र्रानवाज़ी है। फ़र्ज़ ने मुझे आपकी बेअदबी करने पर मजबूर किया, वरना मैं तो आपकी ख़ाक-ए-पा हूँ। जो आपका इरशाद होगा बअहद-ए-इमकान उसकी तामील में उज़्र न करूँगा।" कौन हारा? अलोपीदीन या बंसीधर? भूतकाल में ख़ुद ही रंगे हाथों पकड़नेवाले बंसीधर ही बोल रहे हैं या कोई और? जिस बेअदबी के कारण बंसीधर मुअत्तल हुए, अदालत में हारे अलोपीदीन को उनमें वही गुण चाहिए। यानी, नमकहलाली की मात्रा ज़्यादा चाहिए। यानी, वही भोला-भाला, यथार्थबोध और सामाजिक सरोकार से हीन बंसीधर चाहिए। किस सफ़ाई से अलोपीदीन अपने लक्ष्य को पा लेते हैं, साथ ही शर्त भी रख देते हैं उसी सफ़ाई के साथ–"मेरी परमात्मा से यही इल्तिजा है कि आपको सदा वही नदी के किनारेवाला बेमुरव्वत, सख़्तज़बान, तुन्दमिज़ाज लेकिन फ़र्ज़शनास दारोग़ा बनाए रखे।" बंसीधर से सीधे नहीं कह रहे हैं कि आपको पहले जैसा दारोग़ा ही बने रहना है, बल्कि परमात्मा से इल्तिजा कर रहे हैं।

अलोपीदीन का लक्ष्य था–बंसीधर को अपनी सारी मिल्कियत का मुख़्तार-ए-आम नियुक्त करना। एक मालिक को वफ़ादार नौकर की ज़रूरत होती है। उन्हें ऐसा नौकर चाहिए जो उनकी सम्पत्ति की रक्षा करने के लिए अपना सब कुछ दाँव पर लगा दे। बंसीधर से ज़्यादा वफ़ादार नौकर और कौन मिलता? यहाँ उनके पहले के कथन '...दुनिया में ऐसे कितने इनसान हैं जो दयानत पर अपना सब कुछ निसार करने पर तैयार हों।' को याद किया जाना चाहिए। फ़र्ज़शनास और दयानत वफ़ादार के अर्थ में ही प्रयुक्त हुए हैं। नमकहलाल और वफ़ादार भी समानार्थी हैं। अब अलोपीदीन के इस पूर्व कथन पर भी ध्यान दें–'मैंने सबको अपना और अपनी दौलत

का ग़ुलाम बनाकर छोड़ दिया।' क्या नहीं लगता कि अलोपीदीन ने दूसरे लोगों को अपना और अपनी दौलत का ग़ुलाम बनाकर भले न छोड़ा हो, मगर बंसीधर को तो अपना और अपनी दौलत का ग़ुलाम बना ही लिया; विधिवत् स्टाम्प-पेपर पर दस्तख़त कराकर।

"बंसीधर की आँखों में आँसू डबडबा आए। दिल के तंग ज़ुरूफ़ में इतना एहसान न समा सका। पंडित अलोपीदीन की तरफ़ एक बार फिर अक़ीदत और परस्तिश की निगाह से देखा और मुख़्तारनामे पर काँपते हुए हाथों से दस्तख़त कर दिए। अलोपीदीन फ़र्ते मुसर्रत से उछल पड़े और उन्हें गले लगा लिया।"

इस प्रकार यह कहानी बेईमानी पर ईमानदारी की जीत न होकर ईमानदारी को परिभाषित करती है। ईमानदारी व्यक्ति सापेक्ष नहीं, समाज सापेक्ष होती है। वस्तुतः यह कहानी जटिल यथार्थ की कहानी है। प्रेमचन्द आधुनिकता बोध के रचनाकार हैं। इसीलिए वे 'जो हो रहा है' को सही न मानते हुए भी उसकी अभिव्यक्ति से कतराते नहीं, बल्कि उस पर महीन, मगर क़रारा व्यंग्य करते हैं। आख़िर में, बंसीधर जैसे लोगों की ईमानदारी समाज को क्या दे सकती है?

यह कहानी आज के दौर में ख़ूब प्रासंगिक है। 'अलोपीदीन फ़र्ते मुसर्रत से उछल पड़े और उन्हें गले लगा लिया।' का ही परिणाम है कि आज अलोपीदीन जैसे ग़ैर कानूनी और समाजविरोधी प्रवृत्ति करनेवालों के पास बंसीधर जैसे फ़र्ज़शनासों और ईमानदारों की फ़ौज है। इस तरह के लोग पालतू जानवर से कम नहीं हैं, जो अपने मालिक के हित में ही अपना हित समझते हैं।

मुंशी बंसीधर असल में नमक हलालों का दारोग़ा हैं। यानी, सर्वश्रेष्ठ नमक हलाल। कहानी का शीर्षक ही अपने में व्यंग्य छिपाए हैं। 'नमक हलाली' शब्द सामन्तवादी सोच को व्यक्त करता है। इसे एक सामन्त अपने हित में इस्तेमाल करता था। अज्ञानता के कारण मज़दूर वर्ग ने इसे नैतिक मूल्य के रूप में अपना लिया था। फलस्वरूप बरबाद हो रहा था। आज मज़दूर जानने लगा है कि वह अपने मालिक का नमक नहीं खाता, बल्कि मालिक ही उसका नमक खाता है। इसलिए मज़दूर की नमकहलाली का प्रश्न ही नहीं पैदा होता। कहीं पढ़ा था कि मज़दूर अपना विरोध कई तरीक़ों से करता है। वह अपने मालिक का काम तो करता है, मगर उसका हित नहीं चाहता। मालिक के अहित में ही उसे अपना हित नज़र आता है। उत्पादन के वक्त बैठकर बीड़ी फूँकना, बार-बार पेशाब जाना आदि विरोध के उन तरीक़ों में से ही हैं।

इस तरह 'नमक का दारोग़ा' कहानी फ़र्ज़शनासी और ईमानदारी की एक नई व्याख्या प्रस्तुत करती है, साथ ही आज के यथार्थ से मुठभेड़ करती है। आत्मकेन्द्रितता और सामाजिक सरोकारहीनता पर व्यंग्य के द्वारा प्रहार करती है।

यथार्थ से टकराने के लिए लिजलिजी भावुकता को ख़ारिजकर ऐतिहासिकबोध, जो यथार्थबोध के लिए लाज़िमी है, की स्थापना करती है। 'अलोपीदीन' का 'फ़र्ते मुसर्रत से उछल' पड़ना, समाज के लिए ख़तरे का संकेत है। अलोपीदीन वैसे ही समाज को तबाह कर रहे थे, अब तो बंसीधर भी उनको मिल गए हैं। दुश्मन की ताक़त बढ़ गई है। कहानी हमें चिन्तित करती है और ऐसी स्थिति का सामना करने के लिए हमें तैयार रहने को प्रेरित करती है।

ब्राह्मण समाज का आईना

'बूढ़ी काकी' कहानी जब भी पढ़ता हूँ, 'पंचायत' और 'ईदगाह' जेहन में अपने आप उभरने लगती है। इसका मतलब है कि कहीं-न-कहीं इन तीनों कहानियों का आपस में कोई रिश्ता है। जैसे एक-दूसरे के बिना ये अधूरी हों। इसलिए मेरे लिए यह ज़रूरी हो जाता है कि मैं इनके रिश्ते की तलाश करूँ, अधूरेपन की छानबीन करूँ।

बूढ़ी काकी एक विधवा औरत है। ख़ाला और अमीना भी विधवा हैं। तीनों बूढ़ी हैं। बूढ़ी काकी के 'सात बेटे जवान हो-होकर दाग़ दे गए' और ख़ाला के कोई बेटा ही नहीं है। अमीना के बेटा-बहू, दोनों थे, मगर एक बेटा छोड़कर चल बसे। तीनों को सहारे की ज़रूरत है। बूढ़ी काकी और ख़ाला के पास कुछ ज़मीन-जायदाद है, मगर अमीना ग़रीब है। बूढ़ी काकी और ख़ाला अपनी ज़मीन-जायदाद अपने भतीजों को सौंपकर सहारा पा जाती हैं, मगर अमीना के पास क्या है, जो सौंपकर सहारा पा ले। इतना ही नहीं, उसे अपने बेटे की सन्तान हामिद का सहारा बनना है। बूढ़ी काकी और ख़ाला, ज़मीन-जायदाद के बदले में जो सहारा पाए हैं, दोनों को छलावा लगते हैं। दोनों इस छलावे से लड़ते हैं अपनी तरह। दोनों के जूझने के तरीक़े में जो अन्तर है वही दोनों की अलग-अलग पहचान बनाता है। अपने-अपने तरीक़े से दोनों सुखी होने की कोशिश करती हैं, जबकि दो बेसहारे, अमीना और हामिद किस तरह से एक-दूसरे का सहारा बन जाते हैं। तीनों बूढ़ी औरतें सुखी होने की कोशिश करती हैं। तीनों की कोशिश के तरीक़े में ही अन्तर नहीं है, ताक़त में भी अन्तर है। ये तीनों चरित्र सामाजिक परिवेश, व्यक्तिगत आकांक्षा और संवेदनशीलता, अभ्यास और अनुभव के द्वारा निर्मित हुए हैं। जैसे एक पौधे को उखाड़ते हैं, दूसरी जगह रोपने के लिए, तो उसे मिट्टी समेत उखाड़ते हैं। उखाड़ने के पहले उस पौधे की ज़मीन को पानी डालकर मुलायम बनाते हैं। प्रेमचन्द ऐसा ही करते हैं। वे जिस भी चरित्र को उठाते हैं, अपनी संवेदना और सहानुभूति के पानी से सींचने के बाद ही उठाते हैं। इससे होता यह है कि सामाजिक परिवेशरूपी मिट्टी साथ आती है। पौधे को दूसरी जगह रोपने पर उसकी संघर्ष-क्षमता बढ़ जाती है। इसीलिए वह ज़्यादा विकसित होकर ज़्यादा उत्पाद देता है। प्रेमचन्द जैसे यही करते हैं। बूढ़ी काकी और

ख़ाला की स्थिति और समस्या लगभग एक है, मगर दोनों का व्यक्तित्व एकदम अलग है। ऐसा क्यों हैं? प्रेमचन्द लगभग के भीतर उतरते हैं और जैसे बतलाते हैं कि देखो दोनों में कितना अन्तर है। जैसे जड़ के एक-एक रेशे का मिलान कर रहे हों। ज़मीन से ज़्यादा रस वही पौधा ज़्यादा खींच पाएगा, जिसकी जड़ में ज़्यादा और मुलायम रेशे होंगे। मतलब यह कि संघर्षक्षमता ज़्यादा होगी। ख़ाला ज़्यादा संघर्षशील है, तो बूढ़ी काकी न के बराबर। ऐसा क्यों? ख़ाला प्रेरणा बन जाती है, जबकि बूढ़ी काकी दयनीय। आइए, जानने की कोशिश करें कि बूढ़ी काकी प्रेरणा न बनकर दयनीय क्यों बन जाती है?

बूढ़ी काकी ब्राह्मण है। सामान्य रूप से ब्राह्मण औरतें खाना पकाने के सिवा दूसरा काम नहीं करतीं। बूढ़ी काकी ने मेहनतवाला काम नहीं किया है। सामान्य रूप से ब्राह्मणों को खाने का न्योता मिलता है। एक ही समय में वे कई जगह नहीं खा सकते, इसलिए 'सीधा' लेकर लोगों का उद्धार करते हैं। नतीजा यह निकलता है कि उनकी पत्नियों को पकाने और खाने के अलावा दूसरा कोई काम ही नहीं रहता। इस तरह उनकी जीभ ही ज़्यादा कार्यरत रहती है। प्रेमचन्द यही कह रहे हैं–''बूढ़ी काकी में ज़ायक़े के सिवा कोई हिस बाक़ी न थी और न अपनी शिकायतों की तरफ़ मुख़ातिब करने का रोने के सिवा कोई दूसरा ज़रिया। आँखें, हाथ-पैर सब जवाब दे चुके थे।'' दलित समाज की औरतें अपने पति के द्वारा उतना दलित नहीं होतीं, जितना ब्राह्मण समाज की। इसीलिए बूढ़ी रोकर 'अपनी शिकायतों की तरफ़ मुख़ातिब करती है, जबकि ख़ाला अपनी शिकायतों को पहले फ़हमीन, फिर जुम्मन, इसके बाद समाज तक ले जाती है। पहले सहती है। सहन-सीमा के बाद फ़हमीन से शिकायत करती है। शिकायत दूर न होने पर परिवार के मुखिया जुम्मन से कहती है। जुम्मन की बेरुखी के बाद समाज के पास–पंचायत–जाती है। जो बूढ़ी काकी नहीं कर सकती।

बूढ़ी काकी के ''शौहर को मरे हुए एक ज़माना गुज़र गया। सात बेटे जवान हो-होकर दाग़ दे गए।'' यह वाक्य बूढ़ी काकी की सामाजिक हैसियत का बयान करता है। वह विधवा तो है ही। उसके एक नहीं 'सात बेटे' बचपन में ही नहीं 'जवान हो-होकर' मरे नहीं, 'दाग़ दे गए।' कलंक दे गए। यह कलंक क्या है? अभागिन का। 'भतार खाई, पूत खाई' का दाग़। मतलब यह कि सामाजिक मान्यता यह है कि बूढ़ी काकी के क़रीब जो भी जाएगा, उसे वह खा जाएगी। इसलिए बुधिराम ने ज़मीन-जायदाद लेकर बुढ़िया को जो अपने घर में रखा है, एहसान किया है। ख़ाला के साथ ऐसा नहीं है। रूपा के इस कथन, 'डायन मरे न माँचा छोड़े।' से उपर्युक्त बात को समर्थन मिलता है। ''ख़ाला जान अपने मरने की बात नहीं सुन सकती थीं। जामा से बाहर होकर पंचायत की धमकी दीं।'' जबकि ''बूढ़ी काकी ने सिर न उठाया।

न रोईं, न बोलीं।'' ख़ाला जान से तो महज़ कहा गया है, घर के अन्दर, जबकि बूढ़ी की भर समाज में इज़्ज़त उतारी गई है–''जैसे मेंडक केंचुए पर झपटता है, उसी तरह वह बूढ़ी काकी पर झपटी और उन्हें दोनों हाथों से झँझोड़कर बोली।'' तथाकथित उच्च समाज की उच्चता है यह। कबीर की तरह प्रेमचन्द भी जैसे निम्न समाज के अपने लोगों से कह रहे हों कि इन्हीं की ओर ताकते हो न! इन्हें उच्च और संस्कारी मानकर इनका अनुकरण करने की कोशिश करते हो न! तो देखो ये क्या हैं! जब ये अपने नहीं हो सकते तो तुम्हारे कैसे होंगे? एक यह है कि पूड़ी के लिए अपना कोई भी पतन कराने को तैयार है और एक वह हैं कि पूड़ी न देने पर आमादा हैं। दुनियाभर के लोगों को जबरन खिलाएँगे और घर की बूढ़ी को न देंगे। यह है इन ब्राह्मणों की असल हक़ीक़त।

बूढ़ी काकी में ख़ाला की तरह अधिकारबोध नहीं है, जैसे कि वह बुधिराम के टुकड़ों पर पल रही है। असल में वह जीभचटोर है। पूड़ियों में ही उसका जी लगा है। बहुत दिनों बाद पूड़ी खाने का मौक़ा मिला है। इसीलिए तरह-तरह की कल्पनाएँ करती हैं। उसका अपने आप पर वश नहीं रहता। चूँकि ब्राह्मण-संस्कारों के तहत ही पली-बढ़ी है, इसीलिए रूपा के द्वारा झिड़के जाने पर उसका प्रतिकार नहीं करती। और नहीं तो अपनी ग़लती मानकर पछताती है–''उन्हें रूपा पर ग़ुस्सा नहीं था। अपनी उजलत पर अफ़सोस था। सच तो है, जब तक मेहमान लोग खा न चुकेंगे घरवाले कैसे खाएँगे। मुझसे इतनी देर भी न रहा गया। सबके सामने पानी उतर गया। अब जब तक कि कोई न बुलाने आएगा, न जाऊँगी।'' निर्णय पर अडिगता खुद्दारों में होती है, कर्मठों में होती है। घीसू में यह चरम सीमा पर है। बूढ़ी काकी जल्द ही अपने इस निर्णय से बाहर निकल जाती है और फिर अपमानित होती है। इसके पहले औरतों के बीच हुई थी, अबकी मर्दों के बीच। पहले 'मेंडक केंचुए' पर झपटा था, अबकी 'बेरहम साहूकार अपने किसी नादहिन्द मग़रूर असामी' का झपटकर उसका टेंटवा पकड़ा था। पहले में काकी केंचुआ थी और दूसरे में असामी। जबकि काकी ने बुधिराम को अपनी ज़मीन-जायदाद दिया है। साहूकार काकी है, मगर उसे इसका एहसास नहीं, क्योंकि उसने ख़ुद अपने आपको अभागिन मान लिया है। मेहनत से अपने जी को चुराया है।

काकी अपने भाग्य पर रोती है। पूड़ियों में ही जी बसा है अब भी। ''मुझे घसीटा, पटका; इन्हीं पूड़ियों के लिए। रूपा ने सबके सामने गालियाँ दीं; इन्हीं पूड़ियों के लिए। और इतनी दुर्गत करके भी इनका पत्थर का कलेजा न पसीजा। सबको खिलाया, मेरी बात न पूछी। जब तब ही न दिया तो अब क्या देगी।'' लाड़ली जिस प्रेमभाव से पूड़ियाँ लाई थीं, काकी उसे समझने की ज़रा भी कोशिश नहीं करती। ''लाड़ली ने फ़ख्र से कहा–नहीं। ये मेरे हिस्से की हैं।'' बावजूद इसके 'काकी पूड़ियों

पर टूट पड़ीं।' इसका उन्हें ज़रा भी ख़याल नहीं कि लाड़ली ने नहीं खाया। वह भी तो भूखी होगी। वह इतना आत्मकेन्द्रित और जीभ के वश में हो गई है कि जानवर की कोटि में पहुँच गई है। "दिल मसोस रहा था कि और पूड़ियाँ कैसे पाऊँ? सब्र का बाँध टूट जाता है तो ख़्वाहिश का बहाव क़ाबू से बाहर हो जाता है। मस्तों को सुरूर की याद दिलाना उन्हें दीवाना बनाता है। काकी का बेताल दिल ख़्वाहिश के इस बहाव में बह गया। हलाल-हराम की तमीज़ न रही।" "काकी फुतुरे अक़्ल के बावजूद जानती थीं कि मैं वह कर रही हूँ, जो मुझे न करना चाहिए। मैं दूसरों के जूठे पत्तल चाट रही हूँ।" जानते हुए भी कर रही हैं, क्योंकि बेबस हैं। इस बेबसी का मनोवैज्ञानिक कारण बतलाते हुए प्रेमचन्द काकी के साथ खड़े नज़र आते हैं। जैसे वे कह रहे हों कि काकी को अगर पूड़ियाँ खिला दी गई होतीं, तो यह नौबत न आती। लाड़ली के माध्यम से वे अपनी बात पहले ही कर चुके हैं। "क्या मेहमान सब की सब थोड़े ही खा जाएँगे और अगर काकी ने मेहमानों से पहले ही खा लिया तो क्या बिगड़ जाएगा?" प्रेमचन्द इंसानियत का अपमान नहीं बरदाश्त कर पाते। बूढ़ी काकी का जूठे पत्तल चाटना उनके बरदाश्त के बाहर है। काकी तो फुतूरे अक़्ल है ही, समझदारों ने क्या किया? इस स्थिति के जिम्मेदार वे हैं, उनके नीति-नियम हैं। फिर ऐसे नीति-नियम क्यों न बदल दिए जाएँ, जो इनसान को जानवर बनने पर मजबूर करते हों। अब तक रूपा सो रही थी। "ऐन उसी वक़्त उसकी आँख खुली।" इस आँख खुलने में ब्राह्मणत्व का परदा है। डर है इस आँख खुलने में। "रूपा का कलेजा सन्न से हो गया। किसी गाय की गरदन पर छुरी चलते देखकर उसके दिल की जो हालत होती, वही उस वक़्त हुई। एक बरहमनी दूसरों का जूठा पत्तल टटोले इससे इब्रतनाक नज़ारा नामुमकिन था।" "ऐसा मालूम होता है कि ज़मीन रुक गई है। आसमान चक्कर खा रहा है। दुनिया पर कोई नई आफ़त आनेवाली है।" दर्द और ख़ौफ़ से उसकी आँखें भर आईं। इस अधर्म और पाप का इल्ज़ाम किस पर है?" "उसने सदक़े दिल से आसमान की तरफ़ हाथ उठाकर कहा—परमात्मा, मेरे बच्चों पर रहम करना। इस अधर्म की सज़ा मुझे मत देना। हमारा सत्यानास हो जाएगा।" गो-हत्या और ब्रह्महत्या समान मानी जाती हैं। सबसे बड़ा पाप। रूपा इससे डरकर अपने ईश्वर से क्षमादान की प्रार्थना करती है। यानी, काकी अगर 'बरहमनी' न होती, तो उसे ऐसा कुछ न लगता। यह ख़ौफ़ ही उसे अपनी ग़लतियों की ओर निगाह डालने को मजबूर करता है। यह परिवर्तन स्थायी नहीं ख़ौफ़ के दबाव से है। "हाय, मैं कितनी बेरहम हूँ। जिसकी जायदाद से मुझे दो सौ रुपए साल की आमदनी हो रही है, उसकी यह दुर्गति! और मेरे कारन! ऐ ईश्वर, मुझसे भारी गुनाह हुआ है। मुझे मुआफ़ करो।"

इस कहानी का केन्द्रीय चरित्र है, बूढ़ी काकी। प्रेमचन्द जिस तरह से कहानी

की शुरुआत करते हैं, उस तरह से अंजाम पर नहीं पहुँचाते। रूपा और बुधिराम के व्यवहार के बाद प्रेमचन्द जैसे काकी के साथ हो लेते हैं। जबकि कहानी की शुरुआत में वे काकी और बुधिराम दोनों से अलग नज़र आते हैं। मानसिक परिवर्तन का जो तरीक़ा अपनाते हैं, उससे स्थायी परिवर्तन का कोई अवकाश नहीं है। यह परिवर्तन तात्कालिक है। काकी का चरित्र संघर्षशील न होने के कारण प्रेरणादायी नहीं है। हाँ, ब्राह्मण समाज की उच्चता और कुलीनता की पोल ज़रूर खुलती है, जो घृणास्पद है।

तुलसीदास का प्रभाव हिन्दी क्षेत्र में ख़ूब है। 'किसान का मरजाद' कहीं-न-कहीं 'मर्यादा पुरुषोत्तम' से प्रभावित है। तुलसी का मर्यादावाद ही किसान का मरजाद बनकर उसके पिछड़ेपन का कारण है। प्रेमचन्द इसे जानते हैं। इसलिए मौक़ा पाते ही इस पर वार करने से नहीं चूकते। तुलसी ने लिखा है, 'भूत पिचास निकट नहिं आवें। महाबीर जब नाम सुनावें।' कहा जाता है कि 'हनुमान चालीसा' का पाठ करने से भय दूर होता है। हनुमान का नामभर लेने से 'भूत पिचास' पास नहीं आते। जबकि यहाँ तो हनुमानजी ही लाड़ली के ख़ौफ़ का कारण बनते हैं–"लाड़ली की निगाह दरवाज़ेवाले नीम के दरख़्त की तरफ़ गई। उसे मालूम हुआ कि उस पर हनुमानजी बैठे हुए हैं। उनकी दुम, उनकी गदा साफ़ नज़र आती थी। मारे ख़ौफ़ के उसने आँखें बन्द कर लीं।" जबकि उसके इस ख़ौफ़ को एक जागता हुआ कुत्ता दूर करता है– "इतने में कुत्ता उठ बैठा। लाडली को ढारस हुई। कई सोते हुए आदमियों की बनिस्बत एक जागता हुआ कुत्ता उसके लिए ज़्यादा तक़्वीयत का बाइस हुआ।" क्या नहीं लगता कि प्रेमचन्द हनुमानजी को डरानेवाला और कुत्ते को डर भगानेवाला के रूप में रख रहे हैं? अर्थात् कुत्ता हमारे लिए ज़्यादा काम का है, जबकि हनुमानजी हमारा नुकसान करनेवाले हैं।

इस कहानी में कई और विचार सामने आते हैं। मसलन–ज़मीन-जायदाद से ज़िन्दगी सुखमय नहीं होती सामाजिक रिश्तों से होती है। भूखे को खिलाने में जो आनन्द है, वह पेटभरे को खिलाने में कहाँ? संघर्षशीलता ही इनसान को खुद्दार बनाती है। यह कहानी मुख्य रूप से ब्राह्मणत्व की पोल खोलती है, जहाँ गन्दगी ही गन्दगी है। बाहर से अत्यन्त उदार और भीतर अत्यन्त संकुचित। अन्याय और अमानवीयता की हद तक।

विकसित होने के लिए अतीत से जुड़ना लाज़िमी

प्रेमचन्द का एक लेख फ़रवरी 1919 'ज़माना' में 'दौरे क़दीम और जदीद' नाम से छपा था, जिसका हिन्दी अनुवाद 'पुराना ज़माना : नया ज़माना' के नाम से हिन्दी में मौजूद है, मगर अनुवादक कौन है, इसका पता नहीं। यह लेख प्रेमचन्द की समझ और सूक्ष्म दृष्टि का प्रमाण है। यह दौर प्रेमचन्द के विकास और जद्दोजहद का है। सामाजिक यथार्थ को जिस तरह वे बख़ूबी पकड़ रहे थे, उसी तरह अपने आपको भी बदलते जा रहे थे। 'ज़माना'-सम्पादक को 21 दिसम्बर, 1919 को लिखे ख़त में वे कहते हैं, "मैं अब क़रीब क़रीब बाल्शेविस्ट उसूलों का क़ायल हो गया हूँ।"[1] इस निर्णय-निष्कर्ष पर पहुँचने के कारक तत्त्व 'दौरे क़दीम और जदीद' में मौजूद हैं। अतीत और वर्तमान की छानबीन, तुलना, नए ज़माने का स्वागत, मगर उसके रवैये पर चिन्ता ही 'बाल्शेविक उसूलों का क़ायल' होने को प्रेरित करती है। 'मन्तर' कहानी इसी 'दौरे क़दीम और जदीद' का अनुभवात्मक रूप है। कहानी सामन्तवाद और पूँजीवाद के द्वन्द्व पर आधारित है। अतीत के विकासशील तत्त्वों के ह्रास पर गहन चिन्ता है, इस कहानी में। बूढ़ा सामन्तवादी समाज का नुमाइन्दा है और डॉक्टर चड्ढा पूँजीवादी समाज का। कहानी, जैसे चेतावनी देती हो कि पूँजीवाद अगर सामन्तवादी मानव-मूल्यों, जो विकासशील हैं, को तरजीह नहीं देगा, तो उसका भविष्य अन्धकारमय है। कैलाशनाथ प्रतीक बन जाता है, भविष्य का।

'पुराना जमाना : नया जमाना' लेख में प्रेमचन्द लिखते हैं, "पुराने जमाने में सभ्यता का अर्थ आत्मा की सभ्यता और आचार की सभ्यता होता था। वर्तमान युग में सभ्यता का अर्थ है स्वार्थ और आडम्बर। उसका नैतिक पक्ष छूट गया। उसकी सूरत बदलकर अब वह हो गई है, जिसे हमारे पुराने लोग असभ्यता कहते।"[2] नए जमाने के नुमाइन्दे डॉक्टर चड्ढा की सभ्यता को देखिए। चड्ढा डॉक्टर हैं और बूढ़ा अपने इकलौते बेटे का इलाज कराने आया है। प्रेमचन्द ने बूढ़े की जो तस्वीर खींची है, उससे अगर किसी का दिल नहीं पसीजता, तो समझना चाहिए कि वह इनसान नहीं है। इनसान होना, यानी, सामाजिक होना। रोगी का इलाज करना एक डॉक्टर का फ़र्ज़ है। किस तरह से प्रेमचन्द बूढ़े के दुख और बदहाली की मात्रा को क्रमशः

उस मुकाम तक ले जाते हैं, जिसे अति कहते हैं। फिर भी चड्ढा टस-से-मस नहीं होते। उनकी आत्मबद्धता, व्यक्तिवादिता अपने नंगे रूप में हमारे सामने प्रकट हो जाती है। 'अक़ब में एक बूढ़ा लाठी टेकता आ रहा था', 'बूढ़े ने हाथ जोड़कर कहा', 'बूढ़े ने घुटने टेककर ज़मीन पर सिर रख दिया और बोला', 'बूढ़े ने पगड़ी उतारकर चौखट पर रख दी और रोकर बोला', 'बूढ़ा उनके पीछे यह कहता हुआ लपका'; इस प्रकार क्रमशः बूढ़े की दीनता, पीड़ा और आजिजी को प्रेमचन्द घनीभूत करते हैं। दूसरी ओर चड्ढा की आत्मबद्धता भी इसी तरह नंगी होती जाती है। यहाँ हिन्दीरूप का यह वाक्य होना चाहिए दृश्य तभी पूरा होता है–"डॉक्टर साहब ने चिक के अन्दर से गरजकर कहा–कौन है? क्या चाहता है?" यह वाक्य बूढ़े को कुछ कहने का मौक़ा मुहैया करा देता है, क्योंकि "डॉक्टर साहब को मेज के क़रीब खड़े देखकर भी उसे कुछ कहने की जुर्रत न हुई।" कैसा भयानक दृश्य है! मरीज़ डॉक्टर से 'कुछ कहने की जुर्रत' नहीं कर पा रहा! जबकि डॉक्टर से मरीज़ को सब कुछ कह देना होता है। डॉक्टर और मरीज़ अन्योन्याश्रित हैं, मगर यहाँ डॉक्टर मरीज़ से दूर भाग रहा है। 'डॉक्टर ने चिक के अन्दर से गरजकर कहा', 'डॉक्टर साहब ने सिगार सुलगाकर जवाब दिया', 'डॉक्टर चड्ढा ने कलाई की घड़ी पर नज़र डाली', 'डॉक्टर साहब ने उसकी तरफ़ मुँह घुमाकर देखा तक नहीं। मोटर में बैठकर बोले'; इस प्रकार डॉक्टर चड्ढा की बेफ़िक्री और आत्मबद्धता को क्रमशः घनीभूत करते हैं। बूढ़े की पीड़ा और आजिजी उसके कथन से और तीव्र हो जाती है। 'हुजूर! बड़ा ग़रीब आदमी हूँ। मेरा लड़का कई रोज...' 'दुहाई सरकार की। लड़का मर जाएगा। हुजूर, चार दिन से आँखें नहीं खोलीं', 'हुजूर! एक निगाह डाल दें। महज़ एक निगाह। लड़का हाथ से चला जाएगा। हुज़ूर! कई लड़कों में से यही एक बच रहा है। हुज़ूर, हम दोनों आदमी रो-रोकर मर जाएँगे। सरकार का इक़बाल बढ़े...दीनबन्धु!', 'सरकार, बड़ा करम होगा। हुजूर, रहम कीजिए। बड़ा बेबस और दुखी हूँ। दुनिया में और कोई नहीं है, बाबूजी।' इन प्रार्थनाओं का असर चड्ढा पर इसलिए नहीं पड़ता है कि आत्मबद्धता ने उसे निर्जीव बुत बना दिया है। बुतों पर प्रार्थनाओं का कहाँ असर पड़ता है। बूढ़ा बार-बार 'लड़का' पर वज़न देता है, क्योंकि पुराने ज़माने का है। एक ही लड़का है। उसके चले जाने से उसका वंश ही तमाम हो जाएगा। कोई भी व्यक्ति नहीं चाहता कि उसका वंश न रहे, भविष्य ख़त्म हो जाए।

ऊपर बताए गए लेख में प्रेमचन्द लिखते हैं, "शारीरिक बनाव-सँवार और टीम-टाम पुराने तर्ज की निगाहों में कभी अच्छी न समझी जाती थी।"[3] डॉक्टर चड्ढा का मरीज़ देखने की बनिस्बत गोल्फ़ खेलने को तरजीह देना, क्या 'शारीरिक बनाव-सँवार और टीम-टाम' के अन्तर्गत नहीं आता? आगे प्रेमचन्द इसका विस्तार से चित्रण करते हैं। डॉक्टर चड्ढा की ज़िन्दगी समयबद्ध है, समयमुक्त नहीं। इससे

उन्होंने दौलत, इज़्ज़त और सेहत तीनों पाया, मगर...। इसी खाली जगह को भरती है आगे की कहानी। वास्तविक ज़िन्दगी देश-काल से संघर्ष करती है। मुक्त होने की कोशिश करती है। और जब वह ऐसा करने में सफल होती है, तो हम उस ज़िन्दगी को महापुरुष, युगद्रष्टा आदि विशेषणों से नवाजते हैं। उन्हें देश-काल का अतिक्रमण करनेवाला कहते हैं। यानी, वह व्यक्ति अपने आपको इतना विस्तृत कर लेता है कि समय और देश की सीमा में अँटता ही नहीं। समयबद्ध जीवनधारी डॉक्टर क्या सचमुच दौलत, इज़्ज़त और सेहत से सम्पन्न हैं? अगर हैं, तो ये सारी चीज़ें उस वक़्त क्यों काम नहीं आतीं, जब उनका भविष्य, अगली पीढ़ी उनके रहते ही ख़त्म होने की क़गार पर है? पता नहीं, उस समय परिवार नियोजन का सरकारी अभियान जारी हुआ था, या नहीं; मगर प्रेमचन्द पूँजीवादी चरित्र को समझ रहे थे। जैनेन्द्र को लिखे ख़त में उनकी राय दो सन्तानों के पक्ष में है,[4] मगर इसका यह अर्थ नहीं है कि अगर तीसरी की सम्भावना बन गई हो, तो भ्रूण-हत्या कर दी जाए। परिवार नियोजन अभियान विशुद्ध रूप से भोगवादी-व्यक्तिवादी प्रवृत्ति है। इस कहानी में प्रेमचन्द दिखलाते हैं। मुक्तिबोध भी ऐसा ही मानते थे।[5] न जाने क्यों मुझे लगता है कि कबीर विकसित होकर प्रेमचन्द और प्रेमचन्द विकसित होकर मुक्तिबोध में तब्दील हो जाते हैं। इसकी प्रक्रिया और कारण अभी आभासी हैं, मूर्त नहीं, इसीलिए शायद अब तक अभिव्यक्त नहीं हो सके।

डॉक्टर चड्ढा के समयबद्ध जीवन का प्रेमचन्द इस प्रकार चित्रण कर रहे हैं। ''उनका हर काम वक़्त का पाबन्द था। इस पाबन्दी से वह ज़र्रा भर भी परे न हटते। आम तौर पर लोग सेहत के उसूलों की पैरवी उस वक़्त करते हैं, जब वह बीमार होते हैं।'' डॉक्टर चड्ढा 'आम लोग' नहीं हैं, ख़ास हैं। कहानी ख़ास की कही जाती है, आम बनाकर। इस ख़ास की ख़ासियत आगे भी बयान की गई है, ''उनकी औलाद भी इस क़ानून के तहत थी। उनके महज़ दो बच्चे हुए, एक लड़का और एक लड़की, तीसरा बच्चा न हुआ।'' 'तीसरा बच्चा न हुआ' में संकेतित है कि न होने दिया गया। कारण, श्रीमती चड्ढा की सेहत पर बुरा असर पड़ता। दोनों पति-पत्नी पचास बरस की उम्र में भी जवान हैं। 'पचास बरस की उम्र में उनमें फुर्ती एक नौजवान से भी बढ़-चढ़कर थी।' 'श्रीमती चड्ढा भी अभी जवान नज़र आती थीं।' और उधर पुराने जमाने का ग़रीब बूढ़ा 'कई लड़कों' का बाप बनकर उन्हें गँवा चुका था। एक बचा था, जिसे बचाने के लिए डॉक्टर चड्ढा के पास आया था, मगर चड्ढा ने मायूस किया और वह लड़का भी जाता रहा। जैसे चड्ढा ने पुराने ज़माने का ख़ात्मा कर दिया हो, उसकी मदद न करके। ''वह पुराने ज़माने के उन लोगों में से था, जो लगी हुई आग को बुझाने, मुर्दे को कन्धे देने, किसी के छप्पर को उठाने और किसी झगड़े को मिटाने के लिए हर वक़्त तैयार रहते थे।'' बूढ़ा सामान्यों में भी सामान्य है, मगर उसकी

विशिष्टता, विशिष्टों में भी विशिष्ट है। चड्ढा ने अपनी सेहत को तरजीह दी और बूढ़े ने सामाजिक जीवन को। "साठ बरस की ज़िन्दगी में ऐसा कभी न हुआ कि साँप की ख़बर पाकर वह दौड़ा न गया हो। पूस-माघ की अँधेरी रात, चैत-बैसाख की धूप और सावन-भादों के सैलाबज़दा नदी-नाले। किसी की उसने परवाह न की थी। वह फ़ौरन घर से निकल पड़ता था, बेलौस और बेमुद्दअ। लेने-देने का जज़्बा कभी दिल में पैदा न हुआ था। यह एक नेक काम था।" किसी की ज़िन्दगी बचाने में कारण बनना।

कहानी, दो विरुद्धों के सामंजस्य पर ख़त्म होती है, मगर इस स्थिति तक पहुँचने में कई जटिलताएँ-उलझाव-संघर्ष आते हैं। साँप का काटना, कहानी में प्रतीकात्मक हो जाता है। सालगिरह का जलसा है। ख़ुशी के जलसे में 'तफ़रीह का सामान' मौजूद रहता ही है। "छोटा-सा मज़ाहिया ड्रामा खेलने की तैयारी भी हो रही थी। खेल ख़ुद कैलाशनाथ ने लिखा था। नुमायाँ किरदार भी वही था।" कौन-सा खेल लिखा था, कैलाशनाथ ने? "कैलाश को साँपों को पालने, खिलाने और नचाने का बड़ा शौक था। तरह-तरह के साँप पाल रखे थे।" साँप पालना एक मुहावरा है कि मौत को साथ रखना। यही है, कैलाशनाथ के द्वारा लिखा हुआ ड्रामा, जिसका अन्त साँप के डँसने पर होना है। वक़्त के पाबन्द लोगों, दौलत, इज़्ज़त और सेहत के धनी लोगों का शौक़ भी विशिष्ट होता है। दुखी इनसान की मदद करना तो आम बात है, ख़ास बात है कुत्ते-बिल्ली और साँप पालना। संकेत पहले ही प्रेमचन्द ने दे दिया है, 'नुमायाँ किरदार भी वही था।' साँपों के साथ खेलता है और साँप के द्वारा डँसा जाता है। पूँजीवाद अपने जन्म के साथ अपनी मौत लेकर आया है। सारी दौलत, सारी इज़्ज़त और सारी जवानी नाकाम होती है। वंश ख़त्म हुआ जाता है। बूढ़े की बेबसी से बहुत बड़ी बेबसी है यह। बूढ़े को तो सन्तोष हो गया अपनी ग़रीबी के कारण। सन्तोष हो गया पुराने विचारों के कारण कि भाग्य में न बदा था, मगर चड्ढा को कैसे सन्तोष हो। वे तो मौत को ग़ुलाम बना लिए हैं। मौत से उनकी सन्तान खेलती है। वक़्त के पाबन्द डॉक्टर चड्ढा वक़्त से चूक गए।

मौत की कगार पर पड़े अपने बेटे को बूढ़ा डॉक्टर चड्ढा की चौखट पर लेकर आया था, जिसका कोई असर चड्ढा पर नहीं पड़ा, जबकि चड्ढा के बेटे की ख़बर पाकर बूढ़ा चैन से नहीं रह पाता। द्वन्द्व उसकी नींद हराम कर देता है। फ़र्ज़ और बदले की भावना का संघर्ष इतने बारीक़ और जीवन्त रूप में प्रेमचन्द ने किया है कि उनकी मनोवैज्ञानिक सूझ और उसके चित्रण पर मन भर आता है। यह चित्रण यथार्थ ही नहीं मर्मस्पर्शी है। जीत फ़र्ज़ की होती है। सामाजिकता की भावना की होती है, मगर कितनी जद्दोजहद के बाद। बूढ़े का अपने ऊपर खीझना, इतनी तेज़ी से चलना कि 'जैसे अब मुँह के बल गिर पड़ेगा' कहानी के अन्त की ओर इशारा

कर देता है कि बूढ़ा कैलाशनाथ को बचा लेगा। बूढ़ा किस तरह से कैलाशनाथ का उपचार करता है, कहानी में गौण है। प्रमुख है भाव। सुनकर, बिना बुलाए बूढ़ा उसके दरवाज़े पर जाकर उसके इकलौते बेटे की जान बचाता है, जिसके इसी दरवाज़े पर वह अपने मरते हुए इकलौते बेटे को लेकर आया था और जिसने उसे एक नज़र देखा तक नहीं। नए ज़माने, यानी, पूँजीवाद, जो सामन्तवाद का ही विकसित रूप है, को विकसित होना है, यानी, समाजवाद की ओर जाना है, तो उसे अपने अतीत से जुड़ना होगा। जीवनदायी शक्तियों को विकसित करना होगा। साँपों को पालना और उनसे खेलना बन्द करना होगा और ज़िन्दगी को ही शौक़ बनाना होगा।

हमारे एक साहित्यकार दोस्त को यह कहानी एकदम रद्दी लगती है, कारण कि बूढ़ा मन्त्र के द्वारा साँप के विष को उतार देता है। उनके अनुसार यह कहानी अन्धश्रद्धा को बढ़ाती है, क्योंकि ऐसा कहीं होता है? वे यह भूल जाते हैं कि बूढ़ा केवल मन्त्र ही नहीं पढ़ रहा है, सतत पानी से नहलवाने के साथ-साथ जड़ी भी सुँघा रहा है। इसलिए यह वर्णन अयथार्थ नहीं है। वैसे साहित्य तथ्य प्रधान होता है, या अनुभूति प्रधान? साहित्य से हम प्रभाव की अपेक्षा करते हैं, या तथ्यात्मक ज्ञान की? साहित्य ज्ञान देने की अपेक्षा ज्ञान अर्जित करने को प्रेरित करता है। इसीलिए साहित्य में तथ्य भाव के अन्तर्गत आता है। यहाँ बूढ़े के द्वारा प्रयुक्त उपचार का तरीक़ा गौण है। महत्त्वपूर्ण है उसके द्वारा बचाने की कोशिश। तथ्य रूप से अगर उसे अपनी कोशिश में नाकाम दिखलाया जाता, तो पाठक पर वह असर नहीं पड़ता, जैसा कि अभी पड़ता है। एक तथाकथित असभ्य एक तथाकथित सभ्य से कितना ज़्यादा सभ्य है! यही चीज़ पाठक को आत्मनिरीक्षण-आत्मालोचन के लिए उकसाती है। वाक़ई, अगर यह कहानी "यहाँ तो भगत की चारों तरफ़ तलाश होने लगी और उधर भगत लपका हुआ घर जा रहा था कि बुढ़िया के बेदार होने से पहले वहाँ पहुँच जाए।" पर ख़त्म हो जाती तो और भी असरदार होती। यह कहानी प्रेमचन्द की रचनात्मक क्षमता की पहचान कराती है। प्रेमचन्द की कहानी किस तरह प्रतीकात्मक हो जाती है, इस कहानी से जाना जा सकता है।

सन्दर्भ

1. 'प्रेमचन्द : चिट्ठी-पत्री'; भाग-1, पृ. 93।
2. 'प्रेमचन्द और जनवादी साहित्य की परम्परा'—सम्पादक : डॉ. कुँवरपाल सिंह, पृ. 24
3. वही, पृ. 24
4. 'प्रेमचन्द : चिट्ठी-पत्री'; भाग-2, पृ. 13
5. 'तिरछी रेखाएँ'—सम्पादक : हरिशंकर परसाई, पृ. 52

किसान की तही दिमाग़ी पर खीझ

'पूस की रात' कहानी पढ़ने के दौरान मुझे एक किसान के अन्तर्द्वन्द्व की कहानी होने का एहसास कराती रही है। भारतीय किसान किस तरह से सच्चाई को जानते हुए भी रूढ़िगत मान्यताओं से जकड़ा होने के कारण सच्चाई को अमल में नहीं ला पाता। हल्कू मुझे ऐसे प्रतिनिधि चरित्र के रूप में नज़र आता है। मुझे लगता है कि प्रेमचन्द इस सच्चाई को उस वक़्त जानने लगे थे कि क्रान्ति किसानों से नहीं आ सकती, मज़दूरों से ही आ सकती है। जब तक उनके पास ज़मीन है, वे एकजुट नहीं हो सकते। सामन्तवादी सोच से मुक्त नहीं हो सकते। इसीलिए 'मुक्तिमार्ग' और 'कफ़न' जैसी कहानियाँ आकार पाती हैं। 'मुक्तिमार्ग' में मज़दूर होकर दोनों एक-दूसरे से मन से जुड़ते हैं। 'कफ़न' में तो वे किसानों को साफ़ तौर से 'तही दिमाग़' कहते हैं। तो आइए देखें कि यह अन्तर्द्वन्द्व कैसे अंजाम पाता है।

मुन्नी हल्कू से कहती है, "मैं कहती हूँ, तुम खेती क्यों नहीं छोड़ देते?" "तुम अबकी खेती छोड़ दो।" "ऐसी खेती से बाज आओ।" "मजदूरी करके लाओ वह भी इसमें झोंक दो।" "अब मजूरी करके मालगुजारी देनी पड़ेगी।" "जीने के लिए खेती करते हैं, मरने के लिए नहीं करते।" "तो छोड़ दो खेती। मैं ऐसी खेती से बाज़ आई।" हम देख रहे हैं कि मुन्नी की एक ही रट है—छोड़ दो खेती। मगर हल्कू, सर्दी, भयंकर सर्दी की पीड़ा सहने के बावजूद, फ़सल से हाथ पोंछ लेने के बावजूद खेती नहीं छोड़ सकता। कारण, इससे 'खेती का मरजाद' बिगड़ जाएगा। "जी में तो मेरे भी यही आता है कि खेती-बाड़ी छोड़ दूँ। मुन्नी, तुझसे सच कहता हूँ, मगर मजूरी का खयाल करता हूँ तो जी घबरा उठता है। किसान का बेटा होकर अब मजूरी न करूँगा, चाहे कितनी ही दुर्गत हो जाए। खेती का मरजाद नहीं बिगाड़ूँगा।" प्रेमचन्द साहित्य में मर्द की अपेक्षा औरत ज़्यादा कर्मठ, विवेकवान और प्रगतिशील चरित्र के रूप में उभरती है। वह समझौतावादी न होकर परिवर्तनशील होती है। मुन्नी इसी तरह का चरित्र है। घर औरत-मर्द के योग से बनता है। हल्कू, जब मुन्नी से रुपए माँगने घर के अन्दर दाख़िल होता है, मुन्नी उस वक़्त झाड़ू लगा रही होती है। यानी, घर के कूड़े-कचरे को बुहारकर घर को साफ़ करने की कोशिश में लगी है। ऊपर के उसके

सारे कथन सफ़ाई करने की कोशिश हैं, जिसमें उसे कामयाबी नहीं मिलती। कारण, पति के सहयोग का अभाव। उसका 'तही दिमाग़' होना। 'चाहे कितनी ही दुर्गत हो जाए।' की हद तक की रूढ़िवादिता। हालत बदतर हो जाए, मगर 'किसान का बेटा होकर' मजूरी करेगा? खेती का मरजाद बिगाड़ेगा? नहीं।

आइए, हल्कू के चरित्र को जानने की कोशिश करें। हल्कू के चरित्र-चित्रण में प्रेमचन्द अत्यन्त बारीक़ व्यंग्य है। हल्कू दिल में सोच रहा है–''पूस सिर पर आ गया है, बग़ैर कम्बल के खेत में रात को वह किसी तरह नहीं सो सकता, मगर सहना मनेगा नहीं। घुड़कियाँ देगा। यह सोचता हुआ वह अपना भारी जिस्म लिए हुए (जो उसके नाम को ग़लत साबित कह रहा था) अपनी बीवी के पास गया और ख़ुशामद करके बोला।'' कोष्ठक में यह वाक्य लिखकर प्रेमचन्द ने इतना स्पष्ट क्यों किया? जिस्म के आकार और नाम में विरोध क्यों दिखलाया? यह बतलाने के लिए कि हल्कू चेतना के स्तर पर हल्का है और जिस्म के रूप में भारी। गाँवों में एक मान्यता यह है कि मोटे जिस्म में बुद्धि भी मोटी होती है। भारी जिस्मवाला हल्कू घुड़कियों से डर रहा है। बग़ैर कम्बल के रात में खेत में सोना मुश्किल है। इस मुश्किल से निजात पाने का रास्ता उसके पास नहीं है, उसे खोजने की कोशिश भी नहीं है। भारी जिस्म के बावजूद सहना की घुड़कियों की कल्पना मात्र से भयभीत होना। स्पष्टता करके प्रेमचन्द व्यंग्य करते हैं कि इसमें इच्छाशक्ति और संघर्ष का अभाव तथा पलायनवृत्ति है। 'मुन्नी' से नहीं 'बीवी' से ख़ुशामद करके बोला। जिन मान्यताओं और संस्कारों से हल्कू ग्रस्त है, उन्हीं में बीवी की ख़ुशामद ख़राब मानी जाती है। वह ख़ुशामद कर लेगा, मगर सहना की घुड़कियों का सामना नहीं कर सकता।

खेत में हल्कू की हालत और उससे निजात पाने की उसकी कोशिश, उसकी दुर्गति का जीवन्त रूप है। सर्दी से छुटकारा पाने की कोशिश में उसकी संवेदना, मानवीयता, जुड़ाव, संघर्ष-क्षमता आदि खुलते जाते हैं। आग जला लेने के बाद वह जैसे सर्दी को चुनौती देता है। जैसे वह सर्दी पर विजय पा लिया है और जीत का जश्न मनाता है। अलाव के ऊपर से छलाँग लगाता है, मगर जबरा ऐसा नहीं करता। हल्कू को इसका एहसास नहीं है कि यह आग पत्तों की है। क्षणभर के लिए है। इसके बाद क्या? हल्कू रूढ़िवादी होने के साथ-साथ आलसी भी है। यहाँ जबरा प्रतीक बन जाता है, किसान की आन्तरिक इच्छा-सोच का। इसीलिए वह फ़सल को बचाने के लिए सर्दी की परवाह नहीं करता। अंजाम क्या होता है? जान भी जाती है और फ़सल भी बरबाद होती है। ''खेत में एक पौधे का नाम नहीं और जबरा मड़ैया के नीचे चित पड़ा है, गोया बदन में जान नहीं है।'' ''जबरा अभी तक सोया हुआ है। इतना तो कभी न सोता था।'' ''जबरा! जबरा! क्या सोता ही रहेगा? चल, घर चलें।'' प्रेमचन्द इससे संकेत कर रहे हैं कि सर्दी इतनी तेज़ थी कि जबरा की जान ले ली।

अगर हल्कू जानवरों को भगाने जाता तो वह भी ठंडा हो जाता। यहाँ हम देख सकते हैं कि हल्कू खेत से घर भागने की फ़िराक़ में है। उसकी रूढ़िवादिता उसके आलस्य को और बढ़ाता है। उसका मस्ताना अन्दाज़ में कहना पलायन है। मुन्नी उसके आत्म का प्रतीक बन जाती है। वह अपने ही आत्म की आवाज़ नहीं सुनता। आत्मछल करता है, रूढ़िवादिता के कारण। प्रेमचन्द की विशेषता यह है कि वे आन्तरिक और बाह्य, दोनों कारणों पर पैनी नज़र रखते हैं। वे सामाजिक-संरचना और व्यवस्था को दोषी तो मानते ही हैं, साथ ही अपने लोगों को जुझारू बनाने के लिए उन्हें उनकी ग़लतियों-ख़ामियों से भी रू-ब-रू कराते हैं। यही वैज्ञानिक दृष्टि है। कबीर भी यही करते थे। अपने लोग ब्राह्मणवादी व्यवस्था से प्रभावित होकर उसकी ओर दौड़ रहे थे, कबीर को उन्हें रोकना था। जिसकी तरफ़ भाग रहे थे, उनसे लड़ना था, क्योंकि उधर जाना अपने आपको ख़त्म करना था। इसीलिए ब्राह्मणवादी व्यवस्था की कलई खोलते हैं, फिर अपने लोगों में जूझने की क़ूवत पैदा करने की कोशिश करते हैं। आत्मदर्शन-आत्मालोचन के बिना जूझने की क़ूवत नहीं आती। यहाँ हम देखते हैं कि हल्कू आत्मसाक्षात्कार से घबराता है। मुन्नी से घबराना इसी का संकेत है। अगर वह आत्मसाक्षात्कार करता, यहाँ तो आत्म उस पर दबाव भी डालता है, मगर वह उससे आँखें चुराता है, तो सहना से घबराता नहीं। आत्म यानी, मुन्नी के कथन का वह सहना के पक्ष में प्रतिकार करता है–"सहना को इन बातों से क्या सरोकार? तुम्हारा खेत चाहे जानवर खाएँ, चाहे आग लग जाए, चाहे ओले पड़ जाएँ; उसे तो अपनी मालगुजारी चाहिए।" ध्यान दें, 'तुम्हारा खेत' हमारा खेत नहीं।

यह कहानी जटिल यथार्थ की कहानी है। हल्कू के चरित्र के माध्यम से न केवल जटिल यथार्थ मूर्त होता है, बल्कि इस यथार्थ को बदलने की दिशा और ज़रूरी आवेग भी सूझता-मिलता है। किसान का ज़मीन से जुड़ाव, जुड़ाव न होकर ज़मीन का माथे का बोझ हो जाना है, जिसके कारण वह और दबता-पिसता जा रहा है। जब तक वह इस बोझ को फेंक नहीं देगा, मोह से मुक्त नहीं होगा, उसकी बदहाली ख़त्म नहीं होगी। वह जानवर की ज़िन्दगी से मुक्त नहीं होगा। मज़दूर चेतना ही उसके जीवन को विकास के पथ पर ले जाएगी। हल्कू के प्रति जो बारीक़-सा व्यंग्य है, वह पीड़ा की उपज है। इतनी दुर्गति के बाद भी वह अपने आत्म के अनुसार व्यवहार नहीं करता। किसान की रूढ़िवादिता पर व्यंग्य है। यह इसलिए है कि शायद यह व्यंग्य उसके मर्म पर चोट करे और वह यथार्थवादी होकर प्राप्त सच्चाई को लागू करे। यह कहानी कई स्तरीय है। किसानों के लिए व्यंग्ययुक्त आत्मसाक्षात्कार है, तो बौद्धिक वर्ग के लिए सहानुभूतिपूर्ण विचार करने की कोशिश। ज़मीन का छोड़ना, रूढ़ियों को छोड़ना है। हल्कू की संवेदनशीलता, समझने की क़ूवत, मानवीयता आदि में कमी नहीं है। वह यथार्थ और अपनी बदहाली के कारण को जानता है, मगर उसे लागू नहीं

करता। रूढ़िवादिता उसे भाग्यवादी बना देती है और भाग्यवाद इनसान को कर्मठ नहीं आलसी बनाता है। मुझे लगता है कि प्रेमचन्द इसी राह चलते हुए 'कफ़न' के घीसू तक पहुँचे। उन्होंने पाया कि वर्तमान जीवन के केन्द्र में क्रियाशीलता नहीं, निष्क्रियता है। तभी तो सक्रिय लोग ग़रीब और निष्क्रिय लोग साधन-सम्पन्न हैं।

इस तरह 'पूस की रात' कहानी ऐसे किसान की कहानी है, जो मोहग्रस्त है, रूढ़िवादी है, सच्चाई सिर चढ़कर बोल रही है, बावजूद इसके वह बदलने को तैयार नहीं। इससे बड़ी दुर्गति को भी सह लेगा, मगर बदलेगा नहीं। जैसे इस कहानी में वर्णित-चित्रित दुर्गति सामान्य-सी हो। उसका ध्यान जबरा की मौत पर नहीं जाता, वह यही समझे हैं कि जबरा सो रहा है। हद हो गई रूढ़िवादिता की। प्रेमचन्द जैसे कह रहे हों कि मौत को गले लगा लेगा, मगर बदलेगा नहीं। यानी, प्रेमचन्द का किसानों से विश्वास उठ चुका है। किसान क्रान्ति नहीं ला सकता। क्रान्ति की सम्भावना मज़दूरों से बनती है।

'पूस की रात' कहानी का उर्दूरूप इतना सुगठित और वेगवान है कि पाठक इसके साथ सहज ही जुड़ जाता है। मुन्नी, जबरा, झाड़ू लगाना, अलाव सभी प्रतीकात्मक हो जाते हैं। अलाव का दृश्यविधान सांकेतिक है। संवाद इतने प्रवाहपूर्ण और सहज हैं कि हिन्दीरूप इसके आगे कच्चा मसौदा लगता है।

सामाजिकता की अनिवार्य शर्त

अच्छे रचनाकार तो हर दौर में मिलते हैं, मगर महान रचनाकार युग में। एक अच्छा रचनाकार एक सीमित जनसमुदाय से मुख़ातिब होता है; सीमित समय के लिए, जबकि एक महान रचनाकार एक व्यापक जनसमुदाय से मुख़ातिब होता है, एक व्यापक काल को समेटे हुए। उनकी रचनाओं को सभी लोग; अनपढ़ और पढ़े-लिखे, समझने में कामयाब होते हैं। हाँ, समझने के स्तर में ज़रूर अन्तर होता है। हर व्यक्ति उनसे कुछ-न-कुछ मूल्यवान, सार्थक और प्रेरणादायी ज़रूर पाता है और अपने आपको समृद्ध और परिष्कृत करता है। वे अपनी सरल भाषा और संरचना में जटिल यथार्थ की गूढ़ता को न केवल बेनक़ाब करते हैं, बल्कि अपने पाठक को उससे जूझने की दृष्टि और प्रेरणा भी देते हैं। मुझे लगता है कि अगर उनकी रचनाओं की मूल संवेदना को जानने-समझने की ईमानदार कोशिश की जाए, तो उन पर लगाया गया 'आदर्शोन्मुख यथार्थवादी' का लेबल पिघलकर नष्ट हो जाएगा। प्रेमचन्द एक यथार्थवादी रचनाकार हैं।

यहाँ प्रेमचन्द की कहानी 'बड़े भाई साहब' की मूल संवेदना को जानने-समझने की कोशिश है। इसीलिए यहाँ बड़े-बड़े साहित्य मर्मज्ञों के कथनों का हवाला नहीं दिया जाएगा, क्योंकि इस काम की मूल प्रेरणा उनकी मान्यताओं की प्रतिक्रिया नहीं है। यह मेरी अपनी निजी ज़रूरत का नतीजा है। 'बड़े लोगों' से टकराने की न तो मुझमें ताक़त है, न जुर्रत। बड़े लोगों की बड़े लोग ही जानें। अपने तो 'बड़े भाई साहब' से ही सीखे हैं कि बड़े लोगों का आदर करना चाहिए। इसलिए उनसे टकराने की नादानी नहीं करूँगा। 'छोटा भाई' नादानी ही तो कर रहा था। इसीलिए पतन की ओर दौड़ रहा था, मगर 'बड़े भाई साहब' हैं कि उसे न केवल रोक लेते हैं, दिशा भी बदल देते हैं। उसी का नतीजा है कि आज वे जिस हालात में हैं, सामाजिक हैसियत से सम्पन्न और सुखी हैं। वे इस हालात तक पहुँचने के कारक बलों को जानने के लिए अपने अतीत पर नज़र डालते हैं, तो पाते हैं कि बड़े भाई ही वह व्यक्ति हैं, जिनके कारण मैं ऐसे हालात में हूँ, नहीं तो पतन के गर्त में होता। वह बड़े भाई, जो ख़ुद तो एक ही दरज़े में 'दो-दो तीन-तीन बार' फेल होते थे, मेरी

ज़िन्दगी सँवारने में सबसे बड़ी भूमिका निभाई। यही है इस कहानी की मूल संवेदना और कथन-भंगिमा।

कहानी का अन्त इस प्रकार होता है–"इत्तफ़ाक़ से उस वक़्त एक कनकौवा हमारे ऊपर से गुज़रा। उसकी डोर लटक रही थी। भाई साहब लपके थे। उछलकर उसकी डोर पकड़ ली और उसे लिए हुए होस्टल की तरफ़ दौड़े। मैं पीछे-पीछे दौड़ रहा था।" लटकती डोरवाला कनकौवा छोटा भाई है, जिसे बड़ा भाई स्वच्छन्द नहीं होने देगा। छोटे भाई को अपनी ग़लती का एहसास हो चुका है–"मैंने उनकी बुज़ुर्गी का एहसास करते हुए अपने सआदतमन्दी पर नादिम होकर चश्मे नम कहा–हर्गिज़ नहीं। आप जो कुछ फ़रमा रहे हैं वह माक़ूल है। और आपको उसके कहने का हक़ है।" दृश्य देखिए–"उसे लिए हुए होस्टल की तरफ़ दौड़े। मैं पीछे-पीछे दौड़ रहा था।' उड़ते कनकौवे की डोर पकड़े दौड़ने पर कनकौवा उसी तेज़ी से पीछे-पीछे उड़ेगा। यानी, छोटे भाई ने बड़े भाई का अभिभावकत्व स्वीकार कर लिया। उसके कहे अनुसार व्यवहार करने लगा। इसका मतलब है कि यह कहानी छोटे भाई द्वारा बड़े भाई के बुज़ुर्गियत अथवा अभिभावकत्व को नकारने की कहानी है। बाल मनोविज्ञान कहता है कि बच्चे बच्चों को अपना अभिभावक नहीं स्वीकारते। विशेषकर दो सगे भाइयों, जिनकी उम्र में ज़्यादा फ़र्क़ न हो उनमें यह संघर्ष चलता रहता है कि बड़ा भाई अपने बड़े होने का उस पर रोब जमाएगा और छोटा भाई उसके रोब को न केवल प्रतिकार करेगा, बल्कि नकारेगा। यह कहानी इसी बाल मनोविज्ञान पर आधारित है।

जैसा कि पहले ही कहा जा चुका है, कहानी का नैरेटर छोटा भाई है। वह आत्मानुभव सुना रहा है, जिसमें बड़े भाई के प्रति गहन श्रद्धा है। उसके सुनाने का अन्दाज़ विनोदपूर्ण है, जिसमें आत्मव्यंग्य ही नहीं बड़े भाई पर भी व्यंग्य है। किस तरह दोनों भाई नादानियाँ कर रहे थे, इस पर मनोविनोद और हास्य-व्यंग्य है। जैसे नैरेटर हँसते हुए कह रहा हो कि बड़े भाई जितना ही नसीहत देते, अपना बड़प्पन जितना ही थोपते, मैं उतना ही उसे नकारता और उनकी प्रतिक्रिया में उतना ही स्वच्छन्द होने की कोशिश करता। बड़े भाई भी आख़िर में अभी बच्चे ही हैं, मगर उन पर अभिभावकत्व थोप दी गई है। यानी, उन पर जो बोझ लाद दिया गया है, वह अभी उसके क़ाबिल नहीं हैं। इसीलिए जब भी वे अभिभावक का रोल अदा करते हैं, सहज नहीं रह पाते, डगमगाते हैं और हास्यास्पद हो जाते हैं। फलस्वरूप, उनके अभिनय का प्रभाव उलटा पड़ता है। उनके फ़ेल होने में इस अभिनय का बहुत बड़ा योगदान है। कहानी सुनाने का यह विनोदपूर्ण अन्दाज़ तब बदलकर गम्भीर होता है, जब दोनों भाइयों को अपनी-अपनी नादानियों का एहसास होता है। बड़ा भाई जब अपने अभिनय को छोड़कर अपनी मजबूरियों का बयान करता है, छोटे भाई की

प्रतिक्रिया भी सहज हो जाती है। बड़े भाई के प्रति श्रद्धाभाव इसलिए भी है कि उस पर दुहरी जिम्मेदारी है।

कहानी शुरू होती है, बड़े भाई पर व्यंग्य से। कारण, जैसे-जैसे बड़े भाई का अभिभावकत्व कसता जाता है, वैसे-वैसे छोटे भाई की गतिविधियाँ तेज़ होती जाती हैं। चूँकि बड़े अभिनय कर रहे हैं अभिभावक की, इसलिए एक सामान्य अभिभावक की अपेक्षा ज़्यादा कठोर हैं। इतना कि "उनके हुक्म को क़ानून समझूँ।" उनका ध्यान पढ़ाई में कम और छोटे भाई की निगरानी में ज़्यादा रहता है। यानी, उनके लिए पढ़ाई गौण और छोटे भाई की निगरानी प्रमुख हो गई है। इसीलिए छोटे भाई को खेलने के लिए मौक़े की तलाश करनी पड़ती है। यह पहला साल है, जब वह 'छठी जमात में था।' उसका खेल भी छोटे बच्चों का है–"कभी कंकड़ियाँ उछालता, कभी काग़ज़ की तीलियाँ उड़ाता और कहीं कोई साथी मिल गया तो पूछना ही क्या! कभी चहारदीवारी पर चढ़कर पीछे कूद रहे हैं, कभी फाटक पर सवार होकर मोटर का लुत्फ़ उठा रहे हैं।" यानी, बड़े भाई कमरे से भी बाहर निकलने देना नहीं चाहते। हरदम पढ़ना, केवल पढ़ना। छोटा भाई यह सारे खेल होस्टल की चहारदीवारी के अन्दर करता है–"मौक़ा पाते ही होस्टल से निकलकर मैदान में आ जाता।" अभी उसके खेल के साथी भी नहीं बने हैं। बड़े भाई होस्टल के कमरे में क़ैद रखना चाहते हैं, तो छोटा भाई होस्टल की चहारदीवारी फलाँगना चाहता है। कितनी ख़ुशी है साथी मिल जाने पर–'कहीं कोई साथी मिल गया तो पूछना ही क्या!' यानी, जीभर खेलता। मन की चाहत को अंजाम देता। 'चहारदीवारी पर चढ़कर पीछे कूदता' बन्धन को नकारने का संकेत है।

बड़े भाई अभिभावक का अभिनय कर रहे हैं, अपनी जान बख़ूबी, मगर हास्यास्पद हो जाते हैं। इसे उनकी नसीहत में देखा जा सकता है। अपने को ही आदर्श के रूप में पेश करते हैं–"और मैं कहता हूँ कि तुम इतने कूढ़मगज़ हो कि मुझे देखकर भी सबक़ नहीं लेते, मैं कितनी मेहनत करता हूँ, यह तुम अपनी आँखों से देखते हो, अगर नहीं देखते तो यह तुम्हारा कसूर है, तुम्हारी अक़्ल का कसूर है। इतने मेले-तमासे होते हैं, मैं कभी नहीं जाता। रोज़ क्रिकेट और हाकी के मैच होते हैं, मैं क़रीब नहीं फटकता। हमेशा पढ़ता रहता हूँ, इस पर भी दो-दो, तीन-तीन साल तक एक-एक दरज़े में पड़ा रहता हूँ।" छठीं जमातवाले छोटे भाई के लिए यह हास्य-व्यंग्य नहीं है। उसके लिए यह गम्भीर और त्रासद है। छोटा भाई, जो नैरेटर है, दोनों पर हँसता है। यहाँ बड़े भाई पर हास्य-व्यंग्य किया और यहाँ ख़ुद पर कर रहा है–"इसके साथ ही आइन्दा से ख़ूब जी लगाकर पढ़ने का इरादा करता।" यह इरादा, सामान्य इरादा नहीं है। तुरन्त अमल में आ जाता है। लोग तो टाइम टेबल बनाने के बाद उस पर अमल करते हैं। यहाँ तो मैं टाइम टेबल बनाते वक़्त ही उसे

अमल में ला देता–"टाइम टेबल बनाता, सुबह उठता, मुँह धोकर नाश्ता करता, फिर अंग्रेज़ी मुतालअः सात-आठ बजे तक, हिसाब आठ से नौ तक, तारीख़ नौ से साढ़े नौ तक, खाना खाकर स्कूल जाता। साढ़े तीन बजे स्कूल से वापस आकर आधा घंटे तक आराम, पाँच तक जोग्राफ़िया और नक़्शा, पाँच से छह तक ग्रामर, आधा घंटा आराम। छह से साढ़े आठ तक अंग्रेज़ी कम्पोजीशन, फिर खाना खाकर आठ से नौ बजे तक अंग्रेज़ी, नौ से दस तक उर्दू, दस से ग्यारह तक मुतफ़र्क़ मज़ामीन।" मगर हक़ीक़त में कभी भी अमल में न ला सका। लाया भी नहीं जा सकता, क्योंकि जिस तरह का टाइम टेबल उसने बनाया है, वह लागू करने के लिए है ही नहीं। नतीजा वही, पहले जैसा।

इस साल बड़े भाई की निगरानी ज़्यादा रही है, इसलिए उसकी अपनी पढ़ाई ज़्यादा कम और छोटे भाई की पढ़ाई की ज़्यादा रही है, क्योंकि बड़े भाई का अदब है। इसीलिए वह दरज़े में अव्वल आता है और बड़ा भाई फ़ेल होता है। ये दोनों नतीजे दोनों को बदलते हैं, मगर छोटे भाई को ज़्यादा। नैरेटर का लक्ष्य भी तो है आत्मव्यंग्य करना। उसका अव्वल आना और बड़े भाई का फ़ेल होना उसके पतन की ओर जाने की गति को दुगुना कर देता है। बड़े भाई की निगरानी का कसाव कम होता है। "आज़ादी से खेल-कूद में शरीक होने लगा। दिल मज़बूत था। अगर उन्होंने फिर नसीहत की तो साफ़ कह दूँगा, आपने अपना ख़ून जलाकर कौन-सा तीर मार लिया है? मैं तो खेलते-कूदते दरज़े में अव्वल आ गया।" पिछले साल जहाँ वह 'मौक़ा पाते ही' खेलने-कूदने निकलता था, अब 'आज़ादी से' शरीक होने लगा। यानी, अदब की मात्रा कम हुई, मगर इतनी कम नहीं हुई कि ज़बान से विरोध कर सके–"ज़बान से यह हेकड़ी जताने की हिम्मत न होने पर भी मेरे बसरे अन्दाज़ से साफ़ ज़ाहिर होता था कि मैं भाई साहब से इतना मऊब नहीं हूँ।" नैरेटर ने 'यह हेकड़ी' कहा है। यानी, वह अपने व्यवहार को ग़लत पा रहा है। आत्मनिन्दा है यहाँ।

फ़ेल होने के दुख से दुखी बड़े भाई अब बहुत कुछ अनदेखा करने लगे हैं, मगर जब अति हो जाती है, तो अपने आपको नहीं रोक पाते और अपने अभिभावकत्व को अंजाम देते हैं, जिसमें छोटे भाई की मानसिकता को बख़ूबी समझा गया है और उस पर चोट की गई है, साथ ही अपने फ़ेल का बचाव किया गया है। यह बचाव बनावटी है, क्योंकि फ़ेल होने का कारण पाठ्यक्रम की दुरूहता, अमूर्तन, शिक्षा-प्रणाली का जीवन से कटाव, परीक्षकों-शिक्षकों की अपने काम के प्रति बेदरकारी को न केवल बतलाया है, बल्कि कोसा है। इस कोसने में बहुत कुछ सच्चाई है। इसके माध्यम से प्रेमचन्द ने वर्तमान शिक्षा-प्रणाली पर भी व्यंग्य किया है। छोटे भाई की जिम्मेदारी बड़े भाई के विकास में बाधक बन रही है। उनकी इस नसीहत से ही पता चल जाता है कि वे उतना लिख ही नहीं सके हैं कि पास हों–"कह दिया–'वक़्त की

पाबन्दी' पर मज़मून लिखो, जो चार सफ़े से कम न हो। अब कापी खोले हुए उसके नाम को रोए। कौन नहीं जानता, वक़्त की पाबन्दी अच्छी बात है, लेकिन इस पर चार सफ़े कैसे लिखते?" ज्ञान और समझ का मतलब होता है कि किसी भी चीज़ को अत्यन्त संक्षिप्त कर देना और अत्यन्त विस्तार दे देना। बड़े भाई इसे विरोधी बातें मानते हैं। "तेज़ भी दौड़िए और आहिस्ता-आहिस्ता भी, रहे मुतज़ाद है, या नहीं।" व्यंग्य है यहाँ। इस साल छोटे भाई की पढ़ाई बहुत कम हो गई है–"खेल-कूद का मौक़ा हाथ से न जाने देता। पढ़ता भी था, मगर बहुत कम। बस, इतना कि रोज़ का काम ख़त्म हो जाए और दरज़े में जलील न होना पड़े।" मतलब यह कि खेल-कूद में ज़्यादा वक़्त लगने लगा, पढ़ाई में कम। इसीलिए अबकी बार (सातवें दरज़े) दरज़े में अव्वल आने पर वह भी भौंचक है। "मैंने मेहनत ज़्यादा नहीं की, मगर ख़ुदा जाने कैसे दरज़े में अव्वल आ गया। मुझे ख़ुद ताज्जुब हुआ।" यहाँ परीक्षकों पर व्यंग्य है। अब, जहाँ भाई साहब का कसाव और कम हुआ, छोटा भाई हवा में उड़ने लगा। उसमें आई तब्दीली को प्रेमचन्द खेलों की तब्दीली के माध्यम से प्रकट करते हैं। छठी जमात में था तो 'कंकड़ियाँ उछालता, कभी काग़ज़ की तीलियाँ उड़ाता।' किसी साथी के मिल जाने पर चहारदीवारी पर चढ़कर पीछे कूदता, फाटक पर सवार होकर मोटर का लुत्फ़ उठाता। जबकि सातवीं जमात में आने पर उसे खेल के साथी मिल गए हैं। गुल्ली-डंडा खेलने लगा है और आठवीं में 'मुझे कनकौवे उड़ाने का नया शौक़ पैदा हो गया था।' यानी, ज़मीन पर नहीं था। भाग्यवादी हो गया। "मुझे ऐसा गुमान हुआ कि मैं तो पास ही हो जाऊँगा, पढ़ूँ, या न पढ़ूँ। मेरी तकदीर अच्छी है।" आत्मव्यंग्य है यहाँ। इस साल उसने होस्टल की चहारदीवारी ही नहीं लाँघी, बल्कि हवा में उड़ने लगा।

अबकी बार की नसीहत में बड़े भाई ज़्यादा सहज होते हैं। अम्माँ और दादा का हवाला देते हैं। अपने अहं को बहा देते हैं। "अमरीका में किस तरह की हुकूमत है और हेनरी हश्तुम ने कितनी शादियाँ कीं और आसमान में कितने सितारे हैं, ये बातें उन्हें न मालूम हों' के माध्यम से इसका स्वीकार है कि मुझे यह नहीं मालूम। अगर मालूम होता तो पास न हो जाता! भाई साहब अबकी भावनात्मक पुट देते हैं–"मैं ख़ुदा न ख़ास्ता बीमार हो जाऊँ तो तुम्हारे हाथ-पाँव फूल जाएँगे। सिवाय दादा को तार देने के तुम्हें और कुछ न सूझेगा।" संकेत है कि यहाँ तुम्हारी जिम्मेदारी मैं निभाता हूँ। तुम पर किसी की जिम्मेदारी नहीं है। इतना ही नहीं, छोटे भाई की प्रशंसा भी करता है–"तुम जहीन हो इसमें शक नहीं।" आगे बड़ा भाई अपने आपको पूरा खोल देता है–"कनकौवे उड़ाने को मना नहीं करता। मेरा जी भी कभी-कभी कनकौवे उड़ाने को ललचता है। ख़ुद बेराह चलूँगा तो तुम्हें हिदायत कैसे करूँ? यह तो फ़र्ज़ मेरे सिर पर है।"

आत्मकथात्मक शैली की यह कहानी आत्मव्यंग्यात्मक है, माध्यम हैं बड़े भाई, जो ख़ुद तो पास नहीं होते थे, मगर मेरे भविष्य की चिन्ता करते थे। उन्होंने अपनी पढ़ाई भले न ठीक ढंग से की हो, मगर मुझे पतन के गर्त में गिरने नहीं दिया। मैं बड़े भाई की बुज़ुर्गियत को नकारकर अपने पैर में कुल्हाड़ी मार रहा था। इस कहानी में बाल मनोविज्ञान का सूक्ष्म चित्रण हुआ है। कोई भी रचना अपने केन्द्रीय विचार की निर्मिति और सघनता के लिए कई अन्य विचारों को साथ लिए होती है। यानी, कई पूरक अथवा सहायक विचार मिलकर केन्द्रीय विचार को रचते हैं। इसी तरह यह कहानी भी अपने में कई अन्य विचारों को समाहित किए है। मसलन—नतीजे पर ध्यान देने के बजाय उसके कारक बलों और प्रक्रिया पर ध्यान दिया जाना चाहिए। उम्रदराज़ व्यक्ति से हम बहुत कुछ पा सकते हैं, जो किताबों में नहीं मिलता। इसलिए उस व्यक्ति का सम्मान किया जाना चाहिए। स्वतन्त्रता और स्वच्छन्दता दो अलग चीज़ें हैं। स्वतन्त्रता व्यक्ति और समाज सापेक्ष होती है, इसीलिए वह सामाजिक और प्रगतिशील है, जबकि स्वच्छन्दता व्यक्ति और समाज निरपेक्ष होती है, इसलिए समाजविरोधी और व्यक्तिवादी होती है। प्रतिक्रियात्मक कार्य नुकसानदेह होता है। शिक्षा-प्रणाली बिम्बात्मक और पाठ्यक्रम जीवनलक्षी होना चाहिए।

'बड़े भाई साहब' कहानी उपदेशात्मक कहानी है, मगर यह उपदेश नीरस न होकर, भूतकाल की नादानियों पर हास्य-व्यंग्य से सराबोर होने के कारण अत्यन्त रोचक है। इस कहानी में प्रेमचन्द ने यथार्थ का जो अंकन किया, उसके कारण यह कहानी सघन और अर्थछवियों से प्रकाशमान हो जाती है। यह कहानी श्रम में राचते व्यक्ति को सत्य पा जाने की प्रक्रिया की कहानी है। यह कहानी बड़े भाई साहब पर व्यंग्य न होकर आत्मव्यंग्य है। नादानियों पर व्यंग्य है।

वर्तमान समाज के भविष्य का चिन्ताजनक दृश्यालेख

कहने की ज़रूरत नहीं कि प्रेमचन्द की कहानी 'कफ़न' हर सहृदय को प्रभावित करके चिन्तित करती रही है। जिसका प्रमाण है, इस पर लिखी गई ढेरों समीक्षाएँ, मगर यहाँ समीक्षा की कोई कोशिश नहीं है। यह तो इस खटके से बचने की कोशिश है, 'समझ में आ न सकता हो/कि जैसे बात का आधार/लेकिन बात गहरी हो।' (मुक्तिबोध) जिसने मेरी रातों की नींद तक हराम कर दी है। अतः यह महज़ बात के आधार को समझने की कोशिश है, यह जानते हुए कि इसका अंजाम 'अतिभव्य असफलता' ही होना है।

प्रेमचन्द एक अजीब इनसान की कहानी लिख रहे हैं—'अजीब ज़िन्दगी थी इनकी।' यानी, सामान्य मान्यताओं से ये एकदम अलग थे। अक्सर हम लोगों को कहते सुनते हैं कि काम के बिना कल्याण नहीं। मेरे मन में कुतूहल पैदा होता है कि देखें तो इनकी अजीब ज़िन्दगी को। कहानी की शुरुआत प्रेमचन्द भ्रम से करते हैं, यानी, पाठक की मान्यताओं का समर्थन करते हुए। वे जानते हैं कि जिस तरह के व्यक्ति की कहानी वे लिख रहे हैं, अगर पाठक को पहले ही पता चल गया कि उसका पक्ष ले रहे हैं, तो वह हाथ से निकल जाएगा। कलाकार की विशेषता होती है हर किसी को अपने से जोड़ना। हर किसी तक पहुँचना। घीसू-माधो, दोनों कामचोर हैं, इसलिए ग़रीब और फटेहाल हैं। दोनों 'आरामतलब और आलसी' हैं, इसलिए उन्हें कोई काम पर रखता ही न था। यहाँ पाठक की मान्यताओं का समर्थन हो जाता है। इतना ही नहीं, ऐसे व्यक्तियों के प्रति पाठक के मन में जो नफ़रत का भाव है, उसे और घनीभूत और तीव्र करके उसे चरमावस्था तक ले जाते हैं। इससे पाठक का मन प्रेमचन्द के विश्वास में रमने लगता है। मसलन, जो औरत 'इन दोनों बेग़ैरतों का दोज़ख़ भरती रहती थी' 'वही औरत आज सुबह से दर्दे ज़ह से मर रही थी और ये दोनों शायद इसी इन्तज़ार में थे कि यह मर जाए तो आराम से सोएँ।' नफ़रत के भाव की चरमावस्था तो वहाँ है, जहाँ दोनों में से एक भी बुधिया को देखने नहीं जाता, और नहीं तो दोनों छील-छीलकर आलू खाते हैं। पाठक में तीव्र घृणा का भाव भर देते हैं प्रेमचन्द। प्रेमचन्द पाठक के मनोविज्ञान से ख़ूब परिचित हैं। जिसे ऊपर भ्रम

कहा गया है, असल में वह पाठक का सत्य है। पाठक अपने इस सत्य पर इस तरह अडिग है कि उसे डिगाने के लिए प्रेमचन्द को युक्ति की मदद लेनी पड़ती है। प्रेमचन्द, पाठक से जैसे कह रहे हों कि ये दोनों बुरे ही नहीं, अति बुरे हैं। ये तो पशु से भी गए बीते हैं। नतीजा यह निकलता है कि पाठक पूरे विश्वास के साथ अपने आपको प्रेमचन्द के हवाले कर देता है। प्रेमचन्द को ज्यों ही लगता है कि पाठक जब उनके वश में हो गया है, तो वे तुरन्त भ्रम को सन्देह में बदल देते हैं। ध्यान रहे कि भ्रम निष्क्रियता को जन्म देता है, जबकि सन्देह सक्रियता को। भ्रम में असत्य को ही सत्य मान लिया जाता है पूरे विश्वास के साथ, जबकि सन्देह में कम-से-कम दो विरुद्धों के बीच द्वन्द्व होता है। भ्रम का आधार रूपगत है, बाह्य समानता है, जबकि सन्देह आन्तरिकता की ओर गति है। द्वन्द्व हमेशा आन्तरिक होता है, जिसका बाह्यरूप में प्रभावभर दिखता है, प्रक्रिया नहीं। विज्ञान भी कहता है कि दो विरुद्धों के बीच का संघर्ष ही दोनों से विकसित नतीजे के जन्म का कारण बनता है। प्रेमचन्द, पाठक में सन्देह का बीजारोपण इस प्रकार करते हैं–"जिस समाज में रात-दिन काम करनेवालों की हालत इनकी हालत से बहुत अच्छी न थी और किसानों के मुक़ाबले में वह लोग जो किसानों की कमज़ोरियों से फ़ायदा उठाना जानते थे, कहीं ज़्यादा फ़ारिगुलबाल थे, वहाँ इस क़िस्म की ज़ेहनीयत का पैदा हो जाना कोई तअज्जुब की बात न थी।" इतना ही नहीं, इस बीज को उतनी गहराई तक ले जाते हैं, जितनी गहराई इसके उगने के लिए ज़रूरी है–"हम तो कहेंगे कि घीसू किसानों के मुक़ाबले में ज़्यादा बारीकबीं था और किसानों की तही दिमाग़ जमीअत में शामिल होने के बदले शातिरों की फ़ित्नः परदाज़ जमाअत में शामिल हो गया था। हाँ, उसमें ये सलाहियत न थी कि शातिरों के आईन व अदब की पाबन्दी भी करता। इसलिए जहाँ उसकी जमाअत के और लोग गाँव के सरग़ना और मुखिया बने हुए थे, इस पर सारा गाँव अंगुश्तनुमाई करता था। फिर भी उसे यह तस्कीन तो थी ही कि अगर वह खस्ताहाल है तो कम-अज-कम किसानों की-सी जिगरतोड़ मेहनत तो नहीं करनी पड़ती और उसकी सादगी और बेज़बानी से दूसरे बेजा फ़ायदा तो नहीं उठते।" पाठक को ख़याल ही नहीं है कि अब तक वह भी 'सारा गाँव अंगुश्तनुमाई करता था' में शामिल था, क्योंकि इन्हें बुरा मान रहा था। यही है कला।

प्रेमचन्द आगे इस सन्देहरूपी बीज को पौधे के रूप में विकसित करने के लिए खाद-पानी के रूप में हरकतों-प्रसंगों-घटनाओं को संयोजित करते जाते हैं।

प्रेमचन्द ने मेरे मन में जो सन्देह का बीज बोया, वह हरकत में आता है। उसके अँकुआने की प्रक्रिया शुरू हो गई है। द्वन्द्वयुक्त मेरा मन कहानी में भटकने लगता है। वह इसे सुलझाना चाहता है, जैसे कहानी मनोरंजन का साधन न होकर उलझन है। कहानी के प्रारम्भ में मेरा मन ख़ूब सन्तुष्ट हो रहा था, क्योंकि मैं जो मानता-

जानता और चाहता-सोचता था, वही सब हो रहा था, मगर कहानी अन्त तक पहुँचते-पहुँचते उलझन हो गई। मेरी मान्यताएँ-जानकारियाँ न जाने कहाँ गुम हो गईं। मैं दुविधा में पड़ गया, मेरे सत्य को उलझा दिया प्रेमचन्द ने। मैं छूछा हो गया। फिर तो अपने सत्य को पाए बिना चैन कहाँ! उलझन को सुलझाने के लिए ओर-छोर का पता लगाना ज़रूरी है, अगर इनमें से कोई एक, विशेषकर ओर, नहीं मिला तो उलझन के और उलझ जाने का ख़तरा है। वाह भाई प्रेमचन्द, आपने तो ख़ूब फँसाया। कला, क्या फँसाने का ही काम करती है? अबकी बार किसी तरह निकल जाऊँ, फिर कभी आपके पास फटकूँगा भी नहीं।

लगता है कि मुझे और मिल गया—''जिस समाज में रात-दिन काम करनेवालों की हालत इनकी हालत से बहुत अच्छी न थी और किसानों के मुक़ाबले में वह लोग जो किसानों की कमज़ोरियों से फ़ायदा उठाना जानते थे, कहीं ज़्यादा फ़ारिगुलबाल थे, वहाँ इस क़िस्म की ज़ेहनीयत का पैदा हो जाना कोई तअज्जुब की बात न थी।'' जिस मनोविज्ञान का हवाला दे रहे हैं प्रेमचन्द, इसका प्रारम्भिक रूप मुझे उनकी कहानी 'सवा सेर गेहूँ' और 'पूस की रात' में नज़र आ रहा है। शंकर, विप्र का क़र्ज़ उतारने के लिए एक साल तक न केवल कठिन मेहनत करता है, बल्कि जीवन-यापन की बुनियादी ज़रूरतों में भी अपनी हद तक कटौती करता है, फिर भी क़र्ज़ नहीं उतार पाता। उसने मेहनत की हद तो की ही, कटौती की भी हद कर दी। बावजूद इसके नाकाम होने पर वह न केवल आलसी हो जाता है, बल्कि ख़र्चवाह भी हो जाता है। इसी तरह 'पूस की रात' का हल्कू, जिस गन्ने की रखवाली में अपने मन और जिस्म को तकलीफ़ देता है, उसी गन्ने के नीलगायों द्वारा चर लिए जाने पर दुखी नहीं, बल्कि ख़ुश होता है। जैसे गन्ना ही उसके दुख का कारण है। अतः उस कारण का नष्ट हो जाना ही हल्कू को हल्का, यानी, बोझमुक्त कर देता है।

घीसू मज़दूर है, सर्वहारा। गाँव में किसान, मज़दूर और शातिर तथा ख़ुराफ़ाती लोग हैं। साफ़ है कि किसान-मज़दूर जीवन को सँवारते हैं, जबकि शातिर और ख़ुराफ़ाती जीवन को बिगाड़ते। इन दो विरुद्धों के संघर्ष से गाँव, यानी, समाज विकसित होता है। शातिर और ख़ुराफ़ाती ज़्यादा मजबूत हो गए हैं, इसलिए दो विरुद्धों का संघर्ष बन ही नहीं पा रहा। यानी, समाज का विकास अवरुद्ध है। 'घीसू किसानों के मुक़ाबले में ज़्यादा बारीकबीं था', जबकि किसान तही दिमाग़ थे। साफ़ है कि घीसू ने किसानों के समुदाय में शामिल होना मुनासिब क्यों नहीं समझा। दूसरे, वह मज़दूरों के समुदाय से भी अलग है, क्योंकि उनकी 'सादगी और बेज़बानी से दूसरे बेजा फ़ायदा' उठाते थे। सँवारनेवाले समुदायों से उसने अपने आपको अलग कर लिया है। गाँव में अकेला घीसू ही नहीं है, जो काम नहीं करता, बल्कि और लोग भी हैं। ये लोग शातिर और ख़ुराफ़ाती हैं। घीसू इनके समुदाय का होते हुए भी इनसे

अलग है—'हाँ, उसमें ये सलाहियत न थी कि शातिरों के आईन व अदब की पाबन्दी भी करता।' यह 'सलाहियत' क्या है? क्या यह महज बुद्धि तत्त्व का संकेत करती है, या इसमें हृदय पक्ष भी शामिल है? 'सलाहियत' का कोशगत अर्थ है—कुशलता, निपुणता। कुशलता या निपुणता, क्या मानसिक लगाव के बिना मुमकिन है? शातिरों का आईन व अदब क्या है? किसानों की कमज़ोरियों और मज़दूरों की 'सादगी और मजबूरी' से बेजा फ़ायदा उठाने की कोशिश ही न। जो घीसू नहीं कर सकता। वह तो इतने भर से आश्वस्त है, 'उसकी सादगी और बेज़बानी से दूसरे बेजा फ़ायदा तो नहीं उठाते।' जिस समाज में शातिर और ख़ुराफ़ाती लोग सरगना और मुखिया हों, उस समाज का विकास किसी भी हाल में मुमकिन नहीं। घीसू, गाँव में सबसे अलग है, सँवारने और बिगाड़नेवाले, दोनों से। ऐसे समाज में घीसू जैसे व्यक्ति की दशा यही होनी है।

इस तरह एक बात साफ़ हो गई कि घीसू अपने तरीक़े से सामाजिक संरचना और व्यवस्था का विरोध कर रहा है। कुछ लोग विरोध का मतलब इंक़लाब ज़िन्दाबाद भर समझते-मानते हैं। ज़बान से क्रान्ति करते फिरते हैं। इसीलिए वे घीसू के विरोधी और क्रान्तिकारी चरित्र को समझने में गच्चा खा जाते हैं। गालियाँ खाकर, मार खाकर भी घीसू अपना विरोध जारी ही नहीं रखता, उसे और तेज़ करता है। 'गालियाँ भी खाते, मार भी खाते, मगर कोई ग़म नहीं।' उसके विरोध का यह तरीक़ा और जिद मुझ जैसे तही दिमाग़वाले को बेचैन कर देते हैं।

इस कहानी को समझने में, अगर माधो जितनी भी सूक्ष्म दृष्टि का इस्तेमाल किया जाए, तो हम पाएँगे कि घीसू अपनी मान्यता से एक जिद की हद तक जुड़ा है। कहानी में, कहीं भी वह अपनी मान्यता और सोच के विरुद्ध खड़ा नज़र नहीं आता। वह इतना सुलझा हुआ, स्पष्ट एवं प्रतिबद्ध चरित्र के रूप में सामने आता है, जो किसी भी स्थिति में, किसी भी स्तर पर समझौता नहीं करता। जो भी हो, कितना भी सहना पड़े, कोई बुरा कहे तो कहे, मगर वह काम नहीं करेगा, क्योंकि काम करनेवाले सुखी नहीं, उनकी कमज़ोरियों से फ़ायदा उठानेवाले लोग सुखी हैं। अंजाम से वह परिचित है, क्योंकि एक तो काम नहीं करेगा, दूसरे, दूसरों की कमज़ोरियों से फ़ायदा नहीं उठाएगा। सामने से चलकर वह दुख और बदनामी को गले लगाता है। वह उसी समाज में रह रहा है, जिसे उसने ख़ुद ही ठुकरा दिया है। इसीलिए पेड़ से लकड़ियाँ तोड़ लेना, किसी के खेत से मटर या आलू उखाड़ लाना, दस-पाँच ऊख तोड़ लेना; वह अपना अधिकार समझता है, क्योंकि जीना उसका अधिकार है।

'कफ़न' कहानी, वस्तुतः घीसू की कहानी है। वह इतना जागरूक और सतर्क है कि अपने बेटे माधो को अपनी परम्परा को आगे बढ़ाने के लिए तैयार कर रहा

है। जो काम उसने अपनी साठ साल की उम्र में नहीं किया, वह काम अपने किशोर वय के बेटे से करवा रहा है, वह भी जबरन नहीं। कफ़न के रुपयों से कफ़न न ख़रीदकर लज़ीज़ खाना खाना, सामाजिक मान्यताओं के अनुसार एक निकृष्टतम ही नहीं, क्रूरतम कर्म है। माधो के लिए जैसे यह अग्निपरीक्षा हो। इस परीक्षा के दौरान वह कई बार लुढ़कता है। लगता है कि गिर जाएगा। ऐसे में, घीसू उसे न केवल सँभालता है, बल्कि उसमें आगे बढ़ने के लिए ज़रूरी उत्साह भी भरता है। इस कृत्य के माध्यम से घीसू जैसे चेतावनी देता है कि अगर सामाजिक संरचना और व्यवस्था को तार्किक और मानवीय नहीं बनाया गया, तो वह इसे ध्वस्त कर देगा। ऐसा न समझना कि घीसू मर गया। उसने माधो के रूप में एक सशक्त पीढ़ी तैयार कर दी है, जो उसकी परम्परा को और विस्तार देगी।

आइए, अब कहानी के प्रारम्भ पर नज़र डालें। ''झोंपड़े के दरवाज़े पर बाप और बेटा दोनों एक बुझे हुए अलाव के सामने ख़ामोश बैठे हुए थे और अन्दर बेटे की नौजवान बीवी बुधिया दर्दे ज़ह से पछाड़ें खा रही थी और रह-रहकर उसके मुँह से ऐसी दिलख़राश सदा निकलती थी कि दोनों कलेजा थाम लेते थे।'' कहानी का यह पहला वाक्य है। 'और' से तीन वाक्यों को जोड़कर एक वाक्य बना दिया गया है। इन तीनों वाक्यों की क्रियाएँ एक-दूसरे से इतनी सम्बद्ध हैं कि इन्हें अलगाना कठिन है। बाहर ख़ामोशी और अन्दर भयंकर पीड़ा। 'जाड़ों की रात थी, फ़िज़ा सन्नाटे में ग़र्क़।' जाड़े की रात में ठंड से बचने के लिए प्रायः भारत के गाँवों में अलाव जलाया जाता है। अलाव के पास बैठे लोग प्रायः ख़ामोश नहीं होते, बल्कि कुछ-न-कुछ बोलते-बतियाते हैं। यहाँ तो अलाव ही बुझा हुआ है, फिर भी बाप-बेटा हरकतहीन बैठे हुए हैं। बोलने-बतियाने की कौन कहे, अलाव को भी नहीं जिला रहे। 'ख़ामोशी' यहाँ बातचीत के अभाव के साथ-साथ गतिविधि के अभाव की ओर भी इशारा करती है। हरकत, अगर होती भी है, तो वह है–'दोनों कलेजा थाम लेते थे।' असल में, यह हरकत नहीं, अन्दर की पीड़ा का प्रभाव है। इनकी ख़ामोशी का कारण इसी वाक्य की अगली क्रियाएँ हैं। यहाँ चिन्तित और बेबस इनसान का रूप उभरता है, जो बुझे हुए अलाव से मिलता-जुलता है। प्रसव-पीड़ा के वक़्त पुरुषों की नहीं, औरतों की ज़रूरत होती है। कम-से-कम उस समाज में तो होती ही है, जिस समाज के नुमाइन्दे हैं, घीसू-माधो। अगले वाक्य में प्रेमचन्द वातावरण रचते हैं, जिसमें गाँव के लोगों की संवेदनहीनता का पर्दाफ़ाश करते हैं। एक औरत प्रसव-पीड़ा से रात के सन्नाटे में दिल को चीर देनेवाली आवाज़ निकालने को मजबूर है, फिर भी गाँव की किसी भी औरत (एक, तो ज़्यादा संवेदनशील मानी जाती है, दूसरे, इस वक़्त उसी की ज़रूरत है) का दिल नहीं पिघलता। 'सारा गाँव तारीकी में जज़्ब हो गया था।' यानी, पूरा-का-पूरा गाँव संवेदनहीन था। मर गया था। इसीलिए वह नए (जन्म) की

जद्दोजहद में अपनी कोई भूमिका नहीं निभाता। यहाँ मैं ऐसा सोच रहा हूँ, यानी, पाठक। घीसू किसी से आस नहीं लगाए है, क्योंकि गाँव से अलग वह ख़ुद हुआ है, एक सोच के तहत।

'बुझे हुए अलाव' के सामने 'बाप और बेटा' बैठे हुए हैं, न कि घीसू और माधो। 'बाप और बेटा' सम्बन्ध के साथ-साथ पीढ़ी की ओर भी इशारा करता है। 'बुझा हुआ अलाव', क्या सचमुच बुझा हुआ है? मैंने कहा था न कि प्रेमचन्द कहानी की शुरुआत भ्रम से करते हुए उसे सन्देह में तब्दील करते हैं। अलाव का बाहरी रूप बुझा हुआ है, जिससे ठंड से रक्षा तो नहीं की जा सकती, मगर आलू ज़रूर भूना जा सकता है। अर्थात्, अन्दर आग है, उतना कि जिससे आलू भुन भी जाए और जले भी नहीं। ऐसा ही सम्बन्ध और जीवन है इन बाप-बेटे का। बाहर से बुझा हुआ, मगर अन्दर से पर्याप्त ऊष्मा से युक्त। प्रेमचन्द जैसे कह रहे हैं कि जिस तरह से घीसू-माधो अलाव की राख हटाकर आलू निकालते हैं, उसी तरह से घीसू-माधो के ऊपर की राख हटाकर ही उनके सत्य का जानना हो सकेगा।

बुधिया रोगी नहीं है, प्रसव-वेदना से पीड़ित है। वेदना के बिना नए का जन्म मुमकिन ही नहीं। बुधिया की प्रसव-वेदना अपनी पीड़ा के अन्दर ख़ुशी छिपाए है। दोनों के देर रात तक बैठे रहने में आलू प्रमुख कारण नहीं है। प्रमुख कारण है, बुधिया की प्रसव-वेदना, जो जन्म देगी माधो की अगली पीढ़ी को। इन बाप-बेटे की मुद्रा चिन्तित और असहाय व्यक्ति की है, न कि संवेदनहीन और ग़ैरजिम्मेदार की।

"घीसू ने कहा–मालूम होता है बचेगी नहीं। सारा दिन तड़पते हो गया। जा, देख तो आ।" क्या इस कथन में चिन्ता और आशंका नहीं झलकती? घीसू बाप है और साठ साल की उम्र पार कर चुका है। नौ-नौ सन्तानों का बाप बन चुका है। इसलिए प्रसव-पीड़ा के सुख-दुख से वह भली-भाँति परिचित है। बुधिया की यह पहली प्रसव-पीड़ा है। अब तक के अनुभव से उसे यह प्रसव-पीड़ा अलग लगती है। और कुछ तो कर नहीं पा रहा। देखकर ही सन्तोष करना है। इसीलिए बेटे से कहता है– 'जा, देखा तो आ।'

"माधो दर्दनाक लहजे में बोला–मरना है तो जल्दी मर क्यों नहीं जाती। देखकर क्या आऊँ।" माधो नौजवान है, अनुभवहीन। इसीलिए परेशानी के वक़्त जल्द ही चिड़चिड़ा जाता है। यहाँ हमें उसकी खीझ के कारणों में उतरना पड़ेगा। एक तो बुधिया सारा दिन तड़पती रही, ऐसे में, उसे देखने माधो को ही बार-बार जाना पड़ता रहा है। दूसरे, वह अपनी बीवी बुधिया की वेदना कम करने में कोई मदद नहीं कर पा रहा। उसकी बेबसी यहाँ खीझ के रूप में बाहर आती है। 'देखकर क्या आऊँ' में बेबसी साफ़ दिखती है। यह खीझ बुधिया पर नहीं, अपने आप पर है। यहाँ इसका उल्लेख अप्रासंगिक नहीं है कि प्रसव-वेदना से मुक्ति दो तरह से हो सकती है। एक,

सन्तान का जन्म हो जाना और दूसरा, प्रसवा का मर जाना। फिर भी घीसू को माधो का यह व्यवहार खटकता है। इसीलिए वह माधो को फटकार लगाता है–'तू बड़ा बेदरद है बे। साल भर जिसके साथ जिन्दगानी का सुख भोगा उसी के साथ इतनी बेवफाई!' ध्यान दें, 'जिससे' नहीं, 'जिसके साथ'। साधन नहीं, जीवन्त इनसान। क्या अब भी घीसू की संवेदनशीलता में कमी नज़र आती है? माधो भी संवेदनहीन नहीं है। इसीलिए तो बाप की फटकार का उस पर तुरन्त असर पड़ता है, तभी तो वह अपनी भूल सुधारते हुए अपनी मजबूरी बयान करता है–'तो मुझसे तो उसका तड़पना और हाथ-पाँव पटकना नहीं देखा जाता।'

घीसू प्रसव-पीड़ा को पहले तो सामान्य मानता है, मगर जैसे-जैसे वक़्त बीतता जाता है वह चिन्तित होने लगता है, क्योंकि एक तो मर्द और दूसरे, ससुर होने के नाते वह बुधिया को देख भी नहीं सकता। उसने अपने तईं सारी कोशिशें की हैं। हाँ, हम जैसे तही दिमाग़वालों की तरह नहीं। 'सब कुछ आ जाएगा। भगवान बच्चा दें तो। जो लोग अभी एक पैसा नहीं दे रहे हैं वही तब बुलाकर देंगे।' हमें 'अभी' पर ग़ौर करना चाहिए, इसके बाद ही घीसू पर कोशिश न करने का आरोप लगाना चाहिए। हमारी ज़रूरत के वक़्त इस समाज के लोग मदद नहीं करते, बल्कि अपनी ज़रूरत के वक़्त मदद करने का ढोंग करते हैं। समाज की नब्ज़ को घीसू बहुत गहरे तक जानता है। 'अजीब ज़िन्दगी थी इनकी।' अतः इन्हें और इनकी गतिविधियों को सामान्य के मानदंड से मापना, अन्यायपूर्ण ही नहीं मूर्खतापूर्ण भी होगा। इनके अजीबपन की खोज और पड़ताल करना ज़रूरी है। प्रेमचन्द, ख़ुद इनके इस अजीबपन की खोज और पड़ताल में ही तो जुटे हैं। इसी का नतीजा है, यह कहानी।

घीसू ने जो रास्ता चुना है, वह है–'जो घर फूँके आपना' का। एक ऐसा रास्ता, जिसमें काँटे-ही-काँटे हैं। ये दोनों कामचोर हैं, 'इसलिए इन्हें कोई रखता ही नहीं था।' मजबूर व्यक्ति ही इन्हें रखता था–'जब दो आदमियों से एक का काम पाकर भी क़नाअत कर लेने के सिवा और कोई चारा न होता।' 'गाँव में काम की कमी न थी', मगर इन्हें तो काम करना ही न था। और आज काम की कमी है और लोग 'तही जमीअत' में शामिल होने के लिए धक्का-मुक्की कर रहे हैं। करेंगे ही, क्योंकि घीसू जैसा चरित्र उनके लिए अमानवीय और पशु जो है। अपने इसी भ्रम के कारण वे इस व्यवस्था के फूलने-फलने में अपना जी भर योग दे रहे हैं, जबकि घीसू-माधो मज़दूरी की तलाश तभी करते हैं, जब उन्हें मटर, आलू, ऊख अथवा सूखी लकड़ियाँ नहीं मिलतीं। यानी, जीने का जब कोई जरिया नहीं रहता, तब वे मज़दूरी की तलाश करते हैं।

'घीसू की बीवी का तो मुद्दत हुई इन्तकाल हो गया था।' यानी, मुद्दत से घर में ये दोनों बाप-बेटे ही रह रहे हैं। यानी, माधो का विकास घीसू की संगत में हो

रहा है। 'माधो की शादी पिछले साल हुई थी' और 'माधो भी सआदतमन्द बेटे की तरह बाप के नक़्शे क़दम पर चल रहा था, बल्कि उसका नाम और भी रौशन कर रहा था।' माधो अपने बाप की परम्परा के विकास में जी-जान से लगा है। 'घीसू एक दिन काम करता तो तीन दिन आराम। माधो इतना कामचोर था कि घंटा भर काम करता तो घंटा भर चिलम पीता।' साफ़ है कि माधो अपने बाप घीसू की परम्परा को विकसित करने के क़ाबिल बन गया है।

'कल से कुछ नहीं खाया था', इसलिए 'इस वक़्त भी दोनों अलाव के सामने बैठे आलू भून रहे थे, जो किसी के खेत से खोद लाए थे।' यही वह मुकाम है, जहाँ हम घीसू-माधो के प्रति अन्याय कर बैठते हैं और हमारी सारी सहानुभूति बुधिया के साथ हो जाती है। यह सहानुभूति कुछ इस तरह की होती है, जो औरत 'इन दोनों बेग़ैरतों का दोज़ख़ भरती रहती थी', उसकी पीड़ा से मुक्ति के लिए ये दोनों मज़दूरी करके कुछ नहीं लाते, और नहीं तो 'शायद इसी इन्तज़ार में थे कि यह मर जाए तो आराम से सोएँ।' अगर ग़ौर करें, तो हम पाएँगे कि बुधिया भी इसी सामाजिक संरचना और व्यवस्था की पोषक है, जिसका कि घीसू घनघोर विरोधी है। इसीलिए तो 'यह दोनों और भी आरामतलब और आलसी हो गए थे, बल्कि कुछ अकड़ने भी लगे थे। कोई काम करने बुलाता तो बेनियाज़ी शान से दोगुनी मज़दूरी माँगते।' यानी, ग़रज़ हो तो ले चलो, मगर हमारी शर्तों पर। उन्हें बुधिया से ख़ूब प्रेम है, मगर उसके किए के प्रति कोई एहसान का भाव नहीं है, जो अक्सर बुधिया के प्रति सहानुभूति रखनेवाले हम जैसे के मन में होता है।

घीसू की संवेदनशीलता को हम प्रसव-पीड़ा के दौरान होते बाप-बेटे के संवाद से और जान सकते हैं। अपनी सोच को अमली जामा पहनाने में घीसू को जिन मुसीबतों का सामना करना पड़ता है, उससे वह और मजबूत होता है। संघर्ष-क्षमता ही किसी भी चरित्र की ताक़त का पैमाना है। विषम-से-विषम परिस्थिति में भी अपनी राह से न डिगने की क्षमता घीसू में है, जबकि माधो में अभी उसका विकास करना है। जिसमें वह जी-जान से लगा है।

"घीसू ने आलू निकालकर छीलते हुए कहा—जाकर देख तो क्या हालत है उसकी। चुड़ैल का फँसाव होगा, और क्या! यहाँ तो ओझा भी एक रुपया माँगता है। किसके घर से आए?" प्रसव-पीड़ा में ज़्यादा वक़्त का लगना और तकलीफ़ का लम्बा खिंचते जाना, घीसू में आशंका पैदा करता है। प्रसव में पीड़ा का होना लाज़िमी है, मगर उसकी भी एक समय सीमा है। यहाँ वह सीमा पार हो चुकी है। घीसू की आशंका यह है कि एक परेशानी और बढ़ेगी क्या। उस परेशानी से मुक्ति के लिए एक रुपया चाहिए। वह कहाँ से आए! घीसू का यह कथन आलू छीलने की क्रिया के साथ सम्पन्न हो रहा है। साफ़ है कि माधो भी यही काम कर रहा है। इस प्रसंग

में ज़्यादातर विद्वान सरलीकरण के शिकार हुए हैं। तभी तो इस तरह के निष्कर्ष देते हैं कि इन बाप-बेटे में विश्वास का अभाव है। खाना ही इनके जीवन का लक्ष्य है। पशु हैं दोनों। ग़ौर करें, अन्देशा महज माधो को है घीसू को नहीं। वह भी उस माधो को है, जिसने कल से कुछ नहीं खाया है, यानी, दो दिन से भूखा है। इसीलिए उसका मन आलू में अँटका है। मेरे मन में जिस माधो का चित्र उभर रहा है, उससे तो यही लगता है कि वह ज़्यादा-से-ज़्यादा आलू खाने की युक्ति में होगा। घीसू तो आलू छीलकर खा रहा है, मगर वह बिना छीले ही खाने की फ़िराक़ में होगा, लेकिन बाप के संकोच के कारण ऐसा कर नहीं पा रहा होगा। ऐसे में बाप का कहना, 'जाकर देख तो क्या हालत है उसकी।' यह भूख की तीव्रता ही उसमें आशंका को जन्म देती है–'वह कोठरी में गया तो घीसू आलुओं का बड़ा हिस्सा साफ़ कर देगा।' यहाँ, इस पर भी ध्यान देना चाहिए कि इसके पहले भी घीसू ने माधो को देखने के लिए कहा था, मगर उस वक़्त माधो के मन में ऐसी आशंका नहीं पैदा हुई थी। भूख की तीव्रता का चरमोत्कर्ष वहाँ है, जहाँ वे आलुओं को खाते नहीं, बल्कि निगलते हैं। "छिल जाने पर आलू का बैरूनी हिस्सा तो बहुत ज़ियादा गर्म न मालूम होता था, लेकिन दाँतों के तले पड़ते ही अन्दर का हिस्सा ज़बान और तालू और हलक़ को जला देता था। और उस अंगारे को मुँह में रखने से ज़ियादा ख़ैरियत इसी में थी कि वह अन्दर पहुँच जाए।...हालाँकि इस कोशिश में इनकी आँखों से आँसू निकल आते।" कितना हृदयद्रावक दृश्य है। आलू नहीं वे 'अंगारा' खा रहे हैं। खाना खाने के दौरान आँखों में आँसू निकलना! यह दृश्य किस कठकरेजी को नहीं पिघला देगा?

माधो जब कहता है, 'तो तुम्हीं जाकर देखो न।' के जवाब में घीसू जो भी कहता है, वह न तो बहाना है और न ही आत्मबचाव की युक्ति, बल्कि माधो को सीख है कि तू अपनी बीवी के साथ अच्छा व्यवहार नहीं कर रहा–'मेरी औरत जब मरी थी तो मैं तीन दिन उसके पास से हिला भी नहीं।' आगे का कथन तार्किक ही नहीं, वाजिब भी है।

माधो कितनी चालाकी से बात के रुख को मोड़ने के साथ-साथ अपने जिम्मेदार होने का एहसास कराता है–"मैं सोचता हूँ, कोई बाल-बच्चा हो गया तो क्या होगा! सोंठ, गुड़, तेल; कुछ तो नहीं है घर में।"

"सब कुछ आ जाएगा। भगवान बच्चा दें तो! जो लोग अभी एक पैसा नहीं दे रहे हैं वही तब बुलाकर देंगे।" घीसू का यह सामाजिक अध्ययन बोल रहा है। कितना जाना-समझा है उसने इस समाज को। "तू मुझे ऐसा गधा समझता है। मैं साठ साल क्या दुनिया में घास खोदता रहा हूँ। हमारे सम्माननीय और संवेदनशील विद्वान जिस कारण घीसू को संवेदनहीन करार देते हैं, वह है बुधिया की प्रसव-वेदना। घीसू के लिए यह एक सामान्य घटना है, क्योंकि "मेरे नौ लड़के हुए। घर में कभी

कुछ न था, मगर इसी तरह हर बार काम चल गया।'' इसलिए तुझे चिन्ता करने की ज़रूरत नहीं। चिन्ता करने के लिए पूरा गाँव बैठा है। ''भगवान बच्चा दें तो।'' इसमें बच्चे के प्रति ललक है, जिसे आसानी से महसूसा जा सकता है। इस बीच प्रेमचन्द बुधिया की हालत का बयान नहीं करते। क्या उन्हें भी सुनाई नहीं दे रही उसकी चीख़-चिल्लाहट? ऐसा नहीं है। प्रेमचन्द उसका ज़िक्र इसलिए नहीं करते कि उसकी चीख़-चिल्लाहट अब कराह में बदल गई है—''और बुधिया अभी तक कराह रही थी।''

अत्यन्त दुखी दिनों में बीते हुए अत्यन्त सुख याद आते हैं। आलू खाने की भयंकर पीड़ा घीसू को उस खाने की याद दिला देती है, जब वह तृप्त हुआ था। वह जैसे उस भोज में पहुँच जाता है। वह जिस तरीक़े से विभोर होकर वर्णन करता है, माधो के लिए वह एक फैंटेसी है। वह उसी में डूबता-उतराता है। एक तृप्ति भी महसूस करता है, मगर जैसे ही वह यथार्थ में लौटता है, अपने आपको भूखा-प्यासा पाता है। ऐसा खाना खाने की ललक उठती है। एक टीस मन को कचोटती है, ''अब हमें कोई ऐसा भोज खिलाता!'' इसी चाह को लिए वह सो जाता है।

पूरा प्रेमचन्द साहित्य पुराने ज़माने और नए ज़माने के द्वन्द्व से भरा है। यहाँ भी वे मौक़ा पाते ही इसे उठा लेते हैं। प्रेमचन्द, आद्यन्त सामन्तवाद और पूँजीवाद, दोनों से जूझते रहे। निश्चय ही उन्हें पूँजीवाद ज़्यादा प्रगतिशील लगता था, मगर जिस तरह का पूँजीवाद पनप रहा था, वह सामान्य जनता और मनुष्यता के लिए खरा नहीं उतरता था। पूँजीवाद की सबसे बड़े ख़ामी है उसकी संग्रहख़ोरी की प्रवृत्ति। उसमें सामाजिकता को ख़त्मकर व्यक्तिवाद की स्थापना की कोशिश है, जबकि नारा है व्यक्तिस्वातन्त्र्य का। प्रेमचन्द सामाजिकता के प्रबल हिमायती हैं। वे व्यक्ति का विकास चाहते हैं, ऐसे व्यक्ति का, जो सामाजिक हो, न कि व्यक्तिवाद का। वे अपनी बात घीसू के मुँह से कहलवाते हैं, मगर जिस तरीक़े से कहलवाते हैं, वह घीसू के चरित्र का अंग बन जाता है। इससे वे एक और बात की पुष्टि करते हैं कि हर बूढ़ा अपने बचपन और जवानी के दिनों को वर्तमान से ज़्यादा बेहतर मानता है। इससे घीसू का कथन प्रामाणिक और जीवन्त बन जाता है।

''आलू खाकर दोनों ने पानी पीया और वहीं अलाव के सामने अपनी धोतियाँ ओढ़कर पाँव पेट में डाले सो रहे, जैसे दो बड़े अज़दर कुंडलियाँ मारे पड़े हों।'' याद आता है, 'अजगर करे न चाकरी...।' अजगर का उपमान बाह्य रूप और प्रवृत्ति दर्शाने के लिए किया गया है, जैसे कि समाज में प्रचलित मान्यता कि अजगर चाकरी नहीं करता, उसी तरह ये दोनों भी चाकरी नहीं करते। 'बड़े-बड़े अजगर' से उनकी लम्बाई सूचित है, न कि मोटाई। ये दोनों तब सोते हैं, जब बुधिया कराह रही होती है। 'कराहना', 'दर्दे ज़ह से पछाड़ खाना' और 'दिलख़राश सदा' की अपेक्षा पीड़ा की कमी

का सूचक है। मुमकिन है कि बुधिया में पीड़ा को अभिव्यक्त करने की ताक़त ही न बची हो, या पीड़ा और उसकी अभिव्यक्ति ने उसे थका दिया हो। जो भी हो, मगर 'कराहना' पीड़ा से कुछ निजात पाने का सूचक है। अजगर के उपमान से प्रेमचन्द अपनी मान्यता को छिपाते हैं, जिससे पाठक में रुचि बनी रहे। एक अच्छा और बड़ा कहानीकार पाठक को सन्तुष्ट करते हुए असन्तुष्ट करता है। उसकी मान्यताओं का पोषण करते हुए उन्हें खंडित करता है। ऐसे दुरूह और कठिन काम को अंजाम देता है एक बड़ा रचनाकार। आज की कहानियों में पठनीयता का अभाव इसीलिए है कि या तो पाठक शुरू में ही जान जाता है कि अंजाम क्या होगा, या उसे सन्तुष्ट करके असन्तुष्ट करने की कोशिश ही नहीं की जाती। लेखक पर पाठकीय दबाव नज़र ही नहीं आता। लगता है, 'आप आपसे कहता है वह, आप आपकी है सुनता।' प्रेमचन्द कहानी कहते हैं। कहने के दौरान श्रोता के चेहरे को पढ़ते हैं। इसीलिए उनकी कहानियाँ 'टोन' प्रधान हैं। अगर हम उस 'टोन' को नहीं पकड़ पाए, तो कहानी के ठीक उल्टे जा गिरेंगे। कहानी अपनों को सुनाई जाती है, उन अपनों को, जो बेराह चल रहे हैं, जो नासमझ हैं और ग़लतियाँ कर रहे हैं, न कि समझदार को।

2

''सुबह को माधो ने कोठरी में जाकर देखा तो उसकी बीवी ठंडी हो गई थी।'' अबकी बार भी माधो ही कोठरी में जाता है, घीसू नहीं; और बिना डरे-घबराए जाता है। बीवी को देखने जाता है न कि बुधिया को। कर्तव्यबोध और अपनपे के कारण जाता है।

प्रसव-पीड़ा के वक़्त गाँव का कोई भी व्यक्ति झाँका तक नहीं था, जबकि मौत की ख़बर सुनते ही 'लोग दौड़े हुए आए।' इतना ही नहीं, ''रस्मे क़दीम के मुताबिक़ ग़मज़दों की तशफ़्फ़ी करने लगे।'' मारक 'टोन' है। बहुत ही पैना व्यंग्य। किस पर? हम जैसे 'तही दिमाग़वालों' पर। कहानी के श्रोता-पाठक ही 'लोग' हैं। उन्हीं के कारनामों को उन्हीं के सामने रख दिया गया है, दूसरे का भ्रम बनाकर। ये दौड़कर आनेवाले लोग मौत के पुजारी हैं। मरे हुए लोग हैं। पुराने और रूढ़िबद्ध रिवाजों से चिपके हुए लोग हैं। उन रिवाजों की प्रासंगिकता और सार्थकता की पड़ताल नहीं करते। ''गाँव की रक़ीकुलक़ल्ब औरतें लाश आ-आकर देखती थीं और उसकी बेबसी पर दो बूँद आँसू गिराकर चली जाती थीं।'' यहाँ भी 'टोन' मारक व्यंग्य का है। 'औरतें' नहीं 'रक़ीकुलक़ल्ब औरतें'। यह विशेषण जिस 'टोन' के साथ आया है, उल्टा अर्थ देता है। ये वही कोमल दिलवाली औरतें हैं, जो जाड़े की रात के सन्नाटे में 'दिलख़राश सदा' के वक़्त झाँकती तक नहीं। प्रसव-पीड़ा के वक़्त दवा-दारू की नहीं, इनकी ज़रूरत थी, तब फटकीं भी नहीं और अब, जब करने को कुछ नहीं बचा,

तो शव की बेबसी पर 'दो बूँद आँसू' गिराने चली आईं। जैसे आँसू गिराना ही इनका कर्म हो। कैसा व्यंग्य है यह, शव की बेबसी! क्रूर अट्टहास है यहाँ। घीसू-माधो ख़ुद व्यंग्य बन जाते हैं और हमारे समाज की श्रेष्ठता पर जैसे ठेंगा दिखाते हुए हँसते हैं। प्रेमचन्द अपने व्यंग्य से किसी भी तबक़े को छोड़ते नहीं। 'जो घर फूँके आपना...' की राह जैसे पकड़ ली उन्होंने।

घीसू गाँववालों के पुरातन प्रेम को जानता है। वह जानता है कि शव के ये पुजारी पुराने रिवाजों (यह भी शव है) को अंजाम (जीवित) देने के लिए ज़रूर मदद करेंगे। वह सबसे पहले ज़मींदार के पास जाता है, क्योंकि वह शव के पुजारियों का सिरमौर है। वह अपने दुखड़े से ज़्यादा बुधिया के दुखड़े का रोना रोता है। "जमींदार साहब रहम दिल इनसान थे।" इसका व्यंग्य सहज ही स्पष्ट है। इस व्यंग्य से भी ज़्यादा चिन्तनीय है, ज़मींदार की विवशता। "जी में तो आया कह दें, चल दूर हो यहाँ से। लाश घर में रखकर सड़ा। यूँ तो बुलाने से भी नहीं आता। आज जब ग़रज़ पड़ी तो आकर ख़ुशामद कर रहा है। हरामख़ोर कहीं का। बदमाश।" मगर ठीक इसके विपरीत "तवअन व करहन दो रुपए निकालकर फेंक दिए।" किस विवशता के तहत? अपनी सिरमौरी की विवशता। समाज पर अपने दबदबे की विवशता। घीसू कितना ताक़तवर है कि ज़मींदार को भी मजबूर और विवश कर देता है। ज़मींदार का दो रुपया फेंकना भी गाँववालों के लिए आदेश समान है। "जब ज़मीनदार साहब ने दो रुपए दिए तो गाँव के बनिये-महाजनों को इनकार की जुर्रत क्योंकर होती। घीसू ज़मीनदार के नाम से ढिंढोरा पीटता जाता था।" कुल मिलाकर प्रेमचन्द इस ओर संकेत करते हैं कि घीसू इस समाज को बहुत गहरे तक जानता-समझता है। वह इसे इसी के हथियार से ख़त्म करने में जुटा है। तभी तो सभी से कुछ-न-कुछ प्राप्त कर लेता है। कुछ लोगों के मन में यह शंका पैदा हो सकती है कि बाप-बेटे, दोनों कफ़न लेने भला कैसे जा सकते हैं? इसका समाधान यहीं पर है। जिस तरह से दोनों गाँव में रुपया और दूसरे ज़रूरी सामान जुटाने जाते हैं, उसी तरह से कफ़न ख़रीदने बाज़ार जाते हैं। घीसू-माधो को बुधिया से लगाव था, उसके शव से नहीं। जिन्हें शव से लगाव है, उनके लिए शव को छोड़कर दोनों जीवनप्रेमी बाज़ार की राह पकड़ते हैं।

3

हम ही नहीं, घीसू-माधो भी जानते हैं कि दोनों कफ़न ख़रीदने के लिए बाज़ार आए हैं, न कि लकड़ी ख़रीदने। फिर भी घीसू पूछता है, "लकड़ी तो उसे जलाने भर को मिल गई है, क्यों माधो?" जो चीज़ नहीं ख़रीदनी है, उससे बात शुरू करता है घीसू। क्यों असल में वह माधो के मन को टटोल रहा है। वह टोह ले रहा है कि वह जो

चाहता है, माधो उसके लिए तैयार है कि नहीं। ''माधो बोला, हाँ, लकड़ी तो बहुत है। अब कफ़न चाहिए।'' घीसू तत्काल कहता है, ''तो कोई हल्का-सा कफ़न ले लें।'' 'हल्का-सा कफ़न ले लें' में कफ़न की अनिवार्यता और सार्थकता के प्रति उपेक्षा का भाव है। माधो उत्साह से अपने बाप की राय का समर्थन करता है। घीसू के चरित्र की विशेषता है कि वह अपने विचारों-मान्यताओं को माधो पर आरोपित नहीं करता, बल्कि समझने-बूझने का अवसर देता है। उसके व्यक्तित्व विकास में बाधक न बनके साधक बनता है। उसकी स्वायत्त सत्ता की क़द्र करता है, जैसा कि हम जैसे पढ़े-लिखे परिवारों में न के बराबर मिलता है। माधो तो कफ़न की ज़रूरत (अर्थवत्ता) पर ही प्रश्नचिह्न लगा देता है—''रात को कफ़न कौन देखता है।'' यानी, कफ़न की ज़रूरत लोगों को दिखाने भर के लिए है, क्योंकि इसके लिए लोगों ने पैसा दिया है। माधो के मन में अभी लोगों का भय है। यह भय दूर किए बिना वह घीसू की परम्परा को विकसित नहीं कर पाएगा। ''लास उठते-उठते रात हो जाएगी।'' इसलिए 'कफ़न कौन देखता है।' जब देखने की स्थिति ही नहीं है, तो लेने की क्या ज़रूरत? यानी, अगर रात होने का अन्देशा न होता, तो माधो कफ़न ख़रीदने का पक्ष लेता।

घीसू के कथन में कफ़न की निरर्थकता और दुरुपयोगिता देखी जा सकती है—''कैसा बुरा रिवाज है कि जिसे जीते जी तन ढाँकने को चीथड़ा भी न मिले उसे मरने पर नया कफ़न चाहिए।'' यहाँ घीसू के कथन की 'टोन' पकड़ी जानी चाहिए। उसके कथन में जीवन और शव के बीच के फ़र्क़ को देखा जा सकता है। 'चीथड़ा', 'कफ़न' और 'नया कफ़न' पर ध्यान दें। घीसू अपने विचार से माधो को सहमत करने में लगा है। जिस तर्क और बिम्बात्मकता से वह अपनी बात रख रहा है, माधो उससे महज सहमत ही नहीं होता, बल्कि और आगे चलता है। ''कफ़न लास के साथ जल ही तो जाता है।'' यानी, 'हल्का-सा कफ़न' की भी ज़रूरत नहीं है।

''और क्या रखा रहता है?'' घीसू अपने बेटे के मन में ठसाने के लिए तेज़ आवाज़ में कहता है। लगता है कि घीसू अपने बेटे माधो को दीक्षित कर रहा है। पाठ पढ़ा रहा है। आगे वह जैसे रुपए का मूल्य (गुणवत्ता) और इसकी उपयोगिता का सबक़ सिखाता है—''यही पाँच रुपए पहले मिलते तो कुछ दवा-दारू करते।'' यानी, अब ये रुपए बुधिया के लिए किसी काम के नहीं हैं, मगर ये रुपए हैं, मूल्यवान और उपयोगी हैं। प्रेमचन्द दोनों की बातचीत को यहीं समेटकर अपनी ओर से इतना भर कहते हैं—''दोनों एक-दूसरे के दिल का माजरा मा'नवी तौर पर समझ रहे थे।'' पहले दोनों एक-दूसरे से अनभिज्ञ थे, इसलिए शंकालु थे। स्पष्ट है कि दोनों इस बात से सहमत हैं कि कफ़न ख़रीदना पैसा फूँकना है। अतः इन्हें अपने लिए दवा-दारू में ख़र्च करना चाहिए।

बौद्धिक निर्णय तो ले लिया, मगर इसे लागू करने के लिए भावना तैयार नहीं

हो रही। भावतत्त्व के निर्माण और विकास में संस्कार और सामाजिक परिवेश का बहुत बड़ा योग होता है। घीसू का भावतत्त्व इसी समाज से निर्मित है। अब चलती है दोनों में कश्मकश। बुद्धि और भाव के द्वन्द्व को प्रेमचन्द किस ख़ूबसूरती से व्यक्त करते हैं, देखने लायक है। वे मन में चलनेवाले द्वन्द्व का वर्णन नहीं करते, बल्कि उसके बाह्य प्रभाव, यानी, हरकत से व्यक्त करते हैं। इसीलिए प्रेमचन्द की कहानियाँ पाठक की भागीदारी को बढ़ाती हैं, कम नहीं करतीं।

ज्ञान से अर्जित विचारों को जीवन में लागू करना कितना कठिन है, इसके लिए समाज से ही नहीं, अपने आपसे कितना जूझना पड़ता है, इस प्रसंग में देखा जा सकता है। बुद्धि और भाव के द्वन्द्व को प्रेमचन्द इस प्रकार व्यक्त करते हैं–''बाज़ार में इधर-उधर घूमते रहे। यहाँ तक कि शाम हो गई।'' क्यों घूमते रहे शाम तक? जब तय कर लिया है कि कफ़न नहीं लेना है, तो सीधे होटल में पहुँच जाना चाहिए। तय कर लेने से ज़्यादा कठिन है अमल में लाना। अपने आपको समझाने में इतना वक़्त लगा है घीसू को। ''दोनों इत्तेफ़ाक़ से या अमदन एक शराबखाने के सामने आ पहुँचे और गोया किसी तयशुदा फ़ैसले के मुताबिक़ अन्दर गए और ज़रा देर तक दोनों तज़बज़ब की हालत में खड़े रहे।'' एक-एक स्थिति और हरकत पर अगर ग़ौर करें, तो उनके अन्दर के द्वन्द्व की गहनता और तीव्रता का पता चल जाएगा। प्रेमचन्द ख़ुद नहीं जान रहे कि वे शराबखाने के सामने इत्तेफ़ाक़ से जा पहुँचे, या अमदन, ऐसा नहीं है। प्रेमचन्द जान रहे हैं। यह अस्पष्टता या अनजानापन, असल में, उस द्वन्द्व की ओर संकेत है। दोनों जिस तेज़ी से अन्दर घुसते हैं, लगता है कि तयशुदा फ़ैसला है। मगर ऐसा भी नहीं है। अगर ऐसा होता तो पैसा निकाल बोतल ले लेते। 'वहाँ ज़रा देर तक दोनों तज़बज़ब की हालत में खड़े' नहीं रहते। to do or not do की स्थिति है यह। मुझे तो लगता है कि बुद्धितत्त्व भावतत्त्व को पटखनिया पर पटखनिया देता है, बावजूद इसके भावतत्त्व उठकर फिर से जूझने लगता है। तार्किक रूप से प्राप्त सत्य को लागू करने की स्थिति में घीसू भी अपने आपको नहीं पा रहा। इसके लिए उसे बौद्धिक ताक़त नहीं, मानसिक ताक़त चाहिए। संस्कार इस हद तक चिपक गए हैं कि छूटते ही नहीं। शराब भावतत्त्व को क़ाबू में करने की ताक़त देती है। यहाँ ध्यान देना चाहिए कि घीसू शराबी नहीं है। उनका पीने का तरीक़ा जहाँ ताक़त बटोरने की आकुलता को दर्शाता है, वहीं उनके नौसिखुएपन को भी। ''कई कुज्जियाँ पैहम पीने के बाद दोनों सुरूर में आ गए।'' इस बात की पुष्टि यहाँ भी होती है, ''कोई गाता था, कोई लहकता था, कोई अपने रफ़ीक़ के गले लिपटा जाता था, कोई अपने दोस्त के मुँह से साग़र लगाए देता था। वहाँ की फ़िज़ा में सुरूर था, हवा में नशा। कितने तो चुल्लू में उल्लू हो जाते हैं। यहाँ आए थे सिर्फ़ ख़ुदफ़रामोशी का मज़ा लेने के लिए। शराब से ज़ियादा। यहाँ की हवा से मसरूर होते थे। ज़ीस्त

की बला यहाँ खींच लाती थी। और कुछ देर के लिए वह भूल जाते थे कि वह ज़िन्दा हैं या मुर्दा हैं या ज़िन्दादरगोर।'' मयखाने में जिस तरह के लोग आते हैं, घीसू-माधो उन सबसे अलग हैं। जिन कारणों और उद्देश्यों से आते हैं, घीसू-माधो उन कारणों और उद्देश्यों से नहीं आए हैं। ''और यह दोनों बाप-बेटे अब भी मज़ा ले-लेकर चुस्कियाँ ले रहे थे।'' ये 'चुल्लू में उल्लू' होनेवालों में नहीं हैं। सभी से अलग और मज़बूत दिल के हैं। इसीलिए सभी की निगाहें इनकी तरफ़ जमी हुई हैं, क्योंकि शराबियों की निगाह में भी ये अजीब थे। शराबी लोग भी असलियत समझने में नाकाम रहते हैं–''कितने ख़ुशनसीब हैं दोनों। पूरी बोतल बीच में है।'' शराबियों की ख़ुशनसीबी का मानक शराब ही हो सकती है। इसीलिए वे उसी के आधार पर उनकी ख़ुशनसीबी का आकलन करते हैं। वे भी इनके मन की वेदना को नहीं जान पाते। इनके मन में बुधिया को न बचा पाने की वेदना है, क्योंकि ये रुपए पहले नहीं मिले। मयखाने के दूसरे शराबी जीवन से भागे हुए लोग हैं, जबकि घीसू जीवन से जीवन के लिए जूझता है, लाख दुखों के बावजूद।

सुरूर में आ जाने के बाद भी घीसू अपने कृत्य से सन्तुष्ट नहीं है। यानी, भावतत्व अभी भी कुनमुना रहा है। इसीलिए वह कहता है, ''कफ़न लगाने से क्या मिलता। आखिर जल ही तो जाता। कुछ बहू के साथ तो न जाता।'' संस्कारगत मूल्य मनुष्य से ऐसे चिपके रहते हैं कि उनसे निजात पाने में इनसान को इसी तरह के संघर्ष से गुज़रना पड़ता है। घीसू तो ऐसे संस्कारों को ख़त्म करने में लगा है, जो वर्तमान सामाजिक मूल्यों के अनुसार मनुष्यता का मानदंड है। यानी, वह समाज के लिए एक नया मानदंड निर्मित कर रहा है।

माधो अभी कच्चा है। समझ और शक्ति तथा आत्मविश्वास अभी कम है। इसलिए ऊपरवाले (अदृश्य सत्ता) से डर रहा है। वह कृत्य से सहमत न होते हुए भी इससे मिलनेवाले फ़ायदे का हामी है। यानी, वह चेतना के स्तर पर नहीं बदला है, तात्कालिक ज़रूरतों के दबाव के तहत बदला है। आजकल इस तरह के आधुनिकों और प्रगतिशीलों की भरमार है। अब वह इस कृत्य की जिम्मेदारी से खिसक रहा है, ''माधो आसमान की तरफ़ देखकर बोला, गोया फ़रिश्तों को अपनी मासूमियत का यक़ीन दिला रहा हो–दुनिया का दस्तूर है। यहीं लोग बाम्हनों को हजारों क्यों देते हैं। कौन देखता है, परलोक में मिलता है कि नहीं।'' फ़रिश्तों से जो कह रहा है, वह बाप से नहीं कह रहा। फ़रिश्तों से तो जैसे कह रहा है कि हे भगवान, इस कुकृत्य का जिम्मेदार मैं नहीं हूँ। यह मेरा बाप है। आपकी सत्ता में मुझे विश्वास है। इसीलिए बाप से दबी ज़बान में दुनिया के दस्तूर की हिमायत है। घीसू इस कथन को गम्भीरता से नहीं लेता और कहता है, ''बड़े आदमियों के पास धन है, फूँकें। हमारे पास फूँकने को क्या है?'' इस कथन में सख़्ती का पुट तो है ही। माधो का डर इससे भी ख़त्म

नहीं होता। वह पूछता है, "लेकिन लोगों को जवाब क्या देंगे? लोग पूछेंगे नहीं कि कफ़न कहाँ है?" रात हो चुकी है। लाश जलाई जा चुकी होगी, इससे दोनों अनभिज्ञ हैं। समय का भान कृत्य की भयंकरता के नीचे जैसे दब गया है। घीसू कोई ठोस जवाब नहीं देता, "घीसू हँसा—कह देंगे कि रुपए कमर से खिसक गए। बहुत ढूँढ़ा। मिले नहीं।" यह दुनिया को ठेंगा दिखाने जैसा है। इसका लहजा माधो पर थोड़ी देर के लिए ही अपना असर छोड़ता है, क्योंकि बात में तथ्य नहीं है, "माधो भी हँसा, इन ग़ैरमुतवक़्क़ो ख़ुशनसीबी पर कुदरत को इस तरह शिकस्त देने पर।" दोनों हँसे, मगर अलग-अलग कारणों से। घीसू की हँसी का कारण बेफ़िक्री है, जिसमें समाज और ईश्वर के ख़ौफ़ की कोई जगह नहीं; जबकि माधो की हँसी का कारण बाप की हँसी का असर है, दूसरे, अपनी कमअक़्ली है। कि इतना आसान समाधान था, फिर भी समझ में नहीं आया। अकारण इतना परेशान था। फ़रिश्तों को भी अब वह ऐसे ही हरा देगा।

इसके बाद दोनों खाना खाते हैं, खौफ़ से मुक्त होकर। "दोनों इस वक़्त इस शान से बैठे हुए पूड़ियाँ खा रहे थे जैसे जंगल में कोई शेर अपना शिकार उड़ा रहा हो। उनके खाने के अन्दाज़ को प्रेमचन्द जिस तरह से बयान कर रहे हैं, वह चित्र नहीं, 'जैसे' के कारण उपमान नहीं, बल्कि बिम्ब है, जो उनके भोजनमय हो जाने को व्यक्त करता है। तृप्ति का यह गतिमय बिम्ब है। ये दोनों शेर हैं, लोमड़ी नहीं। इनकी मानसिक मज़बूती यहाँ दिखती है। जिस ख़ौफ़ का ज़िक्र ऊपर किया गया है, प्रेमचन्द यहाँ स्पष्ट कर देते हैं। अगर वे इस कथन को नहीं करते, तो भी यह उनके संवाद से स्पष्ट हो ही जाता है। यह कथन कलात्मक दृष्टि से दुहराव है। इस दुहराव का कारण शायद यह है कि प्रेमचन्द भी शंकित थे कि पाठक उनके आशय को समझ पाएगा।

खाने के दौरान तृप्ति महसूस करते हुए घीसू अपने इस कृत्य को तार्किक आधार देने के साथ-साथ अपने और माधो के मन को पुष्ट करता है, "हमारी आतमा परसन्न हो रही है तो क्या उसे पुन्न न होगा?" माधो भी तृप्ति पा रहा है, "माधो ने फ़र्क़े अक़ीदत झुकाकर तस्दीक की—जरूर से जरूर होगा। भगवान तुम अन्तर्जामी (अलीम) हो। उसे बैकुंठ ले जाना। हम दोनों हिरदय से उसे दुआ दे रहे हैं। आज जो भोजन मिला वो कभी उमर भर न मिला था।" ध्यान दें, माधो के सिर झुकाने और कथन करने पर। माधो के मुँह में निवाला है। इसीलिए वह जोश (जो तृप्ति का सूचक है) और श्रद्धा से सिर झुकाकर तस्दीक करते हुए कहता है। यह भी एक मार्मिक और गतिशील बिम्ब है।

पूरी कहानी में ख़ौफ़ और शंका माधो के मन में ही उभरते हैं, जिसका समाधान उसका बाप घीसू करता है। ख़ौफ़ घीसू में भी उभरता है। क़ाबिले ग़ौर यह है कि

वह अपने ख़ौफ़ को ख़त्म करने की कोशिश में माधो का भी खौफ़ दूर करता चलता है। इसीलिए ख़ौफ़ और शंकाएँ उसमें रह-रहकर उभरते हैं, "एक लम्हे के बाद माधो के दिल में एक तश्वीश पैदा हुई—क्यों दादा, हम लोग भी तो एक-न-एक दिन वहाँ जाएँगे ही।" यह भी कोई पूछने की बात है! ऐसी बातें कहीं ऐसे वक़्त पर पूछी जाती हैं! इतने आनन्द के बीच यह भयजनक सवाल! घीसू इसीलिए इसका कोई जवाब नहीं देता और नहीं, तो 'पुरमलामत अन्दाज़' से देखता है, मगर माधो पर इसका कोई असर नहीं पड़ता। सुरूर में जो है। वह अपनी भयजनक चिन्ता को कह ही डालता है, "जो वहाँ हम लोगों से वो पूछे कि तुमने हमें कफ़न क्यों नहीं दिया तो क्या कहोगे?" घीसू चिढ़ जाता है। कहाँ का बेवक़्त सवाल ले बैठा। चिढ़कर कहता है, "कहेंगे तुम्हारा सिर।" यह कोई जवाब नहीं हुआ। माधो ने घीसू को ऐसे मुकाम पर ला खड़ा किया है, जहाँ घीसू को कोई जवाब नहीं सूझ रहा। अपने सवाल की वाजिबी को माधो जैसे कील की तरह ठोंकता है, "पूछेगी तो जरूर।" यह ऐसा सवाल है, जिसका जवाब आज तक कोई नहीं दे सका, क्योंकि कोई वहाँ से लौटकर आया ही नहीं। घीसू इसका जवाब न देकर 'कफ़न न मिलने' का जवाब देता है, यानी, बात को मोड़ देता है, "तू कैसे जानता है कि कफ़न न मिलेगा। तू मुझे ऐसा गधा समझता है। मैं साठ साल क्या दुनिया में घास खोदता रहा हूँ। उसको कफ़न मिलेगा और उससे बहुत अच्छा मिलेगा जो हम देते।" यानी, कफ़न नहीं मिलेगा, तब न पूछने की नौबत आएगी। यह वह बिन्दु है, जहाँ अच्छे-से-अच्छे रचनाकार भी बहक जाते हैं और चरित्रों पर अपने विचारों का आरोपण कर बैठते हैं, मगर प्रेमचन्द ऐसा नहीं करते। घीसू जैसा चरित्र उस लोक की मान्यता को नकार नहीं सकता। इसीलिए तो घीसू एक स्वतन्त्र और जीवन्त चरित्र बनकर उभरता है।

"माधो को यकीन न आया", क्योंकि घीसू के जवाब में महज विश्वास है। कफ़न मिलेगा तो "कौन देगा? रुपए तो तुमने चट कर दिए।" जब तक घीसू कोई तार्किक जवाब नहीं देता है, माधो का भय कम न होकर और बढ़ता है, क्योंकि वह पूछेगी तो उसी से, वह उसका पति जो है। वह भय के कारण ही घीसू पर आरोप लगाता है, 'रुपए तो तुमने चट कर दिए।' सामाजिक ख़ौफ़ से किसी तरह उबरा तो आध्यात्मिक ख़ौफ़ ने दबोच लिया। घीसू अभी भी जवाब नहीं दे पा रहा, "मैं कहता हूँ उसे कफ़न मिलेगा। तू मानता क्यों नहीं।" घीसू जबरन मनवाना चाहता है। माधो को सवाल की तीव्रता और इल्जाम उसकी चिढ़ को ख़त्म करके सोचने पर मजबूर करते हैं।

"कौन देगा? बताते क्यों नहीं?" जब इतने दावे से कहते हो कि मिलेगा। माधो में अपने बाप के प्रति शंका और फूलती-फलती है। "वही लोग देंगे जिन्होंने अबकी दिया। हाँ, वो रुपए हमारे हाथ न आएँगे। और अगर किसी तरह आ जाएँ तो फिर

हम इसी तरह यहाँ बैठे पिएँगे और कफ़न तीसरी बार मिलेगा।'' 'कौन देगा?' का जवाब जिस अन्दाज़ से मिलता है, माधो को मानने के सिवा कोई चारा नहीं रहता। एक तो अब रुपए हमारे हाथ नहीं आएँगे, और किसी तरह आ गए तो इसी तरह हम यहाँ बैठे पिएँगे, मगर हम कफ़न नहीं देंगे; फिर भी उसे कफ़न मिलेगा। जैसा कि पहले भी कहा गया है कि घीसू जिद की हद तक समाज और उसकी मान्यताओं-व्यवस्थाओं का विरोधी है। अपने विचार को उसने अंजाम दे दिया है। भावुकता पर बुद्धि क़ाबू पा चुकी है। उसे भी तैयार कर चुकी है कि कफ़न ख़रीदना बेवकूफ़ी का काम है। शव की साधना करना हमारा काम नहीं। हम तो जीवन के साधक हैं। इसीलिए, अगर 'किसी तरह आ जाएँगे' (रुपए) तो फिर हम इसी तरह बैठकर पिएँगे। यह समाज मरते हुए को बचाने में कोई मदद नहीं कर सकता, मगर मृत को कफ़न के बिना नहीं जलाने देगा। किस तरह का मज़बूत, बारीक़बीं और सुलझा हुआ चरित्र है घीसू। सच में, वह मुझ जैसे तथाकथित संवेदनशील और तही दिमाग़वाले को जैसे चुनौती देता है। उसके सामने मैं अपने आपको बौना, लिजलिजा और समझौतापरस्त पाता हूँ।

माधो की सारी शंकाओं का तार्किक समाधान हो गया। अब वह पूरी तरह से तृप्त है। इसीलिए वह बचा हुआ खाना एक भिखारी को दे देता है। ऐसा वह नशे की हालत में करता है। देनेवाला कहीं-न-कहीं लेनेवाले से अपने आपको श्रेष्ठ मानता है। माधो ने 'पीने' के ग़ुरूर, वलवला और मसर्रत का अपनी ज़िन्दगी में पहली बार एहसास किया।'' स्पष्ट है कि माधो पहली बार शराब पी रहा है। प्रेमचन्द जैसे 'भिखारी वृत्ति' के मूल में 'देने' को मानते हैं। अतिरिक्त है, इसीलिए तो किसी के पास बिलकुल नहीं है। अतिरिक्त दबाए रखनेवाला ज़रूरतमन्द को देकर अपने ग़ुरूर को सन्तुष्ट करता है। अगर ऐसा नहीं होता, तो वह अतिरिक्त अपने पास रखता ही नहीं। अपनी ज़रूरतभर पर ही अपना अधिकार समझता। ग़ुरूर, ख़ुशी और उत्साह के कारण माधो के मुँह से बोल ही नहीं निकलते। बोलता घीसू है, ''ले जा, खूब खा और आसिरबाद दे। जिसकी कमाई थी वो तो मर गई, मगर तेरा आसिरबाद उसे जरूर पहुँच जाएगा। रोयें-रोयें से आसिरबाद दे। बड़ी गाढ़ी कमाई के पैसे हैं।'' घीसू जैसे बिगड़ी बाज़ी सँभाल लेता है। अपने अभिमान में चूर तथाकथित दाता लोग दूसरों की 'मरकर कमाई' के पैसे से दाता बने घूमते हैं, जैसे ख़ुद की कमाई के पैसे हों। घीसू, जैसे साफ़ कर दे रहा है कि यह खाना हम नहीं दे रहे। देनेवाला तो मर गया। जैसे बुधिया ख़ुद अपना ब्रह्मभोज कर रही हो।

अपनी हरकत को जायज ठहराने की कोशिश में अपने आप से लड़ते दोनों ब्रह्मानन्द की स्थिति में पहुँच जाते हैं, जहाँ निश्चिन्तता और तृप्ति है। माधो की ज़बान अब खुलती है, ''माधो ने फिर आसमान की ओर देखकर कहा–बैकुंठ में

जाएगी दादा–बैकुंठ की रानी बनेगी।" माधो नशे में जिस तरह अलग-अलग भाव में आता है, घीसू न केवल अपने क़ाबू में है, बल्कि माधो को सँभालता भी है। घीसू कहीं नहीं बहकता। बेटे की ख़ुशी को और बढ़ाते हुए ख़ुद को भी उस ख़ुशी में शामिल कर लेता है, "घीसू खड़ा हो गया और जैसे मसर्रत की लहरों में तैरता हुआ बोला–हाँ बेटा, बैकुंठ में जाएगी। किसी को सताया नहीं। किसी को दबाया नहीं। मरते वक़्त हमारी जिन्दगी की सबसे बड़ी लालसा पूरी कर गई। वो न बैकुंठ में जाएगी, तो क्या ये मोटे-मोटे लोग जाएँगे, जो गरीबों को दोनों हाथों से लूटते हैं और अपने पाप को धोने के लिए गंगा में जाते हैं और मन्दिर में जल चढ़ते हैं।" घीसू अपना होशो-हवास नहीं खोता। उसका आनन्द ज़मीनी है। ख़ुशी और तृप्ति का अतिरेक इनसान को इनसान नहीं रहने देता, बहका देता है, जबकि यहाँ भी घीसू का व्यवहार अत्यन्त सन्तुलित, उसकी बौद्धिक और मानसिक बुनावट के अनुकूल ही नहीं, सहज भी है। शराब उसे नहीं बहका सकती, क्योंकि वह तो जीवन के नशे में ग़र्क़ है बुरी तरह से। तभी तो उस पर मार, गाली और तथाकथित नैतिकता का कोई असर नहीं पड़ता। 'तलव्वुने नशे की ख़ासियत है।' क्या? भावों में परिवर्तन। माधो पर शराब का नशा है, जबकि घीसू पर जीवन का नशा। वह माधो में भी यही नशा पैदा करना चाहता है। जीवन का नशा क्षण-क्षण में रंग नहीं बदलता, शराब का नशा बदलता है। "यास और ग़म का दौरा हुआ। किस पर? माधो पर।" "माधो बोला–मगर दादा, बिचारी ने जिन्दगी में बड़ा दुख भोगा। मरी भी तो कितना दुख झेलकर।" माधो के कथन में सामान्य मानसिकता दिखलाई देती है, जिसके अनुसार ज़िन्दगी में बड़ा दुख भोगना तो चल सकता है, मगर मरते वक़्त का छोटा दुख भी नहीं चल सकता। मौत तो आनन्दपूर्ण होनी चाहिए। कैसी अन्तर्विरोधी मान्यता है। माधो इस मौत के दुख को सहन नहीं कर पाता और "वह आँखों पर हाथ रखकर रोने लगा।" कैसी विडम्बना है कि जीने-मरने में कोई फ़र्क़ नहीं, दोनों में दुख ही दुख। घीसू तसल्ली देता है, "क्यों रोता है बेटा! खुस हो कि वो मायाजाल से मुक्त हो गई। जंजाल से छूट गई। बड़ी भागवान थी जो इतनी जल्दी मायामोह के बन्धन तोड़ दिए।" यह दुनिया रहनेलायक कहाँ है। जीवन मायाजाल है, जंजाल है। अतः जो इससे जितना ही जल्दी मुक्त हो जाए, वह उतना ही ख़ुशनसीब है। इसलिए यह रोने का नहीं, ख़ुश होने का वक़्त है। घीसू की बात का माधो पर असर पड़ता है और उसका दुख छँट जाता है। वह घीसू के सुर में सुर मिलाकर गाने लगता है, "ठगिनी क्यों नैना झमकावे–ठगनी..."

दुख में रोया जाता है, या उससे जूझा जाता है और सुख में गाया जाता है। दोनों ख़ुश हैं, इसलिए गाते हैं, जैसे ज़िन्दगी को चिढ़ा रहे हैं। बुधिया तो मरकर मायाजाल से मुक्त हुई, जबकि ये दोनों जीते जी। जैसे वे ज़िन्दगी को ललकारते हैं। उनकी

यह हरकत भी सामान्य नहीं, अजीब है। इसीलिए "सारा मयख़ाना मह्वे तमाशा था और यह दोनों मयकश मह्वीयत के आलम में गाए जाते थे।" ये ज़िन्दगी को ठेंगा दिखा रहे हैं। चिढ़ा रहे हैं। इनका नाचना, उछलना, कूदना, गिरना, मटकना और भाव बताना, इनके चिढ़ाने को ही दर्शाते हैं। आख़िर में नशे से बदमस्त होकर गिर पड़ना, पाठक को कचोटता है। ऐसे चरित्रों का विफल होना पाठक की आकांक्षा पर आघात है। यही आघात पाठक को बेचैन करता है और अपनी आकांक्षा की पूर्ति के लिए उसे सक्रिय करता है। माधो का घीसू के सुर से सुर मिलाकर गाना, इसका सूचक है कि वह अब अपने बाप के रास्ते पर चलने के क़ाबिल बन चुका है। घीसू के जीने का अन्दाज़, वर्तमान सामाजिक संरचना के आधार पर एक करारी चोट है। प्रेमचन्द जैसे कह रहे हैं कि अगर इस अन्यायपूर्ण सामाजिक रचना को न्यायपूर्ण और कर्म की प्रधानतावाला नहीं बनाया गया, तो देख लो कि कितनी मज़बूती, समझदारी और पक्का इरादा है घीसू में कि उसने अगली पीढ़ी के रूप में माधो को तैयार कर दिया है। अपने से भी ज़्यादा पुख़्ता कर दिया है। उसने सारी मानवीय दुर्बलताओं को जीत लिया है। निकट भविष्य में ये दुनिया में छा जाएँगे। फिर क्या करोगे दुनिया के रखवालो! घीसू का चरित्र चेतावनी बन जाता है और माधो की कमज़ोरियों को काटने-छाँटने और उसमें मज़बूती लाने की प्रक्रिया हमें दहला देती है। बेचैन करती है। फलस्वरूप, हम इसे समझने में जुट जाते हैं और पाते हैं कि बचने का एक ही रास्ता है, समाज के मूलाधार को ही धराशायी कर देना, क्योंकि यह ग़लत सिद्धान्त पर निर्मित हुआ है। घीसू, इसी आधार, यानी, सिद्धान्त का तार्किक परिणाम है, जो इस आधार को ही ख़त्म करने पर तुला है। अतः हमें ऐसे आधार की ज़रूरत है, जो अपने आपको ही ख़त्म करने का परिणाम न पैदा करे। यानी, मेहनत करनेवाले फ़ारगुलबाल हों, तभी कर्म करने की प्रेरणा मिलेगी और व्यक्ति और समाज का विकास होगा।

इस कहानी की संरचना में हम पाते हैं कि इसमें पाठक के मनोविज्ञान का बड़ी ही सूक्ष्मता से इस्तेमाल हुआ है। जहाँ, दूसरे रचनाकार चरित्रों के मनोविज्ञान को रचकर अथवा बयानकर मनौवैज्ञानिक रचनाकार कहलाते फिरते हैं, प्रेमचन्द इस कहानी में पाठक के मनोविज्ञान को भी रचते हैं। घीसू के चरित्र से 'टीचिंग मेथड' सीखा जा सकता है, क्योंकि वह माधो का बाप ही नहीं, एक टीचर भी है। घीसू को चमार जाति का बतलाकर प्रेमचन्द कहानी को और सघन बना देते हैं। चमार यानी, भारतीय समाज का सबसे उपेक्षित और निम्नतम तबक़ा। जिसकी आर्थिक और सामाजिक हैसियत सबसे निचले स्तर पर है। जिसके हुनर और मेहनत से समाज विकसित हुआ है। यह समाज मज़दूरों का समाज है, जो 'बेज़बान' है। विरोध नहीं करता, क्योंकि संगठित नहीं है। इसी समाज से प्रेमचन्द घीसू को चुनते हैं, जो

'बेज़बानी' के कारण इससे अलग हो जाता है। चेतावनी देनेवाला चरित्र निम्नतम वर्ग से चुनकर प्रेमचन्द जैसे यह दिखलाते हैं कि यह समाज अब जल्द ही नष्ट होगा, क्योंकि इसका विरोधी इसके आधार में ही पैदा हो गया है।

बुधिया इस कहानी में एक चरित्र के रूप में मंच पर नहीं आती। वह पृष्ठभूमि में ही रहती है। उसकी वेदना, प्रसूति की वेदना ही सुनाई देती है। उसके मरने का कारण है, उसकी पैदा न हो पानेवाली सन्तान, "उसके पेट में बच्चा मर गया था।" यानी, वर्तमान समाज में नए को जन्म देने का वातावरण और परिस्थिति नहीं है। नए का जन्म लेने के पहले ही मर जाना, जन्मदात्री के मरने का कारण बनता है। ऐसा ही इस समाज के साथ होगा। बुधिया के कफ़न का बन्दोबस्त तो समाज ने किया, मगर उसके कफ़न का बन्दोबस्त कौन करेगा? घीसू जैसे चिढ़ा रहा हो–'हम न मरिहें, मरिहें संसारा।' घीसू के चरित्र में जगह-जगह कबीर की झलक मिलती है। यह समाज उलटा और सिर के बल चल रहा है। कबीर ने इसे सीधा होकर देखने की कोशिश की, तो सिर के बल चलनेवालों ने उसे 'उलटबाँसी' क़रार दिया। प्रेमचन्द भी ऐसा ही करते हैं, इसीलिए जगह-जगह कबीर नज़र आते हैं।

कुल मिलाकर यह कहानी वर्तमान समाज पर व्यंग्य होने के साथ-साथ इसके भविष्य का चिन्ताजनक पूर्वालेख है। यह आलेख, जो चित्र प्रस्तुत करता है, वह दिल को दहला देनेवाला है। ऐसे में, कलेजा थाम लेने से काम नहीं चलनेवाला। मैंने थोड़ा-बहुत जितना भी पढ़ा है, घीसू जैसा संवेदनशील, दृष्टि सम्पन्न, आत्मविश्वास से भरपूर एवं दृढ़ मनोबल से युक्त कोई दूसरा चरित्र नहीं दिखा। यह चरित्र देश-काल की सीमाओं का अतिक्रमण करके सर्वदेशिक और सर्वकालिक (इस अर्थ में कि जब तक समाज का मूलाधार ही ध्वस्त नहीं हो जाता) हो जाता है। इसी अर्थ में 'कफ़न' कहानी अपनी भारतीयता का अतिक्रमण करके वैश्विक हो जाती है।

उपसंहार

अतीत के दाय को सहेजना कितना ज़रूरी

इतिहास की सही समझ के बिना कोई भी समाज विकास नहीं कर सकता। अतीत के ज्ञान से वर्तमान की क्रिया सम्पन्न होती है, जिससे भविष्य की दिशा और रूपरेखा निर्धारित होती है। कबीर की तरह प्रेमचन्द भी हमारे साहित्यिक पूर्वज हैं। अपनी ज़िन्दगी जीते हुए उन्होंने हर चन्द यही कोशिश की कि अपनी पीढ़ी को अपना बेहतर दे जाएँ, जिससे उसकी ज़िन्दगी में वे दिक़्क़तें न आएँ, जो उनकी ज़िन्दगी में आईं। वे सारी दिक़्क़तों, मसलों, मरहलों से जूझते रहे, भविष्य को बेहतर और ख़ुशहाल बनाने के लिए, मगर हम भ्रम में उनके कच्चे को, नक़ल को, अधूरे को; असल, पूरा और बेहतर मानकर माला की तरह जपते रहे। भाषा विज्ञान में ढेरों काम हुआ है, बारीक़-से-बारीक़; अनुवादों की ख़ामी-ख़ूबियों पर ढेरों चर्चाएँ होती हैं, प्राचीन पांडुलिपियों को खोज-खोजकर एक-एक शब्द पर गहन मन्थन करके, ज़रूरत पड़ने पर पुरातत्त्ववेत्ताओं की मदद लेकर किताबें प्रकाशित की जाती हैं, जबकि हिन्दी में प्रचलित प्रेमचन्द की कई रचनाओं में भाषायी फाँक ही नहीं, दृश्य और चरित्रगत फाँक भी नज़र आता है, मगर किसी (एकाध को छोड़कर) ने इसके कारणों में उतरना मुनासिब और ज़रूरी नहीं समझा। एकाध ने इसको तवज्जो दी, तो पाया कि यह तो उलझनों का ज़ख़ीरा है। प्रेमचन्द अपनी ही बात को दूसरी जगह काट देते हैं। मसलन—'ख़ुद तर्जुमा कर रहा हूँ।'[1] और 'तर्जुमा कराके छापूँ।'[2]

प्रेमचन्द आधुनिक भारत के उन चन्द साहित्यकारों में भी अव्वल हैं, जो कबीर की परम्परा को आगे बढ़ाते हैं। कबीर का बुद्धिवाद, दरअसल, प्रेमचन्द में विकसित होता है। कबीर का चिन्तन और कर्म बहुत अंशों में द्वन्द्ववाद पर आधारित है। जिस तरीक़े से मार्क्स ने हीगेल को पैरों के बल खड़ा किया, जो सिर के बल खड़ा था; कबीर भी सिर के बल खड़े भारतीय समाज को पैरों के बल खड़ा करने की कोशिश करते हैं। उनकी इस कोशिश को तत्कालीन समाज के पुरोधा रहस्यवादी और उलटा बोलनेवाला कहते हैं। ज्ञान, अतीत की घटनाओं-क्रियाओं की छानबीन से अर्जित होता है, यानी, पीछे की ओर नज़र घुमाना पड़ता है। कबीर तत्कालीन समाज में प्रचलित देखने के नज़रिये को ही बदल देते हैं। वे कर्मवादी हैं, विश्वासवादी नहीं।

इसीलिए कारण की तलाश करते हैं। ज़मीन से जुड़कर ही आसमान को छुआ जा सकता है। प्रेमचन्द, कबीर की तरह ज़मीन से जुड़कर ही ज़िन्दगी, आदमी और उसकी दुनिया को देखते हैं। उन्होंने कबीर को आत्मसात किया है। इसलिए कबीर-कबीर की माला नहीं जपते, बल्कि उनसे प्राप्त दाय को अमल में लाते हुए उसे भी विकसित करते हैं।

कोई भी व्यक्ति अपने समय और समाज में ही जीता है। समय और समाज की सीमाओं में रहते हुए उसका अतिक्रमण करता है। कबीर जिस समय और समाज की उपज थे, वह तुलसी के जैसा नहीं था कि बैठकर गाथा लिखी जाए। इसलिए आज भी उनका प्रामाणिक पाठ का मिलना मुश्किल है। प्रेमचन्द के समय में छापाखाना था। काग़ज़-क़लम–रोशनाई थी। उन्होंने जो कुछ लिखा, जिन हालातों में लिखा, काग़ज़ पर दर्ज है। प्रेमचन्द उर्दू के हैं, या हिन्दी के; शायद यही मसला हमें प्रेमचन्द के अव्वलीन-बेहतरीन पाठ से महरूम किए हैं। एक बुज़ुर्ग और स्थापित साहित्यकार से जब मैंने अपने इस काम से प्राप्त असलियत को बतलाया, तो उनके मुँह से तपाक से निकला था–तब तो प्रेमचन्द हिन्दी के रहेंगे ही नहीं। उर्दू के हो जाएँगे। प्रेमचन्द क्या हैं, असल का उनका दाय क्या है, प्रमुख न होकर गौण हो गए और प्रमुख हो गया, किसके हैं। मुझे लगा कि यह वही मानसिकता है, जिसमें नाम और काम से पहले जाति पूछी जाती है।

सबसे पहला सवाल यह है कि प्रेमचन्द के समय में हिन्दी का मतलब क्या था और प्रेमचन्द हिन्दी में क्यों आए? सभी जानते हैं कि उस वक़्त भारत ग़ुलाम था। आज़ादी की जद्दोजहद शुरू हो चुकी थी। उर्दू भाषा शासन की भाषा होने के कारण उसका प्रचलन आम लोगों में भी होने लगा था। वह हिन्दी की बोलियों में घुल-मिल गई थी। जब हिन्दी भाषा के स्वरूप का निर्धारण होने लगा, तो तत्सम शब्दावलियों को तरजीह देनेवाले लोगों का पलड़ा भारी रहा। इस प्रतिक्रिया में उर्दू में अरबी-फ़ारसी शब्दों की बहुतायत होने लगी। नतीजा यह निकला कि न हिन्दी ही सहज रही, न उर्दू ही। दोनों जैसे होड़ लेने लगीं, बनाव-शृंगार करके। बाह्य क्रिया में समानता थी, मगर मन में दूरी निरन्तर बढ़ती रही। उस समय उर्दू मुसलमानों की ज़बान और हिन्दी हिन्दुओं की ज़बान जैसा कोई भेद न था। अगर यह भेद होता, तो प्रेमचन्द की तालीम उर्दू में क्योंकर होती? मुसलमानों को हिन्दू समाज की कहानियों से क्या सरोकार? दोनों ज़बानों में दूरियाँ बढ़ रही थीं की अपेक्षा बढ़ाई जा रही थीं, कहना ज़्यादा मुनासिब होगा। नतीजा यह निकला कि उर्दू रिसालों की माँग घटने लगी और हिन्दी रिसालों की माँग बढ़ने लगी। प्रेमचन्द को लगा कि हिन्दी में लिखें तो आर्थिक तंगी दूर होगी। ठीक इसी वक़्त उनका बस्ती पहुँचना, मन्नन द्विवेदी 'गजपुरी' का साथ मिलना उनकी हिचक को दूर करता है और वे हिन्दी की

ओर मुख़ातिब होते हैं। कहते हैं न कि दूर के ढोल सुहावन। इस वक़्त के प्रेमचन्द के ख़तों पर अगर निगाह डालें, तो पाएँगे कि प्रेमचन्द उत्साह से लबरेज हैं। ख़ूब लिख रहे हैं, उर्दू-हिन्दी दोनों में, मगर हिन्दी में पहले छपने को तरजीह दे रहे हैं। हिन्दी, (तत्सम प्रधान) के लिए अभी वे नए हैं, मगर ख़ूब लिख रहे हैं। हिन्दी में आने का शुरुआती अनुभव भी तो बहुत अच्छा रहा है। जुलाई 1914 में प्रेमचन्द बस्ती आए और 4 सितम्बर, 1914 को 'ज़माना' सम्पादक को लिखते हैं, ''प्रताप के इसरार से मजबूर होकर एक मुख़्तसर-सा क़िस्सा हिन्दी में उसके विजयदशमी नम्बर के लिए लिखा है। हिन्दी लिखनी तो आती नहीं मगर कुछ क़लम तोड़-मोड़ दिया है।''[3] प्रेमचन्द के इस दौर के ख़तों को पढ़ने से लगता ही नहीं है कि यह उर्दू है। इसका मतलब है कि उनके ख़त उर्दू और हिन्दी से अलग कोई तीसरी ज़बान में हैं, क्योंकि इनमें न तो अरबी-फ़ारसी शब्दों की प्रधानता है, न तत्सम शब्दों की। हिन्दी भाषा से एक मतलब देवनागरी लिपि से भी है। वैसे 'प्रताप' के लिए लिखे क़िस्से और उसके छपने का कोई प्रमाण नहीं मिलता, मगर एक नई राह खुलने का हौसला दिखाई देता है। जून 1915 के आस-पास 'प्रेम पचीसी' भाग-1 प्रकाशित हुआ, जिसके प्रकाशन में लगभग दो साल का वक़्त लगा, जबकि यहाँ साल-सवा साल में ही हिन्दी में उनसे कहानियों की माँग होने लगी। जून 1915 के आस-पास 'प्रेम पचीसी' भाग-1 छपी और जुलाई-सितम्बर में उसका हिन्दी तर्जुमा छपने की बात चलने लगी। ऐसे में किसी भी लेखक के हौसले को समझना मुश्किल नहीं है। वही हौसला 1 सितम्बर, 1915 के ख़त में लिखवाता है, जिसमें उर्दू के प्रति दर्द भी है। यानी, इतने सालों तक जिसके साथ रहा उसने क़द्र न समझी। ''हिन्दी तर्जुमे के लिए कई जगह से इसरार हुआ है और मैं ख़ुद ही इस काम को हाथ में लूँगा। अब हिन्दी लिखने की मश्क़ भी कर रहा हूँ। उर्दू में अब गुज़र नहीं है। यह मालूम होता है कि बालमुकुन्द गुप्त मरहूम की तरह मैं भी हिन्दी लिखने में ज़िन्दगी सर्फ़ कर दूँगा। उर्दूनवीसी में किस हिन्दू को फ़ैज़ हुआ जो मुझे हो जाएगा।''[4] दरअसल, प्रेमचन्द जिसे 'हिन्दी' कह रहे हैं, वह देवनागरी लिपि है। वे देवनागरी लिपि लिखने की मश्क़ कर रहे हैं। रही बात 'किस हिन्दू को फ़ैज़ हुआ जो मुझे हो जाएगा' की। यह उर्दू-हिन्दी ज़बान की बढ़ती दूरी और संकुचितता का शिकार महसूसते आदमी की पीड़ा है, न कि आर्यसमाजी वृत्ति। प्रेमचन्द आर्य समाज के सदस्य उसकी सुधारवादी नीतियों के कारण बने थे, न कि वेदान्त में आस्था के कारण। ये सुधारवादी प्रवृत्तियाँ प्रेमचन्द के शुरुआती लेखन में दिखलाई देती हैं। यह पीड़ा अपनों के द्वारा तिरष्कृत किए जाने की पीड़ा है। यह पीड़ा शायद अभिव्यक्ति न पाती, अगर उन्हें हिन्दी की राह न मिलती।

हौसले से लबालब प्रेमचन्द 2 अक्टूबर, 1915 को लिखते हैं, ''मैं हिन्दी में भी

लिख रहा हूँ। सरस्वती को एक मज़मून दिया। प्रताप के लिए लिखा। इसलिए ज़्यादा काम करने से माज़ूर हूँ।...प्रेम पचीसी को हिन्दी में भी लिख रहा हूँ।''[5] और 13 अक्टूबर, 1915 को एक क़िस्सा ख़िदमत में पेश कर देते हैं। इतना ही नहीं दसहरे की छुट्टी में एक मज़मून लिखने का वादा भी करते हैं। सन् 1915 में प्रेमचन्द की कम-से-कम छह कहानियाँ छपी हुई मिलती हैं, दीगर मज़ामीन अलग। यह सब देवनागरी लिखने की मश्क़ और नौकरी करते हुए किया जा रहा है। 'प्रेम पचीसी को हिन्दी में भी लिख रहा हूँ' यह कोशिश थी, मगर अब इरादा बदल गया। कौन जाने यह काम बोरियतवाला था इसलिए, या समय की कमी के कारण। ''क़िस्से लिख रहा हूँ। ज्यों ही तैयार हो गए भेजूँगा। अभी तक हिन्दी मज़मूआ तैयार नहीं हुआ है। यह क़िस्से पहले-पहल हिन्दी में निकलेंगे। इसके बाद उर्दू में भी। अभी इन्हें छाप देने से इनका नयापन जाता रहेगा। कोशिश कर रहा हूँ कि अपनी और कहानियाँ भी तर्जुमा कराके छापूँ। एक साहब रुपया लगाने के लिए तैयार हैं।''[6] साफ़ है कि यहाँ हिन्दी को तरजीह दी जा रही है, मगर प्रेमचन्द की तीन कहानियाँ 1918 तक पहली बार हिन्दी में छपीं; वह भी एक ही पत्रिका 'सरस्वती' में। 'सौत' दिसम्बर 1915, 'सज्जनता का दंड' मार्च 1916 और 'बलिदान' मई 1918 में छपी थी। इन कहानियों के उर्दू-हिन्दी रूपों का मिलान किया जाना चाहिए। वैसे उपर्युक्त पंक्तियों में इसका संकेत है कि उर्दूरूप लिखा जा चुका है, मगर हिन्दीरूप तैयार होना बाक़ी है। प्रेमचन्द ख़ूब उत्साह में हैं, क्योंकि आय का जैसे दरवाज़ा खुल गया है, मगर जब हिन्दी में भी कुछ साल गुज़ार लेते हैं, तो उर्दू जैसा ही पाते हैं। 26 दिसम्बर, 1934 को इन्द्रनाथ मदान को लिखते हैं, ''जहाँ तक आर्थिक सफलता की बात है, हिन्दी या उर्दू में यह जिन्स ढूँढ़े से नहीं मिलती। आप बदनाम हो सकते हैं पर आर्थिक रूप से स्वतन्त्र किसी प्रकार नहीं।''[7]

1920 तक प्रेमचन्द की कुल दस कहानियाँ हिन्दी में छपी समाने आती हैं। इनमें से छह कहानियों के हिन्दी-उर्दू दोनों में समानान्तर नहीं, तो आस-पास छपने का क़िस्सा सामने आता है।

उर्दू शीर्षक	*हिन्दी शीर्षक*	*उर्दू पत्रिका*	*हिन्दी पत्रिका*
1. पंचायत	पंच परमेश्वर	'ज़माना', मई-जून 1916	'सरस्वती', जून 1916
2. ईमान का फ़ैसला	ईश्वरीय न्याय	'आज़ाद', जुलाई 1917	'सरस्वती', जुलाई 1917
3. दुर्गा मन्दिर	दुर्गा का मन्दिर	'ज़ख़ीरा', नवम्बर 1917	'सरस्वती', दिसम्बर 1917
4. राहे ख़िदमत	सेवा मार्ग	'ज़माना', जून 1918	'स्वदेश', फ़रवरी 1919
5. इसलाह	पशु से मनुष्य	'कहकशाँ', जनवरी 1920	'स्वदेश', फ़रवरी 1920
6. मेहरे पिदर	पुत्र प्रेम	'ज़माना', जुलाई 1920	'सरस्वती', जून 1920

जाफ़र रज़ा 'ईश्वरीय न्याय' का हिन्दी शीर्षक 'ईश्वरी नियम'[8] लिखते हैं। अमृतराय को 'पशु से मनुष्य' के छपने के काल का पता है, मगर स्थान का नहीं। 'राहे ख़िदमत' को छोड़कर बाक़ी कहानियाँ हिन्दी-उर्दू में लगभग एक साथ छपी हैं। अमृतराय हिन्दी को तवज्जो देते हैं और जाफ़र रज़ा उर्दू को। मसलन, जाफ़र रज़ा 'पंचायत' को उर्दू में पहले छपा मानते हैं, जबकि अमृतराय हिन्दी में। कला की दुनिया में सर्वश्रेष्ठ रूप को अहमियत दी जाती है। ये कहानियाँ कहाँ पहले छपीं महत्त्वपूर्ण नहीं है, कौन-सा रूप श्रेष्ठ है, महत्त्वपूर्ण है। हमें यह नहीं भूलना चाहिए कि इस दौर में प्रेमचन्द उर्दू के मँजे हुए रचनाकार थे, जबकि हिन्दी में अभी लिखने की मश्क़ कर रहे थे। इन कहानियों को अगर उन्होंने दूसरों से तर्जुमा न कराकर ख़ुद ही किया हो, तो भी हिन्दीरूप में भाषा का कच्चापन दिखलाई देता है। इतना ही नहीं, ऐसा भी लगता है कि उर्दूरूप पर प्रेमचन्द ने फिर से काम किया है। ऐसा इसी दौर में नहीं है, आगे भी हुआ है। मसलन, 'ईदगाह', 'शतरंज की बाज़ी', 'बड़े भाई साहब', 'मन्तर' आदि। मुझे लगता है कि अगर छपने की गुंजाइश होती, (दोनों लिपियों में) तो प्रेमचन्द 'हिन्दी भाषा' (तथाकथित) सीखने की कोशिश ही नहीं करते, क्योंकि वे उर्दू-हिन्दी को दो भाषा मानते ही न थे, महज़ लिपियों के अन्तर के कारण दो भाषाएँ होने को क़रार देते थे। प्रेमचंन्द की हिन्दी कैसी थी और उर्दू कैसी के चक्कर में पड़ने की जगह प्रेमचन्द की कलात्मकता-सोच को अहमियत दी जाए, यही हमारे ज़्यादा काम की हैं। 'सेवा सदन', 'बाज़ारे हुस्न' का तर्जुमा है। मान लेते हैं कि यह तर्जुमा प्रेमचन्द ने ही किया है। सोच और कलात्मक ख़ूबियों के माहिर प्रेमचन्द जब सिखाऊ भाषा में काम करेंगे, तो एक नए आदमी को जो दिक़्क़तें पेश आती हैं, उन्हें भी आएँगी। मसलन, एक कहानीकार को फ़ोटोग्राफ़ी करने के लिए कैमरा दे दिया जाए, तो वह वैसी फ़ोटो नहीं खींच पाएगा, जैसी वह शब्द-चित्र के माध्यम से प्रस्तुत कर देता है।

इस प्रकार यह ज़रूरी हो जाता है कि प्रेमचन्द ने जो चीज़ बनाई है, उसका श्रेष्ठतम रूप हिन्दी-उर्दू, दोनों में रहे। यह खोजना कठिन काम नहीं है, मगर अकेले के वश का भी नहीं है। कारण कि हिन्दी के जानकार के पास जब उर्दूरूप आता है, तो वह हिन्दीरूप से ज़्यादा बेहतर लगता है और उर्दू के जानकार के पास जब हिन्दीरूप आता है, तो उसे हिन्दीरूप ज़्यादा बेहतर लगता है। दूसरी ज़बान की बारीक़ियों की अनभिज्ञता के कारण ऐसा होता है। दुनिया में कोई भी ऐसा रचनाकार नहीं हुआ कि जिसकी रचना में भाषायी ख़ामियाँ न हों। ये ख़ामियाँ कई बार अज्ञानतावश आती हैं, तो कई बार कलात्मक योजना के तहत। मसलन, जाफ़र रज़ा साहब को यहाँ परिवर्तन तो दिखता है, मगर "भाव या अभिव्यक्ति में कोई अन्तर नहीं आया है"[9] लगता है। उन्हीं का उदाहरण यहाँ प्रस्तुत है :

''पर यह आघात तो उस मर्मस्थल पर था, जहाँ जीवन की सम्पूर्ण प्रेरणा संचित थी।''

''पर यह चोट तो उस नाज़ुक जगह पर थी, जहाँ ज़िन्दगी की सारी रगबतों का इजतमाअ था।''

इसमें मुझे 'सम्पूर्ण प्रेरणा' की जगह 'सारी इच्छाएँ' सहज और अर्थवान लगता है। 'प्रेरणा' और 'इच्छा' में काफ़ी फ़र्क़ है। दोनों हिन्दी शब्द हैं। इसी तरह–

''मालती ने अभी तक मुझे आकर्षित नहीं किया।''

''मालती ने अभी मुझे राग़िब नहीं किया।''

में उन्हें 'राग़िब का अनुचित प्रयोग' लगता है। कोश में 'राग़िब' के कई अर्थों में से एक 'आकर्षित' भी है। ''एक अन्य स्थल पर 'रग़बत' का अस्वाभाविक प्रयोग भी देखिए[10] :

''पर अपने घरवालों और बिरादरी के इस अत्याचार ने इस विराग को प्रचंड अनुराग का रूप दे दिया।''

''मगर अपने घरवालों और बिरादरी की इस ज़्यादती ने इस नफ़रत को गहरी रग़बत में तब्दील कर दिया।''

उर्दू पर अच्छी पकड़ होने के कारण ही रज़ा साहब की निगाह 'रग़बत' पर पड़ी, 'प्रचंड अनुराग' पर नहीं। 'अत्याचार' के विरुद्ध 'विराग' पैदा नहीं होता, 'नफ़रत' पैदा होती है। 'विराग' का मतलब है, 'उदासीन'। 'ना काहू से दोस्ती, ना काहू से बैर' की स्थिति। प्रेमचन्द एक मनोवैज्ञानिक सत्य को सामने ला रहे हैं। किसी भी व्यक्ति का अत्यधिक विरोध उसके पक्ष में ले जा पटकता है। 'ज़्यादती' (अति + आचार) ने नफ़रत के भाव को अनुराग (रग़बत) में तब्दील कर दिया। 'प्रचंड' शब्द कठोरता के भाव में आता है, जबकि 'अनुराग' कोमल भाव है। 'रूप दे दिया' की अपेक्षा 'तब्दील कर दिया' ज़्यादा सहज और बिम्बात्मक है। अब 'रग़बत'। इसका अर्थ है, चाह, इच्छा, प्रवृत्ति, रुचि। 'गहरी रग़बत' यानी, 'गहरी चाह' में। क्या कमी है इसमें? इस कथन का उर्दूरूप हिन्दीरूप की अपेक्षा ज़्यादा अर्थवान और कलात्मक है।

यहाँ उपर्युक्त उदाहरणों के माध्यम से यह साबित करने की कोशिश है कि प्रेमचन्द के उर्दू-हिन्दी पाठ पर अकेले काम करने पर व्यक्तिगत रुचि और समझ की सीमाओं के कारण प्रेमचन्द के साथ न्याय होना मुश्किल है। यह काम तभी प्रामाणिक और न्यायसंगत हो सकेगा, जब हिन्दी-उर्दू के कुछ साहित्य मर्मज्ञ दोनों पाठों को साथ लेकर बैठें। आपस की चर्चा से वैयक्तिकता का दबाव हटेगा और असल के प्रेमचन्द हमारे सामने आ सकेंगे।

नामवर सिंह 28 अप्रैल, 2002 को भोपाल में दिए गए व्याख्यान में कहते हैं,

"उर्दू कहानी की पहचान बहुत साफ है। हिन्दुस्तान की जुबानों में कहानी आप ट्रांसलेट करें या अनुवाद कर दें फिर भी बगैर भ्रम के आप कह सकते हैं कि यह कहानी उर्दू की है। उस कहानी का अपना स्वरूप है, चरित्र है, किस्सागोई का अन्दाज है...आप देखें, उर्दू कहानी का जो विशिष्ट, अब भी मुझे लगता है कि कुल मिला करके तादात कितनी भी लिखी हो, प्रेमचन्द को उर्दू में ही शामिल कीजिए, हिन्दी में मत रखिए। बहुत-सी कहानियों का हिन्दी में उन्होंने बाद में लेखन किया है। मूल कहानी तो उर्दू में लिखी थी, 'कफ़न' भी लिखी थी, 'शतरंज के खिलाड़ी' भी लिखी थी। कई कहानियाँ लिखी थीं।"[11] "...सौ साल में हिन्दी कहानी ने लम्बा सफर ही तय नहीं किया है बल्कि दुनिया में बेहतरीन कहानियाँ अगर चुनी जाएँगी और प्रेमचन्द को उर्दू के खाते में अब डाल भी देंगे तो उसके बावजूद... ।"[12] नामवरजी की कथन-भंगिमा में दर्द है। वे समझ रहे हैं कि प्रेमचन्द को उर्दू में डाला जा रहा है। लगता है कि 'पहल' जनवरी-फ़रवरी 2002 उनकी निगाह से गुज़रा है, जिसमें 'कफ़न' और प्रेमचन्द से सम्बन्धित मेरा एक ख़त छपा था। उस ख़त की चिन्ता और दर्द को नामवरजी नज़रअन्दाज़ कर गए। इसी लेख में उन स्थितियों की छानबीन करने की कोशिश की गई है, जिन स्थितियों से प्रेमचन्द जूझ रहे थे। यह भी कहा गया है कि अगर दो लिपियों में छपने की व्यवस्था होती, तो प्रेमचन्द क़तई अनुवाद न कराते। उस वक़्त जिसे उर्दू कहा जा रहा था, प्रेमचन्द वह भाषा भी नहीं लिख रहे थे। चूँकि फ़ारसी लिपि जानते थे, इसलिए उर्दू में छपते थे। असल में, प्रेमचन्द की भाषा तत्कालीन उर्दू-हिन्दी के बीच की भाषा है, जिसे 'हिन्दुस्तानी' कहा जा सकता है। प्रसाद की हिन्दी से प्रेमचन्द की ज़बान का कोई ताल-मेल बैठता है? यही कारण है कि प्रेमचन्द न तो उर्दू के किसी साहित्यिक सम्मान से नवाजे गए, न हिन्दी के। आज की हिन्दी प्रेमचन्द की ज़बान का ही विकसित रूप है, न कि तत्कालीन हिन्दी का। क्या आज की हिन्दी में दूसरी ज़बान, विशेषकर अरबी-फ़ारसी शब्दों के प्रयोग से कोई गुरेज़ है? इसलिए प्रेमचन्द को उर्दू के खाते में डालना बेमानी होगा। फिर तो यह मान लेना होगा कि आज की हिन्दी राजा लक्ष्मण सिंह की हिन्दी का विकास है। उर्दू में छपी प्रेमचन्द की रचनाओं का अगर भाषावैज्ञानिक अध्ययन किया जाए, तो हम पाएँगे कि उसमें हिन्दी के तौर-तरीक़े ज़्यादा हैं। उनकी भाषिक संरचना हिन्दुस्तानी प्रकृति की है। वह भी पूर्वी उत्तर प्रदेश की।

नामवरजी का उपर्युक्त कथन, 'बहुत-सी कहानियों का हिन्दी में उन्होंने बाद में लेखन किया' भ्रम है। प्रेमचन्द की कई कहानियाँ बाद में उर्दू में लिखी गईं। दरअसल, कुछ कहानियाँ, मिसाल के तौर पर 'बड़े भाई साहब'। हिन्दीरूप प्रेमचन्द के द्वारा लिखा गया पहला ड्राफ़्ट लगता है, जिसमें उर्दू शब्दों का निस्संकोच इस्तेमाल हुआ

है। उर्दूरूप इसी का बाद का लिखा हुआ मसौदा लगता है। इसीलिए वह ज़्यादा चुस्त-दुरुस्त और असरदार है। आज की मुख्य धारा की कहानियाँ प्रेमचन्द की कहानियों का तो विकास हैं ही, भाषा भी है। 'ईदगाह', 'बड़े भाई साहब', 'कफ़न', 'पूस की रात' आदि कहानियों में प्रयुक्त अरबी-फ़ारसी शब्दों की जगह हिन्दी के प्रचलित शब्द रख दीजिए और देखिए कि वह कौन-सी हिन्दी है। हिन्दी पाठ्यक्रमों में इन कहानियों का कच्चा रूप है, जिसे पढ़कर हम वाह-वाह कर लेते हैं। 'नमक का दारोग़ा', जिसकी मूल संवेदना को ही अनुवादक महोदय ने अनजाने ही बदल दिया है, को पढ़-पढ़ाकर हम अगली पीढ़ी को क्या गुमराह नहीं कर रहे, इसके कारण कि प्रेमचन्द उर्दू में चले जाएँगे!

आइए, भाषा-सम्बन्धी प्रेमचन्द के विचार देखे जाएँ। ''और यह सारी करामात फ़ोर्ट विलियम की है जिसने एक ही ज़बान के दो रूप मान लिए। इसमें भी उस वक़्त कोई राजनीति काम कर रही थी या उस वक़्त भी दोनों ज़बानों में काफ़ी फ़र्क़ आ गया था, या यह हम नहीं कह सकते। लेकिन जिन हाथों ने यहाँ की ज़बान के उस वक़्त दो टुकड़े कर दिए, उसने हमारी क़ौमी ज़िन्दगी के दो टुकड़े कर दिए।''[13] आगे चलकर राष्ट्र के दो टुकड़े कर दिए। 'उस वक़्त भी' इस बात की ओर संकेत कर रहा है कि इस वक़्त 'दोनों ज़बानों में काफ़ी फ़र्क़ आ गया है।' यह 'काफ़ी फ़र्क़' कैसा है? '' 'हिन्दी' शब्द से उर्दू को उतनी ही चिढ़ है जितनी 'उर्दू' से हिन्दी को है। और यह भेद केवल नाम का नहीं है। हिन्दी जिस रूप में लिखी जा रही है, उसमें संस्कृत के शब्द बेतकल्लुफ़ आते हैं। उर्दू जिस रूप में लिखी जाती है उसमें फ़ारसी और अरबी के शब्द बेतकल्लुफ़ आते हैं। इन दोनों का बिचला रूप हिन्दुस्तानी है, जिसका दावा है कि वह साधारण बोलचाल की ज़बान है, जिसमें किसी भाषा के शब्दों का त्याग नहीं किया जाता, अगर वह बोलचाल में आते हैं।''[14] प्रेमचन्द इसी भाषा में लिखते हैं, हाँ पूरी तरह नहीं। परिस्थितियों के दबाव से भला कोई मुक्त रह सका है? शतरंज की बाज़ी में मिर्ज़ा की बेग़म कहती हैं, ''नोज कोई तुम जैसा निर्मोहिया हो।'' 'निर्मोह' संस्कृत का शब्द है। 'इया' प्रत्यय लगकर देशज बन गया है। यानी, बोलचाल का शब्द है। इसी तरह यह मुहावरा भी वही बोलती है, 'रानी रूठेंगी, अपना सुहाग लेंगी।'' 'सुहाग' बेगम के मुँह से इसी मान्यता के तहत कहलवाया जा सका है। इसी के पहले बेगम से 'धुत्कारे' शब्द कहलवाते हैं। यह शब्द 'दुत' ध्वनि के अनुकरण पर बना है यानी, देशज। यथार्थ में प्रचलित दोनों भाषाएँ एक-दूसरे से दूर होती जा रही थीं, जबकि प्रेमचन्द दोनों को नजदीक लाने में लगे रहे। वे कहते हैं, ''...आज हिन्दुस्तान के पन्द्रह-सोलह करोड़ लोगों के सभ्य व्यवहार और साहित्य की यही भाषा है। हाँ, वह लिखी जाती है दो लिपियों में और उसी एतबार से हम उसे हिन्दी या उर्दू कहते हैं।

पर है वह एक ही। बोलचाल में तो उसमें बहुत कम फ़र्क़ है। हाँ, लिखने में वह फ़र्क़ बढ़ जाता है।"[15] प्रेमचन्द इसी मान्यता पर खरे उतरने की कोशिश करते हैं, मगर छपें कैसे? किसी-न-किसी लिपि में तो लिखना पड़ेगा। प्रेमचन्द की ज़्यादातर हिन्दी कहानियों में तत्सम शब्दों की भरमार है। मिलाइए, ज़रा उनके ख़तों से। इस प्रकार हमें हिन्दी-उर्दू के विवाद में न पड़कर प्रेमचन्द के उत्कृष्ट को पाठकों के सामने लाना चाहिए, अन्यथा प्रेमचन्द की मूल सम्वेदना, देखने का नज़रिया और कलात्मक सूझ से हम दूर ही रहेंगे। वर्तमान से जूझते हुए अटकाव या निराशा के समय हम अतीत से सूझ और प्रेरणा ग्रहण करते हैं। कई बार अपने क्रिया-कलापों को अतीत से तौलते हैं। उसके तारतम्य में जोड़ते हैं। अतीत की भ्रमयुक्त पहचान हमें ग़लत और खाई की ओर ले जाती है। 'पूस की रात' कहानी को सम्पादित किसने और क्यों किया? उर्दूरूप ज़्यादा वज़नदार है, या हिन्दीरूप? यह जानना ज़रूरी है और यही काम यहाँ किया गया है।

कोई भी आदमी महान होकर पैदा नहीं होता। वह अपने परिवेश-परिस्थितियों से जूझता हुआ अपनी संघर्षक्षमता को विकसित करता हुआ आगे बढ़ता है। वह परिस्थितियों के अधीन रहकर भी उनसे संघर्ष करके परिस्थितियों को भी बदलता है। शुरुआती दौर के प्रेमचन्द अपने पाठ, सुधारे हुए पाठ के प्रति बहुत गम्भीर हैं। वे 'ज़माना' सम्पादक को 10 दिसम्बर, 1913 को लिखते हैं, "प्रेम पचीसी के साढ़े चार जुज़्व मिले। मशकूर हूँ। सफ़ा 33 पर विक्रमादित्य के तेग़ेवाला हिस्सा ख़त्म हो गया है। मगर यह पहली बार इतना ही छपा था। मैंने दुबारा उसमें निहायत ज़रूरी इज़ाफ़ा कर दिया था। वह ज़माना के किसी नम्बर में छपा भी था, लेकिन इस किताब में वह इज़ाफ़ा किया हुआ हिस्सा नहीं है, जिससे क़िस्सा बिलकुल बे-सर-ओ-पा मालूम होता है।"[16] "मुझे बवापसी डाक मुत्तला फ़रमाइए कि विक्रमादित्य का वह आख़िरी टुकड़ा मिला या नहीं, ताकि वह हिस्सा मिलाने की फ़िक्र करूँ।"[17] अगले ख़त में लिखते हैं, "रनजीत सिंह के क़िस्से के मुताल्लिक़ मुझे भी यही मुनासिब मालूम होता है कि इतना हिस्सा अज़ सरे नौ छपवाकर चिपका दिया जाए। हाँ, मगर आप बराहे करम उस टुकड़े को तलाश करवा लीजिए क्योंकि जो हिस्सा मैंने बाद को मिलाया है वह ज़माना के किसी नम्बर में ज़रूर छप चुका है। अब मैं उसको इतनी ख़ूबसूरती से शायद न लिख सकूँ।"[18] आगे चलकर हम देखते हैं कि प्रेमचन्द नए-नए क़िस्सों-मज़ामीनों में इतने व्यस्त हैं कि उन्हें अपने ही लिखे को पढ़ने की फ़ुरसत नहीं मिलती। इसी ख़त में लिखते हैं, "इसलिए जब बाक़ी साढ़े चार जुज़ की किताबत ख़त्म हो जाए तो मुझे एक नज़र देखने का मौक़ा दीजिएगा ताकि जो कुछ ग़लतियाँ रह जाएँ उनकी तरमीम कर दूँ।"[19] मगर अब ऐसा मुमकिन नहीं, क्योंकि "सरस्वती ज़बान पर नहीं खोपड़ी पर सवार हैं। लक्ष्मी दरवाज़े पर नहीं बालाए बाम बैठी हुई

हैं। दाना दिखाता हूँ, बुलाता हूँ, पर उतरने का नाम नहीं लेतीं। क़िस्से मैं शायद लिखूँ या न लिखूँ, आजकल बाज़ारे हुस्न की सफ़ाई और नए नाविल की तसनीफ़ में बेहद मसरूफ़ हूँ।''[20] इसीलिए क़िस्से को साफ़ करने की फुरसत नहीं–''क़िस्सा भेज रहा हूँ। इसकी साफ़ कापी ज़खीरे को दी थी मगर ज़ख़ीरा ग़ालिबन् मर गया। ख़त भेजे थे, वह वापस आ गए। इस मज़मून को आप शाया कर दें। अब दुबारा लिखना गराँ गुज़र रहा है। अगर कातिब से ग़लतियाँ रह जाएँ तो मैं प्रूफ़ देख लूँगा।''[21] समय नहीं है। मन उपन्यास में लगा है। इसलिए समस्या को आगे ठेल रहे हैं। प्रूफ़ देखना आसान है, या देखकर दुबारा लिखना। काम की व्यस्तता का आलम देखिए, ''हिन्दी का आजकल बहुत काम करना पड़ता है। यह नाविल भी हिन्दी में छपेगा।''[22] ''हिन्दी रसायल के तकाज़ों के मारे नाक में दम हो रहा है।''[23] इसीलिए जनाब सय्यद मुनीर हैदर की मदद लेनी पड़ रही है। ''मैंने आस्कर वाइल्ड की एक दिलचस्प कहानी तर्जुमा कर ली है, शायद कल तक ख़त्म हो जाए। सय्यद मुनीर हैदर कुरैशी इसे साफ़ कर रहे हैं।''[24] काम की व्यस्तता ने उन्हें यह लिखने पर मजबूर किया, ''अगर इमसाल किताबें पेश करनी हैं तो अब तवक्क़ुफ़ की गुंजाइश नहीं है। एक नक़्क़ाल रख लीजिए और उससे मज़ामीन नक़ल कराते जाइए। एक किताब मुकम्मल हो जाए तो मुझे बुलाकर मुझसे मशवरा कर लीजिए। बस इस किताब की किताबत शुरू हो जाए, मज़ामीन की नौइयत आप को मालूम ही है।''[25]

प्रेमचन्द के ख़तों और काम की भरमार से यह छाप उभरती है कि प्रेमचन्द कभी-कभी हिन्दी में ही लिखकर पत्रिकाओं को भेज देते थे, मगर ज़्यादातर उर्दू में लिखते थे और किसी दूसरे से अनुवाद करवाते थे। ऐसा भी हुआ है कि जिस उर्दूरूप का हिन्दी में अनुवाद हुआ है, उर्दू पत्रिका में भेजते वक़्त उस पर फिर से काम किया गया है। 'ईदगाह', 'शतरंज की बाज़ी' और 'बड़े भाई साहब' कहानियाँ इसका प्रमाण हैं। इसीलिए यह ज़रूरी हो जाता है कि उनकी कहानियों के श्रेष्ठ रूप की तलाश की जाए और उसी को हिन्दी-उर्दू दोनों में रखा जाए। कुछ लोगों को प्रेमचन्द के कथन विरोधी लगते हैं, मगर ऐसा है नहीं। शुरुआती दौर में हिन्दी में लिखने की मश्क़ के तहत उत्साह में कहते हैं, ''हिन्दी तर्जुमे के लिए कई जगह से इसरार हुआ है और मैं ख़ुद ही इस काम को हाथ में लूँगा।''[26] ''मैं हिन्दी में भी लिख रहा हूँ।''[27] पहले में उत्साह से भरा इरादा है और दूसरे में अत्यन्त ख़ुशी। ''यह क़िस्से पहले पहल हिन्दी में निकलेंगे।''[28] यह इरादा बर नहीं आता। कुछ कहानियाँ हिन्दी में पहले आती हैं, कुछ उर्दू में और कुछ साथ-साथ। ऐसा क्यों होता है? सम्बन्धों का दबाव इसके आड़े आता है साथ ही आर्थिक तंगी। ध्यान से देखा जाए, तो हम पाएँगे कि प्रेमचन्द अपने लक्ष्य में कामयाब होते हैं। हाँ, पूरी तरह नहीं। हिन्दी-उर्दू, दोनों एक ही ज़बान हैं, मगर लिपियाँ दो। दोनों लिपियों में उनकी रचना पहुँचती है, हाँ, ज़बान में हेर-फेर

के साथ। तत्कालीन समाज में यह हेर-फेर एक मजबूरी थी। आज जब ऐसी कोई मजबूरी नहीं है, तो क्यों न उनकी मूल और असल ज़बान को जाना-पहचाना जाए। हिन्दी से उर्दू में तर्जुमा कुरैशी साहब कर रहे हैं, ''वाक़या यह है कि मैंने हिन्दी से ख़ुद तर्जुमा नहीं किया है। मेरे एक नार्मल स्कूल के दोस्त मुंशी मुनीर हैदर साहब कुरैशी हैं, उन्हीं से करा लिया है। अब बक़िया हिस्सों का तर्जुमा मैं ख़ुद करूँगा। तब जो खामियाँ होंगी वह ज़रूर निकाल दूँगा। ज़बान के लिहाज से किसी को हर्फ़गीरी का मौक़ा न दूँगा।''[29] अगर 'ज़माना' सम्पादक ने ध्यान न दिलाया होता, तो तर्जुमा जस-का-तस छप जाता। 'बक़िया' शब्द 'बाक़ी' का देशजीकरण है। किसी उर्दू दाँ को यह ग़लत लग सकता है। जबकि यह क़िस्सा, जो 'ज़माना' को भेजा जा रहा है, वह मसौदा है, जिससे हिन्दी तर्जुमा किया गया–''यह क़िस्सा ज़माना के लिए लिखा है। पसन्द आए तो दे दीजिएगा। इसमें कहीं अल्फ़ाज़ Underlined नज़र आएँगे। वह हिन्दी मुतर्जिम ने बनाए हैं। उनके कुछ मानी नहीं हैं।''[30] यह तर्जुमा किसी दूसरे व्यक्ति ने किया है। जबकि यह तर्जुमा ख़ुद प्रेमचन्द ने। यह मसौदा भी उर्दू में ही लिखा गया है, ''दर्स का हिन्दी तर्जुमा कर लूँ तो भेजूँ। अभी तीन-चार दिन की कसर है।''[31] मगर इसी ख़त में आगे लिखते हैं, ''हज़रत सेहर ने 'रंगभूमि' का उर्दू तर्जुमा कर दिया, मगर मुआवज़ा हिन्दी सफ़हात पर ॥) फ़ी सफ़ा माँगते हैं, यानी कुल 465)।''[32] ''क्या यह हो सकता है कि आप मेरे पास एक-एक जिल्द भेजते जाएँ और मैं उसका तर्जुमा करा के लौटाता जाऊँ। या एक-दूसरी सूरत यह है कि जगमोहनजी दीक्षित से कहूँ कि वह आपके यहाँ से फ़ाइल लेकर मज़ामीन का तर्जुमा करके मेरे पास भेजते जाएँ। अगर वह आमादा न हुए तो फिर आपको फ़ाइलें मुझे आरियतन् देनी पड़ेंगी।''[33] यह फ़ाइल 'सवानही मज़ामीन' की फ़ाइल है, जिसे तर्जुमा कराकर हिन्दी में शाया करना चाहते हैं। इन वाक्यों से यह साबित होता है कि प्रेमचन्द उर्दू से हिन्दी और हिन्दी से उर्दू, दोनों में तर्जुमा करवाते थे। इसीलिए प्रेमचन्द जितना उर्दू के हैं, उतना ही हिन्दी के भी। इसीलिए असल रचना की तलाश ज़रूरी हो जाती है।

प्रेमचन्द की उस स्थिति का अन्दाज़ा लगाना मुश्किल नहीं है कि हिन्दी-उर्दू के सम्पादक अपने रिसाले में उनकी रचना चाहते ही चाहते थे। प्रेमचन्द क्या करते? वे एक ही रचना को दोनों जगह भेज देते थे। इसीलिए कई रचनाएँ उर्दू-हिन्दी दोनों में साथ-साथ आई हैं। प्रेमचन्द की रचना का रिसाले में छपना, उस रिसाले की साख बढ़ना था। इसकी छानबीन की जानी चाहिए कि कितने रिसालों ने प्रेमचन्द की रचनाओं को तर्जुमे के रूप में छापा। प्रेमचन्द अपनी ओर से साफ़-पाख हैं। देखिए, ''मिस्टर मूँगिया के ख़त का जवाब दे दिया है। एक क़िस्सा आपके लिए लिखा था। वही वहाँ भेज दूँगा। आपके वहाँ भी वही शाया हो जाएगा। ग़ालिबन्

इसमें आप कोई हर्ज न समझेंगे।"[34] दोनों का दबाव है। रचना केवल एक ही है। अब, अगर 'ज़माना' सम्पादक 'कोई हर्ज' समझते हैं, तो न छापें। "मजमून आज की डाक से रवाना करता हूँ। हिन्दी में छप चुका है। शबाबवालों का सख़्त तक़ाज़ा था। मगर अब वहाँ जवाब लिख दूँगा। आप उसे शाया कर दें।"[35] शायद 'ज़माना' सम्पादक ने 'फ़लसफ़ी की मुहब्बत' (त्यागी का प्रेम) की बाबत ताज्जुब का इज़हार किया था, "जिस मजमून का आप ज़िक्र फ़रमाते हैं वह पहले बनारस के मर्यादा में निकला था। उसके बाद हज़ारदास्ताँ में शाया हुआ। इसके मुताल्लिक़ आपने ताज्जुब का इज़हार क्यों किया।"[36] प्रेमचन्द ऐसा इसलिए पूछ रहे हैं, क्योंकि 'ज़माना' सम्पादक इन चीज़ों से वाक़िफ़ हैं। उपर्युक्त कहानी 'हज़ारदास्ताँ' और 'मर्यादा', दोनों में नवम्बर 1921 में शाया हुई थी। 'उसके बाद' का मतलब यह है कि प्रेमचन्द ने 'हज़ारदास्ताँ' में यह क़िस्सा बाद में भेजा था। 'मूठ' कहानी भी इसी तरह 'ज़माना' और 'मर्यादा' के जनवरी 1922 अंक में छपी थी। पत्रिकाओं के अंक की छानबीन करते वक़्त इस बात को भी ख़याल में रखना चाहिए कि पत्रिकाएँ कई बार समय से नहीं निकलतीं, मगर पत्रिका के अंक का नम्बर और समय का अंकन शृंखला के अनुरूप होता है। 'शतरंज की बाज़ी' कहानी 'शतरंज के खिलाड़ी' से ज़्यादा कलात्मक है। उर्दूरूप बाद में दुरुस्त करके भेजा गया है, इसका प्रमाण यह है कि यह कहानी 'ज़माना' के किसी अंक में छपी थी, अक्टूबर 1924 से मई-जून 1925 के बीच। "दूसरा मज़मून मालूम नहीं किसका लिखा हुआ है। मगर कोई लखनवी साहब हैं। एतराज़ उनके बिलकुल ठीक हैं, लेकिन उन्होंने क़िस्से का असली मंशा न समझकर उन जुज़यात से बहस की है जिन पर रोशनी डालना मेरा इरादा न था। देखने की बात सिर्फ़ इतनी है कि उस वक़्त लखनवी रऊसा की यह Mentality थी या नहीं जिसका मैंने ज़िक्र किया है। बस।"[37] "मेरा वह ज़माना जिसमें शतरंज के खिलाड़ी शाया हुआ था गुम हो गया है। बराहे करम वह नम्बर मेरे पास फिर से भिजवा दीजिए।"[38] यहाँ 'शतरंज की बाज़ी' की जगह हिन्दी का शीर्षक ही उनके ध्यान में है। प्रेमचन्द के साथ ऐसा होता है। 'मूठ' की जगह 'मोठ'[39], 'दस्ते ग़ैब' की जगह 'तक़दीर'[40] लिखते हैं। 'मन्तर' कहानी भी 'मन्त्र' के बाद दुरुस्त करके रिसाले को भेजी गई। प्रेमचन्द ख़ुद केशोराम सब्बरवाल को लिखते हैं, "हाँ, कहानी का 'ज़माना' वाला रूप 'विशाल भारत' के बाद लिखा गया था।"[41] 'ज़माना' के फ़रवरी 1928 और 'विशाल भारत' के मार्च 1928 अंक में छपी। बाद में लिखा हुआ पहले छपा और पहले लिखा हुआ बाद में। पत्रकारिता की दुनिया में ऐसा होता ही रहता है। इसलिए छपने के काल पर ही निर्भर होना, हक़ीक़त से दूर होना होगा। सब्बरवाल साहब को लिखे ख़त में प्रेमचन्द स्वीकारते हैं कि उर्दू भाषा और उसकी अभिव्यक्ति पर उनकी पकड़ हिन्दी

की अपेक्षा ज़्यादा है–''साहित्यिक भाषा उर्दू अधिक लचीली और मँजी हुई होने के कारण उसने मुझे इतना आकृष्ट किया है कि मैं अपनी छोटी कहानियों के लिए उसको अपनाऊँ और आप उनके उर्दूवेश में उनका अधिक रस पाएँगे।''[42] प्रेमचन्द ने सारी ख़ूबी उर्दू भाषा पर डाल दी। अपने आपकी महत्ता को नकार दिया। यह है बात करने का अन्दाज़।

प्रेमचन्द किस तरह तत्सम और कठिन अरबी-फ़ारसी से बचते थे और बोलचाल की भाषा को महत्त्व देते थे, उसे भी जाना जा सकता है, ''एक तरफ़ यह ख़याल कि संस्कृत अल्फ़ाज़ न आने पाएँ। इसके साथ फ़ारसी के ग़ैर-मानूस अल्फ़ाज़ से मोतरिज़ रहने का ख़याल।''[43] ''हाँ ज़बान की फ़साहत मेरे इमकान में नहीं।''[44]

जिस तरह से अमृतराय का काम महत्त्वपूर्ण है, उसी तरह जाफ़र रज़ा का भी काम महत्त्वपूर्ण है। बावजूद इसके दोनों में ख़ामियाँ हैं। अमृतराय की ख़ामियों को जाफ़र रज़ा ने अपनी किताब में जगह-जगह दर्ज किया है। इसलिए उनकी भूलों की ओर यहाँ इशारा भर किया जा रहा है, केवल इसलिए कि पाठक जानें कि यह काम श्रमसाध्य ही नहीं, समय और साधन की भी माँग करता है। जाफ़र रज़ा साहब ने 'कहकशाँ' के जनवरी 1920 अंक में तीन कहानियों का पहली बार छपना बतलाया है, जो सन्देहास्पद है। कहानियाँ हैं–'अश्के नदामत'[45], 'इसलाह'[46] और 'बाँसुरी'[47]। इस किताब में छपाई की बहुत भूलें हैं। इसी तरह 'समक्ष' के लिप्यन्तर में छपाई के साथ-साथ लिप्यन्तर की भी भूले हैं। ये भूलें पाठकों को उलझन में डालने के साथ-साथ गुमराह भी करती हैं।

इस प्रकार हम पाते हैं कि प्रेमचन्द 1920 के बाद हिन्दी में भी लिखते थे और उर्दू में भी। उनकी कहानियाँ हिन्दी से भी अनूदित हुई हैं और उर्दू से भी। प्रेमचन्द ने ख़ुद भी अनूदित किया है और दूसरों से भी करवाया है। इसीलिए प्रेमचन्द हिन्दी-उर्दू दोनों के हैं, ठीक कबीर की तरह। इसीलिए यह ज़रूरी हो जाता है कि दोनों ज़बानों के कच्चे मसौदे से प्रेमचन्द की पहचान न की जाए, बल्कि दोनों ज़बानों में उनका जो कुछ प्रौढ़, श्रेष्ठ और अन्तिम मसौदा हो, वही दोनों ज़बानों में प्रामाणिक मानकर उन्हें ही पाठ्यक्रमों में रखा जाए। प्रौढ़, श्रेष्ठ और अन्तिम मसौदे की पहचान का काम मुश्किल ज़रूर है, मगर नामुमकिन नहीं।

सन्दर्भ

1. 'प्रेमचन्द : चिट्ठी पत्री', भाग-1, पृ. 46
2. वही, पृ. 50
3. वही, पृ. 36

4. वही, पृ. 46
5. वही, पृ. 49
6. वही, पृ. 50
7. 'प्रेमचन्द : चिट्ठी पत्री', भाग-2, पृ. 237
8. 'प्रेमचन्द : उर्दू-हिन्दी कथाकार'—जाफ़र रज़ा, पृ. 111
9. वही, पृ. 277
10. वही, पृ. 278-79
11. 'वसुधा', अप्रैल-जून 2002, पृ. 78
12. 'वसुधा', अप्रैल-जून 2002, पृ. 80
13. 'कलम का सिपाही'—अमृतराय, पृ. 588
14. वही, पृ. 592
15. वही, पृ. 588
16. 'प्रेमचन्द : चिट्ठी पत्री', भाग-1, पृ. 26
17. वही, पृ. 26-27
18. वही, पृ. 27
19. वही, पृ. 27
20. वही, पृ. 89
21. वही, पृ. 91
22. वही, पृ. 97
23. वही, पृ. 99
24. वही, पृ. 96
25. वही, पृ. 178
26. वही, पृ. 46
27. वही, पृ. 49
28. वही, पृ. 50
29. वही, पृ. 150
30. वही, पृ. 173
31. वही, पृ. 155
32. वही, पृ. 155
33. वही, पृ. 160
34. वही, पृ. 66
35. वही, पृ. 107
36. वही, पृ. 130
37. वही, पृ. 152
38. वही, पृ. 159
39. वही, पृ. 119
40. वही, पृ. 119
41. 'प्रेमचन्द : चिट्ठी पत्री', भाग-2, पृ. 205

42. वही, पृ. 204
43. 'प्रेमचन्द : चिट्ठी पत्री', भाग-1, पृ. 206
44. वही, पृ. 141
45. 'प्रेमचन्द : चिट्ठी पत्री', भाग-1, पृ. 110
46. वही, पृ. 111
47. वही, पृ. 115

परिशिष्ट-I

उर्दू-हिन्दी में प्रथम प्रकाशन

	उर्दू नाम	हिन्दी नाम	उर्दू प्रकाशन	हिन्दी प्रकाशन
1.	बड़े घर की बेटी	बड़े घर की बेटी	'ज़माना', दिसम्बर, 1910	–
2.	नमक का दारोग़ा	नमक का दारोगा	'हमदर्द', अक्टूबर, 1913	–
3.	पंचायत	पंच परमेश्वर	'ज़माना', मई-जून, 1916	'सरस्वती', जून, 1916
4.	बूढ़ी काकी	बूढ़ी काकी	'तहजीबे निसवाँ', मई, 1918	–
5.	शतरंज की बाज़ी	शतरंज के खिलाड़ी	'ज़माना', अक्टूबर, 1924 से मई-जून, 1925 का कोई अंक।[1]	'माधुरी', अक्टूबर, 1924
6.	मन्तर	मन्त्र	'ज़माना', फ़रवरी, 1928	'विशाल भारत', मार्च, 1928
7.	पूस की रात	पूस की रात	–	'माधुरी', मई, 1930
8.	ईदगाह	ईदगाह	'इस्मत', सालगिरह अंक, 1933	'चाँद', अगस्त, 1933
9.	बड़े भाई साहब	बड़े भाई साहब	–	'हंस', नवम्बर, 1934
10.	कफ़न	कफ़न	'जामिया', दिसम्बर, 1935	'चाँद', अप्रैल, 1936

1. 'प्रेमचन्द : चिट्ठी पत्री', भाग-1, पृ. 152 और 159

परिशिष्ट-II

सहायक और सन्दर्भ ग्रन्थ

1. प्रेमचन्द : उर्दू-हिन्दी कथाकार : जाफ़र रज़ा, लोकभारती प्रकाशन, इलाहाबाद, 1983
2. प्रेमचन्द : कलम का सिपाही : अमृतराय, हंस प्रकाशन, इलाहाबाद, 1981
3. प्रेमचन्द के सौ अफ़साने (उर्दू) : प्रेमकुमार मित्तल, मोडर्न पब्लिशिंग हाउस, दिल्ली, 1990
4. प्रेमचन्द और जनवादी साहित्य की परम्परा : सम्पादक; डॉ. कुँवरपाल सिंह, सव्यसाची, भाषा प्रकाशन, नई दिल्ली, 1981
5. प्रेमचन्द और शतरंज के खिलाड़ी : डॉ. कमलकिशोर गोयनका, डॉ. लोठार लुत्से, पूर्वोदय प्रकाशन, नई दिल्ली, 1980
6. 'प्रेमचन्द : चिट्ठी पत्री' भाग-1 : सम्पादक; अमृतराय, मदनगोपाल, हंस प्रकाशन, इलाहाबाद, 1962
7. 'प्रेमचन्द : चिट्ठी पत्री' भाग-2 : सम्पादक; मदनगोपाल, अमृतराय, हंस प्रकाशन, इलाहाबाद, 1962
8. प्रेमचन्द : प्रतिनिधि कहानियाँ : सम्पादक; भीष्म साहनी, राजकमल प्रकाशन, नई दिल्ली, 1990
9. समक्ष : सम्पादक; आलोक राय, मुश्ताक़ अली, हंस प्रकाशन, इलाहाबाद, 2002

पत्रिकाएँ

1. पहल, फ़रवरी-अप्रैल, 2001
2. पहल, जनवरी-फ़रवरी, 2002
3. वर्तमान साहित्य, जनवरी-फ़रवरी, 2000
4. वसुधा, अप्रैल-जून, 2002

परिशिष्ट-III

शब्द कोश

अंगुश्तनुमाई	:	बदनामी, निन्दा
अंगुश्तबदंदाँ	:	चकित
अक़ब	:	पीठ पीछे, परोक्ष
अक़ीदत	:	श्रद्धा, भरोसा
अक़्वाम	:	जातियाँ, सल्तनतें
अख़लाक़	:	नैतिकता
अग़रचे	:	यद्यपि
अग़राज़	:	ज़रूरतें, इच्छाएँ
अज़	:	से, प्रभुत्व स्थापित करना
अज़ल	:	अनादि काल, मौत
अज़ाला	:	निवारण
अज़ीजतरीन	:	प्रियतम, अति प्यारा
अज़ीमतर	:	उच्चतम
अता	:	प्रदान
अताअतशुआरी	:	जिसने कोई कला या गुण नियमपूर्वक गुरू से न सीखा हो
अन्क़ा	:	अप्राप्य वस्तु
अफ़यून	:	अफ़ीम
अफ़रोज़	:	रौशन करनेवाला
अफ़सुर्दगी	:	खिन्नता, उदासीनता
अमदन	:	जान-बूझकर
अम्र	:	कार्य, आदेश, मामला
अरकान	:	स्तम्भ, न्यायाधीश

अरबाबे निशात	:	आनन्दित लोग
अराइजनवीस	:	अर्जी लिखनेवाला
अराकीने सल्तनत	:	बड़े-बड़े ओहदेदार
अलमनाक	:	खेदजनक, कष्टप्रद
अलहदगी	:	अलगौझा
अव्वलीन	:	पहला, प्रमुख
असना	:	बीच, दरमियान
असासा	:	सामान, पूँजी
अहद	:	ईश्वर, ख़ुदा, एक की संख्या
अहबाब	:	दोस्त लोग
अहमक़	:	मूर्ख
अहलिया	:	पत्नी
अहले सैफ़	:	तलवार चलाने में निपुण
आईन	:	नियम, रिवाज, क़ानून
आग़ाज़	:	प्रारम्भ, अनुष्ठान
आदाबे मजलिस	:	महफ़िल के ढंग, रिवाज
आफ़ताब	:	सूरज
आफ़ियत	:	सुख, शान्ति
आमेज़	:	मिश्रित, मिले हुए
आरास्ता	:	सुसज्जित
आरियतन्	:	थोड़ी देर के लिए, माँगा हुआ
आलमे जाविदानी	:	स्वर्ग
आलमे बाला	:	आसमान
आलात	:	हथियारों
आलिमाना	:	ज्ञानियों जैसी
आहो ज़ारी	:	रोना-धोना, विलाप
इन्तक़ाम	:	बदला
इन्तहाई	:	अत्यधिक, आख़िरी
इन्तिख़ाब	:	चुनना, चुनाव
इख़्तसार	:	संक्षेप, कम करना
इख़्तिलाफ़	:	मतभेद
इजतमाअ	:	सम्मेलन, जनसमूह
इज़्तराब	:	बेचैनी, जल्दबाज़ी

इज़्तरारी	:	आतुरता में
इत्तफ़ाक़	:	संयोग, अचानकपन
इत्तेहाद	:	एकता
इत्तेहादे सुलासह	:	तीनों की एकता
इदराक	:	बोध
इनायत	:	कृपा
इनायते बेकराँ	:	अनगिनत कृपाओं के योग्य
इन्फ़िरादी	:	वैयक्तिक, व्यक्तिगत
इफ़्तेख़ार	:	गर्व का प्रमाणपत्र
इफ़्फ़तकेश	:	पतिव्रता, मज़हबी, सती
इब्रतनाक	:	भयानक
इल्तिजा	:	दुखपूर्ण गुज़ारिश
इल्लत	:	कारण, हेतु, दुर्व्यसन
इशरत	:	सुख, ऐयाशी, ख़ुशी
इश्तहा	:	भूख, रुचि
इश्तहाअंगेज़	:	भूख उभारनेवाली
इश्तिग्राक	:	समाधिस्थ
इश्तियाक़	:	उत्कंठा, नरमी
इसलाह	:	सुधार, संशोधन
इस्तक़लाल	:	स्वावलम्बन
इस्तिआर	:	उधार लेना, रूपक
इस्तिराहत	:	सुख चाहना, आराम
इस्तेदलाल	:	तर्कशक्ति
इस्तेहकाक	:	हक़ माँगना, हक़ साबित करना
उख़्वत	:	भाईचारा
उजलत	:	जल्दबाज़ी
उमूद	:	लम्ब, खम्भा
उमूमन	:	बहुधा, अक्सर
उमूरेसियासत	:	सियासत के बहुत से कामों में
उम्दगी	:	अच्छी तरह से
उरियानी	:	नग्नता
उसरत	:	ग़रीबी
एक्कः व तन्हा	:	बिलकुल अकेला

एक्सर	:	नितान्त
एतिदाल	:	उपयुक्त मात्रा, सन्तुलन
एतिनाई	:	सहानुभूति, हमदर्दी
एहतिजाज	:	झूमकर मस्त होना
एहतेमाल	:	शंका
ऐतक़ाद	:	श्रद्धा, आस्था
ऐतमाद	:	सहारा, भरोसा
ऐतराफ़	:	स्वीकृति
औसान	:	होशो हवास
औसाफ़	:	उज्ज्वल गुणोंवाले
क़तअ	:	विच्छेद
क़ता कलाम	:	टीका, सम्बन्ध विच्छेद
क़दीम	:	पुरातन, अनादि
क़द्रशनास	:	इज़्ज़त करनेवाला
क़नाअत	:	थोड़े में सन्तोष
कनार	:	तट, सिरा, एकान्त
कफ़े अफ़सोस	:	अफ़सोस से हाथ मलना
क़ब्ल	:	पहले
कम्बख़्त	:	अभागा
कयाफ़	:	मानसिकता
कयाफ़ाशनासी	:	मानसिकता की पहचानशक्ति
कराबत	:	नजदीकी
कलाबत्तू	:	सोने-चाँदी का तार
क़ल्बी	:	छल, दग़ाबाज़ी
क़वाइद	:	परेड
क़वीहेकल	:	विशाल आकृति का
कहर	:	क्रोध
क़ातिब	:	लेखक
क़ाबिले तरजीह	:	प्रधानता के लायक
क़ामिल	:	पूरा, निपुण, होशियार
क़ायल	:	निरुत्तर
कारकर्दा	:	अनुभवी
कारसाज़	:	बिगड़े हुए कामों को बनानेवाला

क़ारून	:	बहुत धनवान और कंजूस व्यक्ति
कुफ़्र	:	कृतघ्नता, अस्वीकृति
कुर्ब व जवार	:	आस-पास
कुल्ज़ुम	:	बिना किनारेवाला महासागर
कुस्तोख़ून	:	मार-धाड़
कैफ़ियत	:	दशा, हालत
कोताहफ़हमी	:	कमसमझी, नासमझी
ख़तावाराना	:	मुजरिमाना
ख़दशा	:	डर
ख़फ़ीफ़	:	हल्का, अधम, शर्मिन्दा
ख़मीदा	:	झुका हुआ
ख़यानत	:	अपहरण, गबन
ख़ला	:	खाली जगह, गड्ढा
ख़लीक	:	सुशील, स्वभाव, जनता
ख़ल्की	:	जन्मजात, पैदाइशी
ख़ादिम	:	सेवक, नौकर
ख़ामकाराना	:	व्यर्थ
ख़िजालत	:	लज्जा
ख़िराज	:	कर, टैक्स
खिश्त	:	ईंट
ख़ुद फ़रामोशी	:	आत्मविस्मृति
ख़ुदादाद	:	ईश्वरप्रदत्त
ख़ुलूस	:	निश्छलता
ख़ुश ऐतक़ादी	:	आत्मविश्वास
ख़ुश ख़त	:	अच्छा लिखनेवाला
ख़ुसूसन	:	मुख्यतया, विशेष करके
ख़ैर मक़्दम	:	स्वागत, शुभागमन
ख़ौफ़ज़दा	:	डरा हुआ, भयभीत
ख्वाजा ख़िज़र	:	अमर पैगम्बर, जो भूले-भटकों को राह बताते हैं
ख़्वाह	:	चाहनेवाला
गन्दुमनुमाँ जौफ़रोश	:	ठग, गेहूँ दिखाकर जौ तौलनेवाला
ग़ज़बनाक	:	ग़ुस्से में भरा हुआ
गदल	:	गदा

ग़र्क	:	निमग्न, डूबना, डूबा हुआ
ग़ल्बा	:	दो गोलों की आपसी मारकाट, वह जगह जहाँ बहुत घने पेड़ हों
ग़ाफ़िल	:	असावधान, संज्ञाहीन
गिरियह व ज़ारी	:	रोना, आँसू बहाना, विलाप
गुज़रगाह	:	पुल
ग़ैब	:	भाग्य
ग़ैरजानिबदार	:	तटस्थ
ग़ैरमहदूद	:	असीमित
ग़ैरमुतवक्को	:	आशातीत
गोशमाली	:	कान उमेठना
गोशा	:	कोना
घात	:	दाँव
चंडू	:	अफ़ीम का किवाम
चर्बज़बानी	:	चापलूसी
चश्मे ज़दन	:	निमेष, पलक झपकने मात्र
ज़की उल हिस	:	जिसकी संवेदनशक्ति बढ़ जाए
ज़गन	:	चील
जदीद	:	नवीन, आधुनिक
जबर	:	भारी, ऊपर
जब्त	:	सहनशीलता, व्यवस्था, क्रम
जमाअत	:	इकट्ठा होना, नमाज की पंक्ति
ज़मानासाज़ी	:	दिखावापन
जमे गफ़ीर	:	इतनी भीड़, जो शुमार में न आ सके
ज़र्क-बर्क़	:	चमक-दमक, टिप-टॉप
ज़र्द	:	पीला
ज़र्ब	:	चोट, दो संख्याओं का गुणा
ज़र्फ़	:	पात्र
ज़र्रानवाज़ी	:	कृपा, मेहरबानी
ज़र्राही	:	शल्य क्रिया
जल्वा	:	दीदार
ज़वाल	:	पतन, अवनति
जहाँदीदा	:	अनुभवी

ज़हीन : प्रतिभावान, दक्ष
ज़हूर : खुले रूप से
जाँसोजी : दिल जलाना
जाग़ : कौवा
ज़ात : ख़ुद, व्यक्तित्व, ख़ान्दान
जानकाही : प्राणों को घुलाना
जानू : घुटना
ज़ार : क्षीण, दुखी, हानिकर
ज़ारी : विलाप
जाविदानी : स्वर्ग
ज़ाहिद : संयमी, विरक्त, जितेन्द्रिय
ज़ाहिदे फ़रेब : संयमी का छल-कपट
ज़िन्दादरगोर : जिसका जीवन मुर्दों जैसा हो
जिगरदोज़ : हृदयविदारक
जिद्दत : ताज़गी
जिल्लत : परेशानी
ज़ीफ़हेम : बुद्धिमान, दूरदर्शी
ज़ीरोब : धाक जमानेवाला
जीस्त : जीवन, ज़िन्दगी
जुज़ियात : छोटी-छोटी बातें
जुज़्ब : खंड, जिल्द
ज़ेर : हराना, पराजित
जेहनीयत : धारणा, स्वभाव
जोहला : उजड्ड, असभ्य
जौलाँ : घोड़ों को फिराना, दौड़ना
तंगज़र्फ़ी : नीचता, हृदय की छोटाई
तंज : व्यंग्य
तअम्मुल : टालमटोल
तआक़ुब : पीछा करना
तक़रीब : उत्सव
तक़रीर : दुहराना
तकल्लुफ़ : तकलीफ़ उठाना, संकोच, दिखावा
तक्मील : पूर्ति

तक़्वीयत	:	सहारा, तसल्ली
तख़्लिया	:	खाली करना-कराना, एकान्त
तज़करा	:	शुक्रिया अदा करना
तज़बज़ब	:	असमंजस, दुविधा
तज्वीज़	:	उपाय, कोशिश, विचार
ततावुल	:	अहंकार, द्रोह, अत्याचार
तदबीर	:	उपाय, कोशिश
तनावर	:	स्थूल, मोटा-ताज़ा
तप	:	बुखार
तबअन	:	स्वभाव से, दिल से
तबाहकुन	:	नष्ट कर देनेवाली
तमद्दुन	:	नागरिकता, किसी देश की वेशभूषा
तमस्खुर	:	दिल्लगी, ठिठोली
तम्कनत	:	अभिमान, तड़क-भड़क
तम्बीह	:	चेतावनी, भर्त्सना, आगाही
तरग़ीब	:	लालच देना
तरफ़ैन	:	दोनों पक्ष
तरमीम	:	सँवारना, संशोधन
तर्ग़िबात	:	'तरग़ीब' का बहुवचन
तर्ज़े अमल	:	सुलूक, रवैया
तलव्वुन	:	रंग बदलना
तवअन व करहन	:	विवशता से, अनिच्छा से
तवक्कुल	:	ईश्वर की मर्जी पर छोड़ देना
तशफ्फ़ी	:	सान्त्वना
तश्बिहात	:	उपमाएँ
तश्वीश	:	चिन्ता, व्याकुलता, भय
तसनीफ़	:	मनगढ़ंत, पुस्तक लिखना
तसर्रुफ़	:	व्यवहार, अधिकार, चमत्कार
तसलीम	:	स्वीकारना, सौंपना
तसहीह	:	समर्थन
तस्कीन	:	तसल्ली, सान्त्वना
तस्फ़िया	:	फ़ैसला, निर्णय
तहकीर	:	नफ़रत

तहक्कुमाना	:	आदेशात्मक
तहम्मुल	:	सहिष्णुता, गम्भीरता
तहरीर	:	लिखित, लिखना
तहरीस	:	प्रलोभन, प्रेरणा
तही दिमाग़	:	जाहिल
ताख़ीर	:	देर
ताज़ियाना	:	कोड़ा
ताब	:	शक्ति
तारी	:	छा जाना
तारीक	:	अँधेरी
तारीख़	:	इतिहास
तालीबे इल्म	:	विद्यार्थी
तावान	:	जुर्माना, क्षतिपूर्ति
तासीर	:	गुणवत्ता, असर
ताहीन हयात	:	जीवन पर्यन्त
तिफ़्लाना	:	बचकाना
तिब	:	आयुर्वेद, वैद्यक
तीर	:	बाण
तुन्द	:	तीव्र, आवेगपूर्ण
तुफ़ैल	:	द्वारा, कारण, सबब
तुर्शरुई	:	रुखाई, चिड़चिड़ापन
तुलू	:	किसी सितारे का निकलना
तूलानी	:	लम्बी
दकीकः	:	कसर, गूढ़ता, एक मिनट
दफ़अतन	:	तत्काल
दफ़ीआ	:	तोड़, काट
दफ़ीना	:	गड़ा हुआ ख़ज़ाना
दयानत	:	ईमान
दर्दरस	:	कष्ट पहुँचानेवाले
दर्द व कर्ब	:	पीड़ा और बेचैनी
दर्दे ज़ह	:	प्रसव-पीड़ा
दस्तपनाह	:	चिमटा
दस्तरख़्वान	:	वह कपड़ा, जिस पर खाना खाते हैं

दस्ते करम : दया के सहारे
दस्ते ग़ैब : तक़दीर, भाग्य
दहकानी : गँवारू, किसानी
दहाना : मशक का मुँह
दानिस्त : ज्ञान, जानकारी
दामनगीर : दामन पकड़नेवाला
दायमी : हमेशा का, स्थायी
दिलआवेज़ : सुन्दर, ख़ुशनुमा
दिलख़राश : हृदय विदारक
दिलदाद : मोहित, आसक्त
दिलदोज़ : दिल को छेदनेवाला
दिलपज़ीर : रुचिकर
दिलशिकस्त : भग्न हृदय
दीदारेज़ी : बहुत अधिक सोच-विचार करना
दुरअफ़शाना : दिखावे की बातें
दुरेग़ : अफ़सोस, उफ!
दौरे सानी : पुनरागमन
नंग : लज्जा, शर्म, दोष
नक़्क़ाल : भाँड़, बहुरुपिया
नज़्र : भेंट
नर्गे : घिराव, विपत्ति
नदामत : पछतावा, लज्जा
नफ़्स : अस्तित्व, सच्चाई
नफ़्सकुशी : दिल को मारना
नफ़्सपरस्ती : काम-लोलुपता, ऐयाशी
नाज़बरदार : नखरे उठानेवाले
नाज़रीन : पढ़नेवाला, पाठक
नातक : बोली, वाणी
नादहिन्द : टाल-मटोल करनेवाला
नादारी : दरिद्रता, कंगाली
नादिम : लज्जित
नाल : चीत्कार, आर्तनाद
नासह : सदुपदेशक

नियाज़मन्द : अनुगृहीत
निशात : आनन्द, ख़ुशी
निस्फ़ : आधा
निहंग : मगरमच्छ
नुमायाँ : प्रमुख
नेमत : लाभकारी वस्तु
नैमुलबदल : उसकी जगह
नौइयत : प्रकार, विशेषता
पज़ीर : स्वीकार करनेवाला
परदाज़ : शौर्य, ढंग
परबती : प्रीति
परस्तिश : पूजा, इबादत
पा ब जंजीर : पाँव में बेड़ी पड़ी हुई
पारसाई : संयम
पास : शील-संकोच
पुज़मुर्दा : खिन्न, उदास
पुर : भरा हुआ
पुरएहतराम : सम्मानपूर्ण
पुरख़ोरी : ज़्यादा ख़ुराकी
पुरतबस्सुम : मुस्कराहट से भरी हुई
पुरमलामत : निंदापूर्ण
पुरमुनफ़अत : फायदेमंद
पुरलुत्फ़ : आनंदपूर्ण
पुरसिश : आदर-सत्कार
पेच ओ ताब : क्रोध
पैहम : लगातार
पोसीदा : जर्जर, पुराना
फ़रहतअंगेज़ : आनन्ददायी
फ़राख़ : विस्तृत
फ़रामोश : विस्मृत
फ़रीक़ : पक्ष
फ़रोख़्त : बिक्री
फ़रोगुज़ाश्त : भूल, कमी

फर्मांरवा	:	शासक, बादशाह
फर्तेरुआब	:	रोब की अधिकता
फ़ाज़िल	:	पूरी विद्या पढ़ लेनेवाला, अतिरिक्त
फ़ातह	:	विजयी
फ़ातहाना	:	विजयपूर्ण
फ़ातिरुल अक्ल	:	विकृत मस्तिष्क
फ़ानी	:	नश्वर
फ़ारिग़ुलबाल	:	निश्चिन्त, समृद्ध
फ़िक्रे मआश	:	आजीविका की चिन्ता
फ़िज़ा	:	वातावरण
फ़ित्नः परदाज़	:	उपद्रव करानेवाला
फ़िरासत	:	दक्षता
फ़ुक़रा	:	फ़कीरों
फ़ुतूरे अक्ल	:	बुद्धि-विकार
फेल	:	कृत्य
फ़ैज़	:	उपकार, यश
फ़ैयाज़	:	दरियादिल
फ़ौक़ियत	:	प्रधानता
बज़्लासंजी	:	परिहास
बदगुमानियाँ	:	बुरा ख़याल
बदज़न	:	कुधारणा
बदमस्त	:	अत्यधिक नशे की स्थिति
बदरजहा	:	कई गुना
बदस्तूर	:	यथावत
बर	:	ऊपर
बरकी	:	बिजली
बरहना	:	नग्न
बरीयत	:	निरपराध
बर्क़न्दाज़ी	:	चपरासीगिरी
बलाग़तआमेज़	:	चमत्कारपूर्ण
बहज़ार ख़राबी	:	हज़ारों का नुक़सान
बहम	:	परस्पर, एक साथ
बहर	:	छन्द, वास्ते

बहरावर : ख़ुशनसीब
बाइस : कारण
बाकमाल : गुणवान, हुनरमन्द
बाज़ : चन्द, कतिपय
बाज़ौक़ : सहृदय
बारग़ाह : दरबार
बारीक़बीं : सूक्ष्मदर्शी
बारे ख़ातिर : जबरन, मन के ख़िलाफ़
बाश्शाश : ख़ुश, तरो ताज़ा
बाहम : आपस में
बिसात : पूँजी, औकात, शतरंज का कपड़ा, जिस पर खाने बने होते हैं
बिहिश्त : स्वर्ग
बुग्ज़ : द्वेष
बेइम्तियाज़ : कोई फ़र्क़ न रखना
बेएतिनाई : रुखाई
बेज़रर : जिससे कोई हानि न पहुँचे
बेज़ार : नाख़ुश, विमुख
बेतकल्लुफ़ : घनिष्ठ
बेदार : जाग्रत
बेदिरेग़ : अन्धाधुंध, निःसंकोच
बेनियाज़ : निस्पृह, विरक्त
बेपायाँ : असीम
बेबहा : अनमोल
बेमुद्दआ : अनचाहा
बेलौस : निःस्वार्थ
बेसबाती : अस्थिरता, कमज़ोरी
बेहंगाम : कुसमय
बेहिस : संवेदनशून्य
बैरुनी : बाहरी
बोसा : चुम्बन
मंज़िला : पड़ाव, गन्तव्य, नक्षत्र, मकान का खंड
मंसूख : निरस्त

मआनदाना : विरोधी
मआश : रोज़ी, जीविका
मक़तब : मारे गए
मक़तूलीन : मारे गए लोग
मक़बूलियत : सर्वप्रियता
मकर : छल-कपट, फ़रेब
मक़रूज़ : क़र्ज़दार, ऋणी
मग़लूब : पराजित
मग़्रिबी : पाश्चात्य, पश्चिमी
मज़मूआ : लेखों का संकलन
मज़म्मत : तिरस्कार
मज़रूब : जिसे पीटा गया हो, जिस संख्या को गुणा किया गया हो
मज़ामीन : लेख-समूह
मज़ाहिया : परिहासपूर्ण
मज़ीद : अतिरिक्त, अधिक
मज़्कूरी : कही गई
मज़्लूमाना : दुखपूर्ण, दुखी
मतानत : गम्भीरता, संजीदगी
मदक : अफ़ीम की गोली
मदारिज़ : पदों, रुतबों
मद्दाह : प्रशंसक
मफ़्तूह : जो विजित किया गया हो
मरकज़ : केन्द्र, मुकाम
मरग़ूब : रुचिकर
मरहला : गन्तव्य, पड़ाव, कठिन काम
मराहिल : 'मरहला' का बहुवचन
मर्ऊब : आतंकित
मलाएक : फ़रिश्ते, देवतागण
मलामत : झिड़की, डाँट-डपट, निन्दा
मल्जा : जान बचाने की जगह
मवाज़आत : गाँवों का समूह
मशकूर : जिसका शुक्रिया अदा किया जाए

मश्क	:	अभ्यास
मश्ग़ला	:	व्यापार
मसरूफ़	:	प्रवृत्त, व्यस्त
मसरूर	:	प्रसन्न, उल्लसित
मसर्रत	:	ख़ुशी
मसारिफ़	:	ख़र्चे, व्यय
मस्तूरात	:	महिलाएँ
मह्व	:	तल्लीन, तन्मय
मह्वीयत	:	तल्लीनता, ब्रह्मलीनता
माइल	:	आकर्षित, प्रवृत्त
माकूल	:	उचित, खाने की वस्तु
माजरत	:	विवशता
माजरतआमेज़	:	विवशता के साथ
माजूल	:	अपदस्थ
मानवी	:	भीतरी, अर्थवाला
मानिन्द	:	भाँति, तरह
मानूस	:	हिला-मिला हुआ
मारकतुलआरा	:	तेज़-तर्रार
मिन्तक	:	कटिबन्ध
मिक़दार	:	मात्रा
मिनहैसुल	:	बदले की भावना से
मिस्दाक़	:	चरितार्थ
मुंजमिद	:	ठंड से जमा हुआ
मुन्तज़िर	:	जिसकी प्रतीक्षा की जा रही हो
मुन्तशिर	:	तितर-बितर, फैल जाना
मुंसलिक	:	पिरोया हुआ, नत्थी किया हुआ
मुअम्मर	:	वयोवृद्ध
मुआख़िज़ा	:	अपराध पर कड़ी पकड़ करनेवाला
मुख़ालिफ़	:	विरोधी
मुख़्तसर	:	संक्षिप्त, सार रूप
मुज़स्सम	:	प्रतिमा, मूर्ति, आकृति
मुज़हका	:	हँसी-दिल्लगी, खिल्ली
मुजादला	:	युद्ध, वाद-विवाद

मुज़ायक़:	:	आपत्ति, हानि
मुज़ाहरा	:	प्रदर्शन
मुज़्मर	:	बेबस, लाचार
मुतअज्जुब	:	चकित
मुतज़ल्ज़ल	:	कम्पायमान
मुतज़ाद	:	विरोधी कथन
मुतनाज़िआ	:	वाद-विवाद की बात
मुतफ़र्रिक	:	विविध
मुतरादिफ़	:	पर्यायवाची
मुतर्जिम	:	अनुवादक
मुतलक़	:	बिलकुल
मुतवातिर	:	निरन्तर
मुतहम्मिल	:	सहनशील
मुताअ	:	जिसका हुक्म माना जाए
मुतालआ	:	अध्ययन
मताल्लिक़	:	सम्बन्धित
मुतास्सिर	:	प्रभावित
मुत्तला	:	सूचित
मुदब्बिर	:	राजनीतिज्ञ, अक़्लमन्द
मुदाख़लत	:	हस्तक्षेप
मुनज़्ज़म	:	क्रमबद्ध, संघटित
मुनव्वर	:	उज्ज्वल, प्रकाशमान
मुनहसिर	:	निर्भर
मुनाज़रह	:	शास्त्रार्थ, दो विरोधी दलों का शास्त्रार्थ
मुनासबत	:	योग्यता, पात्रता, पर्याप्तता
मुन्कसिराना	:	भग्न, नम्र, विनीत
मुबाहिसों	:	वाद-विवादों
मुब्लिग़	:	भेजनेवाला
मुमताज़	:	अति विशिष्ट
मुमानियत	:	निषेध, मनाही, रोक
मुम्तहीन	:	परीक्षक
मुर्तक़िब	:	पाप या दोष का करनेवाला
मुलाहिज़ा	:	अनुशीलन, ग़ौर करना

मुवाफ़क़त	:	समानता, अनुकूलता, दोस्ती
मुशाहरा	:	मासिक वेतन
मुश्तरका	:	संयुक्त
मुसाफ़हा	:	मुलाक़ात के समय हाथ मिलाना
मुसिर	:	जिद्‌दी
मुस्तक़िल	:	अटल, स्थायी
मुस्तहक़	:	स्वत्वाधिकारी, योग्य, ज़रूरतमन्द
मुस्लेह	:	राजनीतिक, सुधारक
मुहज़्ज़ब	:	सभ्य
मुहासरा	:	घेराबन्दी, घेरा डालना
मेह्र	:	प्रेम
मोतरिज़	:	आपत्तिकर्त्ता
मोहमिल	:	निरर्थक
मौज़ूअ	:	विषय
मौरुसी	:	पैतृक
याददिहानिदन	:	स्मरण कराना
यास	:	निराशा
योरिश	:	धावा
रंजीदा	:	सन्तप्त, दुखी
रऊसा	:	'रईस' का बहुवचन
रक़ीक़	:	नर्म होकर
रक़ीकुलक़ल्ब	:	नर्म दिल
रक़्स	:	नृत्य
रक़्साँ	:	नाचते हुए
रग़बत	:	चाह, इच्छा
रज़ाजोई	:	आदेश, आशा भरी
रजू	:	प्रवृत्त
रज़्मगाह	:	लड़ाई का मैदान
रत्बुल्लिसान	:	प्रशंसक
रफ़अ ए शर	:	लड़ाई-झगड़ा ख़त्म करना
रफ़ीक	:	दोस्त
रवादार	:	उदारचेता, सहनशील
रश्क	:	ईर्ष्या, डाह

रसा : पहुँचानेवाला
रसायल : पत्रिकाएँ
राइज़ : प्रचलित
रातिब : रोज़ की ख़ुराक
रिक़्क़त : रोना, मलाल
रिक़्क़तआमेज़ : आर्द्रतापूर्ण
रिन्दी : शराबीपन, लम्पटता
रुदाद : कहानी
रुसूख़ : पहुँच, मेल-जोल, दक्षता
रूहानियत : अध्यात्मवाद
रूहानी : आत्मिक
रेज़े : कणों
रोएँतन : लौह पुरुष
रोग़न : तेल
रोज़न : खिड़की
रोबअंगेज़ : बड़प्पन की धाक, रोबदार
लज़्ज़तआवेज़ : आनन्द पैदा करनेवाली
लाइन्तहा : अनहद
लाज़वाल : अनश्वर
लाहक़ : अनधिकार
वक़त : प्रतिष्ठा, महत्त्व
वक़ार : प्रतिष्ठा, भारी
वक़ू ए नूर : वह जगह, जहाँ बहुत रौशनी हो
वज़े : पीड़ा, डर
वलवलः : उमंग, आवेश
वसी : जिसके लिए वसीयत की गई हो
वहशत : भय, त्रास
वाक़े : घटित
वाये किस्मत : हाय रे भाग्य
विज़्दानी : सहृदयता
विसाल : प्रेमी-प्रेमिका का मिलन
वुज़रा : मन्त्रियों
वुरुअत : सामर्थ्य

शक़ूक	:	'शक़' का बहुवचन
शक्ल समात	:	बहरा
शग़ाफ़	:	दरार
शद	:	दृढ़ करना
शदीद	:	तीव्र
शद्दो मद	:	ज़ोर-शोर, धूमधाम
शनास	:	निष्ठा
शफ़क्क़त	:	प्यार, प्रीति
शबाना	:	चरवाहा, रात से सम्बन्धित
शम्बे	:	शनिवार
शहादत	:	गवाह, सबूत
शाकिर	:	ईश्वर को धन्यवाद देनेवाला
शाने	:	कन्धे
शाने फ़ज़ीलत	:	श्रेष्ठता का घमंड
शिकस्ता ख़ातिर	:	भग्न हृदय
शीरीं	:	मीठी
शै दीगर	:	दूसरी वस्तु
शोअरा	:	'शायर' का बहुवचन
शोबा	:	महकमा
संगरेज़	:	पत्थर के समान लोग
संग व ख़िश्त	:	पत्थर और ईंट
सआदतमन्द	:	आज्ञाकारी
सक़फ़	:	छत
सखावत	:	दानशीलता
सदक़ा	:	न्योछावर
सदाए एहतिजाज	:	हुज्जत
सदाकत	:	सच्चाई, यथार्थ
सनूअत	:	कला, कारीगरी
सफ़शिकन	:	महारथी
सबात	:	दृढ़ता, स्थिरता
सबील	:	प्याऊ
सरगोशी	:	कानाफूसी
सरबसजूद	:	धूल-धूसरित, सिर झुकाए

सरासीमगी : व्याकुलता, उद्विग्नता
सर्फ़ : ख़र्च
सलामतरवी : हेल-मेल से रहना, ख़र्च में क़िफ़ायत बरतना
सलाहियत : भलाई, योग्यता
सवानही : घटनाएँ
साइल : भिखारी
साकन : निवासी, स्थिर
साबिकः : पहले के
साबिर : सहनशील, सब्र करनेवाला
साहबे सरवत : धनी, दौलतमन्द
सितमज़रीफ़ : हँसी-हँसी में अत्याचार करनेवाला
सितमनारवा : क्रूर, अत्याचार करनेवाला
सिपर : तलवार, ढाल
सीमोज़र : धन, दौलत
सुख़नफ़हम : सहृदय
सुमे क़ातिल : बहुत ही सख़्त विष
सुरोदिया मस्तान : नशे में चूर लोगों का गाना
सुलस : एक तिहाई
सुलेआमेज़ : मेल-मिलाप से, शान्तिपूर्ण
सैफ़ : तलवार
हक़ीक़ी : सच्चा, वास्तविक
हक़ीर : तुच्छ, कमीना, बहुत थोड़ा
हक़ूक़ : 'हक़' का बहुवचन
हज़े नफ़्स : इन्द्रिय सुख
हत्ता : वस्तुतः
हब्स : इच्छा, उमस
हमआगोश : आलिंगनबद्ध
हमआहंगी : हमआवाज़ी
हमजमाअत : सहपाठी
हमनिवाला : साथ-साथ खानेवाले
हममशरब : एक पन्थ के अनुयायी
हमाइल : लटका
हरीस : ललचाई, लालच

हर्फ़गीरी	:	आलोचना
हर्फ़	:	अक्षर, शब्द, बात
हवाख़्वार	:	शुभचिन्तक
हवास	:	इन्द्रियाँ
हसद	:	ईर्ष्या
हसरतनाक	:	दुखपूर्ण, निराशाजनक
हस्बे मामूल	:	आशा के अनुसार, दस्तूर के अनुसार
हस्बे ज़रूरत	:	आवश्यकतानुसार
हार	:	जयमाला
हासिद	:	ईर्ष्यालु
हिकमत	:	विज्ञान, युक्ति, बुद्धिमत्ता
हिकारत	:	तिरस्कार
हिकारतआमेज़	:	तिरस्कारपूर्ण
हिफ़्ज़ेमातकद्दम	:	अनिष्ट से बचने के लिए पहले से किया जानेवाला उपाय
हिमाकत	:	मूर्खता
हिरस	:	लालच
हिर्फ़त	:	उद्यम, धूर्तता
हिस	:	संवेदन, एहसास, इच्छा
हिस्सियात	:	इच्छाएँ, संवेदनाएँ
हीला	:	छल, कपट, बहाना
हुक्कामरस	:	हाकिमों से मेल-जोल रखनेवाला
हुलूम	:	स्वप्न
हुस्ने इत्तेफ़ाक	:	दैवयोग
हैबतनाक	:	भयंकर
हैरतअंगेज़	:	आश्चर्यजनक
हौलनाक	:	भयंकर

●●●